GRIEBEN / SÜDFRANKREICH WEST

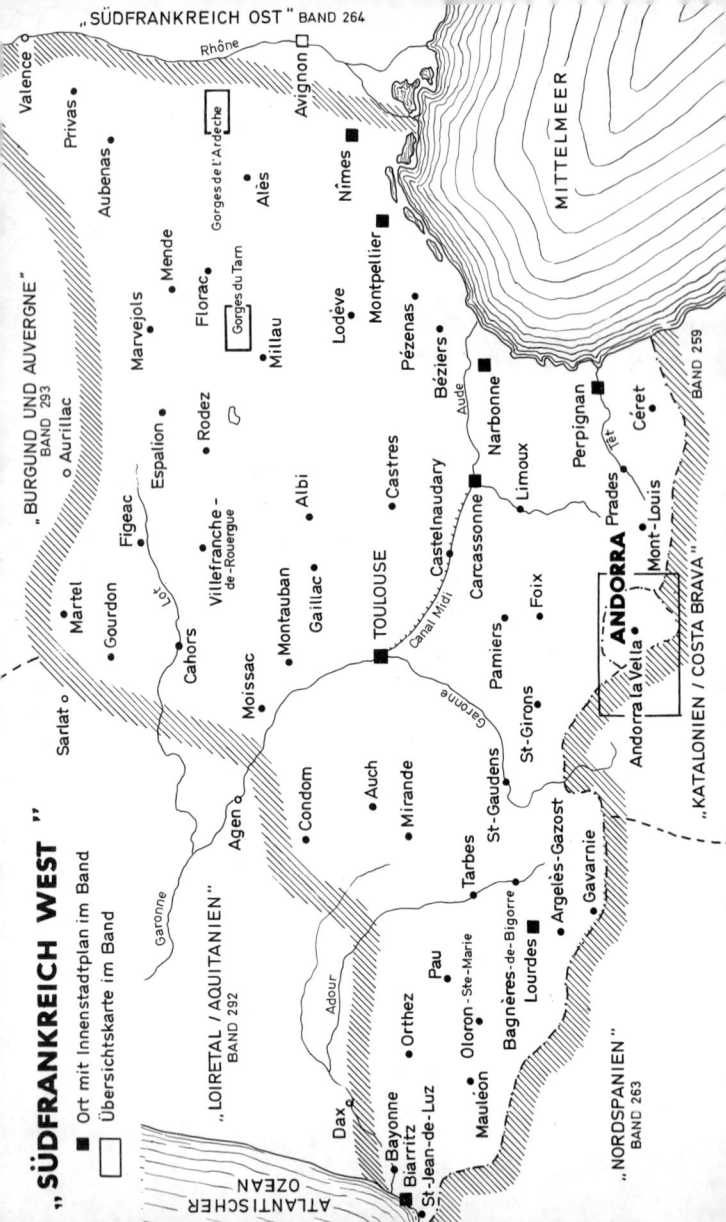

GRIEBEN-REISEFÜHRER

Band 294

SÜDFRANKREICH WEST

Cevennen
Languedoc
Roussillon
Pyrenäen

Andorra

KARL THIEMIG AG MÜNCHEN

Vorbemerkung

Diese Auflage wurde wiederum in Zusammenarbeit mit den Fremdenverkehrsbehörden des Reisegebiets vollständig überarbeitet und auf den neuesten Stand gebracht. Ihnen und ebenso allen GRIEBEN-Benutzern, welche diese Arbeit durch freundliche Mithilfe und Hinweise unterstützt haben, danken Verlag und Redaktion.

Die Informationen wurden von fachkundigen Mitarbeitern und der Redaktion sorgfältig zusammengestellt und überprüft. Für Irrtümer kann jedoch keine Verantwortung übernommen werden.

Falls Sie bisher noch nicht mit GRIEBEN gereist sind, ist sicher der Hinweis nützlich, daß die Bände der Serie nach einem einheitlichen Schema aufgebaut sind. Diese Anordnung erleichtert die Vorbereitung, zum andern den Gebrauch während der Reise, also an Ort und Stelle, und schließlich die Vertiefung der Eindrücke nach der Reise.

Wie lassen sich die vielfältigen Informationen dieses Reiseführers erschließen? Der Vorbereitung dient zunächst der ALLGEMEINE TEIL (siehe nebenstehendes Inhaltsverzeichnis). Die PRAKTISCHEN HINWEISE führen Informationsstellen, Campingplätze, Jugendherbergen auf und vermitteln Wissenswertes über Währung, Zollbestimmungen, Verkehrsverhältnisse, Unterkunft, Essen, Sportmöglichkeiten und anderes. Die STRECKENBESCHREIBUNGEN UND TOURENVORSCHLÄGE erleichtern die Ausarbeitung der individuellen Reiseroute. Hier finden sich auch Übersichtskarten über das Eisenbahnnetz oder Fährverbindungen. Den Hauptteil bilden die alphabetisch geordneten ORTS- UND LANDSCHAFTSBESCHREIBUNGEN, die die wichtigsten Reiseziele möglichst umfassend darstellen, dazu Spaziergänge, Wanderungen und Ausflüge in die Umgebung. Die Skizzen der GEBIETSÜBERSICHTEN heben Schwerpunkte des Reisegebiets hervor und stellen zugleich die Verbindung zwischen den Ortsbeschreibungen her. Stadtpläne und Lageskizzen erleichtern Besichtigungen und Rundgänge. Das SACH- UND ORTSVERZEICHNIS enthält alle im Hauptteil erwähnten Orte, Wander- und Ausflugsziele; schlagen Sie also stets auch hier nach. Die mehrfarbige EINSTECKKARTE soll lediglich einer Vor-Information dienen; ziehen Sie bitte die Kartenhinweise zu Rate.

Und schließlich: Waren Sie mit diesem GRIEBEN-Reiseführer zufrieden, freut uns Ihre Zustimmung. Haben Sie Verbesserungsvorschläge, lassen Sie sie uns wissen. So tragen auch Sie zur ständigen Aktualisierung bei. Für Ihre Hilfe danken wir Ihnen.

Karl Thiemig AG
GRIEBEN-Redaktion
Postfach 90 07 49, 8000 München 90

Inhaltsverzeichnis

Umschlagbilder: Carcassonne, Cité, und Abtei Fontfroide
(beide Amberg, Gröbenzell)
Pläne und Zeichnungen: B. und F. Lerche
5. Auflage, 1985. 44. Tsd.
© 1985 GRIEBEN-Verlag GmbH, München
Gesamtherstellung: Karl Thiemig AG, München
Printed in Germany

ISBN 3-521-00314-0

Allgemeines

Geographische Gliederung und Landschaftsbild

Das Gebiet Südfrankreichs, vom Golf von Biskaya im Westen bis zur Grenze nach Italien im Gebiet der Westalpen, nördlich begrenzt durch die Ausläufer des Zentralmassivs bis hin zum Genfer See, ist so umfangreich, daß es in zwei voneinander unabhängigen Bänden der GRIEBEN-Reiseführer behandelt wird: in dem hier vorliegenden Band » S ü d f r a n k r e i c h   W e s t « und in dem Band 264 » S ü d f r a n k r e i c h   O s t «. Die Grenze bildet etwa die Rhone: einige wichtige Orte westlich der Rhonemündung sind in beiden Bänden behandelt.

Das in diesem Band beschriebene Reisegebiet umfaßt das französische Pyrenäengebiet, reicht im Osten bis zur Provence (Bouches-du-Rhône und Camargue) und wird durch die Mittelmeerküste begrenzt. Von den Ausläufer der Pyrenäen nach Norden, der flachen und fruchtbaren Ebene mit den Zentren Albi und Toulouse, geht das Land in eine Mittelgebirgslandschaft mit Grotten und Schluchten über und erreicht im nördlichen Abschnitt die Ausläufer des Zentralmassivs mit den Landschaften des Rouergue und Quercy. Im Westen ist das französische Baskenland mit eingeschlossen, mit seiner kurzen Atlantikküste zwischen Bayonne und der spanischen Grenze bei Hendaye.

Abgesehen von Küstenstreifen des Mittelmeeres zwischen Montpellier und Perpignan/Le Perthus liegt diese Region abseits des großen Touristenstromes. Der Reiz des Gebietes liegt in seinen landschaftlichen Gegensätzen – Hochgebirgszonen, Ebenen, Mittelmeerküste, Mittelgebirge, Atlantikküste – und in der reichen kulturellen Tradition von Aquitanien und Languedoc sowie der lebendigen baskischen Kultur. Darüber hinaus ist dieses Gebiet reich an Zeugnissen aus prähistorischer Zeit sowie der Römerzeit und dem Mittelalter, als die romanische Bau- und Skulpturenkunst hier eine Hochblüte erlebte, deren kulturhistorische Bedeutung weit über Frankreichs Grenzen hinaus besteht.

Das milde Klima und die abwechslungsreiche Landschaft tragen ebenso wie die hervorragende Küche dazu bei, daß Südfrankreich ein sehr angenehmes sowie immer beliebteres Reisegebiet ist, das zudem das ganze Jahr hindurch vielfältige Möglichkeiten der Urlaubsgestaltung bietet: Bade- und Wassersportmöglichkeiten an der Côte d'Azur und der Atlantikküste, Spaziergänge und Wanderungen in der Provence und dem Languedoc, Bergsteigen und Wintersport in den Cevennen und den bis zu 3000 m hohen Pyrenäen sowie eine außerordentliche Vielfalt von kunst- und kulturhistorischen Sehenswürdigkeiten überall in den Städten und auf dem Land.

Beherrscht und zugleich nach Süden gegen Spanien abgegrenzt wird der Landschaftsbereich durch die etwa 430 km lange K e t t e d e r P y r e - n ä e n. Von etlichen, z. T. bis auf über 2000 m ansteigenden Paßstraßen (Aubisque, Tourmalet, Aspin) überquert und durch eine Unzahl von Taleinschnitten in einzelne Gebirgszüge aufgegliedert, formieren sich die Gipfel dieser gewaltigen Bergkette um drei Massiv-Gruppen: Die vom Mittelmeer aufragenden Pyrénées-Orientales (Ost-Pyrenäen); die ab dem Vallée d'Ariège zwischen Ax-les-Thermes und dem Col de Puymorens beginnenden Hautes-Pyrénées (Hochpyrenäen), die etwa ab Bagnères-de-Luchon ihre höchsten Erhebungen aufweisen und bis zur Vallée d'Ossau etwa auf der Linie Pau-Col du Pourtalet reichen; schließlich die dem Atlantik zugewandten Basses-Pyrénées, den Niederen Pyrenäen, jetzt Pyrénées-Atlantiques, die teilweise mit dem Baskenland identisch sind.

Eine weitere markante Begrenzung dieses Reisegebietes bildet die Mittelmeerküste zwischen Les Saintes-Maries de la Mer an der Rhônemündung in der Camargue und der spanischen Grenze. Lange Sandstrände ziehen sich hinunter bis zur landschaftlich reizvollen Côte Vermeille, nur der letzte Küstenabschnitt vor der spanischen Grenze ist Steilküste, die sich über ca. 25 km erstreckt.

Wie ein breites Flußband setzt sich die Küstenebene in einem großen Bogen nach Nordwesten fort, um sich bei Toulouse mit dem Tal der Garonne zu vereinen. Nach Norden hin geht diese flache und fruchtbare Ebene mehr und mehr in eine Mittelgebirgsebene von eigenartigem Reiz über. Weithin berühmt sind vor allem die Gorges du Tarn, Schluchten, Grotten und bis zu 1600 m ansteigende Bergzüge, die weite Ausblicke über das zerklüftete Land bieten. Aber auch die im nördlichsten Abschnitt erreichten Ausläufer des Zentralmassivs mit den Landschaften des Rouergue und des Quercy sind von schluchtartigen Tälern und Höhlen durchzogen und von eindrucksvoller Schönheit.

Das b a s k i s c h e P y r e n ä e n g e b i e t wird klimatisch durch die Nähe des atlantischen Ozeans geprägt. Feucht und mild ist die Luft in dem Gebiet zwischen dem Fluß Adour und der spanischen Grenze. Kurz vor Biarritz wandelt sich die Dünenlandschaft, Steilabfälle und weite Buchten charakterisieren die baskische Küste.

So bietet das Reisegebiet zwischen Pyrenäen und Zentralmassiv, zwischen Mittelmeer und Atlantik ein Bild voller landschaftlicher Gegensätze – wechselnd zwischen Hochgebirge und fruchtbaren Tälern. Während in den Firnfeldern der Hochpyrenäen unter tiefblauem Sommerhimmel ewiger Schnee glitzert, wächst auf den Feldern der Gascogne und des Garonne-Beckens der Weizen, gedeiht in den mittelmeernahen Ebenen des Roussillon Frühgemüse und reift am Fuße der Pyrenäen der Wein.

Geologischer Überblick

Die markanteste geologische Formation stellen die P y r e n ä e n dar, die in mancher Hinsicht den Vergleich mit den Alpen nahelegen. Die Ursprünge ihrer Entstehung liegen sogar rund 30 000 Jahre weiter zurück, wobei die über dem granitenen Urgestein erfolgten gebirgigen Ablagerungen mehrfach umgeschichtet wurden, bis die eigentliche alpine Auffaltung einsetzte. Als Folge davon zerbrach der ursprüngliche Sockel und führte zur Entstehung der in den Pyrenäen so zahlreichen Thermalquellen. Die ständig fortgesetzte Erosion tat das ihre zur Zerklüftung der Gebirgszüge, während an anderen Stellen aus der Verbindung von Druck und Erwärmung die Kalksteinablagerungen ihre Umformung in Marmor erfuhren. Die Hauptachse der Pyrenäenkette, besonders deutlich in den Mittelpyrenäen, besteht aus Granit.

Diese unterschiedliche geologische Struktur, aber auch der nachhaltige Einfluß späterer Gletscherbewegungen, die sich mit ihren Spitzen bis in die heutigen Gebiete von Lourdes, Bagnères-de-Luchon und Tarascon-sur-Ariège vorschoben, drückt sich in einer immer wieder überraschenden Vielgestaltigkeit des charakteristischen Pyrenäenbildes mit seinem typischen Wechsel von bewaldeten Höhenrücken und schroff aufragenden Massiven aus.

Der an der nördlichen Begrenzung dieses Reisegebietes sich entlangziehende und zum Mittelmeer hin flach abfallende Ausläufer des Z e n t r a l - m a s s i v s ist durch eine in weiten Bereichen vorherrschende Kalksteinablagerung gekennzeichnet. Eine geologische Besonderheit dieses Mittelgebirgsabschnittes ist eine kaum unterbrochene Folge von Grotten, Höhlen und tief eingeschnittenen Tälern. Er erstreckt sich von unweit Montpellier im Osten bis südlich Brive im Westen (Höhlengebiet von Padirac).

In die Kalksteinsedimente eingeschoben sind Sandstein-, Schiefer- und Gneisablagerungen, während der Gebirgsstock der M o n t a g n e N o i r e nördlich von Carcassonne oder der Mont Lozère (1702 m) südöstlich Mende wiederum als Granitsockel wie Inseln im Kalksteingebiet lagern. Vulkanischen Ursprungs schließlich sind die Basalterhebungen, wie man sie südlich von Lodève vorfindet.

Bei den erwähnten, sowohl in den Pyrenäen als auch im Süden der Auvergne und im Gebiet der »Causses« häufig anzutreffenden Grottenbildungen handelt es sich zumeist um Tropfsteinhöhlen und unterirdische Wasserläufe. Die von den Höhlendecken nach unten (Stalaktiten) oder vom Boden nach oben (Stalagmiten) in bizarren Kegelformen spitz zulaufenden Tropfsteinsäulen bilden sich durch Ablagerung von Kalziumkarbonat, das sich im Sickerwasser aus dem Kalkgestein absetzt und sich Tropfen für Tropfen in Form weißer Kristalle zu den typischen Tropfsteingebilden ablagert. In Verbindung mit solchen Höhlen erscheint wiederholt auch der Ausdruck Aven. Er bezieht sich auf brunnenähnliche Schächte von bis zu 70 m Tiefe, die durch verzweigte Querverbindungen röhrenartige Höhlensysteme bilden, dabei jedoch nicht auf unterirdischen Wasserläufen beruhen, sondern durch Wassereinbrüche von der Erdoberfläche entstanden.

Eine Reihe von Höhlen sowohl in den Pyrenäen (Niaux) als auch im Quercy (Cougnac oder Pech Merle) geben mit den in ihnen angetroffenen Felszeichnungen und Tiermalereien Kenntnis von menschlicher Anwesenheit bereits zur Jüngeren Steinzeit. Diese vielbewunderten Zeugnisse frühester künstlerischer Ausdrucksform sind zumeist Jagd- und Tierdarstellungen, denen kultische Bedeutung zugeschrieben wird.

Klima und Wetter

Der größte Teil unseres Reisegebietes läßt sich auch klimatisch dem Süden zurechnen; es liegt zum überwiegenden Teil südlicher als die Côte d'Azur, Toulouse etwa auf dem gleichen Breitengrad wie Cannes und Nice. Der östliche Teil von Südfrankreich breitet sich im mediterranen Klimabereich aus, der sich auch im Einfluß des Mistral, einem Fallwind aus dem Gebiet des Zentralmassivs, und dem vom Meer kommenden Tramontane zeigt. Der Mistral, der mit ausdauernder Heftigkeit oft vier bis fünf Tage weht, ruft starke Temperaturstürze hervor.

Auch die weiter vom Mittelmeer entfernten sowie die dem Atlantik zugewandten Gegenden warten durchweg mit mildem Klima auf. Sowohl die Orte der Côte Vermeille und des nördlich anschließenden Küstenstrichs als auch die Côte Basque sind als Sommer- und Winteraufenthalt geschätzt. Schnee fällt im Flachland nur in kaum nennenswertem Umfang. Anders sind die Verhältnisse naturgemäß und je nach Höhenlage in den Pyrenäen, deren Hochpässe häufig von November bis in den Juni hinein geschlossen sind und in denen sich in zunehmendem Maß reger Wintersportbetrieb mit Liften und Bergbahnen entwickelt – zumal in den Orten um 1500 bis 1800 m Höhe neben sicherer Schneelage die starke Sonneneinstrahlung hierzu ideale Voraussetzungen schafft.

Das Roussillon wartet ebenso wie die Ebenen am Fuß der Pyrenäen zu beinahe jeder Jahreszeit mit angenehmen Temperaturen auf. Längere Niederschlagsperioden sind selten. Das gleiche gilt für die Gebirgsregion. Lediglich im Spätherbst ist gelegentlich vom Atlantik her mit Regen und Nebel zu rechnen.

Rauher dagegen ist das Klima in den Cévennes und im Gebiet des Tarn. Oktober und November gelten hier bereits als kühle Regenmonate; im Winter fällt Schnee, insbesondere am Massiv des Aigoual. Der Frühling läßt etwa bis Mai auf sich warten; er kündigt sich meist durch einen nebelreichen April an.

Pflanzen- und Tierwelt

Die unterschiedlichen klimatischen Bedingungen zwischen rauhem Bergland und milden Niederungen bringen eine außerordentliche Vielgestalt der **Vegetation** mit sich. Im mediterranen Klimabereich, also in der Mittelmeerregion, trifft man typisch südliche Flora an, so Palmen, Agaven, Zypressen, Orangen-, Zitronen- und Lorbeerbäume. In den Corbières südlich von Arques hält sich sogar die Atlas-Zeder, und in der Gegend von Alès zeugen Maulbeerbäume davon, daß hier einmal die Seidenraupenzucht weit verbreitet war. In den Ebenen am Rande der Pyrenäen herrschen dagegen Gartenbau und Obstkultur vor, im Quercy ist der Nußbaum zu Hause; hier wird auch Tabak gepflanzt. Im Bereich der Cévennes und des Tarn findet man das heideähnliche Strauchwerk der Garrigues mit Zwergeichen, Thymian und Lavendel vor, weiter südlich Weinbau.

Die **Tierwelt** ist in ihrer Zusammensetzung bescheiden. Wild ist selten, dagegen sind Bäche und Flüsse reich an Fischen, obwohl auch hier die

Industrialisierung ihre Opfer fordert; immerhin sind in den Flüssen und Seen noch Forellen, Lachse, Hechte und Barsen anzutreffen. Typische Arten in den beiden Meeren, die dieses Reisegebiet begrenzen, sind Scholle, Thunfisch, Makrele und Sardine.

Unter den Haustieren spielt neben dem Rind das Schaf eine dominierende Rolle. Allein im Quercy und seinen Causses werden schätzungsweise an die 200 000 gehalten; in Gebirgsgegenden übersommern die Schafe überwiegend auf den Bergwiesen. Auf- und Abtrieb im späten Frühjahr und im Herbst, die Transhumances, sind für die Dörfer heute noch volkstümliche Ereignisse.

Die Pferdezucht, früher insbesondere in der Cerdagne verbreitet, verlor auch in Frankreich an Bedeutung; sie wird heute noch in der Camargue betrieben. Im Quercy erfreut sich die Taubenzucht, im Baskenland die Jagd mit Locktauben auf Wildtauben großer Beliebtheit. Im Quercy ist ferner, ebenso wie im Pyrenäengebiet, die Gänsezucht zu Hause.

Bevölkerung und Brauchtum

Die Bevölkerung des französischen Südens hat sich weitgehend ihre traditionelle Lebensart und althergebrachten Sitten bewahrt. Im Gebiet der Pyrenäen macht sich unverkennbar katalanischer Einfluß bemerkbar, der sowohl in der härteren Aussprache, in der Physiognomie als auch in der Folklore deutlich wird. So etwa im Bereich der Mittelmeerküste, wo die dort lebenden Katalanen zu der für Katalonien typischen Sardana aufspielen, eine Musik- und vorwiegend im Kreis gehaltene Tanzform, die sich völlig von anderen spanischen und französischen Volksweisen und -tänzen unterscheidet.

An der Atlantikküste ist es das Volk der Basken, das sich sein Eigenleben bis hin zu dem in jedem Dorf betriebenen Ballspiel Pelota erhalten hat.

Die ländlichen Gebiete und die für das Land typischen Kleinstädte haben in den letzten Jahrzehnten kaum ihr Gesicht verändert. Die Hotels wurden in den letzten Jahren zwar weitgehend modernisiert, aber in den kleinen Gaststätten und privaten Quartieren auf dem Land spürt man nichts von dem modernen Tourismus, dem man nicht gerade immer aufgeschlossen gegenübersteht.

Der Südfranzose mißt den kulinarischen Freuden großen Wert bei. Eine Gewohnheit, die sich bis in bescheidene Gaststätten hin bemerkbar macht. Die Landschaften des beschriebenen Reisegebietes sind reich an vielerlei Spezialitäten, wobei die raffinierte Schmackhaftigkeit der Gerichte mit jener der Weinsorten wetteifert.

Spiele, wie das im ganzen Süden verbreitete und variiert gespielte Boule, auch Pétanque, das in einer weiteren Abwandlung als Boccia auch bei uns bekannt ist, oder das Pelota der Basken, sind in allen Bevölkerungskreisen beliebt.

Die F o l k l o r e und die traditionellen Feste, häufig mit kirchlichen Feiertagen verbunden, spielen im Jahresablauf des Franzosen eine wichtige Rolle. Das »Institut des Jeux Pyrénées« in Toulouse hat sich zudem die systematische Förderung des Brauchtums in der Tracht, den Volkstänzen und in der Volksmusik zur Aufgabe gemacht. Insbesondere die Katalanen im Roussillon und die Basken haben ihr überliefertes Volkstum bis heute erhalten. Die großen Osterprozessionen in Perpignan oder in Arles-sur-Tech mit ihren alten mythischen Sinnbildern sind keineswegs nur Attraktionen für den Fremdenverkehr, sondern entspringen einem echten Volksempfinden. So wird beispielsweise die Sardana mit ihrer faszinierenden Musik ebenso wie der an der Küste heimische Fandango selbst von der Jugend als echte Folklore gepflegt.

Sprache

Im Baskenland wie in Katalonien haben sich neben der französischen Sprache auch eine eigene baskische und katalanische Sprache erhalten, die in Dichtung, Wissenschaft und nicht zuletzt auch Politik mehr und mehr an Bedeutung für das Selbstverständnis von Basken und Katalanen gewinnen. Im offiziellen Sprachgebrauch herrscht jedoch auch hier das Französische vor.

Zum leichteren Verständnis einige in diesem Band wiederholt vorkommende Begriffe und französische Bezeichnungen:

Atelier	Werkstatt	**Grottes**	Grotten
Aven	eingebrochene Höhle	**Hôtel**	Hotel
Cascade	Wasserfall	**Jardin**	Garten
Causse	dürre Kalk-hochebene	**Lac**	See
		Mairie	Bürgermeisteramt
Château	Schloß	**Maison**	Haus
Cirque	hier: Krümmung	**Moulin**	Mühle
Eglise	Kirche	**Prieuré**	Kloster
Fontaine	Springbrunnen	**Son et Lumière**	»Ton und Licht«
Gorge	Schlucht	**Tour**	Turm

Geschichte

Da das Gebiet des heutigen Südfrankreich während der letzten Eiszeit eisfrei blieb, beginnt die vorgeschichtliche Entwicklung hier relativ früh.

Bereits für die Zeit vor ca. 1 Mill. Jahren ist die Existenz eines Vorfahren des Homo Sapiens, des Pithekanthropus, in der Languedoc belegt. Im späten Paläolithikum lebte der Neandertaler in den Höhlen des Tarn- und Garonnegebietes. Die danach einsetzende Eiszeit entzog den Menschen ihre Lebensgrundlagen im Vorgebirge der Pyrenäen und drängte sie in die Kalkränder der südlichen Mittelgebirge ein.

Zu den ältesten Funden, die man aus prähistorischer Zeit gemacht hat, gehören diejenigen in den Höhlen Südwestfrankreichs. Die Fundorte dieser Gebiete gaben daher den verschiedenen vorgeschichtlichen Epochen ihren Namen. So unterscheidet man für den Zeitraum der Jüngeren Altsteinzeit (Paléolithique supérieur), in welchem man den Beginn einer Entwicklung menschlicher bildnerischer Kunst ansiedeln kann (vor etwa 40 000 Jahren), das Périgordien, Aurignacien, Solutréen und Magdalénien.

Der Homo Sapiens wird als Mensch des Aurignacien ca. 30 000 bis 20 000 v. Chr. faßbar. Aus dem Périgordien und Aurignacien kennt man sehr fein behauene Feuersteinwaffen und Geräte, Fingerschleifspuren, weibliche Figuren als Reliefs, Negativ-Hände (durch Übersprühen mit Farbe erzielte man Umrisse an der Wand) und Gravierungen von Tieren. Aurignac liegt im Dép. Haute Garonne. Im Solutréen (nach Solutré bei Mâcon im Dép. Saône-et-Loire) entwickelte sich eine besondere Schlagtechnik für Feuersteingeräte, wie Pfeilspitzen oder Nadeln mit einem Nadelöhr. Das Magdalénien, benannt nach La Madeleine bei Les Eyzies im Dép. Dordogne (s. GRIEBEN-Band 292 »Loiretal und Aquitanien«), setzt man für den Zeitraum vor 15 000 bis 10 000 Jahren an und unterteilt diese Epoche in einen frühen, einen mittleren und einen späten Abschnitt.

In dieser Zeit, etwa um 10 000 v. Chr., begann im südlichen Frankreich eine große Bevölkerungsverschiebung, einzelne Stämme setzten sich voneinander ab, erste Handelsverbindungen wurden aufgenommen und sind nachweisbar.

Die Malereien und Funde der zahlreichen südfranzösischen Höhlen, in Lascaux, Périgord, Aurignac, La Madeleine, La Gravette u. a., entstehen gegen Ende der Altsteinzeit etwa 10 000–8000 v. Chr. und geben Aufschluß über erste kulturelle Entwicklungen in diesem Gebiet. Diese Periode brachte die reichsten und ausdrucksvollsten bildnerischen Gestaltungen: Höhlen-Gravierungen, -Skulpturen und -Malereien von Rentieren, Bisons, Pferden, Mammuthen, Hirschen und Menschen als Zauberer mit Tiermasken und Tierkleidung; dazu mobile Kunst, Knochengravierungen und -ritzzeichnungen, Figurinen (Fruchtbarkeitsidole).

Man beschäftigte sich bereits im 18. Jahrhundert in Frankreich mit der Vorgeschichte, wenn auch von einer eigentlichen Forschung erst seit dem 19. Jahrhundert gesprochen werden kann. So kam der Abbé Breuil zu bahnbrechenden Erkenntnissen. Divergieren auch verständlicherweise die Ergebnisse der Forschung, so herrschen über die Funktion der gestalteten Höhlen keine Zweifel mehr. In ihnen haben selten Menschen gewohnt, sie dienten vielmehr vor allem dem Jagdzauber und kultischen Handlungen. Die angewendeten Techniken (Gravieren, Skulptieren und Malen) geben keine Hinweise auf die zeitliche Abfolge. Schon sehr früh wurde in dem felsigen Lehm sowie in dem weichen Gestein der Höhlenwände graviert. Mit Erdfarben, mit tierischem Fett und Eiweiß vermengt, trugen die Maler die Umrisse auf und gestalteten auch Binnenzeichnungen und farbige Schattierungen. Die französischen Höhlenmalereien gehören dem großen Komplex der franco-kantabrischen Malereien (s. Altamira in Nordspanien) an.

Im 2. Jahrtausend v. Chr. erreichte die erste von mehreren aufeinanderfolgenden Einwanderungswellen von Indoeuropäern aus dem Osten und Norden das Gebiet des heutigen Südfrankreich. Kulturell wurde die ganze Epoche des Neolithikums vom 4. Jahrtausend v. Chr. bis 900 v. Chr. von Hirten und Bauern geprägt.

Im 6. Jahrhundert v. Chr. kamen Griechen und Phönizier als erste Kolonisatoren vor allem an die Küsten des südlichen Frankreich. Die Phönizier gründeten hier im Jahre 560 die Stadt Agde. Seit dem 5. Jahrhundert drangen von Süden her die Iberer, von Norden die gallischen Tektosagen in diese Region vor und dominierten die alteingesessene Bevölkerung. Im 2. Jahrhundert vor Christus schließlich begann im Bas-Languedoc die Herrschaft der R ö m e r, die in den Jahren 59 bis 51 v. Chr. mit der Eroberung Galliens durch Cäsar ihren ersten Höhepunkt erlebte; im Jahre 56 v. Chr. wurden in diesem Zusammenhang auch die Iberer unterworfen. Narbonne, 118 v. Chr. als Hafen Narbo Martius gegründet, der im 12. Jahrhundert verlandete, war römische Provinzhauptstadt und blieb die beherrschende Römersiedlung dieser Jahrhunderte. Die weiter nördlich gelegene Region der Causses dagegen gehörte zu dem den Südwesten Galliens umfassenden Königreich Aquitanien, das sich insbesondere entlang der Atlantikküste ausbreitete. Im Pyrenäengebiet gehen Bäder wie Bagnères-de-Bigorre, Bagnères-de-Luchon oder Aulus-les-Bains auf die Römerzeit zurück.

Vom 3. Jahrhundert an begannen im Zuge der Völkerwanderung die Einfälle der g e r m a n i s c h e n S t ä m m e. Alemannen, Westgoten und Vandalen drangen allmählich immer weiter nach Süden vor, bis zwischen 412 und 419 die Eroberung Galliens durch die Westgoten endgültig vollzogen war. Im Herrschaftsbereich von Narbonne hielten sie sich bis ins 8. Jahrhundert, wenngleich nach dem Sieg der Franken unter Chlodwig im Jahre 507 der westgotische Einfluß auf die sogenannte Septimanie, die sieben Städte Narbonne, Carcassonne, Béziers, Agde, Elne, Maguelone und Nîmes beschränkt war.

Mit dem Einfall der S a r a z e n e n, die 719 die Pyrenäen überquerten, begann ein achtzig Jahre dauernder Kampf gegen die arabische Bedrohung, die mit dem Sieg bei Poitiers (732) durch den karolingischen Reichshausmeier Karl Martell endete.

Als 843 im Vertrag von Verdun das Reich Karls des Großen zwischen seinen Söhnen geteilt wurde, fiel der Süden Frankreichs überwiegend an Karl den Kahlen, der 865 eine neue Grenze zu Spanien setzte: das Roussillon kam in den Besitz Kataloniens. Bis 877 beherrschte Karl der Kahle sein Reich als A q u i t a n i e n, mit seinem Tod setzte der Zerfall ein. Die Zeit der Feudalherrschaft vieler Fürstengeschlechter begann, und eine Epoche immer neuer Gruppierungen, Fehden und Machtverschiebungen setzte ein, die bis ins 13. Jahrhundert hinein andauerte und deren Einzelheiten nur regionales Geschichtsinteresse beanspruchen können. Toulouse, bis dahin Hauptstadt des westgotischen Reichs, wurde in jener Zeit von den Grafen Raymond beherrscht, deren Hofhaltung zu den prunkvollsten in Europa zählte. Sie unterwarfen sich 1271 der f r a n z ö s i s c h e n K r o n e.

Vorausgegangen war dem allerdings eines der trübsten Kapitel in der Geschichte der R e l i g i o n s k r i e g e: Als ein großer Teil des Gebietes der vom christlichen Schema abweichenden Glaubenslehre der Katharer (nach der Stadt Albi auch Albigenser genannt) verfiel, rief 1208 Papst Innozenz III. zu einem Kreuzzug auf, dem Flamen, Alemannen, Schwaben und Franzosen der Ile-de-France folgten. Unter der Führung von Simon de Montfort metzelten sie 1209 allein bei der Einnahme von Béziers rund dreißigtausend Menschen nieder. Der blutige Kampf, besonders Toulouse war hart umstritten, endete mit der Niederlage der Albigenser, die im Vertrag von Paris 1229 besiegelt wurde. Als Folge kam es zur Heirat der Tochter des Grafen Raymond VII., Jeanne de Toulouse, mit dem Bruder des Königs Ludwig IX., des Heiligen. Nach deren beider Tod fiel Toulouse ebenso an die französische Krone, wie sich vorher schon Gard, l'Hérault, Teile von Aude, Tarn und Ariège unterworfen hatten.

Zu Ende des 13. Jahrhunderts erhielten die Neuerwerbungen der französischen Krone die gemeinsame Bezeichnung L a n g u e d o c, die sich auf die hier gesprochene Sprache des Occitanischen (langue d'oc) bezog.

1337 begann als Folge von Thronstreitigkeiten der Hundertjährige Krieg mit England, in dessen Verlauf das Gebiet um Bayonne von Engländern besetzt, 1453 aber wieder befreit wurde. In der zweiten Hälfte des 15. Jahrhunderts dehnte Louis XI. allmählich seinen Einfluß in Richtung auf das Roussilon aus.

Die 1559 einsetzenden Religionswirren brachten dem Béarn die Reformation. Das E d i k t v o n N a n t e s sicherte 1598 den Protestanten durch Henri IV., der als Heinrich von Navarra die Hugenotten angeführt hatte, dann aber zum Katholizismus zurückkehrte, weitgehend Glaubensfreiheit. Mit der Ermordung des Königs 1610 lebten jedoch erneut die Religionsstreitigkeiten auf, die erst im Frieden von Alès 1629 ein Ende fanden. Kurz darauf gelangte das Béarn endgültig in den Besitz der französischen Krone. Die Aufhebung des Edikts von Nantes (1685) führte zur erbitterten Verfolgung der »Camisards« und Kämpfen zwischen Bauern und königlichen Truppen im Gebiet der Cévennes (um 1700).

1659 schlossen Frankreich und Spanien auf der Ile des Faisans, einer Insel im Bidassoa, einen Vertrag über den Grenzverlauf zwischen beiden Ländern, wonach auch das Rousillon an Frankreich fiel. Die Pyrenäen wurden hierbei als natürliche Grenze anerkannt. Die Geschichte des französischen Südens wird von nun an primär durch die historische Entwicklung des gesamten Frankreich bestimmt: 1789 Ausbruch der Revolution, 1804 Kaiserthron für Napoleon, 1814 Abdankung Napoleons, 1830 Juli-Revolution und Sturz der Zweiten Republik, 1853 Amtsantritt Kaiser Napoleons III. Auf den deutsch-französischen Krieg von 1870/71 folgte die Gründung der Dritten Republik.

Während der beiden Weltkriege spielt Frankreich eine entscheidende Rolle. Liegen die wichtigsten Kriegsschauplätze des E r s t e n W e l t k r i e g s in Nordfrankreich, so wird im Z w e i t e n W e l t k r i e g auch der Süden Frankreichs Brennpunkt der Auseinandersetzungen. Südwestfrankreich lag bis 1942 in dem nicht von den Deutschen besetzten Gebiet. Im August 1944 wurde die Provence ebenso wie die Côte d'Azur nach der Landung amerikanischer und französischer Truppen Kriegsschauplatz. Die deutschen Truppen zogen sich beiderseits des Rhônetals zurück, wobei es teilweise zu erbitterten Kämpfen zwischen ihnen und der französischen Widerstandsbewegung kam.

Nach dem Zweiten Weltkrieg konstituierte sich nach einer neuen Verfassung (1946) die Vierte Republik. 1958 wurde die Fünfte Republik ausgerufen; General Charles de Gaulle wurde Staatspräsident und bestimmte elf Jahre lang das politische Geschick Frankreichs. Ein Jahr vor seinem Tod (1969) entschied sich das französische Volk in einer Volksabstimmung für Georges Pompidou. Nach dessen Tod wurde 1964 Valérie Giscard d'Estaing, im Mai 1981 François Mitterand Staatspräsident. Premierminister war bis 1981 Raymond Barre, ihm folgte Pierre Mourois.

Staat und Verwaltung

Frankreich ist in insgesamt 96 Départements aufgegliedert, die der Einwohnerzahl und Größe nach teilweise erhebliche Unterschiede aufweisen. Die Gesamteinwohnerzahl beträgt 52 Millionen, die Bevölkerungsdichte auf den Quadratkilometer 95 Einwohner. Von den in diesem Band beschriebenen weist das Département Bouches-du-Rhône die dichteste, das Département Lozère die geringste Besiedlung auf.

Die Verfassung der Fünften Republik (seit 1958) räumt dem Staatsoberhaupt, dem Präsidenten, große Vollmachten ein. Er wird durch Volksabstimmung auf sieben Jahre gewählt. Der Staatspräsident – le Président de la République – ernennt den Premierminister und auf dessen Vorschlag die Minister. Dabei ist das Parlament weitgehend ausgeschaltet. So kann der Staatspräsident auch ohne Zustimmung seiner Minister die Nationalversammlung auflösen. Ergibt sich eine »schwere und unmittelbare Bedrohung«, kann der Staatspräsident den Notstand proklamieren und weitgehende Maßnahmen treffen.

Das in diesem Band beschriebene Reisegebiet erstreckt sich über folgende Départements:

Ardèche (07), 5556 qkm, Hauptstadt Privas. – Landwirtschaft: Getreide-, Weinanbau. – Industrie: Seidenindustrie, Papier- und Lederverarbeitung. – Heilquellen.

Ariège (09), 4903 qkm, Hauptstadt Foix. – Landwirtschaft: Getreide, Viehzucht. – Industrie: Metall- und Eisenindustrie, Papierverarbeitung. – Heilquellen.

Aude (11), 6342 qkm, Hauptstadt Carcassonne. – Landwirtschaft: Gemüseanbau, Getreide, Wein. – Industrie: Keramik, Maschinenbau.

Aveyron (12), 8771 qkm, Hauptstadt Rodez. – Landwirtschaft: Käse (Roquefort), Viehzucht. – Industrie: Bergbau, Lederwaren, Metallverarbeitung. – Heilquellen.

Bouches-du-Rhône (13), 5248 qkm, Hauptstadt Marseille. – Landwirtschaft: Getreide-, Gemüse-, Obst- und Weinanbau, Blumen- und Pferdezucht. – Industrie: Steinbrüche, Werften, chemische Industrie, Ölraffinerien, Lebensmittelindustrie, Lederverarbeitung, Textilien, reger Handelsverkehr.

Gard (30), 5881 qkm, Hauptstadt Nîmes. – Landwirtschaft: Wein. – Industrie: Chemische Industrie, Keramik, Lederwaren, Salinen, Metallverarbeitung.

Gers (32), 6291 qkm, Hauptstadt Auch. – Landwirtschaft: Viehzucht, Wein- und Spirituosenherstellung.

Haute-Garonne (31), 6367 qkm, Hauptstadt Toulouse. – Landwirtschaft: Gemüseanbau, Getreide, Wein. – Industrie: Chemische Industrie, Erdgas, Flugzeugbau, Konservenfabriken, Textilindustrie. – Heilquellen.

Hautes-Pyrénées (65), 4534 qkm, Hauptstadt Tarbes. – Landwirtschaft: Getreide, Obst- und Gemüseanbau, Pferdezucht, Wein. – Industrie: Holzverarbeitung, Maschinenbau, Marmorsteinbruch. – Heilquellen.

Hérault (34), 6224 qkm, Hauptstadt Montpellier. – Landwirtschaft: Wein. – Industrie: Chemische Industrie, Konservenfabriken, Textilindustrie. – Heilquellen.

Lot (46), 5226 qkm, Hauptstadt Cahors. – Landwirtschaft: Obstanbau, Schaf- und Ziegenzucht, Tabak.

Lozère (48), 5180 qkm, Hauptstadt Mende. – Landwirtschaft: Schafzucht.

Pyrénées-Atlantiques (64), 7712 qkm, Hauptstadt Pau. – Landwirtschaft: Getreide, Viehzucht, Wein. – Industrie: Brauereien, Erdgas, Konservenfabriken, Steinbruch. – Fremdenverkehr. – Heilquellen.

Pyrénées-Orientales (66), 4143 qkm, Hauptstadt Perpignan. – Landwirtschaft: Gemüse- und Obstanbau, Getreide, Viehzucht, Wein. – Fischerei. – Industrie: Konservenfabriken, Lederverarbeitung, Marmorsteinbruch. – Fremdenverkehr. – Heilquellen.

Tarn (81), 5780 qkm, Hauptstadt Albi. – Landwirtschaft: Gemüse- und Obstanbau, Getreide, Viehzucht, Wein. – Industrie: Bergbau, Eisen-, Metall- und Papierverarbeitung, Glasindustrie.

Tarn-et-Garonne (82), 3730 qkm, Hauptstadt Montauban. – Landwirtschaft: Getreide, Obstanbau, Viehzucht. – Industrie: Konservenfabriken, Papierverarbeitung, Metallverarbeitung.

Alte Provinzen

(auf der Karte auf Seite 19 mit stärkeren Linien abgegrenzt und mit größeren fetten Zahlen numeriert)

1 Bretagne	12 Poitou-Charentes
2 Normandie	13 Limousin
3 Nord (Nordfrankreich)	14 Auvergne
4 Picardie (Pikardie)	15 Vallée du Rhône (Rhône-Tal)
5 Paris-Ile-de-France	16 Sovoie-Dauphiné
6 Champagne	17 Aquitaine (Aquitanien)
7 Lorraine (Lothringen)	18 Midi-Pyrénées (Pyrenäen)
8 Alsace (Elsass)	19 Languedoc-Roussillon
9 Val de Loire	20 Provence-Côte d'Azur
10 Bourgogne (Burgund)	21 Riviera-Côte d'Azur
11 Franche-Comté	

Neue Départements

(auf der nebenstehenden Karte als Einteilung in kleinere Gebiete erkennbar; aus Platzmangel fehlt die Unterteilung von Paris und Umgebung in die Départements 75, 78, 91, 92, 93, 94 und 95)

01 Ain	31 Garonne (Haute)	63 Puy-de-Dôme
02 Aisne	32 Gers	64 Pyrénées-Atlantiques
03 Allier	33 Gironde	65 Pyrénées (Hautes)
04 Alpes-de-Haute-Provence	34 Hérault	66 Pyrénées-Orientales
05 Alpes (Hautes)	35 Ille-et-Vilaine	67 Rhin (Bas)
06 Alpes-Maritimes	36 Indre	68 Rhin (Haut)
07 Ardèche	37 Indre-et-Loire	69 Rhône
08 Ardennes	38 Isère	70 Saône (Haute)
09 Ariège	39 Jura	71 Saône-et-Loire
10 Aube	40 Landes	72 Sarthe
11 Aude	41 Loir-et-Cher	73 Savoie
12 Aveyron	42 Loire	74 Savoie (Haute)
13 Bouches-du-Rhône	43 Loire (Haute)	75 Paris (Ville de)
14 Calvados	44 Loire-Atlantique	76 Seine-Maritime
15 Cantal	45 Loiret	77 Seine-et-Marne
16 Charente	46 Lot	78 Yvelines
17 Charente-Maritime	47 Lot-et-Garonne	79 Sèvres (Deux)
18 Cher	48 Lozère	80 Somme
19 Corrèze	49 Maine-et-Loire	81 Tarn
2A Corse du Sud	50 Manche	82 Tarn-et-Garonne
2B Corse du Nord	51 Marne	83 Var
21 Côte-d'Or	52 Marne (Haute)	84 Vaucluse
22 Côtes-du-Nord	53 Mayenne	85 Vendée
23 Creuse	54 Meurthe-et-Moselle	86 Vienne
24 Dordogne	55 Meuse	87 Vienne (Haute)
25 Doubs	56 Morbihan	88 Vosges
26 Drôme	57 Moselle	89 Yonne
27 Eure	58 Nièvre	90 Territoire de Belfort
28 Eure-et-Loir	59 Nord	91 Essonne
29 Finistère	60 Oise	92 Hauts-de-Seine
30 Gard	61 Orne	93 Seine-Saint-Denis
	62 Pas-de-Calais	94 Val-de-Marne
		95 Val-d'Oise

Die Départements-Nummern sind zugleich die beiden ersten Zahlen der jeweils fünfstelligen P o s t l e i t z a h l und geben das entsprechende Département auf den K r a f t f a h r z e u g - K e n n z e i c h e n an.

Kunstgeschichte

Die ältesten bildhaften Darstellungen sind in H ö h l e n z e i c h n u n g e n prähistorischen Ursprungs überliefert. Die bedeutendsten sind die von Lascaux, Niaux, Pech Merle und Cougnac, in den Grottes de Gargas, Le Mas d'Azil und Trois-Frères. In der Grotte du Tuc d'Audoubert wurden Zeugnisse

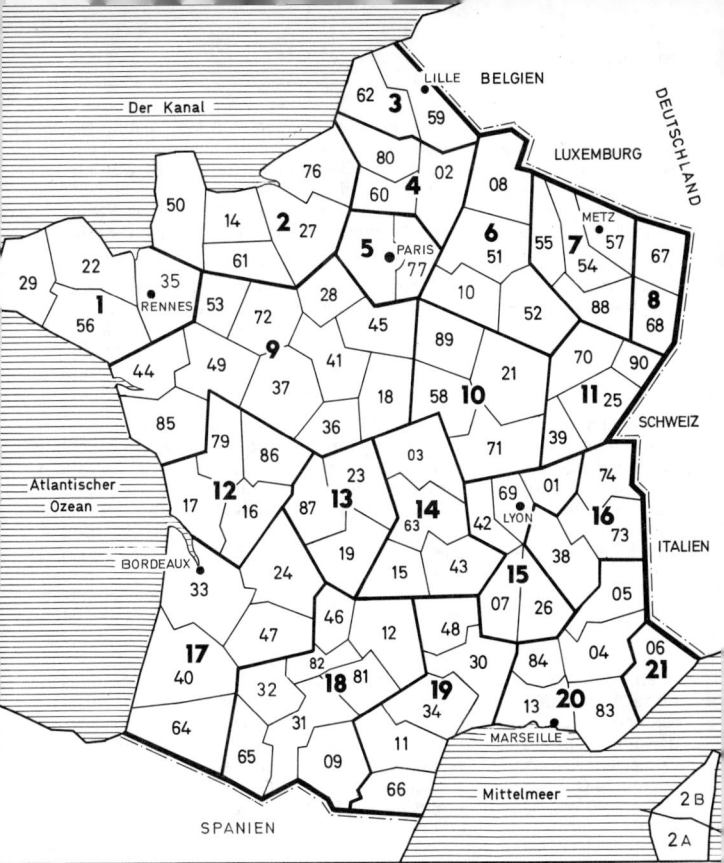

prähistorischer Plastikkunst gefunden: zwei Wisent-Statuen, aus Ton geformt. Als noch bedeutender gelten jedoch einige bei Montespan in Höhlen vorgefundene Statuen, die der frühesten Epoche plastischer Darstellung zugerechnet werden. Darüber hinaus ist man auch in den Cévennes und in den Causses in Dolmen und Hünengräbern auf kunsthandwerkliche Schöpfungen aus frühester Zeit gestoßen.

Die R ö m e r z e i t hat neben zivilisatorischen auch künstlerische Spuren hinterlassen, so etwa in der Provence (s. Nîmes und Pont du Gard; s. auch GRIEBEN-Band 264 (»Südfrankreich Ost«). Unweit des kleinen Dörfchens Montmaurin bei Boulogne-sur-Gesse, nordöstlich von Saint-Gaudens (s. dort), wurde seit den fünfziger Jahren ein großes Landgut freigelegt, das aus keltisch-römischer Zeit stammt. Das Museum von Montmaurin beherbergt auch den Abguß einer in der Nähe gefundenen kleinen Elfenbeinplastik aus der Aurignac-Zeit. Bei Saint-Bertrand-de-Comminges wurden auf einem Gebiet von etwa 100 Hektar sakrale und Profanbauten aus der Zeit des Kaisers Augustus freigelegt. Ein Museum im Ort selbst enthält Plastiken griechischer Künstler aus dem 1. Jahrhundert, die hier gefunden wurden.

In Millau war im ersten vorchristlichen Jahrhundert eine im ganzen römischen Imperium geschätzte Töpferei unterhalten worden, deren Produkte den Weg bis nach Pompeji, Germanien und Schottland gefunden hatten. Die Töpferei von Graufesenque, deren Erzeugnisse heute in einem Museum ausgestellt sind, beschäftigte mehr als achtzig namentlich bekannte Künstler. Bei Béziers schließlich wurde die alte iberisch-römische Stadt Ensérune (6. bis 1. vorchristliches Jahrhundert) ausgegraben.

Die Stilepoche der R o m a n i k fand insbesondere im östlichen Raum ihren Niederschlag. Es handelt sich sowohl um Kirchenbauten, die den Bauschulen der Provence oder der Auvergne nahestehen, als auch um befestigte Kirchen, die nur im Innern die romanische Stilform erkennen lassen, während nach außen der Festungscharakter vorherrscht. Das Jahr 1000 kann generell als die Zeitwende angesehen werden, in der die frühere karolingische Kunst beinahe überall vom neuen romanischen Stil abgelöst wurde, der sich regional allerdings verschieden manifestierte. Zu den wenigen profanen Bauwerken gehört das alte Rathaus von Saint-Antonin im Aveyron-Tal. Von den in diesem Gebiet vorherrschenden Bauschulen lehnt sich die im Quercy (Cahors) an die des Périgord an, die des Languedoc, die eine breite Ausstrahlung besaß, hatte Toulouse als Mittelpunkt. Sie findet ihren Niederschlag jedoch auch im Kreuzgang von Moissac oder den Portalen in Souillac, Cahors oder Martel. Reich an Zeugnissen romanischer Kirchenbaukunst ist auch das Pyrenäengebiet. Als bedeutendste sind in diesem Raum anzusehen die befestigte Kirche von Elne mit ihrem reich verzierten Kreuzgang, der bereits zur Gotik überleitet, die Abtei Saint-Michel-de-Cuxa bei Prades, die Kirche von Villefranche-de-Conflent, die Kathedrale von Saint-Lizier unweit von Saint-Girons, die Kathedrale Lescar bei Pau und das Westportal der Liebfrauenkirche in Oloron-Sainte-Marie. Bedeutendste romanische Kirche im nördlichen Raum des Reisegebietes ist Sainte-Foy in Conques mit ihrem berühmten Tympanon.

Die G o t i k ist in Südfrankreich nicht in ihrer reinen Form vertreten; die meisten gotischen Bauten zeigen romanische Einflüsse. Von den Kirchen dieser Epoche ist die in Albi zu erwähnen, deren Backsteingotik die südfranzösische Ausdrucksform aufzeigt. Gotik und Romanik sowie orientalische Anklänge in den Kuppeln mischen sich in der Kathedrale von Cahors. In und bei Villefranche-de-Rouergue sind die Eglise Notre-Dame und die geschlossene gotische Einheit der Chartreuse mit ihren zwei Kreuzgängen bemerkenswert.

Die aus Italien ausstrahlende R e n a i s s a n c e hat ihre Einflüsse überwiegend auf repräsentative Profanbauten wie Rathäuser oder Patrizierhäuser ausgeübt. Die Fassaden sind durch übereinanderliegende Säulenreihen, die

Treppen durch ihren monumentalen Charakter gekennzeichnet. In Pézenas blieben etliche Herrenhäuser aus dem 17. und 18. Jahrhundert erhalten, im Quercy sind die Kirche und das Schloß von Assier sowie das Schloß von Antal typische Beispiele, in den Pyrenäen zählt das Château d'Andurain in Mauléon zu den markantesten Bauten dieser Epoche.

Die Betrachtung der Kunst der G e g e n w a r t führt in den Pyrenäenort Céret, als der Heimat der Kubisten, sowie nach Collioure an der Côte Vermeille, dem Treffpunkt der nachimpressionistischen »Fauves«. Werke beider Richtungen findet man im Museum in Céret. Ein anderer, etwas früherer Schrittmacher der Moderne, Toulouse-Lautrec, ist eng mit Albi verbunden. Im Museum seines Heimatortes werden zahlreiche Werke von ihm, zusammen mit jenen anderer moderner französischer Maler, gezeigt.

Wirtschaft

Die wirtschaftliche Struktur wird zum überwiegenden Anteil von der vielschichtigen Agrarwirtschaft, von der kleinbetrieblichen Fabrikation und vom Fremdenverkehr, in geringerem Maße auch noch von der Energiewirtschaft bestimmt.

Die i n d u s t r i e l l e P r o d u k t i o n beschränkt sich im wesentlichen auf Toulouse, den wirtschaftlichen Mittelpunkt des Landes. Als bedeutendste Industriezweige sind Chemie und Flugzeugbau zu nennen, wozu sich Erdgasvorkommen unweit der Stadt als wirtschaftliche Energiequelle anbieten. Ferner ist Toulouse eines der Luftverkehrszentren Frankreichs (mit direkten Verbindungen u. a. nach Nordafrika) und Hauptumschlagplatz für die landwirtschaftlichen Erzeugnisse aus der näheren und weiteren Umgebung.

Die l a n d w i r t s c h a f t l i c h e P r o d u k t i o n (Getreide, Mais, Hackfrucht, Gemüse, Obst) paßt sich zunehmend den Erfordernissen des Marktes der Europäischen Gemeinschaft an. In ihrer Struktur wendet sich die Agrarwirtschaft deutlicher als in den mitteleuropäischen Ländern vom überlieferten Typ des vielseitigen bäuerlichen Kleinbetriebs ab und dem Aufbau spezieller Monokulturen zu. So bietet der Languedoc ein Musterbeispiel für großzügige Förderung des Weinbaues, der heute dort neben dem Gemüseanbau die vorherrschende Rolle spielt. Im weniger fruchtbaren Hochland nehmen Rinder- und Schafzucht sowie intensive Geflügelhaltung die dominierende Stellung ein, wobei auch hier der Trend zur Monostruktur von staatlicher Seite finanzielle Impulse erhält.

In einigen Gegenden, so im Quercy, hat sich eine leistungsfähige Konservenindustrie entwickelt, die neben Gemüse- auch Geflügel- und Pastetenkonserven herstellt. Eine Spezialität des Quercy sind die hier zu höchster Qualität reifenden Trüffel.

Zum W e i n a n b a u – ein Zentrum hierfür ist die Gegend um Nîmes – im Gascogne-Gebiet tritt die Verarbeitung mit ihren Nebenformen. Was der Cognac für das Gebiet nördlich Bordeaux bedeutet, ist der Armagnac, der aus den Trauben des Bas-Armagnac, von Tenarèze und des Haut-Armagnac nördlich Tarbes und westlich Toulouse gebrannt wird. Die Rebe ist zwar die gleiche wie im Cognac-Gebiet, sie wächst aber hier auf einem anderen Boden, was die Geschmacksdifferenz erklärt. Der Armagnac ist ein einträgliches Exportgut.

Die Energiewirtschaft hat in den letzten Jahrzehnten mit dem Ausbau der Wasserkraftwerke in den Pyrenäen überregionale Bedeutung erlangt; es entstanden Kraftwerke mit einer Kapazität von 5 Milliarden Kilowattstunden im Jahr. Eine weitere Energiequelle bildet das Erdgasvorkommen bei Saint-Marcet und Lacq.

Die Küstenlage ist die Basis für ganzjährige Tiefseefischerei; vor der Küste des Languedoc wird in den Monaten Mai bis Oktober zudem der Fang von Thunfisch, Makrele und Sardine betrieben. Der Hafen von Saint-Jean-de-Luz an der Atlantikküste zählt mit 3700 Tonnen Jahresumschlag zu den größten dieser Art. Konserven- und Gefrierbetriebe sorgen für die schnelle Verarbeitung des Fangs.

Eine Anzahl von Wirtschaftszweigen haben lediglich begrenzte Bedeutung. Bayonne ist aus alter Tradition die Stadt der Schokolade, die seit dem 17. Jahrhundert hier hergestellt wird. Ganges gilt als das französische Zentrum für die Herstellung von feinen Luxusstrümpfen, die seit den Tagen von Louis XVI. aus Naturseide – in der Umgebung und in Alès wurden Seidenraupen gezüchtet – und seit 1942 aus Kunstfaser gefertigt werden; auch Nîmes ist ein Zentrum der Seidenindustrie. In Millau werden Lederhandschuhe hergestellt, die von hier aus den Weg in die ganze Welt finden. In Malvécy in der Nähe von Narbonne wird Uran gewonnen. Werke für chemische oder metallurgische Erzeugnisse befinden sich in Tarbes und anderen Orten der Bigorre, in Pamiers (Foix), Bayonne und Alès, der Elektroindustrie u. a. in Lourdes und Tarbes. Roquefort-sur-Soulzon schließlich ist die Heimat des berühmten Roquefort-Käse.

Ein bedeutender Faktor im Wirtschaftsleben des Landes ist neben dem zunehmenden, staatlich geförderten Touristikverkehr das reiche Vorkommen von vorherrschend schwefel- und salzhaltigen Thermal- und Mineralquellen. Bereits zur Römerzeit bekannt und geschätzt, wurde ihre Heilwirkung im 17. und 18. Jahrhundert neu entdeckt. Seit dem Ausbau der Verkehrswege erfreuen sich die rund dreißig Heilbäder zunehmender Beliebtheit.

Praktische Hinweise

Auskunftstellen

Informationsbüros

In Frankreich:
Für den Fremdenverkehr in Frankreich ist das **Ministère de la Jeunesse, des Sports et des Loisirs – Direction du Tourisme,** 17, rue de l'Ingenieur Keller, F-75740 Paris Cedex 15, zuständig, das in Paris ein Auskunftsbüro, das **Bureau National de Renseignements de Tourisme,** 127, av. des Champs Elysées, F-75008 Paris, Tel. 7209016, unterhält. Für die einzelnen Touristengebiete sind zudem regionale Fremdenverkehrsverbände, **Comités Régionaux de Tourisme,** eingerichtet.

Comité Régional de Tourisme, 24, allées de Tourny, 33000 Bordeaux.

Zuständig für die Départements Pyrenées-Atlantiques, Lot-et-Garonne, Landes und Dordogne.

Comité Régional de Tourisme, 12, rue Salambo, 31200 Toulouse.

Zuständig für die Départements Ariège-Pyrenées, Averyron, Haute-Garonne, Gers, Lot, Hautes-Pyrénées, Tarn und Tarn et Garonne.

Comité Régional de Tourisme, 12, rue Foch, 34000 Montpellier.

Zuständig für Pyrénées Orientales, Aude, Hérault, Gard und Lozère.

Maison des Pyrénées, 24, rue du 4-Septembre, 75002 Paris.

Zuständig für das Pyrenäen-Gesamtgebiet.

Dem Comité Régional de Tourisme jeweils unterstellt sind die Touristikbüros der Départements, Comité Départemental de Tourisme, sowie die örtlichen Fremdenverkehrsbüros, Office de Tourisme oder Syndicat d'Initiative (s. Ortsbeschreibungen, Auskunft).

In der Bundesrepublik Deutschland:
Amtliches Französisches Verkehrsbüro: Kaiserstr. 12, 6000 Frankfurt/Main, Tel. 069/752029; Berliner Allee 26, 4000 Düsseldorf, Tel. 0211/803375.

In Österreich:
Französisches Verkehrsbüro, Hilton Center Nr. 259, Landstrasser Hauptstraße 2, 1030 Wien, Tel. 757062.

In der Schweiz:
Französisches Verkehrsbüro: Bahnhofstr. 16, 8022 Zürich, Tel. 2113085.

Automobilclubs

In Frankreich:
Automobile Club de France (ACF), 6, Place de la Concorde, F-75008 Paris, Tel. 2653470.

Touring Club de France (TCF), 6–8, rue Firmin Gillot, 75737 Paris Cedex 15, Tel. 5 32 22 15; deutschsprachiger Notrufdienst des ADAC/RF in Paris, Tel. 1/5 00 42 95.

Fédération Française des Clubs Automobiles, 61–67, rue Haxo, F-75020 P a r i s , Tel. 3 62 00 31; regionale Geschäftsstellen in Annecy, Avignon, Chambéry, Gap, Grenoble, Lyon, Marseille, Nice, Nîmes, Toulon, Valence.

I n d e r B u n d e s r e p u b l i k D e u t s c h l a n d geben die Geschäftsstellen des ADAC, in der S c h w e i z die Geschäftsstellen des TCS und ACS und in Ö s t e r r e i c h die Geschäftsstellen des ÖAMTC Auskünfte über Einreise-bestimmungen, Reisewege und die örtlichen Verkehrsvorschriften; darüber hinausgehende detaillierte Angaben enthalten die vom ADAC herausgege-benen Länder-Hefte der Reihe »Touring-Information«, denen einige Daten dieses Abschnittes entnommen sind.

Diplomatische Vertretungen

I n F r a n k r e i c h :

Botschaft der Bundesrepublik Deutschland, 13/15, Avenue Franklin D. Roosevelt, F-75008 P a r i s , Tel. 0 03 31/3 59 33 51; Konsularabteilung, 34, Avenue d'Iéna, F-75116 P a r i s , Tel. 3 59 33 51.

Konsulate der Bundesrepublik Deutschland: 33, Boulevard des Belges, F-69458 L y o n – Cedex 06, Tel. 0 03 37/8 93 54 73 (Generalkonsulat); 338, Avenue du Prado, F-13295 M a r s e i l l e – Cedex 2, Tel. 00 33 91/77 60 90, 77 08 98 (Generalkonsulat, zugleich für Monaco); »Le Beethoven«, 44, rue Rossini, F-06000 N i c e – Cedex, Tel. 00 33 93/87 35 26 (Honorarkonsulat); 24, rue de Metz, F-31000 T o u l o u s e , Tel. 00 33 61/52 35 56 (vorm.) und 52 64 92 (nachm.; Honorarkonsulat); 12, Boulevard Wilson, F-66000 P e r p i - g n a n , Tel. 00 33 68/51 15 49.

Österreichische Botschaft: 6, Rue Fabert, F-75007 P a r i s , Tel. 0 03 31/55 95 66.

Österreichische Konsulate: 139, Rue du Faubourg St.-Honoré, F-75008 P a r i s , Tel. 0 03 31/2 25 19 43 (Generalkonsulat); 17, Boulevard des Belges, F-69006 L y o n , Tel. 00 33 7/8 93 21 86; 11, Rue Sainte Cécile, F-13005 M a r s e i l l e , Tel. 47 21 21.

Schweizerische Botschaft, 142, Rue de Grenelle, F-75007 P a r i s , Tel. 0 03 31/5 50 34 46.

Schweizerische Konsulate: 7, Rue d'Arcole, F-13291 M a r s e i l l e - C e d e x 2 ,Tel. 00 33 91/53 36 65 (Generalkonsulat); 8, Rue Godefroy, F-69453 L y o n - C e d e x 3 , Tel. 0 03 37/8 93 51 34 (Generalkonsulat); 4, Avenue G.-Clémen-ceau, F-06000 N i c e , Tel. 00 33 93/88 85 09 (Konsulat).

Reisezeit und Reiseziele

Vom November abgesehen, wartet der Süden Frankreichs das ganze Jahr hindurch mit günstigen klimatischen Bedingungen auf. Im S o m m e r und F r ü h h e r b s t locken die Seebäder am Mittelmeer und an der Atlantikküste. Zu dieser Zeit sind auch die Berge und Pässe der Pyrenäen weitgehend schneefrei und bieten vielerlei Wander- und Ausflugsmöglichkeiten. Für den F r ü h l i n g bieten sich die sonnenbestrahlten Ebenen am Fuß der Pyrenäen an, in denen bereits im März die Landschaft in sattem Grün aufleuchtet und die Obstbäume in voller Blüte stehen. Der S p ä t h e r b s t wiederum lockt bis in den November hinein mit milden Tagen (und nachlassendem Fremdenverkehr) zu Exkursionen zu den kulturellen und historischen Sehenswürdigkeiten, an denen die Städte dieses Gebietes so reich sind. Im W i n t e r schließlich eignen sich zahlreiche Pyrenäenorte und Teile der Cévennes zum Wintersport. Somit bietet sich dem Besucher des französischen Südens die Möglichkeit eines Besuches außerhalb der Hochsaisonmonate und damit dem sonst vielfach üblichen Touristentrubel auszuweichen. Zumal Museen, Höhlen und Grotten meist ganzjährig, zumindest aber bis Ende Oktober geöffnet sind.

Heilbäder

Alvignac-les-Eaux
Amélie-les-Bains-Palalda
Argelès-Gazost
Aulus-les-Bains
Ax-les-Thermes
Bagnères-de-Bigorre
Bagnères-de-Luchon
Bagnols-les-Bains
Barbazan
Barbotan-les-Thermes
Barèges
Biarritz
Boulon (Le)
Cambo-les-Bains
Capvern-les-Bains
Cauterets

Eaux-Bonnes
Eaux-Chaudes (Les)
Lacaune
Lamalou-les-Bains
Molitg-les-Bains
Neyrac-les-Bains
Prats de Mollo-la Preste
Rennes-les-Bains
Salies-de-Béarn
Salies-du-Salat
Saint-Sauveur-les-Bains
Thuès-les-Bains
Ussat-les-Bains
Vals-les-Bains
Vernet-les-Bains

Luftkurorte

Font-Romeu-Odeillo-Via
Guéthary

Loures-Barousse
Pau

Seebäder

A t l a n t i k
Biarritz
Bidart
Guéthary
Hendaye
Saint-Jean-de-Luz

M i t t e l m e e r
Argelès-Plage
Banyuls-sur-Mer

Canet-Plage
Cerbère
Collioure
La Franqui
La Grande Motte
Le Grau du Roi
Narbonne-Plage
Port-Vendres
Les Saintes-Maries de la Mer

Wintersportorte

Aubrac, 1300 m.	**Barèges**, 1219 m.	**Mont-Louis**, 1600 m.
Aulus-les-Bains, 762 m.	**Cauterets**, 932 m.	**Porté-Puymorens**,
Ax-les-Thermes, 720 m.	**Font-Romeu-**	1623–1915 m.
Bagnères-de-Bigorre,	**Odeillo-Via**, 1800 m.	**Saint-Lary-Soulan**,
550 m.	**Laguiole**, 1004 m.	817 m.
Bagnères-de-Luchon,	**Mongie (La)**, 1800 m.	**Superbagnères**, 1800 m.
630 m.		

Grenzverkehr

Für Touristen aus der Bundesrepublik Deutschland, Österreich und der Schweiz ist zur Einreise nach Frankreich lediglich ein gültiger P e r s o n a l - a u s w e i s oder R e i s e p a ß erforderlich; Kinder unter 16 Jahren benötigen einen Kinderausweis oder müssen im Familienpaß eingetragen sein. Bei Benutzung eines Kraftfahrzeugs sind F ü h r e r s c h e i n und K r a f t f a h r - z e u g s c h e i n mitzuführen. Die Internationale Grüne Versicherungskarte ist bei Fahrzeugen mit amtlichem deutschem Kennzeichen nicht erforderlich, erleichtert jedoch die Abwicklung von Schadenfällen.

Bei Mitnahme eines H u n d e s oder einer K a t z e benötigt man ein amtstierärztliches Gesundheits- und Tollwutimpfzeugnis, wobei die Impfung mindestens einen Monat, jedoch nicht länger als ein Jahr zurückliegen soll.

Für A u ß e n b o r d m o t o r e n über 92 ccm werden Triptik oder Carnet de Passages verlangt (Ausstellung durch den ADAC).

Zollbestimmungen

Neben dem persönlichen Reisebedarf dürfen folgende Gegenstände vorübergehend abgabenfrei eingeführt werden: 2 Fotoapparate mit je 24 Kassetten oder 10 Filmen, 1 Schmalfilmkamera mit 10 Filmen, 1 Projektor, 1 Reiseschreibmaschine, 1 Tonbandgerät mit 2 Bändern, 1 Kofferradio, 1 Autoradio, 1 Plattenspieler mit 10 Platten, 1 tragbares Musikinstrument, 1 Fernglas, Camping- und Sportgeräte, 2 Jagdgewehre mit je 100 Patronen, 1 Fahr- und Motorrad, Kfz-Ersatzteile bis zu einem Wert von 690 FF bei Einfuhr aus EG-Ländern, 140 FF aus Nicht-EG-Ländern. – Folgende Waren sind bis zur genannten Menge abgabenfrei bei Einfuhr aus EG-Ländern (Nicht-EG-Länder in Klammern): 300 (200) Zigaretten oder 150 (100) Zigarillos oder 75 (50) Zigarren oder 400 (250) g Tabak, 1,5 (1) l Spirituosen über 22° Alkoholgehalt oder 3 (2) l Spirituosen geringeren Alkoholgehalts oder 3 (2) l Schaumwein und 4 (2) l sonstiger Wein; 75 (50) g Parfüm und 0,375 (0,25) l Toilettenwasser, 750 (500) g Kaffee oder 300 (200) g Kaffeeauszüge, 150 (100) g Tee oder 60 (40) g Teeauszüge, Reiseproviant, Geschenke im Gesamtwert bis zu 1030 (230) FF, für Kinder unter 15 Jahren 290 (115) FF. – Tabakwaren und Alkohol sind nur für Personen über 17 Jahre, Kaffee nur für Personen über 15 Jahre abgabenfrei.

Bei der R ü c k r e i s e (deutscher Zoll) sind Geschenke oder Andenken bis zu einem Wert von insgesamt 460 DM zollfrei, wenn sie aus dem freien Verkehr eines EG-Landes stammen, 100 DM bei Waren aus anderen Ländern und nicht mehr als 460 DM aus EG- und Drittländern gleichzeitig. Für Tabakwaren und Spirituosen usw. gelten die gleichen Mengenbeschränkungen wie bei der Einreise nach Frankreich (s. oben). Ausnahme: 750 (250) g Kaffee oder 300 (100) g Kaffeeauszüge. – Tabakwaren und Alkohol sind nur für Personen über 17 Jahre, Kaffee nur für Personen über 15 Jahre abgabenfrei.

Währung und Reisekosten

Die gültige Währungseinheit ist der französische Franc (FF) = 100 Centimes (c). Ein Franc sind ca. 30–35 Pfennige. Da die Wechselkurse ständigen Schwankungen unterliegen, wird an dieser Stelle auf genauere Angaben verzichtet.

In Umlauf befinden sich Münzen von 1, 5, 10 FF und 10, 20 und 50 c sowie Banknoten zu 5, 10, 100 und 500 FF.

Die E i n f u h r von französischen Banknoten ist unbegrenzt, die A u s f u h r nur bis zu 5000 FF gestattet. Die E i n f u h r von ausländischen Zahlungsmitteln nach Frankreich ist ebenfalls unbegrenzt. Für die A u s f u h r von Devisen gibt es keine Einschränkung, wenn sie bei der Einreise deklariert wurden, sonst nur bis zum Gegenwert von 5000 FF. Vor der Ausreise ist der Umtausch von FF in ausländische Währung bis zum Gegenwert von 5000 FF gestattet. Es empfiehlt sich, vor Antritt einer Reise die jeweils gültigen Bestimmungen über den Devisenverkehr bei den Banken, Informationsbüros oder Grenzzollstellen zu erfragen.

Die R e i s e k o s t e n in Frankreich entsprechen im wesentlichen denen in der Bundesrepublik Deutschland. Die Preise für Hotelzimmer, Lebensmittel und Gegenstände des täglichen Bedarfs sind angemessen, abseits der großen Feriengebiete wird man bei einfacheren Unterkünften mit entsprechend bescheideneren Preisen rechnen können. Der für Westdeutsche und Schweizer seit Jahren günstige Wechselkurs hat mit zu einem starken Anstieg der Besucherzahlen aus der Bundesrepublik und der Schweiz beigetragen. Die hohen Benzinkosten in Frankreich sollten allerdings bei der Planung der Reisekosten entsprechend berücksichtigt werden.

Wissenswertes

Uhrzeit

Für die Monate April bis Mitte September gilt – wie in den meisten Ländern der Europäischen Gemeinschaft – die S o m m e r z e i t, d. h., die Uhr wird gegenüber der Mitteleuropäischen Zeit (MEZ) um eine Stunde vorgestellt.

Öffnungszeiten

Die Öffnungszeiten der Ladengeschäfte sind unterschiedlich, einen einheitlichen Ladenschluß gibt es nur für Warenhäuser und größere Geschäfte; in der Regel werden jedoch, zumindest in den größeren Orten, Mittagspausen von etwa 13.00 bis 15.00 Uhr eingehalten. Eine Besonderheit für Frankreich besteht darin, daß am Sonntag sowohl in den Großstädten als auch in den kleineren Orten alle Lebensmittelgeschäfte bis gegen 13.00 Uhr geöffnet sind. Dagegen sind sie montags vormittags in der Regel geschlossen.

Geschäftszeiten der Banken: Montag bis Freitag 9.00 oder 9.30 bis 12.00 oder 12.15 Uhr und von 14.00 bis 16.00 Uhr. Am Tag vor einem Feiertag schließen die Banken bereits um 12 Uhr.

Postämter: Montag bis Freitag 9.00 bis 19.00 Uhr; in den Hauptpostämtern der großen Städte ist für den Telegrammdienst durchgehend geöffnet.

Museen sind meistens dienstags und an Feiertagen geschlossen, auch während der Mittagszeit. – Die Öffnungszeiten können sich von Jahr zu Jahr ändern, man sollte zuvor zuverlässige Erkundigung einholen.

Kirchen sind ebenfalls während der Mittagsstunden geschlossen, wenn für die Besichtigung Eintritt erhoben wird. (Das Wachpersonal macht in dieser Zeit Mittagspause.)

Feiertage

1. Januar, Neujahr; **Ostermontag; 1. Mai,** Tag der Arbeit; **8. Mai,** Jahrestag der deutschen Kapitulation 1945; **Christi Himmelfahrt; Pfingstmontag; 14. Juli,** Nationalfeiertag; **15. August,** Mariä Himmelfahrt; **1. November,** Allerheiligen; **11. November,** Waffenstillstandstag (Erster Weltkrieg); **25. Dezember,** Weihnachten.

Trinkgeld

Falls in Hotels und Restaurants das Trinkgeld noch nicht inbegriffen ist, gibt man 15 % des Rechnungsbetrags. Platzanweiserinnen im Theater und Kino leben vom Trinkgeld, das hier 15 % des Eintrittsgelds beträgt. Auch Führer in Museen und Toilettenfrauen erwarten einen kleinen Betrag. Taxifahrer bekommen 15 % des Fahrpreises. Gepäckträger erwarten, daß der tarifliche Preis aufgerundet wird. An Tankstellen genügt ein kleiner Betrag für Scheibenreinigen, das nicht immer selbstverständlich ist. Beim Friseur bekommt, obgleich offiziell im Preis inbegriffen, jeder, der etwas an Kopf oder Händen tat, ein zusätzliches Trinkgeld.

Porto

Briefmarken erhält man in den Tabakläden sowie auf den Postämtern, die durch ein PTT- oder P et T-Schild gekennzeichnet sind.

Telefon

Nur in seltenen Fällen gibt es noch Fernsprecher, die mit sogenannten Jetons bedient werden (Wechselmöglichkeiten in oder neben der Telefonzelle). In der Regel gilt der Münzfernsprechverkehr, mit Direkt-Durchwahl ins Ausland in vielen Orten.

Selbstwahl in die Bundesrepublik (analog in die Schweiz und nach Österreich): Münzen zu 50 c, 1 FF oder 5 FF (seltener) einwerfen, dann die 19 wählen (Auslandsfernamt), Summton abwarten, dann 49 (für Bundesrepublik) wählen und anschließend die Ortskennzahl ohne vorangehende Null,

sodann die Teilnehmer-Nummer. Beispiel für München: 19 – 49 – 89 – . . . . . .
Die Verbindung benötigt einige Zeit. Eine Minute Telefongespräch aus dem
Languedoc in die Bundesrepublik kostet etwa 2,50–3 FF.
S e l b s t w a h l aus der Bundesrepublik nach Frankreich: Es ist 00 33
vorzuwählen, dann folgen die Netzvorwahl für das entsprechende Département
und schließlich der Teilnehmer.
Für die Départements des vorliegenden Bandes gelten:

Ardèche	75	Hautes-Pyrénées	62
Ariège	61	Hérault	67
Aude	64	Lot	60
Aveyron	65	Lozère	68
Bouches-du-Rhône	91	Pyrénées-Atlantiques	59
Gard	66	Pyrénées-Orientales	69
Gers	62	Tarn	63
Haute-Garonne	61	Tarn-et-Garonne	63

Eurocheque

Scheckkarteninhaber können bei den mit »ec« (Eurocheque) gekennzeichneten Banken Schecks bis zu einer jeweiligen Höhe von 300,–DM in
Landeswährung einlösen (auch mehrere Schecks gleichzeitig). Postämter
nehmen nirgends, Sparkassen nur selten Eurocheques entgegen.

Postreiseschecks

Reisende können bei den deutschen Postgiroämtern Postreisescheckhefte
(10 Schecks) beantragen, die im Verkehr mit Frankreich auf feste Beträge
von 50, 100 oder 200 FF lauten müssen und zum gleichen Kurs umgerechnet
werden wie Postanweisungen. Die Reiseschecks sind vier Monate gültig, auf
2000 FF festgesetzt und nicht übertragbar. Sie können gegen Gebühr mit
Zahlkarte oder Postüberweisung bestellt werden.

Netzspannung

Im allgemeinen trifft man in Frankreich 220 Volt Netzspannung an. Es ist
dringend zu beachten, daß die in Deutschland vorgeschriebenen Schuko-
stecker nicht benutzt werden können, sondern nur sogenannte Gerätestek-
ker mit dünneren Kontaktstiften.

Tabakläden

Tabakwaren kauft man in den Cafés, die dafür eine besondere Lizenz haben,
von außen durch ein rotes Rautenschild gekennzeichnet und somit eben
Bureaux de Tabac (Tabakläden) sind. In größeren Städten befinden sich dort
auch öffentliche Telefonzellen; man muß das Gespräch an der Theke
verlangen. – Im Bureau de Tabac kann man auch Briefmarken kaufen.
Für den Transport von Alkohol oder Weinen, die lose in Behältern oder
Flaschen (ohne Kapsel mit Steuermarke) mitgeführt werden, ist im Bureau
de Tabac ein Steuerschein zu lösen, auf dem Reiseweg und Daten eingetragen werden.

Mietwagen

Die Union der französischen Autovermieter (C.S.N.C.R.A.), 6, Rue Léonard-de-Vinci, F-75116 P a r i s , Tel. 5 53 63 74, sendet auf Anforderung eine Liste der Verleihfirmen zu. Mitglieder ausländischer Automobilclubs können sich auch an den Automobile-Club de France, Commission de Tourisme, 6–8, Place de la Concorde, F-75008 P a r i s , Tel. 2 65 34 70, wenden. Es ist empfehlenswert, Leihwagen schriftlich vorzubestellen.

» T r a i n e t A u t o « nennt sich ein kombinierter Dienst der SNCF (Französische Eisenbahn). Der Reisende hat in 140 Städten die Möglichkeit, direkt am Bahnhof in das vorbestellte Selbstfahrer-Mietauto umzusteigen. Von Vorteil ist dabei, daß diese Leihwagen nicht zum Ausgangspunkt zurückgebracht werden müssen. Nähere Auskünfte erteilen: TRAIN+AUTO, 36, Rue de Léningrad, F-75008 P a r i s , Tel. 7 44 73 39, im Ausland die Vertretungen der SNCF.

In der Bundesrepublik: Weserstr. 56, 6000 Frankfurt a. Main.

Unterkunft und Verpflegung

In Frankreich werden die durch das Fremdenverkehrs-Ministerium überwachten »Hôtels de Tourisme« in vier Kategorien eingestuft. Diese Hotels sind erkennbar an einem über dem Eingang angebrachten blau-weiß-roten Schild mit dem Buchstaben »H«, die Kategorie wird mit ein bis vier Sternen angegeben. Die Preise der Hôtels de Tourisme unterliegen einer ständigen Überprüfung. Abgesehen von den Luxushotels der Sonderklasse, deren Preise von den offiziellen Stellen nicht kontrolliert werden und die durch vier Sterne und ein »L« gekennzeichnet sind, unterscheidet man:

**** = Luxus- und erstrangige Hotels,
*** = erstklassige Hotels mit ausgezeichnetem Komfort,
** = sehr gute Hotels,
* = gute Hotels mit geringerem Komfort.

Verhältnismäßig teuer sind Einzelzimmer, da der reguläre Zimmerpreis das »Grand Lit«, das französische Doppelbett, einschließt. In der Regel sind in allen Hôtels de Tourisme die Mehrwertsteuer und der Bedienungszuschlag im Übernachtungspreis inbegriffen. In der Vor- und Nachsaison kann man mit etwa 10 bis 15 % Ermäßigung rechnen.

Besonders hingewiesen sei auf die sogenannten L o g i s d e F r a n c e . Dies sind zumeist kleinere Hotels, die mit staatlicher Hilfe modernisiert wurden und sich als Gegenleistung verpflichten mußten, lokalen Charakter zu wahren, in ihren Restaurants die Spezialitäten der Gegend zu servieren und feste Preise (meist in mittlerer Höhe) einzuhalten. Sie sind durch ein schmiedeeisernes Schild, das ein Kaminfeuer zeigt, einheitlich gekennzeichnet. Der Hotelführer »Logis et Auberges de France« erscheint jährlich neu; er ist durch die Fédération Nationale des Logis et Auberges de France, 25, Rue Jean Mermoz, F-75008 Paris, sowie durch französische Buchhandlungen zu beziehen. Die A u b e r g e s d e V a c a n c e s sind einfache, aber saubere Hotels, die meist abseits der großen Reiserouten in ländlichen Gegenden liegen.

Relais de Campagne und Châteaux-Hôtels. Seit Anfang der siebziger Jahre besteht ein Zusammenschluß von Hotels und Restaurants mit gehobenem Komfort in Schlössern und Burgen. In Frankreich gibt es etwa 150 solcher Hotels sowie 35 *Relais Gourmands*. Das jährlich erscheinende Verzeichnis erhält man beim Centre d'Information Relais et Châteaux, Hôtel de Crillon, 10, Place de la Concorde, F-75008 Paris, sowie beim Französischen Verkehrsbüro, Frankfurt a. M.

In einigen Départements gibt es neuerdings auch Zimmer und W o h n u n - g e n   a u f   B a u e r n h ö f e n (Gîtes Ruraux). Die Einrichtungen unterstehen einer strengen Kontrolle, die betreffenden Bauernhöfe sind mit dem Schild »Gîte de France« versehen. Auskunft: Fédération nationale des Gîtes ruraux de France, 35, rue Godot-de-Mauroy, F-75009 Paris.

Die Vereinigung S t a t i o n s   V e r t e s   d e   V a c a n c e s (Grüne Ferienorte auf dem Lande) hat annähernd 400 Gemeinden als Mitglieder. Voraussetzung sind eine erholsame Landschaft, Hotels, Camping, Privatunterkünfte, Freizeitmöglichkeiten u. a. Auskunft durch das Französische Verkehrsbüro.

Im französischen Hotelführer M i c h e l i n sind nicht nur Hotels und deren Zimmerpreise sowie die üblichen Kosten der Mahlzeiten, sondern auch eine Reihe von Restaurants aufgeführt, die gute Mahlzeiten – »repas soignés«, wie sie der Franzose sucht – bis zu einem Höchstpreis von 50 FF anbieten.

Auch in erstklassigen Hotels werden sogenannte Touristenmenüs, »Menu Touristique«, angeboten, deren Preis unter 30 FF liegt und die in Angebot und Qualität meist voll zufriedenstellen.

Auch die Preise für Vollpension sind, verglichen mit denen in der Bundesrepublik Deutschland oder der Schweiz – immer in Relation zum Gebotenen –, keinesfalls überhöht. Teuer wird das Essen dagegen, wenn man à la carte speist – und dabei den selbst in kleineren Restaurants gebotenen Gaumenfreuden frönt.

Die französischen M a h l z e i t e n sind das P e t i t   D é j e u n e r = Frühstück, das D é j e u n e r = Mittagessen (12 bis 14 Uhr) und das D î n e r = Abendessen (19 bis 21 Uhr). Der S a l o n   d e   T h é und die P â t i s s e r i e entsprechen unseren Konditoreien.

Das F r ü h s t ü c k ist, wie in Deutschland, nicht gerade reichlich. Im Hotel gibt es gewöhnlich zwei Brötchen oder Hörnchen mit Butter, Marmelade sowie Kaffee oder Tee. Ein Zwang zur Einnahme des Frühstücks im Hotel oder ein Preisaufschlag bei Nichteinnahme besteht nicht. Im Straßencafé erhält man meist nur trockene Hörnchen, die beliebten »croissants«. Bestellt man – auch im Hotel – nicht ausdrücklich »café au lait«, so erhält man schwarzen Kaffee, andernfalls wird Milch, nie jedoch Sahne, dazu gereicht.

Im D é j e u n e r und D î n e r hingegen entfaltet sich die ganze Liebe des Franzosen zur Kochkunst. Man muß sich für die Mahlzeiten wesentlich mehr Zeit nehmen als in Deutschland. Selbstverständlich trinkt man zum Essen Wein. Der Einheimische bevorzugt den preiswerten offenen Landwein »Vin du Pays«, den man aber nicht ohne weiteres erhält, selbst wenn man »en caraffe« bestellt. Weißbrot wird ohne Berechnung serviert.

Preiswert und schnell ißt man zu Mittag in den Fernfahrer-Raststätten, die von weit her durch die parkenden Sattelschlepper auffallen. Und hier bekommt man natürlich auch ein Glas offenen Landwein.

Eine besondere Empfehlung verdienen die französischen K ä s e s o r t e n , mit denen fast jede Mahlzeit abgeschlossen wird; an Mannigfaltigkeit und Qualität der Käse ist Frankreich unübertroffen.

Spezialitäten der Gastronomie

Einige der köstlichsten Delikatessen für Feinschmecker gehören zu den Spezialitäten des Landes: Gänseleber, Trüffel, Roquefort-Käse, Forellen und der... Armagnac. Sie werden zusammen mit vielen anderen Tafelfreuden in den verschiedenen, landschaftlich bedingten Varianten dargeboten.

Andererseits wird man, was nicht jedermanns Geschmack ist, häufig bei der Zubereitung der Speisen Knoblauch verwendet finden.

In den P y r e n ä e n ist die Kost kräftig und deftig, wobei Schwein und Gans eine gewichtige Rolle spielen. Der Schinken von Bayonne ist ebenso bekannt wie die Gänseleber aus dem Gebirgsvorland, die sich durchaus mit der des Périgord und des Quercy messen kann. Vom Herbst bis Ostern greift die Hausfrau auf ihr »Confit« zurück, das eingemachte Fleisch vom Schwein, von der Gans und der Ente, das im eigenen Fett eingelegt ist. Diese Spezialität sollte der Reisende unbedingt kosten; auch das »Coussoulet« ist weit verbreitet: ein Eintopfgericht aus weißen Bohnen, Gänse-, Hammel- oder Schweinefleisch und Speck oder Wurst. Auch die klassische Suppe des Béarn, des Baskenlandes und der Bigorre, die »Garbure«, eine Gemüse- suppe mit eingemachter Gänsekeule und etwas Schinken, ist eine typisch südfranzösische Malzeit ländlicher Art. Beim Käse, der auch in dieser Region nicht ohne Erwähnung bleiben darf, ist besonders der preiswerte Pyrenäenkäse, eine Butterkäseart, zu nennen. Dabei stellt »Pyrenäenkäse« keine Marke dar, sondern ist eine allgemeine Bezeichnung für den speziell in den Pyrenäen hergestellten, typischen Käse.

Im B a s k e n l a n d ist die Küche besonders scharf gewürzt. Hier serviert man gerne die »Pipérade«, eine Omelett mit grünem Paprika und Tomaten. Auch eine eigene Bouillabaisse, eine pikante Fischsuppe, kennen die Basken, den sogenannten »ttoro«.

Wer als Heimat der Sauce Bérnaise das B é a r n vermutet, geht fehl. Sie wurde vielmehr 1830 im Bereich der Ile-de-France erstmals zubereitet. Wild und Forellen werden dagegen im Béarn als Spezialitäten des Landes serviert.

Im M i t t e l m e e r g e b i e t wirkt der katalanische Einfluß auf die Küche nach. Typisch ist die »Ouillade«, eine Gemüsesuppe, oder eine Fischsuppe, die »Boullinade«, die vorzugsweise in Banyuls mit Langusten zubereitet wird. Katalanisches Rebhuhn, mit bitteren Orangen garniert, ist ein spezieller Leckerbissen. Gegrillte Schnecken mit Paprikaschoten werden als »Cargolade« angeboten.

Im R o u s s i l l o n genießen insbesondere die Weine einen guten Ruf. So etwa der süßliche Dessertwein des Banyuls, von dem es auch eine »trokkene« Variante gibt, oder die Lagen von Grenache und der Corbières. Im B é a r n wächst mit dem Jurançon ein Weißwein, der seit Jahrhunderten geschätzt wird. Das B a s k e n l a n d ist die Heimat des Irouléguy sowie des Pitarra, einem säuerlichen Apfelwein, der allerdings nicht jedermanns Sache ist.

Im Q u e r c y werden dem Feinschmecker besondere Delikatessen geboten: Gänseleberpastete und Trüffeln. Für letztere hat man vielerlei Gerichte komponiert, die vom simplen Omelett mit Trüffeln bis zu Trüffeln in Champagner oder mit gebackener Kruste reichen. In dem Restaurant »La Taverne« in Cahors, einem Mittelpunkt des Trüffelkults, kann man sie in allen Variationen genießen. Im Quercy wird wie auch in den Pyrenäen vorzugsweise mit Gänsefett gekocht. Im übrigen bestimmen Geflügel, wie Ente, Pute und Gans, in vielerlei Formen den Küchenzettel. Von den im Quercy wachsenden Weinen ist der von Cahors in erster Linie zu erwähnen, ein Rotwein, der an den Hügeln des Lot wächst.

Im Bereich der C é v e n n e s schätzt man neben den Trüffeln insbesondere auch Pilze als delikate Beilage. Knoblauchsuppe, Kutteln in bestimmter Zubereitung mit viel Gemüse und Kräutern, Schweinernes, häufig mit Kastanien gefüllt, und Bachforellen sind ebenso typisch für die Gegend wie der »Pélardons« genannte Ziegenkäse.

Eine Spezialität des R o u e r g u e ist das »Mourtairol«, eine mit Safran gewürzte Hühnerbrühe. Das »Alicot«, ein Gänse- oder Entenklein mit Steinpilzen und gerösteten Maronen, darf nicht mit dem »Aligot« verwechselt werden, einer Art Kartoffelpüree mit frischem Käse und Knoblauch. Wild wird schmackhaft mit Wacholder und Thymian gewürzt. Als Süßigkeit sind die gezuckerten Kuchen, die »Fouasses« von Millau, hier schon seit dem 15. Jahrhundert zu Hause.

Natürlich gehören Krebse und Austern in den Küstengebieten zu den Besonderheiten der südfranzösischen Speisekarte. Besonders die Crustacés und Coquillages, die Krusten- und Schalentiere, sind vornehmlich in den Küstengebieten zu den Spezialitäten der süd- und westfranzösischen Küche zu zählen. Dabei sollte man beim Einkauf wie im Restaurant darauf achten, daß man »pêche locale« erhält, regionale Ware also. Dies ist nicht nur preisgünstiger, sondern garantiert auch die Frische der Produkte.

Campingplätze

Die Campingplätze in Frankreich sind in vier Kategorien unterteilt. Eine Liste der besten Plätze, und mit näheren Angaben darüber, vermittelt die Fédération Française de Camping et de Caravaning, 78 Rue de Rivoli, 75004 Paris, Tel. 2728408. – Auskünfte in D e u t s c h l a n d erteilen der **DCC** (Deutscher Camping Club), 8000 München 40, Mandlstr. 28, Tel. 089/334021, sowie die Geschäftsstellen des **ADAC.** Beide Clubs bringen jährlich Campingführer mit ausführlichen Angaben heraus.

Agde	**Amélie-les-Bains-**	**Aubenas**
Aigues-Mortes	**Palalda**	**Auch**
Albi	**Annonay**	**Ax-les-Thermes**

Bagnères-de-Luchon	Hendaye	Prades
Bayonne	Limoux	Rocamadour
Biarritz	Lourdes	Saint-Bertrand-
Cabrerets	Martel	de-Comminges
Cahors	Mende	Saint-Céré
Carcassonne	Millau	Les Saintes-Maries
Castres	Mirepoix	de la Mer
Collioure	Moissac	Saint-Jean-de-Luz
Condom	Montauban	Saint-Jean-Pied-de-Port
Cordes	Montpellier	Sète
Eaux-Bonnes	Najac	Souillac
Entraygues-sur-Truyère	Narbonne	Tarascon-sur-Ariège
Espalion	Nîmes	Toulouse
Figeac	Pau	Le Vigan
Florac	Perpignan	Villefranche-
Gaillac	Pézenas	de-Rouergue

Jugendherbergen

Auskünfte über Jugendherbergen, »Auberges de Jeunesse«, erteilt die Féderation Unie des Auberges de Jeunesse, 6, rue Mesnil. F-75116 Paris. Ausländer müssen den internationalen Jugendherbergs-Ausweis vorweisen.

Auskünfte in D e u t s c h l a n d erteilt das Deutsche Jugendherbergswerk, Bülowstraße 26, 4930 Detmold, Tel. 05231/22772, das jährlich ein Verzeichnis der Jugendherbergen herausgibt.

Bayonne-Anglet	Montauban	Sète
Carcassonne	Nîmes	Tarascon
Castelsarrasin	Perpignan	Tarbes
bei Moissac	Saint-Girons	Toulouse
Mèze bei Sète	Salies-de-Béarn	

Neben den Jugendherbergen gibt es in Frankreich eine Reihe gemeinnütziger Organisationen, die jungen Reisenden billige Unterkunftsmöglichkeiten bieten. Die UCRIF ist ein Zusammenschluß dieser Organisationen, die in ganz Frankreich über Jugendhotels und Ferienzentren verfügen. Der entsprechende Unterkunftsführer »France Accueil des Jeunes« ist beim Französischen Fremdenverkehrsamt (s. Auskunftstellen/Informationsbüros) erhältlich.

Verkehrshinweise

Straßenverkehr

Die Straßen in Frankreich sind wie folgt klassifiziert: A u t o r o u t e (Autobahn, gebührenpflichtig, Péage; Abkürzung A), R o u t e n a t i o n a l e (Nationalstraße, entsprechend der Bundesstraße, Abkürzung N oder nur Angabe der Nummer), R o u t e d é p a r t e m e n t a l e (Départementstraße, entsprechend der Land- bzw. Verbindungsstraße, Abkürzung D), C h e m i n v i c i n a l oder V o i e o r d i n a i r e (Gemeindestraße, abgekürzt V oder VO).

Die Kennzeichnung des Straßennetzes mit Wegweisern und Nummern ist vorbildlich; die Meilensteine zeigen auf freier Strecke in regelmäßigen Abständen die wichtigsten Entfernungen und in Gebirgen auch die Höhe an. Sie tragen an den Routes nationales eine r o t e, an den Routes départementales eine g e l b e »Kappe«.

Das französische S t r a ß e n n e t z ist im allgemeinen mit Tankstellen sehr gut ausgestattet. Es empfiehlt sich jedoch, in abgelegenen Gegenden vorzusorgen.

W i c h t i g : Die S t r a ß e n n u m m e r n in Frankreich werden seit 1975 erneut geändert. Vor allem wurden frühere Nationalstraßen in Départementstraßen umbenannt. Es ist nicht auszuschließen, daß weitere Veränderungen erfolgen. Die Angaben dieses Bandes entsprechen dem Stand von 1984.

T r e i b s t o f f p r e i s e . Die Preise für Benzin und Diesel sind auch in Frankreich mit einer ungewöhnlich hohen Steuer belastet und liegen über denen der Bundesrepublik. Wegen der Schwankungen auf dem internationalen Markt wird auf die Angabe von Preisen verzichtet.

V e r k e h r s r e g e l n : In Frankreich gelten im wesentlichen die in der Bundesrepublik Deutschland üblichen Verkehrsregeln. Ausnahmen: Innerhalb von Ortschaften verlieren die Durchgangsstraßen grundsätzlich ihre Vorfahrtsberechtigung, wenn nicht das Schild »Passage protégé« ausdrücklich zur Vorfahrt berechtigt. Die Straßenbahn hat immer Vorfahrt. Auf schmalen Bergstraßen hat das bergauffahrende Fahrzeug Vorfahrt, wenn ohne Anhalten einem begegnenden Fahrzeug nicht ausgewichen werden kann. Überholen kurz vor und an Kreuzungen und Einmündungen ist verboten, Kreisverkehr hat Vorfahrt. Die Markierungslinien (Leitlinien) sind in Frankreich zum Teil noch in gelber Farbe ausgeführt, jedoch jetzt wie in der Bundesrepublik größtenteils weiß. In »Blauen Zonen« (zones bleues) ist die Benützung von Parkscheiben obligatorisch, sie sind bei Automobilclubs und in Papiergeschäften erhältlich. In vielen Orten ist das Abstellen von Fahrzeugen an Tagen mit »geraden« Zahlen nur auf der Straßenseite mit »geraden« Hausnummern, an Tagen mit ungeraden Ziffern nur auf der entsprechenden anderen Seite gestattet. Vor Krankenhäusern, Polizeirevieren und Postämtern ist das Parken verboten. Die H ö c h s t g e s c h w i n d i g k e i t beträgt in Ortschaften 60 km/h, außerhalb 90 km/h, auf zweispurigen Nationalstraßen 90 km/h, auf vierspurigen Nationalstraßen mit Mittelstreifen 110 km/h, auf Autobahnen 130 km/h. Für Pkw mit Anhänger gelten die gleichen Geschwindigkeitsbeschränkungen. Wer den Führerschein noch kein ganzes Jahr besitzt, darf höchstens 90 km/h fahren. Besonders zu beachten ist die auch für Ausländer geltende A n s c h n a l l p f l i c h t in Autos, die mit Sicherheitsgurten ausgerüstet sind. Bei Regen- und Schneefällen muß mit Abblendlicht gefahren werden. Motorrad- und Mopedfahrer sind verpflichtet, Schutzhelme zu tragen und auch am Tag mit Abblendlicht zu fahren. Verkehrssünder, auch ausländische, werden in Frankreich vergleichsweise streng bestraft.

Nach Unfällen nimmt die Polizei ein Protokoll nur bei P e r s o n e n s c h ä - d e n auf. Zur Regelung von S a c h s c h ä d e n empfiehlt sich die Hinzuziehung eines bei Gericht zugelassenen Sachverständigen (Huissier), der über den Bürgermeister der nächsten Gemeinde zu erreichen ist.

Auskünfte über den S t r a ß e n z u s t a n d (Straßenarbeiten, winterliche Sperren) erteilt in Frankreich *Inter-Service-Route* (O.R.T.F./Französischer Rundfunk), Paris, Tel. 8583333. Der Autofahrer kann von unterwegs Tag und Nacht sowie an Sonn- und Feiertagen Auskünfte einholen, in der Bundesrepublik bei den Geschäftsstellen des ADAC.

Bei P a n n e n können Touristen den Straßenhilfsdienst des TCF in Anspruch nehmen, zentrale Rufnummer 1/7 66 04 05. Mit dem ADAC-Auslands- und Euroschutzbrief werden Kosten für Pannen- und Unfallhilfe bis 200,– DM übernommen. Auf Autobahnen kann Pannen- und Unfallhilfe über die Notrufsäulen angefordert werden, auf Landstraßen, in Ortschaften und Städten über den Polizei-Notruf »police secours«, Tel. 17. In Paris hat der ADAC einen deutschsprachigen Notrufdienst eingerichtet: Tel. 161/5 00 42 95.

Bahnverkehr

Die Französischen Eisenbahnen (Société Nationale des Chemins de Fer Français, abgekürzt **SNCF**) unterhalten im Ausland eigene Informationsbüros.

I n d e r B u n d e s r e p u b l i k D e u t s c h l a n d :
Rüsterstr. 11, 6000 F r a n k f u r t a m M a i n , Tel. 0 69/72 84 44.

I n Ö s t e r r e i c h :
Opernring 1, A-1010 W i e n , Tel. 02 22/57 24 06 und 56 17 60.

I n d e r S c h w e i z :
Effingerstr. 31, CH-3001 B e r n , Tel. 0 31/25 11 01. – 3, rue du Mont-Blanc, CH-1211 G e n è v e , Tel. 0 22/31 28 50.

Da das französische Eisenbahnnetz weitgehend elektrifiziert ist, gestattet es nicht nur ein schnelles, sondern auch ein bequemes Fahren. Die Züge gliedern sich in folgende Kategorien: e x p r e s s (internationale und bedeutende nationale Fernzüge), r a p i d e s (Schnellzüge des Inlandverkehrs), d i r e c t s (Eilzüge, die nur in größeren Orten halten) und o m n i b u s (Personenzüge, die alle Stationen bedienen). Besonders gekennzeichnet sind die meist als »omnibus« oder »directs« laufenden a u t o r a i l s (Dieseltriebwagen), die etwa den deutschen Schienenbussen vergleichbar sind. Natürlich ist die SNCF auch am Trans-Europa-Expreß-Verkehr beteiligt. L i e g e w a g e n (Couchettes) und S p e i s e w a g e n verkehren auf vielen französischen Bahnstrecken neben den von der »Compagnie Internationale des Wagons-Lits et des Grands Express Européens« betriebenen S c h l a f - w a g e n .

Für den ausländischen Besucher sind folgende e r m ä ß i g t e F a h r k a r - t e n von Interesse:

F e r i e n k a r t e (»France Vacances«): Sie berechtigt zu unbegrenzten Fahrten auf dem gesamten Netz der SNCF einschließlich der Pariser Vorortstrecken der SNCF. Für zuschlagpflichtige Züge braucht kein

Zuschlag gezahlt zu werden. Die Karte ist erhältlich bei den großen deutschen Bahnhöfen und DER-Reisebüros (auch in West-Berlin), kann aber bei allen DB-Bahnhöfen bestellt werden.

B i l l e t   d e   S e j o u r : Es ist 2 Monate gültig und setzt einen Aufenthalt in Frankreich von mindestens 6 Tagen voraus. Es gewährt ab einer Strecke von 1000 km innerhalb Frankreichs eine Ermäßigung von 25 %. Weitere Bedingung: Hin- und Rückfahrt müssen an einem Dienstag, Mittwoch, Donnerstag oder Samstag beginnen.

G r u p p e n f a h r k a r t e : Sie gilt 30 Tage lang; sofern sie im Ausland ausgestellt wird und ab einem Grenzbahnhof lautet, 2 Monate. Auf Gruppenkarten werden 20 % Ermäßigung für mindestens 10 Teilnehmer, 30 % für mindestens 25 Personen, 40 % für (mindestens 10) Schüler, Studenten oder Jugendliche anerkannter Organisationen gewährt.

F a m i l i e n f a h r k a r t e (Mindestentfernung 300 km einschließlich Rückfahrt) für Hin- und Rückfahrt oder Rundreise: Sie ist 40 Tage gültig und gilt für gemeinsam reisende Familien. Während 2 Personen den vollen Tarif bezahlen, werden jedem 3. und weiteren Teilnehmer 75 % Ermäßigung gewährt, Kinder im Alter von 4 bis 10 Jahren zahlen die Hälfte des ermäßigten Fahrpreises. Kinder bis zu 4 Jahren werden stets frei befördert. Die Familienfahrkarte ist im Ausland bei den amtlichen Reisebüros erhältlich, wobei ein Antrag gestellt werden muß.

S e n i o r e n - F a h r k a r t e (»Carte Vermeil«): Sie ist ein Jahr gültig und gewährt Herren über 65 Jahren und Damen über 60 Jahren 30 % Ermäßigung bei einfacher, 50 % bei Hin- und Rückfahrt. Die Benutzung von Expreßzügen ist an bestimmten Tagen der Hauptreisezeit untersagt. Die Senioren-Fahrkarte gilt nicht im Raum von Paris.

C a r t e   J e u n e : Gültig von Juni bis September für Jugendliche zwischen 12 und 25 Jahren, Ermäßigung 50 % an sogenannten blauen Tagen (Auskunft bei den Reisebüros und Bahnhöfen mit Auslandsfahrkartenverkauf). Erhältlich in Frankreich gegen Vorlage des Personalausweises sowie eines Fotos.

Flugverkehr

Die französische Fluggesellschaft AIR FRANCE unterhält Verbindungen mit fast allen internationalen Flughäfen der Welt. Zur Anreise aus der Bundesrepublik Deutschland, Österreich und der Schweiz eignen sich folgende Direktverbindungen: Von Frankfurt am Main nach Lyon und Paris; von Berlin, Düsseldorf, Hamburg, Köln/Bonn, München und Stuttgart nach Paris; von Wien nach Paris; von Genf, Zürich und Basel nach Paris.

Den nationalen Luftverkehr besorgt AIR INTER, eine Tochtergesellschaft der AIR FRANCE. Im Bereich dieses Reiseführers sind folgende Strecken interessant: Biarritz – Lourdes; Toulouse – Lourdes; Toulouse – Perpignan; Toulouse – Pau; Toulouse – Biarritz.

Auskunft erteilen folgende Büros von AIR FRANCE:

In der Bundesrepublik Deutschland:
Friedensstr. 11, 6000 F r a n k f u r t a. M., Tel. 0 69/2 56 60 (Direktion). –
Europa-Center, 1000 B e r l i n 30, Tel. 0 30/2 50 25. – Graf-Adolf-Str. 59, 4000
D ü s s e l d o r f, Tel. 02 11/3 89 07. – Kaiserstr. 19, 6000 F r a n k f u r t a. M. 1,
Tel. 0 69/2 56 61. – Alstertor 21, 2000 H a m b u r g 1, Tel. 0 40/3 28 70. –
Richartzstr. 10, 5000 K ö l n 1, Tel. 02 21/23 55 22. – Theatinerstr. 33, 8000
M ü n c h e n 2, Tel. 0 89/2 10 67. – Königstr. 43b, 7000 S t u t t g a r t 1, Tel.
07 11/22 13 21.

In Österreich:
Kärntnerstr. 49, A-1010 W i e n, Tel. 02 22/52 66 52/8.

In der Schweiz:
1/3 rue Chantepoulet, CH-1201 G e n è v e, Tel. 0 22/32 16 00. – Talstr. 70,
CH-8039 Z ü r i c h, Tel. 01/2 11 05 94.

Darüber hinaus unterhält die Air Littoral regelmäßige Flugverbindungen auf
der Strecke Montpellier–Nizza sowie nach Korsika.

Busverkehr

Das in diesem Band beschriebene Reisegebiet ist von einem Netz von
Buslinien überzogen, die hauptsächlich von privaten Unternehmern betrieben werden. Neben den regelmäßigen Liniendiensten sei besonders auf die
von der SNCF veranstalteten halb- und ganztägigen Touristenrundfahrten
verwiesen, die von allen größeren Fremdenverkehrszentren aus veranstaltet
werden und im Kursbuch »Indicateur Tourisme« zusammengefaßt sind.

Sport

Pelota. Obwohl der Tourist nur in den seltensten Fällen aktiv an diesem
Sport teilnehmen wird, soll hier eine nähere Beschreibung des baskischen
Nationalspiels gegeben werden.

Unter dem Titel »Frontón« kündigt meist der Vergnügungsanzeiger an, wo
und wann » p e l o t a « gespielt wird. Das Ballspiel muß ebenso wie Stier-
kampf und Tanz seinen Ursprung in Urzeiten haben. Auch bei Odysseus,
Horaz, Vergil, Philipp dem Schönen, Franz I. und Heinrich IV. von Frankreich
wird immer wieder das Ballspiel erwähnt. Seine heutige Form nahm das
Pelotaspiel im 19. Jahrhundert bei den Basken an. Dort ist es heute noch
weit verbreitet. In der kleinsten Gemeinde wird es im Freien hinter der Kirche
oder dem Rathaus gegen eine große Wand gespielt. Selbst Geistliche in
ihren Soutanen nehmen daran teil. In den Städten wird es als Schauspiel in
den eigens hierzu gebauten großen Frontóns veranstaltet, großen zemen-
tierten Hallen, in denen der Zuschauerraum durch ein Netz vor dem harten
Ball geschützt ist. Dort spielen hervorragende Berufsspieler gegeneinander,
meist in Gruppen von zwei bis vier Spielern, die durch rote und blaue
Bauchbinden voneinander zu unterscheiden sind.

Das Spiel besteht darin, daß ein mit Leder überzogener Gummiball gegen
eine hohe Wand geschlagen wird. Hierzu benutzt der Amateur die Handflä-
che, der Berufsspieler aber die lange »cesta« oder »chistera«, in einen

Spitzkorb auslaufende Haundschuhe, oder die »pala«, platte Holzschläger, mit denen der Ball unglaublich schnell gegen die Wand geschlagen wird.

Reiten. Abgesehen von allen größeren Städten, in denen man gewöhnlich Reitschulen findet, bieten auch kleinere Fremdenverkehrsorte in zunehmendem Maße die Möglichkeit, diesen Sport auszuüben. Reitwanderungen werden im Quercy, Rouergue, der Gascogne, den Landes, im Périgord, in den Pyrenäen und natürlich in der Camargue angeboten. Daneben ist das Mieten von Planwagen und Kaleschen vielerorts möglich. Auskünfte erteilt der Nationale Reiter-Tourismusverband-ANTE, 12, rue du Parc Royal, 75003 Paris, Tel. 2 77 48 56. – Sogenannte Trailritte, mehrtägige Reittouren, werden wie überall in Frankreich auch in der Camargue, den Cevennen sowie den Pyrenäen angeboten. Auskünfte erteilen: Konzeption und Reisen, Hans Quintes GmbH, 5429 Obertiefenbach, Tel. 0 67 72/16 18, und Pferd und Reisen, Internationale Reiterreisen, Schulstraße 5, 2000 Hamburg 73, Tel. 0 40/6 77 44 13.

Sportfischen. Ein Eldorado für die Sportangler sind die Pyrenäen, in deren Wildbächen Prachtexemplare von Forellen, zum Teil aber auch Lachse zu Hause sind. Das Sportfischen ist hier meist ohne Beschränkung gestattet oder über lokale Vereinigungen möglich, denen der Feriengast beitreten kann. Ein ganz spezieller Wettbewerb wird vor Navarrenx gepflegt: Europameisterschaften im Lachsfang.

Wassersport. In jedem größeren Fremdenverkehrsort auch im Innern des Landes findet man – teilweise heizbare – Schwimm- und Hallenbäder vor; besonders gut ausgestattet sind die Badeanstalten der Kur- und Heilbäder. – Im wahrsten Sinne naturbedingt, sind die Küstenlandschaften am Mittelmeer und am Atlantik wahre Wassersportparadiese, in denen der Hochseesegler ebenso zu seinem Recht kommt wie der Sporttaucher. Regattahochburgen sind Sète und Agde am Mittelmeer, außerdem die Touristenzentren La Grande-Motte und Le Grau-du Roi; vor der Côte Vermeille (Collioure, Narbonne-Plage, Post-Vendres und Banyuls-sur-Mer) herrscht internationaler Yachtbetrieb. Am Atlantik sind vor allem Biarritz und Saint-Jean-de-Luz die beiden größten Yachthäfen. Darüber hinaus sind Bootsfahrten auf den Flüssen und Kanälen mit eigenem oder auch gemietetem Boot fast überall in Frankreich möglich. Auskünfte erteilen: Beaver Fleet, 7, rue Garcia Lorca, Saint Agne, 31520 Ramonville und Hobby Voyage, 8, rue de Milan, 75009 Paris. Karten für die französischen Flüsse und Kanäle können bezogen werden durch: Rheinschiffahrt, Am Thermalbad 5, 6232 Bad Soden, Tel. 0 61 96/2 88 66, und Navicarte, E.C.M., 9, Quai d'Artois, F-94170 Le Perreux, Tel. 00 33/1/8 71 32 21.

Unterwassersport. Für diese Sportart eignen sich dieselben oben genannten Orte. Nähere A u s k u n f t erteilt: Françaises d'Etudes et de Sports Sousmarins, F-13007 Marseille, 24, Quai de Rive-Neuve.

Wintersport. Der Wintersport wird in Frankreich von Jahr zu Jahr populärer, und deshalb entstehen immer mehr Wintersportzentren, sog. Touristenstationen. Innerhalb des hier erfaßten Reisegebietes befinden sich diese Orte vor allen in den Pyrenäen (Aubrac, Laguiole, Brameloup, Font-Romeu, Bourg-Madame, Superbagnères, Barèges, Gourettes) und in den Cevennen.

Bergsteigen und Wandern. Für Berg- und Gletschertouren eignen sich die Pyrenäenorte Cauterets (932 m), Gavarnie (1350 m), Barèges (1219 m), Bagnères-de-Luchon (630 m) als Ausgangspunkt. Eine Informationsschrift des Commissariat Général au Tourisme gibt einen Überblick über etwa 90 Touren mit Anmerkungen über den Schwierigkeitsgrad und die erforderlichen Gehzeiten.

Die Fédération Française de la Randonnée Pédestre hat in Zusammenarbeit mit dem Comité National des Sentiers de Grande Randonnée in ganz Frankreich markierte Wanderwege angelegt, von denen einige auch das in diesem Band besprochene Gebiet berühren. Insbesondere der Parc National des Cévennes verfügt über ein dichtes Netz dieser Wege. Zu nahezu jeder dieser Routen ist ein beliebter »Topoguide« erschienen, der alle wichtigen Auskünfte über Landschaft, Wegeführung und Unterkunftsmöglichkeit gibt. Nähere Auskunft erteilt das Comité National des Sentiers de Grande Randonnée, CNSGR, 92, rue de Clignancourt, 75883 Paris, Cedex 18, Tel. 2 55 86 73 und 74.

Veranstaltungen

Aigues-Mortes, Sommerfestival mit Theateraufführungen, 1. bis 20. August. – Heimatfest, 2. Oktoberhälfte.

Albi, Karneval im Februar/März. – Fêtes de la Saint-Jean im Juni. – Festival de Théâtre, Compagnie Guy Vassal, Anfang Juli. – Internationales Filmfestival der Amateure, 1. Augustwoche. – Grand Prix Automobile, Mitte September.

Amélie-les-Bains-Palada, Internationales Folklorefestival im August. – Herbstfest im Oktober.

Alès, Festival de jeune théâtre d'Alès, Theaterfestival, 1. Julihälfte. – Musikfestival und Filmfestival im Sommer.

Auch, Festival de Musique d'Auch et de Gascogne, Musikfestival mit Orgel- und Kirchenkonzerten in der Cathédrale Sainte-Marie im Juni.

Bayonne, Schinkenmarkt im April. – Grandes Fêtes traditionnelles, Festtage von Bayonne mit Tänzen, Stierkämpfen und folkloristischen Darbietungen Anfang August, das Fest dauert 6 Tage.

Biarritz, Meeresfest und »Zaubernacht« im August.

Cahors, Festival des Amateur-Theaters im Mai. – Festival der dramatischen Kunst im Juli.

Carcassonne, großes Feuerwerk am 14. Juli.

Collioure, Grandes Fêtes mit Stierkämpfen und Feuerwerk, vom 15. bis 18. August.

Condom, Musikfest im Oktober.

Conques, Musikalische Soireen Mitte bis Ende Juli und Mitte bis Ende August.

Font-Romeu, Wallfahrten am 8. September, am 3. Sonntag nach Pfingsten und am 15. August.

Gourdon, Rencontres Estivales, Musikfestial im Juli und August.

Lourdes, Festival de Musique et d'Art Sacré, Musik- und Kunsttage an Ostern.

Martel, Mittelalterliches Fest am Wochenende nach dem 15. August. – Foire de la laine, Wollmarkt am 22. oder 23. Juli.

Moissac, Fest der Gutedel-Traube im September.

Montauban, Festival d'Occitanie im Juni/Juli. – Fêtes de l'Eté vom 1. bis 15. August.

Nîmes, Festival du Jazz in der Woche des 14. Juli. – Theater-, Konzert- und Folkloreveranstaltungen während der Sommermonate. – Stierkämpfe in den Monaten Mai bis Oktober. – Feria des Vendages, Folklorefest mit Corridas am letzten Wochenende im September.

Pau, Internationales Springreiten, zwei Wochen vor Ostern. – Pferderennen im Januar, Mai, Juni und Dezember; Fuchsjagden von November bis März. – Großes Autorennen von Pau am Ostermontag.

Perpignan, »La Sardane«, folkloristischer Tanz, von Juni bis September 2× wöchentlich auf der place de la Loge. – Karfreitagsprozession der Confrérie de la Sanch.

Pézenas, Mirondella des Beaux Arts, Theater- und Folklorefestival im Juli/ August.

Prades, Sommerfestspiele zu Ehren Pablo Casals in der Abtei von Saint-Michel de Cruxa.

Rocamadour, Wallfahrten vom 5. bis 12. September. – Festival zu Ehren des Komponisten Francis Poulenc am 22. August.

Saint-Bertrand-de-Comminges, Festival du Comminges, Orgel- und Kirchenkonzerte im Juli/August.

Saint-Céré, Internationales Festival für Chorgesang und Instrumentalmusik im August.

Les Saintes-Marie de la Mer, Wallfahrt zum Fest der Maria Jakobäa am 24. und 25. Mai. – 14. Juli, Nationalfeiertag mit Stierkämpfen, folkloristischen Darbietungen und Feuerwerk – Wallfahrt zu Ehren der Maria Salome am Wochenende um den 22. Oktober, Prozessionen mit den Stierhirten der Camargue und den Frauen aus Arles in ihren schönen Trachten.

Saint-Jean-de-Luz, Sonnwendfest am 24. Juni. – Thunfischfest im Juli. – Ttoro, Festtag im September, an dem es die traditionelle baskische Fischsuppe gibt. – Korsarenfest, – »Musique en Côte Basque«, – Maurice-Ravel-Musikakademie, alles jeweils im September. – Baskische Weihnacht in der Hochzeitskirche Ludwigs XIV.

Sète, Semaine du Carneval Mitte Mai. – Grand Pardon de Saint Pierre, 1. Sonntag im Juli, mit »Tournoi de Joutes«, dem traditionellen Fischerstechen. – Festival de la Mer im August. – Fest des hl. Ludwig am 25. August, mit Fischerstechen.

Tarbes, Festival du Pâques, Musique et Art Sacré, Kunst- und Musiktage an Ostern. – Festival du Jazz im Mai. – Fête de la ville de Tarbes, Stadtfest von Tarbes im Juni. – Reiterveranstaltungen im Oktober.

Toulouse, Fête de la Viollette im März/April. – Musik- und Theaterfestival »Messidor« im Juni/Juli. – Fête des Moulins du Bazacle im November.

Villefranche-de-Rouergue, Musikfestival des Rouergue zwischen 1. und 15. August. – Internationales Folklorefestival in der 1. Augustwoche. – Foire à la Brocante, Trödel- und Antiquitätenmarkt vom 15. bis 18. August.

Kartenhinweise

Michelin 1:1 000 000 (Michelin Reifenwerk AG, Karlsruhe); Blatt **989** (France).

Michelin 1:200 000, Blatt **93** (Lyon – Marseille).

Michelin 1:200 000, Teilkarten: Blatt **76** Aurillac – St.-Etienne), Blatt **78** (Bordeaux – Biarritz), Blatt **79** (Bordeaux – Montauban), Blatt **80** (Rodez – Nîmes), Blatt **82** (Pau – Toulouse), Blatt **83** (Carcassonne – Nîmes), Blatt **85** (Biarritz – Luchon), Blatt **86** (Luchon – Perpignan).

Carte touristique 1:100 000 (Institut géographique national) 74 Blätter für ganz Frankreich (in französischen Buchhandlungen erhältlich).

Reisewege

Für den Autoreisenden

Anfahrtstrecken

Seit 1980 ist eine durchgehende Benützung der Autobahnen von der Bundesrepublik Deutschland und der Schweiz nach Südfrankreich möglich:

Freiburg oder Basel (A 5) – Mulhouse – Besançon – Beaune (A 36) – Lyon (A 6) – Orange (A 7), hier Abzweigung nach Perpignan (A 9).

Zwei weitere Routen bieten sich an:

Bern – Genf – Valence – Arles.

Paris – Tours – Bordeaux – Biarritz.

Die Benutzung der Autobahnen ist gebührenpflichtig und auf längeren Strecken auch recht kostspielig. Die sehr gut ausgebauten Nationalstraßen erlauben im allgemeinen trotz Schwerlastverkehr ein rasches Fortkommen.

Für die **A n f a h r t** aus der Bundesrepublik bietet sich die Benutzung von **Autoreisezügen** auf folgenden Strecken an:

Hamburg-Altona – Hannover – Neu Isenburg (Frankfurt a. M.) – A v i g n o n
Hamburg-Altona – Hannover – Karlsruhe-Durlach – N a r b o n n e
Düsseldorf – Köln-Deutz – Neu Isenburg (Frankfurt a. M. – N a r b o n n e
Düsseldorf – Köln-Deutz – Neu Isenburg (Frankfurt a. M.) – Karlsruhe-Durlach – Avignon – F r é j u s - S a i n t - R a p h a ë l
Kassel – Neu Isenburg (Frankfurt a. M.) – Karlsruhe-Durlach – N a r b o n n e
Saarbrücken – N i c e / N i z z a
München-Ost – Kornwestheim (Stuttgart) – Karlsruhe-Durlach – N a r - b o n n e
München-Ost – P a r i s E s t

Streckenbeschreibungen

N 9 T e i l s t r e c k e M a r v e j o l s – M i l l a u – L o d è v e – B é z i e r s – N a r b o n n e – P e r p i g n a n – L e P e r t h u s (spanische Grenze), 327 km.

Die N 9 erreicht, aus Richtung Clermont-Ferrand kommend, das in diesem Band beschriebene Gebiet nördlich von

Marvejols, verläuft dann ein Stück im Lot-Tal und über die Höhe der Causses de Sauveterre in einer Ebene nach

Séverac-le-Château (41 km), einem Städtchen mit einem mittelalterlichen Schloß, dann weiter auf dem linken Tarn-Ufer nach

Millau (73 km, Ausgangspunkt zur Besichtigung der Gorges du Tarn). Über die Höhen des Causse du Larzac, von denen sich eine herrliche Aussicht auf die Flußtäler bietet (bei La Cavalerie empfiehlt sich ein Abstecher in die Käsestadt Roquefort), und vorbei an

La Pezade (109 km, Abzweigung nach La Couvertoirade, 4 km, einem seit mehreren Jahrhunderten unverändert erhaltenen dorf) führt die von Felsen gesäumte Strecke dann zur Paßhöhe.

Pas de l'Escalette (616 m, 119 km), hinter der sich ein weiter Ausblick in den Süden auftut und beinahe jäh die mediterrane Vegetation mit Olivenbäumen, Wein und Maulbeerbäumen einsetzt, zur einstigen Bischofsstadt

Lodève (138 km). Während kurz darauf die N 109 nach Montpellier abzweigt, führt die Strecke über den Fluß Lergue und nach

Clermont-l'Hérault (157 km), früher eine graue Industriestadt, jetzt Umschlagplatz für die Traubenernte aus der Umgebung, weiter durch das Hérault-Tal nach

Pézenas (178 km), einem größeren Ort mit schönen älteren Herrenhäusern, und schließlich nach

Béziers (201 km) am Canal du Midi; diese größte Stadt im weiten Umkreis geht noch auf eine Römersiedlung zurück und ist heute eines der Wirtschaftszentren Südfrankreichs. Auf dem weiteren Weg in den Süden wird dann

Narbonne (234 km) erreicht, einst römische Provinzhauptstadt und Hafen; mit dem Badeort Narbonne-Plage wächst die Stadt jetzt wieder zur Küste hin, an der sie zur Römerzeit lag. Kurz hinter Narbonne wird links der Etang de Bages et de Sigean sichtbar, ein großer, vom Meer durch einen schmalen Landstreifen getrennter See. Bei Sigean am südlichen Seeausgang zweigt die D 9 B zum Hafenstädtchen Port la Nouvelle ab, am Etang de Lapalme wird wieder die Hauptstrecke erreicht. Entlang der Küste liegen aufstrebende kleine Seebäder, ein sandiger Landstreifen grenzt den Etang de Leucate ou de Salses vom Meer ab. Über

Perpignan (296 km), eine typische südfranzösische Stadt und bedeutender Verkehrsknotenpunkt, wird über Le Boulou

Le Perthus (327 km), Grenzstation nach Spanien, erreicht.

N 10, Teilstrecke Bayonne – Saint-Jean-de-Luz – Hendaye, 32 km.

Wo die N 10 landeinwärts verläuft, bieten sich Küstenvarianten an. Zwischen dem mondänen Seebad Biarritz und Hendaye an der französisch-spanischen Grenze (21 km bis San Sebastián) liegen eine Reihe weiterer Badeorte, von denen u. a. Saint-Jean-de-Luz/Ciboure in letzter Zeit einen gewaltigen Aufschwung verzeichnete.

N 20, Teilstrecke Brive-la-Gaillarde – Cahors – Montauban – Toulouse, 212 km.

Die N 20 erreicht, aus Limoges kommend, das in diesem Band beschriebene Gebiet wenige Kilometer südlich von

Brive-la-Gaillarde und führt dann durch den Causse de Martel und das Dordogne-Tal nach

Souillac (35 km), durchquert den Causse de Quercy und verläuft über

Payrac (53 km) und eine Hochebene, dann durch das Lot-Tal nach

Cahors (103 km), der Hauptstadt des Département Lot, mit schönen Bauten und bekannt als Zentrum einer berühmten Trüffelgegend. Über den Lot gelangt man zum Plateau des Bas-Quercy und durch das Aveyron-Tal nach

Caussade (140 km). Von hier geht es überwiegend auf ebener Strecke weiter in das Lère-Tal und über Réalville, Albias sowie über den Fluß Aveyron nach

Montauban (162 km), der Hauptstadt des Département Tarn-et-Garonne (sehenswerte historische Bauten), und schließlich über den Seitenkanal der Garonne, vorbei an Grisolles nach

Toulouse (212 km).

N 88, Teilstrecke Chapeauroux – Mende – Rodez – Albi – Toulouse, 335 km.

Diese Strecke ist landschaftlich außerordentlich abwechslungsreich und führt am Südabhang des Massif Central entlang.

Die von Le Puy durch das südliche Velay führende N 88 erreicht das Département Lozère und damit das in diesem Band beschriebene Reisegebiet bei

Chapeauroux am oberen Allier, wo sie den Fluß überschreitet. Sie führt dann sehr kurvenreich, aber landschaftlich überaus reizvoll über Châteauneuf-de-Randon nach

Mende (67 km), der Hauptstadt dieses Départements, und verläuft weiter durch verschiedene Täler und Causses am Ufer des kleinen Flusses Lot entlang nach Moriès, wo sie in die N 9 einmündet. Kurz vor Bonassac biegt die D 988 ab nach

Saint-Laurent-d'Olt (119 km), wo der Lot überquert wird. Vor Bozouls, einem kleinen reizvollen Ort mit einer alten romanischen Kirche, biegt die Straße links ab und führt über das unwegsame Kalksteinplateau des Causse du Comtal und an dem dort befindlichen Château de Vaysette vorbei durch das Auterne-Tal auf eine Anhöhe nach

Rodez (180 km), der einstigen Hauptstadt der Provinz Rouergue, heute Hauptstadt des Département Aveyron (zahlreiche historische Bauten und die gotische Kathedrale Notre-Dame). Von hier weiter auf der N 88 über

Baraqueville (199 km, Abzweigung der D 911 nach Cahors) und

Naucelle-Gare (214 km, Abzweigung zum Château du Bosc, 2,5 km, mit Erinnerungen an den Maler Toulouse-Lautrec) führt die N 88 in Serpentinen abwärts in das Viaur-Tal (links Blick auf die Pont de Tanus, einen 460 m langen, 120 m hohen Viadukt). Durch die Industriestadt

Carmaux (242 km), mit Kohlengruben und Glashütten, geht es weiter in das weite Tarn-Tal und über die Pont-Neuf (sehenswerter Blick auf die Stadt) nach

Albi (258 km), der Hauptstadt des Département Tarn. Die Kathedrale von Albi ist typisch für die Backsteingotik des südlichen Frankreich; sehenswert ist auch das Toulouse-Lautrec-Museum. Im weiteren Verlauf führt die N 88 durch die Ebene von Albi (bei Marsac alte Brücke über den Tarn) zur Sektstadt

Gaillac (280 km) mit historischen Bauten, dann im Tarn-Tal abwärts, am Château de Saint-Géry vorbei, über Rabastens nach

Toulouse (334 km).

N 112/108/113/86, Teilstrecke B é z i e r s – A g d e – S è t e – M o n t p e l - l i e r – L u n e l – N î m e s – P o n t du G a r d , 150 km.

Ausgangspunkt dieser abwechslungsreichen Route, die eine Anzahl beson-ders sehenswerter Orte umfaßt, ist die einstige Römersiedlung

Béziers, am Canal du Midi gelegen, etwa 15 km vom Mittelmeer entfernt. Von Béziers aus führt die N 113 über Pézenas (23 km) direkt nach Montpellier (weitere 50 km). – Die hier beschriebene Route führt jedoch zunächst in östlicher Richtung auf der N 112 nach

Agde (22 km), einem malerischen Hafenstädtchen am Canal du Midi, nicht unmittelbar am Meer gelegen. Agde ist Ausgangspunkt in das Touristenge-biet von Cap d'Agde, ca. 5 km südwestlich. – Die N 112 zieht sich nun nordöstlich auf einem schmalen Landstreifen zwischen Mittelmeer und der großen Lagune des Bassin de Thau nach

Sète (46 km), überragt von dem 175 m hohen Mont Saint-Clair. Der wichtige Hafen ist vor allem Umschlagplatz für die Weine der Umgebung. – Die N 112 führt nun, vorbei an den Salinen des Etang d'Ingril, weiter landeinwärts nach Nordosten und trifft 3 km vor

Montpellier (75 km) auf die N 113, die durch die Stadt hindurchführt und im Nordosten die Fortsetzung unserer Route bildet. – Etwa 5 km vor Montpellier trifft die N 112 jedoch bereits auf die Autobahn A 9, die die schnellste Verbindung mit Nîmes (55 km) darstellt. – Die Route folgt jedoch der N 113 durch die Ebene der Languedoc und erreicht

Lunel (99 km), ein kleines Weinstädtchen südlich des Canal du Bas-Rhône Languedoc. – Von hier aus gelangt man auf der D 61 und D 62 nach Süden (am Canal de Lunel entlang) zu den neuen großen Touristenzentren La Grande-Motte (15 km) und Le Grau-du-Roi (21 km), die zu den bedeutend-sten modernen Fremdenverkehrsgebieten Frankreichs gehören. – Nur 8 km nördlich von Le-Grau-du-Roi liegt das malerische Städtchen Aigues-Mortes, das sich hervorragend als Ausgangspunkt für eine Fahrt in die Camargue eignet, eine der schönsten und großartigsten Landschaften in Südfrank-reich. – Die N 113 trifft ca. 3 km vor

Nîmes (127 km, 26 km ab Lunel) mit der Autobahn A 9 zusammen. Nîmes' Sehenswürdigkeiten bilden vor allem die gut erhaltenen römischen Bauten der ehemaligen Römersiedlung. – Unsere Route wird fortgesetzt durch die N 86, die im Südosten der Stadt von der N 113 abzweigt und nun in nordöstlicher Richtung nach

Remoulins (147 km) führt. – Kurz vor dem Ort biegt die D 981 nach Norden (links) ab und erreicht bald den sehenswerten

Pont du Gard (150 km); der berühmte römische Aquädukt überspannt das Gardon-Tal und bildet den Ausgang einer 40 km langen Wasserleitung nach Nîmes.

N 114/Côte Vermeille: Perpignan – Cerbère (spanische Grenze), 46 km.

Diese Strecke entlang der Mittelmeerküste beginnt in Perpignan, führt zwischen Weinhängen und schroffen, roterdigen Felsen (vermeille = hochrot) durch eine Reihe von Badeorten und kann für Spanienreisende als Variante der direkten Route nach Figueras gewählt werden.

Sie wendet sich ab
Elne (14 km), einem kleinen Städtchen mit einer sehenswerten Kirche, nach

Argelès-sur-Mer (21 km) und damit der Küste zu, an der entlang sie sich als »Corniche de la Côte Vermeille« teilweise hoch über dem Meer – mit immer neuen Ausblicken – dahinzieht. Über

Collioure (28 km), einem Dorf mit malerischem altem Hafen, und

Port-Vendres (32 km), der größten Ortschaft der Côte Vermeille und beliebtem Strandbad mit Schiffsanlegestelle nach Nordafrika (Abzweigung nach dem ins Meer vorgeschobenen Cap Béar, 3 km), verläuft sie nach

Banyuls-sur-Mer (36 km), nicht nur als Badeort und Winteraufenthalt, sondern vor allem durch seine Weine bekannt; ein Damm führt zur vorgelagerten Insel (Gefallenendenkmal des in Banyuls geborenen Bildhauers Maillol). Nach steiler Abfahrt erreicht man

Cerbère (48 km), den Grenzbahnhof am Übergang nach Spanien.

D 117, Perpignan – Quillan (74 km) – Foix (136 km) – Saint-Girons (180 km) – Saint-Gaudens (226 km) – Montréjeau (240 km) – Tarbes (290 km) – Pau (330 km) – Orthez (371 km) – Bayonne 437 km.

Während die Route des Pyrénées in die Täler und über die Paßstraßen der Hochpyrenäen führt, also zum beschaulichen Fahren zwingt, ermöglicht die parallel dazu durch das Pyrenäenvorland verlaufende Route Perpignan–Bayonne eine relativ schnelle Verbindung vom Mittelmeer zum Atlantik, zumal es sich durchweg um gut ausgebaute Straßen handelt. Die Strecke vermittelt über lange Abschnitte einen prachtvollen Ausblick auf die eindrucksvolle Gebirgskette, aber man verbleibt doch meist in respektvollem Abstand davon. Eine Reihe am Wege liegender größerer Orte wie Foix, Saint-Girons, Saint-Gaudens, Tarbes oder Pau bieten sich als Stationen für Abstecher in die Berge an. Lohnende Ausflugsziele abseits der Route sind Lourdes, das Massiv des 2865 m hohen Pic du Midi-de-Bigorre sowie Saint-Bertrand-de-Comminges, eine verfallene Stadt aus früher römischer Zeit mit einer romanischen Kathedrale.

D 918 – Route des Pyrénées (Pyrenäenstraße): Saint-Jean-de-Luz – Cambo-les-Bains – Col d'Aubisque – Luz-Saint-Sauveur – Col du Tourmalet – Bagnères-de-Luchon – Foix – Col de Puymorens – Amélie-les-Bains-Palalda – Argelès-sur-Mer, 709 km.

Die Pyrenäenstraße verbindet die Hochtäler miteinander und führt in ihrem Verlauf vom Atlantik zum Mittelmeer mit mehreren Unterbrechungen die Bezeichnung D 918. Die einbezogenen Bergstrecken sind teilweise kurvenreich und im Bereich der Paßhöhen je nach Schneelage etwa bis Juni gesperrt.

Von **Saint-Jean-de-Luz** führt die Straße auf dem rechten Nivelle-Ufer unmittelbar ins Baskenland, passiert

Espelette (28 km), ein typisches baskisches Dorf mit historischen Häusern und Grabstätten, den auf einem Plateau über dem Nive gelegenen Kurort

Cambo-les-Bains (31 km) sowie eine Reihe weiterer typisch baskischer Dörfer wie Itxassou oder Louhossoa. Ab

Saint-Jean-Pied-de-Port (65 km), einem sehenswerten Ort, der an die Geschehnisse des Roland-Liedes erinnert, bis

Larceveau (81 km) führt die Strecke über die D 933, biegt hier in die D 918 ein und überquert den Col d'Osquich (507 m), in Richtung

Mauléon-Licharre (105 km) im Gebiet von Soule, dessen Dörfer von mehrspitzigen Glockentürmen überragt werden. Aus dem Soule-Tal gelangt man dann über eine Höhe ins Béarn, durchquert das Aspe-Tal, passiert den Wald von Oloron-Sainte-Marie und erreicht über

Louvie-Juzon (167 km), an der Einmündung der D 918 in die D 934

Eaux-Bonnes (183 km). Auf der D 918 geht es auf stetig ansteigender Straße hinauf zum 1400 m hoch in einem Kessel liegenden Wintersportort

Gourette (191 km). Als erster von mehreren nun folgenden Hochpässen wird anschließend auf kurvenreicher Höhenstraße der

Col d'Aubisque (1710 m, 195 km) überfahren (im Winter gesperrt). Ein 15-minütiger Aufstieg zum Soum de Grum (1871 m) wird mit einem eindrucksvollen Rundblick auf das umliegende Gipfelpanorama belohnt. An steilen Abhängen entlang führt die D 918 zum

Col de Soulour (1445 m, 205 km, Abzweigung über Arbéost nach Pau) und talwärts weiter über Arrens durch fruchtbares Ackerland nach

Argelès-Gazost (225 km), einem stilvollen Heilkurort, wo die D 918 in die N 21 einmündet. Im weiteren Verlauf wird der Industrieort

Pierrefitte-Nestalas (232 km) erreicht, von wo sich ein Absteher nach Cauterets, dem bekannten Heilbad und Wintersportort, und weiter zur Pont d'Espagne und zum Lac de Gaube empfiehlt. Der See, an den von Pont d'Espagne (1497 m) aus ein Sessellift bis auf 1 km heranführt, liegt 1728 m hoch; für den Absteher muß man mit etwa drei Stunden rechnen. – Auf der D 921 gelangt man dann zu der im Vorfeld der Pyrenäen gelegenen Sommerfrische

Luz-Saint-Sauveur (243 km), einem beliebten Ausflugszentrum, von dem aus sich mit Pferd oder Maulesel ein lohnender Besuch des Cirque de Gavarnie anbietet, eines von Felsen eingerahmten Talkessels mit Wasserfall (etwa vier Stunden).

Hinter Luz-Saint-Sauveur windet sich die nach Osten abbiegende D 918 über

Barèges (256 km), Wintersportort und Heilbad, auf die Paßhöhe des

Col du Tourmalet (2115 m, 261 km), des höchsten und landschaftlich eindrucksvollsten Pyrenäenpasses, überragt von dem gewaltigen Pic du Midi-de-Bigorre (2865 m). Bis auf 2400 m Höhe führt eine kurvenreiche Bergstraße (gebührenpflichtig), die aber nur von etwa Mitte Juni bis Ende Oktober befahrbar ist. Der Pic selbst ist zu Fuß oder mit einer Seilschwebebahn zu erreichen und bietet eine überwältigende Aussicht. – Vom Col du Tourmalet verläuft die Route über eine Länge von 75 km im steten Wechsel von Berg- und Talfahrt, vorbei an aufstrebenden Wintersport- und Luftkurorten und über die Paßhöhen des

Col d'Aspin (1489 m) und des

Col de Peyresourde (1563 m) nach

Bagnères-de-Luchon (342 km), dem elegantesten Thermalbad und Luftkurort der Pyrenäen; 18 km abseits der Route liegt, auf Autostraße oder durch Zahnradbahn erreichbar, Super-Bagnères (1880 m), ein moderner Wintersportplatz. Auf der Weiterfahrt durch die Vallée de Luchon wird bei Cierp die Garonne überquert, dann, teils durch waldreiches Bergland, teils durch landwirtschaftlich genutzte Ebenen,

Saint-Girons (422 km) passiert und, im Tal des Salat aufwärts bis Lacourt, bei Pont de Kercabana das Arac-Tal erreicht. Über

Massat (450 km) und den

Col de Port (1249 m) geht es durch Weidengebiete talwärts nach

Tarascon-sur-Ariège (480 km), einem zentral gelegenen Industrieort, in dem die Route des Pyrénées für eine kurze Strecke in die N 20 (aus Toulouse nach Andorra und Barcelona) einmündet. In der nahegelegenen Grotte de Niaux befinden sich prähistorische Höhlenmalereien. – Nach 26 km erreicht man das Thermalbad

Ax-les-Thermes (506 km), das auch als Wintersportort bekannt ist. Durch das breiter und urwüchsiger werdende Tal führt die Straße wieder aufwärts über Mérens-les-Vals und L'Hospitalet (kurz dahinter Abzweigung nach Andorra über den Pas de la Casa, 2085 m) auf den

Col de Puymorens (1915 m, 538 km), weiter nach Latour-de-Carol und, entlang der spanischen Grenze, nach

Ur (561 km). Von hier verläuft die N 20 über Bourg-Madame weiter nach Andorra und Barcelona, während die Route des Pyrénées über Font-Romeu-Odeillo-Via, einen eleganten Sommer- und Winterkurort, nach

Mont-Louis (587 km) führt. Nunmehr zweigt die Route auf die N 116 ab in Richtung Villefranche-de-Conflent und nach

Prades (623 km), der Wahlheimat des berühmten spanischen Cellisten Pablo Casals. Ab hier nähert man sich bereits der von typischer Mittelmeervegetation geprägten, fruchtbaren Ebene des Roussillon. Hinter Vinca, von der belebten Hauptstraße auf die D 618 eingeschwenkt (bergig), bieten sich eine Reihe lohnender Abstecher an; so nach 8 km auf einer Serpentinenstraße zur Prieuré de Serrabone, einer romanischen Kirche mit schönen Kapitellen, nach weiteren 10 km zur romanischen Chapelle de la Trinité und der Schloßruine Belpuig aus dem 13. Jahrhundert. – Über den

Col Xatard (755 m) gelangt man dann auf kurvenreicher Strecke zu dem Thermalbad

Amélie-les-Bains-Palalda (683 km) und nach

Céret (691 km), in dessen originellem Museum für moderne Kunst u. a. Werke von Picasso, Chagall und Braque anzutreffen sind. Wenige Kilometer hinter Céret kreuzt die D 618 die N 9 (von Perpignan nach Le Perthus und zum Grenzübergang nach Spanien) und führt dann in östlicher Richtung auf

Argelès-sur-Mer (709 km) zu, dem Endpunkt der Route des Pyrénées am Mittelmeer.

Tourenvorschläge

Im Land des Armagnac: Die vorgeschlagene Strecke führt von Tarbes auf der N 21 über Rabastens-de-Bigorre–Miélan–Montesquiou–Mirande und auch nach Fleurance und von dort (auf Umwegen) über Valence-sur-Baise – Vic-Fézensac – Condom – Montréal – Eauze – Nogaro – Plaisance nach Tarbes zurück. Sie verläuft durch die Anbaugebiete des Armagnac und berührt alle bedeutenden Orte des in diesem Band beschriebenen Reisegebietes. – Insgesamt etwa 300 km.

Durch das Baskenland: Als Ausgangspunkt empfiehlt sich Bayonne (ein Besuch im Baskischen Museum vermittelt eine Einführung in die Eigenständigkeit dieses Landes und seiner Bewohner). Eine Rundfahrt verläuft an der Küste entlang nach Saint-Jean-de-Luz und über Ciboure–Urrugne–Ascain–Sare–Saint-Pée-sur-Nivelle–Ustaritz–Cambo-les-Bains–Saint-Jean-Pied-de-Port und Hasparren wieder zurück nach Bayonne. Diese Fahrt, die um Abstecher nach Ainhoa und Espalette sowie (mit der Zahnradbahn) vom Col de Saint-Ignace auf den Berg La Rhune, 900 m (Ausblick über das ganze Baskenland), erweitert werden kann, ist bequem als Tagestour zu schaffen. – Insgesamt etwa 150 km.

Zu den Gorges du Tarn: Diese Folge wildromantischer Felsschluchten, durch die der Tarn sein Flußbett gegraben hat, erreicht man am besten von Mende aus über die N 88/D 986 und biegt nach 21 km, in Sainte-Enimie, rechts auf die D 907 bis ein, die direkt durch die »Gorges« führt und kurz vor Millau in die N 9 (Clermont-Ferrand–Béziers) einmündet. In La Malène, etwa auf halber Strecke, bietet sich die Möglichkeit zu einer einstündigen Kanufahrt zum »Cirque des Baumes« (Rückfahrt per Omnibus) an. Eine reizvolle Variante zu dieser Strecke führt von Les Vignes (25 km nach Sainte-Enimie) über den Col de Riesse nach Meyrueis (hier Abzweigung zum Aven Armand, einem gigantischen Höhlensystem mit phantastischen Riesentropfsteinbildungen) und auf der D 996 durch die Gorges de la Jonte wieder zurück nach Le Rozier und Millau. – Insgesamt etwa 150 km.

In die Cévennes: Diese Fahrt kreuz und quer durch das Bergland der Cevennen führt über gut 700 km von Mende nach Montpellier und verläuft im steten Wechsel durch wildromantische Täler, tiefe Schluchten (Gorges),

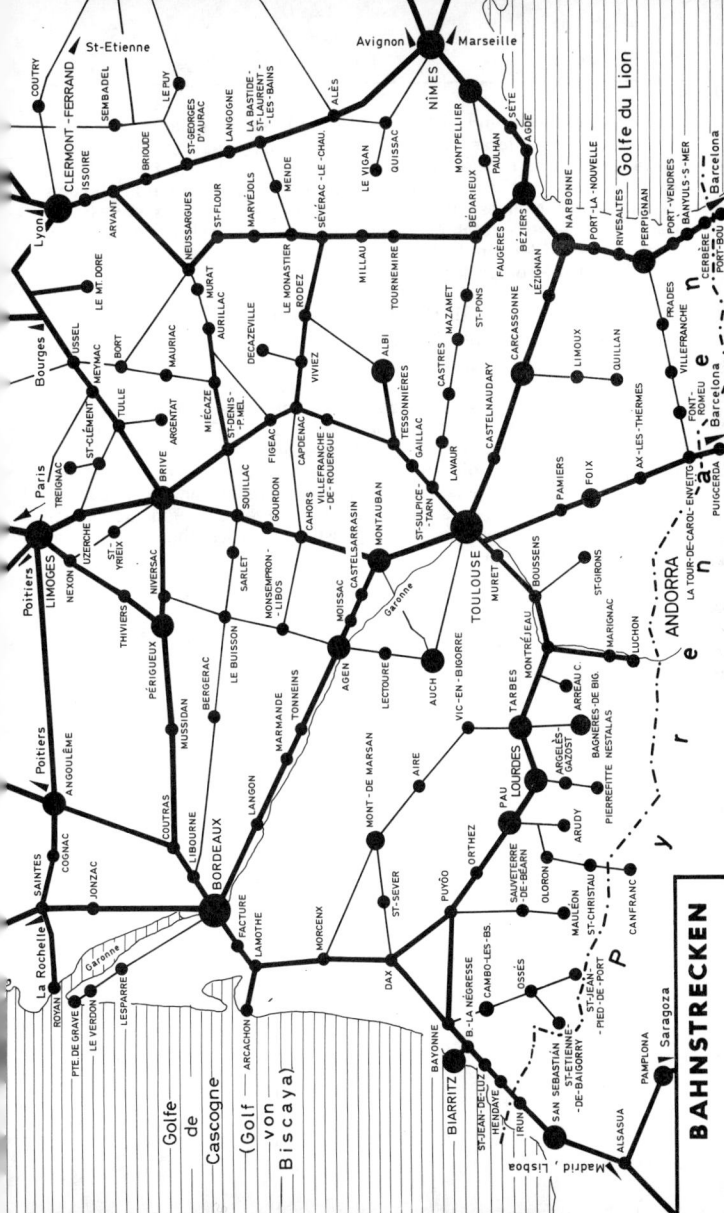

BAHNSTRECKEN

über felsige Höhen und waldreiche Hügelrücken. Die Streckenführung: Mende–Balsièges–Florac, auf der Corniche des Cévennes nach Saint-Jean-du-Gard–Col de la Tribale–Ganges (Grottes des Demoiselles, 8 km)–Madières (Abstecher zum Cirque de Navacelles)–le Vigan–l'Espérou–Meyueis –Sainte-Enimie–Molines–Florac–Vébron–Mont   Aigoual–l'Espérou–Saint-Jean-du-Bruel–Nant, durch die Gorges de la Dourbie–Millau–Roquefort-Le Caylar–Lodève–Clermont-l'Hérault   (Abstecher   nach   Saint-Guilhem-le-Désert)–Gignac–Montpellier. – Insgesamt etwa 700 km.

Für den Bahnreisenden

Das Rückgrat des Schienennetzes im westlichen Südfrankreich ist zweifelsohne die von der Biskaya bis zum Mittelmeer in West-Ost-Richtung am Nordhang der Pyrenäen entlangführende Strecke Biarritz–Toulouse–Narbonne–Nîmes, von der vor allem zahlreiche Nebenstrecken nach Süden in die Gebirgstäler abzweigen. Im übrigen wird der Bahnverkehr dieses Gebietes vom internationalen Durchgangsverkehr nach Spanien bestimmt, dessen Züge auch für die Anreise aus Deutschland, Österreich und der Schweiz nach Südfrankreich von besonderer Bedeutung sind. Aus Deutschland kann je nach Ausgangsort der Fahrt ein Umweg über Paris wegen der oftmals besseren Zugverbindungen günstiger sein als andere scheinbar direktere Schienenwege.

Sehenswürdigkeiten

Ortsbilder

Agde
Aigues-Mortes
Ainhoa
Albi
Anduze
Arles-sur-Tech
Bayonne
Cahors
Carcassonne
Clermont-l'Hérault
Collioure

Conques
Cordes
Figeac
Foix
Hasparren
Luzech
Orthez
Perpignan
Pézenas
Rocamadour

Salvetat-sur-Agout
Saint-Bertrand-de-
Comminges
Saint-Céré
Saint-Guilhem-le-
Désert
Saint-Jean-Pied-de-
Port
Villefranche-de-
Rouergue

Burgen, Schlösser, Ruinen

Aigues-Mortes, mittelalterliche Stadtmauer

Cahors, Schloß, 14 Jh.

Carcassonne, »Cité«, mittelalterliche Befestigungsanlage

Collioure, Château des Templiers, ehemalige Sommerresidenz der Könige von Mallorca.

Espalion, Ruinen des Schlosses de Calmont d'Olt.

Foix, Schloß, 13. Jh.

Lourdes, Schloß, auf einem 80 m hohen Felsen.

Luzech, Burgreste aus dem 13. Jh.

Mauléon, Château d'Andurain, Renaissancebau.

Millau, Château de Sambucy, 17. Jh.

Nîmes, Castellum divisiorum, Verteilerbecken der römischen Wasserleitung.

Pau, Schloß, 12. und 15. Jh.

Rabastens, Dép. Tarn, Château de Saint-Géry, 17./18. Jh.

Rocamadour, Schloß, 12. Jh.

Saint-Céré, mittelalterliche Burg. – Château de Montal im Renaissancestil. – Château de Castenlau.

Saint-Guilhem-le-Désert, Schloßruinen.

Saint-Jean-Pied-de-Port, Festung aus dem 17. Jh.

Séverac-le-Château, Schloßruinen, 17. Jh.

Kirchen und Klöster

Agde, Cathédrale Saint-Etienne, romanische Wehrkirche, 12. Jh.

Albi, Cathédrale Sainte-Cécile, südfranzösische Backsteingotik, 13. bis 15. Jh.

Arles-sur-Tech, Abteikirche Notre-Dame d'Arles, 11./12. Jh.

Auch, Cathédrale Sainte-Marie, 1489, Glasmalereien, Holzschnitzereien.

Bagnères-de-Bigorre, Eglise Saint-Vincent, 15./16. Jh.

Bayonne, Cathédrale Notre-Dame, 13./14. Jh.

Béziers, Cathédrale Saint-Nazaire, 1209.

Cahors, Cathédrale Saint-Etienne, 11. Jh. – Eglise Saint-Barthélemy, 14. Jh.

Carcassonne, Eglise Saint-Vincent, 14. Jh., südfranzösische Gotik. – Eglise Saint-Michel, 13. Jh.

Castelnaudary, Eglise Saint-Michel, 13. Jh. – Frühere Benediktinerabtei Saint-Papoul. – Cathédrale Saint-Benoît, 17./18. Jh.

Clermont-l'Hérault, Eglise Saint-Paul, 13. Jh.

Condom, Cathédrale, 16. Jh.

Conques, Eglise Sainte-Foy, 11. Jh.

Cordes, Eglise Saint-Michel, 13. und 15. Jh. – Chapelle du Saint-Crucifix, 16./17. Jh.

Elne, Cathédrale Sainte-Eulalie. – Kreuzgang 12. und 14. Jh.

Espalion, Eglise de Perse, 11. Jh., Skulpturenportal.

Figeac, ehemalige Abteikirche von Saint-Sauveur, 12./13. Jh.

Foix, Eglise Saint-Volusien, 14. bis 17 Jh.

Fontfroide (s. Narbonne), ehemalige Zisterzienserabtei, 1093 gegründet. Abteikirche, 12. Jh., und Kreuzgang, 13. Jh.

Font-Romeu-Odeillo-Via, Wallfahrtskapelle mit Quelle, 17./18. Jh.

Gaillac, Eglise Saint-Michel, Backsteinbau aus dem 14. Jh.

Gourdon, Eglise Saint-Pierre, 14. Jh.

Limoux, Cathédrale Saint-Martin, 14. und 16. Jh. – Chapelle Notre-Dame de Marceille, Wallfahrtsstätte.

Lodève, Cathédrale Saint-Fulcran, 10. und 13. Jh.

Lourdes, Basilique de Rosaire (Rosenkranz). – Unterirdische Basilika Saint-Pie X.

Luzech, Romanische Backsteinkirche, 12. Jh. – Notre-Dame de l'Ile, Renaissancekirche, Wallfahrtsort.

Mende, Cathédrale, größtenteils 14. Jh.

Mirande, Cathédrale, 15. Jh.

Moissac, Eglise Saint-Pierre, einstige Abteikirche, 12. Jh.

Montauban, Cathédrale Notre-Dame, – Eglise Saint-Jacques.

Nant, Abteikirche Saint-Pierre, 12. Jh.

Narbonne, Cathédrale Saint-Just. – Chapelle de l'Annonciade. – Basilique Saint-Paul-Serge, 13. Jh.

Nîmes, Cathédrale Notre-Dame et Saint-Castor, 11. Jh.

Orthez, Eglise Saint-Pierre, 13./14. Jh.

Pamiers, Cathédrale Saint-Antonin, 14. Jh. – Eglise Notre-Dame-du-Camp.

Perpignan, Cathédrale Saint-Jean, 1324–1509. – Chapelle du Christ. – Eglise Saint-Jacques. – Elise Sainte-Marie de la Réal. – Chapelle de Sainte-Croix.

Prades, Eglise Saint-Pierre mit romanischem Glockenturm.

Rabastens, Eglise Notre-Dame-du-Bourg, 13./14. Jh.

Rocamadour, Eglise Saint-Sauveur, 12. Jh., mit Krypta des Saint-Amadour, 1160. – Chapelle de la Vierge, 1749. – Chapelle Saint-Michel, romanisch.

Rodez, Cathédrale Notre-Dame, 1277 begonnen.

Salvetat-sur-Agout (La), Eglise Notre-Dame d'Etraygue.

Saint-Bertrand-de-Comminges, Cathédrale Notre-Dame mit romanischem Kreuzgang.

Saint-Girons, Eglise Saint-Valier, 14./15. Jh.

Saint-Guilhem-le-Désert, Abteikirche, 11./12. Jh.

Saintes-Maries de la Mer (Les), festungsartige Wallfahrtskirche (12., 13., 15. Jh.).

Saint-Martin-du-Canigou (s. Prades), ehemalige Abtei, 11. Jh.

Saint-Michel-de-Cuxa (s. Prades), ehemalige Abtei, im 9. Jh. gegründet, mit Resten eines berühmten Kreuzgangs, romanischer Kirche und Glockenturm.

Tarbes, Cathédrale Notre-Dame de la Sède.

Villefranche-de-Rouergue, ehemaliges Karthäuserkloster Saint-Sauveur, 1451 begründet. – Eglise Notre-Dame, 1260 begonnen.

Profanbauten

Albi, Hôtel Reynès, 1530, Renaissancestil, mit sehenswertem Innenhof.

Anduze, Tour de l'Horloge (Uhrturm), 1320.

Béziers, Rathaus mit Fassade aus dem 18. Jh.

Cahors, Pont Valentré, Beispiel militärischer Baukunst im Frankreich des Mittelalters.

Castelnaudary, Windmühle, 17. Jh.

Castres, Rathaus von 1666.

Céret, »Teufelsbrücke« aus dem 14. Jh.

Condom, Rathaus, früher bischöflicher Palast. – Herrenhäuser aus dem 17. und 18. Jh.

Cordes, gotische Häuser aus dem 13. und 14. Jh.

Espalion, Brücke aus dem 13. Jh.

Figeac, »Aiguille de Figeac«, Säule aus dem 12. Jh.

Foix, Fachwerkhäuser.

Gaillac, Maison Pierre de Brens, 15. Jh.

Lodève, Pont de Montifort, gotische Brücke.

Lourdes, Moulin de Boly, Geburtsstätte Bernadettes.

Mende, Pont Notre-Dame, 14. Jh.

Millau, achteckiger Wachtturm, gotischer Stil.

Montauban, Backsteinbrücke, Anfang 14. Jh.

Narbonne, Maison des Trois Nourrices.

Orthez, Alte Brücke, 13. Jh.

Pont du Gard bei Remoulins, römischer Aquädukt, 1. Jh. v. Chr.

Saint-Jean-de-Luz, Haus Lohobiague. – Maison de l'Infante.

Saint-Jean-Pied-de-Port, Zitadelle aus dem 14./15. Jh.

Tarbes, Geburtshaus des Marschalls Foch.

Villefranche-de-Rouergue, Place Notre-Dame mit Laubengängen.

Museen und Sammlungen

Agde, Musée agathois mit archäologischen, volkskundlichen und maritimen Sammlungen.

Albi, Musée Toulouse-Lautrec im Palais de la Berbie.

Alès, Station séricicole mit Seidenraupenmuseum.

Auch, Musée d'Art et d'Archéologie. – Musée du Tourisme.

Bagnères-de-Bigorre, Musée Salies mit Keramiksammlung.

Bayonne, Musée Bonnat, bedeutende Gemäldesammlung.

Béziers, Musée des Beaux-Arts. – Musée du Vieux Bitterois, Heimatmuseum.

Biarritz, Musée de la Mer mit Bassin und Aquarium.

Cahors, Musée municipal, Heimatmuseum.

Cambo-les-Bains, Musée Rostand.

Carcassonne, Musée des Beaux-Arts.

Castres, Goya-Museum. – Jaurès-Museum.

Céret, Musée d'Art moderne.

Conques, »Trésor«, Schatzkammer der Kirche Saint-Foy. – Heimatmuseum.

Figeac, Heimatmuseum im Ostal de la Monéda.

Limoux, Musée Petiet, Gemäldesammlung.

Lourdes, Musée Notre-Dame-de-Lourdes. – Musée Bernadette. – Musée Pyrénéen, Heimatmuseum im Schloß.

Mende, Musée Ignon Fabre, Heimatmuseum.

Millau, Musée Archéologique.

Moissac, Stadtmuseum.

Montauban, Musée Ingres im Palais des Bischofs.

Montpellier, Musée Fabre (Gemäldesammlung).

Narbonne, Musée Lapidaire.

Nîmes, Musée des Antiques. – Musée Archéologique. – Musée du Vieux Nîmes. – Musée des Beaux-Arts.

Pau, Musée des Beaux-Arts. – Musée Bernadotte.

Perpignan, Musée Rigaud. – Naturgeschichtliches Museum. – Musée Numismatique Joseph Puig.

Pézenas, Musée Vulliod-Saint-Germain.

Rodez, Musée Fénaille. – Musée des Beaux-Arts.

Saint-Bertrand-de-Comminges, Musée de Comminges.

Saintes-Maries de la Mer (Les), Musée Baroncelli (Camargue-Museum).

Sète, Musée Municipal. – Musée Paul Valéry.

Tarbes, Museum im Jardin Massey.

Landschaftliche Sehenswürdigkeiten

Alès, Grotte de Trabuc, größte Grotte der Cévennes mit 6 km langen Gängen.

Cabrerets, Grotte du Pech Merle, mit vorgeschichtlichen Zeichnungen.

Cirque de Navacelles, Felsformationen, gebildet durch die Flußmäander der Vis.

Entraygues-sur-Truyère, Gorges de la Truyère.

Foix, Grotte de l'Herm. – Grotte de Niaux. – Grotte du Portel.

Ganges, Grottes des Demoiselles.

Gourdon, Grottes de Cougnac.

Lourdes, Grotte de Massabielle, Wallfahrtsort. – Grottes des Sarrazins. – Grotte du Loup. – Grotte du Roy. – Grottes de Bétharram.

Padirac, Gouffre de Padirac mit einem Fluß in 103 m Tiefe.

Pau, Nationalpark.

Port-Vendres, Cap Béar, Leuchtturm.

Saint-Jean-Pied-de-Port, Grottes d'Oxocelhaa und Isturits.

Sainte-Enimie, Gorges du Tarn.

Souillac, Grottes de Lacave.

Thuès-les-Bains, Source de la Cascade (81°C).

Vallon-Pont-d'Arc, Gorges de l'Ardèche.

Orte und Landschaften

Die *Orientierungsbezeichnung* am Beginn der Beschreibung,

z. B. AIGUES-MORTES **F-3**
oder ALBI **E-3**

stellt die Verbindung zwischen Ortsbeschreibung und der hinten im Band eingesteckten Straßen- und Übersichtskarte dar. Die Orte sind auf der Kartenrückseite in den mit diesen Buchstaben und Zahlen gekennzeichneten Feldern zu finden.

Die mit »La«, »Le« oder »Les« beginnenden Ortsnamen sind der offiziellen Schreibweise entsprechend unter dem folgenden Hauptwort aufgeführt, z. B. Les Saintes-Maries de la Mer unter dem Buchstaben S.

Straßennummern: Die Straßenbezeichnungen wurden in Frankreich mehrfach geändert, vor allem wurden routes nationales in routes départementales umbenannt. Die Angaben dieses Bandes beziehen sich auf den Stand von 1984.

AGDE

F-3. Dép. Hérault, 12 000 Einw. Stadt am *Hérault*, im 6. Jh. v. Chr. von den Phöniziern nahe dem Mont Saint-Loup gegründet, dessen vulkanisches Gestein als Baumaterial für die Stadt diente. Die fruchtbare Umgebung und das nahe Mittelmeer haben Agde zu einer Stadt der Bauern, Weinbauern und Fischer werden lassen.

Auskunft: Office de Tourisme, Arcades Hôtel de Ville, 34300 Agde, Tel. 67/94 10 28.

Verkehr: Autobahn A 9, »La Languedocienne«, Narbonne–Montpellier, Ausfahrt Agde, 9 km. N 112 Sète – Béziers. – Bahnstation.

Unterkunft.

Geschichte: Agde wurde vor über 2500 Jahren von den Phöniziern gegründet, die von Marseille aus mehrere Handelsniederlassungen am Mittelmeer errichteten. Ausgrabungen haben ergeben, daß das heutige Agde an derselben Stelle liegt wie das damalige »Agathê«, wie die Stadt ursprünglich hieß, und was in der Übersetzung »Gut« bedeutet. Im 1. Jh. v. Chr. fiel Agde, wie auch Marseille, unter die Oberherrschaft Roms und wurde der Provinz Narbonne angegliedert. 471 von den Vandalen zerstört, erlangte es am Ende des 5. Jh. den Rang einer Cité Septimaniens, bis die Westgoten auch diesen Landstrich eroberten und bis zum Ende des 7. Jh. beherrschten. Im Jahre 720 fiel die Stadt an die Araber, wurde aber kurze Zeit später von Karl Martell eingenommen. Seit dem 4. Jh. Bischofssitz, wurde Agde später Grafschaft und dann Vizegrafschaft, deren Amt und Titel seit 1187 an den Bischof von Agde überging. In den französischen Religionskriegen wurde Agde zweimal von den Reformierten eingenommen und ging zweimal wieder verloren. Kardinal Richelieu faßte Anfang des 17. Jh. den Plan, Agde zu einem großen Hafen auszubauen. Nach seinem Tod wurde dieses Vorhaben jedoch wieder aufgegeben. In die Wirren der Französischen Revolution hineingezogen, verjagte die Bevölkerung von Agde ihren Bischof Monseigneur Saint-Simon aus der Stadt. Nach Paris geflüchtet, wurde er hier in den letzten Tagen des Aufstands hingerichtet. Unter Napoleon I. (1804–1814) spielte Agde dann für die Versorgung der französischen Truppen in Italien und den Pyrenäen eine wichtige Rolle. Die zunehmende Versandung des Golfe du Lion führte jedoch dazu, daß Agde diese Position sehr schnell wieder verlor. Dank seiner fruchtbaren Landschaft und der trotz allem bestehenden Nähe zum Mittelmeer gelang es der Bevölkerung, in der Landwirtschaft, dem Weinanbau und der Fischzucht neue Existenzmöglichkeiten zu finden. 1964 wurde nahe der Kathedrale von Agde die berühmte Apollo-Statue »Ephèbe d'Agde« gefunden, die heute im Louvre in Paris steht.

Sehenswert: **Cathédrale Saint-Etienne.** Kathedrale, im 11. Jh. erbaut, im 12. Jh. zu einer wehrhaften Kirche ausgebaut und bis 1453 mehrmals verändert. An der Stelle der heutigen Kirche soll in römischer Zeit ein Diana-Tempel gestanden haben bzw. eine Kirche aus dem 5. Jh., die Karl Martell bei der Eroberung der Stadt zerstört haben soll. Das Mauerwerk, bis zu 3 m stark, wird von einem mächtigen, viereckigen Glockenturm mit einer Höhe von 35 m überragt, der mit Pechnasen und Wehrzinnen versehen ist. Die Kathedrale bildet in ihrem Grundriß ein T. Das Deckengewölbe über dem Kirchenschiff ist aus dem gleichen Basaltstein gebaut wie die Kirche selbst, dem Lavagestein des Mont Saint-Loup, eine wahre Meisterleistung des unbekannten Architekten. Im Chor munumentaler Altaraufbau aus dem 14. Jh.

Musée Agathois, Museum zur Geschichte von Agde mit Dokumentationen von der Frühgeschichte bis heute. Daneben heimatkundliche Sammlungen zum Leben und Arbeiten der Menschen von Agde während der Jahrhunderte sowie religiöse und sakrale Gegenstände aus dem 5. bis 18. Jh. – *Geöffnet:* täglich 10 bis 12 Uhr und 14 bis 18 Uhr, in den Wintermonaten dienstags geschlossen.

Eglise Saint-Sever, 1499 erbaut. Im Innern schöner Holzchristus aus dem 16. Jh.

Eglise Saint-André von 1525. Hier, in einem Vorgängerbau, fand das berühmte Konzil statt, auf dem der Zölibat für Priester festgelegt wurde.

Hôtel de Ville aus dem 17. Jh., 1769 erweitert, schöne Fassade mit Bogenarkaden und Kreuzfenstern sowie Uhrturm.

Baden: Marseillan-Plage, 7 km östlich, Cap d'Agde, 7 km südöstlich. La Tamassière, 4 km südlich.

Sport: Wassersport.

Ausflüge: **Notre Dame du Grau,** 2 km südlich, Wallfahrtskirche, 1584 vom Connétable de Montmorency an der Stelle einer Kapelle aus dem 6. Jh. erbaut. In der Nähe die kleine Chapelle de l'Agenouillade.

Vias, 4 km westlich, Wallfahrtsort mit gotischer Kapelle, Ende des 14., Anfang des 15. Jh. aus schwarzem Vulkangestein erbaut. Über der Westfassade schöne Rosette. Die zweischiffige Kirche ist in ihrer Ausstattung sehr nüchtern gehalten. In der Chapelle du Saint-Sacrément rechts vom

Hauptaltar die wundertätige Muttergottes von Vias, schöne Holzstatue, von den Seefahrern aus Syrien hier hergebracht.

Narbonne (s. dort), 45 km südwestlich, alte, historisch interessante Stadt mit Basilique Saint-Just aus dem 13. Jh. und Bischofspalais aus dem 12. bis 14. Jh., großartige Zeugnisse der mittelalterlichen Baukunst.

Béziers (s. dort), 22 km westlich, Geburtsort Paul Riquets, Erbauer des Canal du Midi. Cathédrale Saint-Nazaire, im 13. Jh. erbaut und Musée du vieux Bitterois et du vin mit antiken Funden aus dem Meer von Cap d'Agde.

oppidum d'Ensérune (s. Béziers, Ausflüge), 32 km westlich, oppidum aus dem 6. Jh. v. Chr. mit kleinem Museum.

Pézenas (s. dort), 18 km westlich, lebhafte Kleinstadt, durch den Tuchhandel zu Wohlstand gelangt. Im Stadtkern schöne alte Häuser aus dem 16. bis 18. Jh., die in ihrer Gesamtheit seit 1962 unter Denkmalschutz stehen. Musée Vulliod-Saint-Germain mit Molière-Saal, zum Andenken an Molières Wirken in Pézenas.

Ancienne Abbé de Valmagne (s. Pézenas, Ausflüge), 38 km nordöstlich, gut erhaltene Zisterzienserabtei aus dem 12. bis 14. Jh., inmitten von Weinbergen gelegen. Kirche aus dem 13. Jh., schönes Beispiel des reinen gotischen Baustils.

Montpellier (s. dort), 37 km nordöstlich, zwischen den *Cevennen* und dem *Mittelmeer* gelegen, mit malerischer Altstadt und reichen Zeugnissen seiner mehr als tausendjährigen Geschichte.

Sète (s. dort), 23 km nordöstlich, Hafenstadt auf einer Laguneninsel des *Golfe du Lion*, zwischen dem *Mittelmeer* und dem *Bassin de Thau* gelegen. Schöne Altstadt mit Fischerhafen; Musée Paul Valery mit Dokumentation zum Leben und Werk des großen französischen Dichters und Philosophen, der in Sète geboren ist.

AIGUES-MORTES

G-3. Dép. Gard, 4700 Einw. Altes Städtchen am Westrand der *Camargue* (s. Parc Naturel Regional de Camargue), in einer von Sümpfen und Lagunen umgebenen Landschaft, etwa 8 km von der Küste entfernt. Charakteristisch für das Ortsbild ist die geschlossene mittelalterliche Umwallung mit mehreren Stadttoren, die ein Rechteck von ca. 500×300 m umschließt.

Auskunft: Office de Tourisme, pl. Saint-Louis, 30220 Aigues-Mortes, Tel. 66/51 95 00.
Verkehr: Kreuzungspunkt von D 979 Gallargues Le Grau-du-Roi mit D 58/ D 570 von Arles und D 59/D 21 von Montpellier. – Bahnstation.

Unterkunft.

Geschichte: Die Gründung der Stadt geht auf den Entschluß König Ludwigs IX., des Heiligen, zurück, der hier für den geplanten 6. Kreuzzug im Jahre 1248 einen Einschiffungshafen bauen ließ. So entstand um 1240 der Hafen, wenig später die Stadtbefestigung. Im weiteren ist die Geschichte von Aigues-Mortes eng mit der Geschichte des Languedoc verknüpft. Der Hunderjährige Krieg (1339–1453) ebenso wie die französischen Religionskriege im 16. und 17. Jh. haben hier ihre Spuren hinterlassen. Für die Geschichte Frankreichs spielte Aigues-Mortes als wichtiger Mittelmeerhafen lange Zeit eine bedeutende

Rolle. Die zunehmende Versandung des Golfe du Lion führte dazu, daß Aigues-Mortes mehr und mehr an Bedeutung verlor, zumal mit Sète an der Küste des Mittelmeers später ein neuer Hafen entstand. Die Salinen von Aigues-Mortes, auch heute noch neben der Produktion des berühmten Sandweins eine wichtige Existenzgrundlage für die Bewohner der Stadt, sind die ältesten an der Mittelmeerküste.

Sehenswert: **Stadtmauer** mit Türmen und Toren, von 1272 bis 1300 entstanden, Rundgang von dem im Nordwesten gelegenen Rundturm **Tour de Constance** aus (Zutritt durch das kleine Museum, Gebühr). Dieser war zunächst Leuchtturm und dann lange Zeit berüchtigtes Gefängnis für aus politischen und religiösen Gründen Inhaftierte. Besondere Standhaftigkeit bewies die Hugenottin Marie Durand während ihrer 38 Jahre dauernden Gefangenschaft. **Porte de la Marine,** im Süden; sie sicherte den Zugang vom Hafen. Weitere Türme und Tore: **Tour des Bourguignons,** so genannt, weil hier die bei einem Eroberungsversuch 1421 unterlegenen Burgunder gefangengehalten wurden, **Porte de l'Organeau,** in dessen Nähe die Schiffe anlegten, **Porte des Moulins,** wo das Mehl für die Garnisonbesatzung gemahlen wurde, **Poterne des Galions,** vor dem sich die Galeeren formierten, **Tour de la Poudrière, Tour de la Mèche,** hier mußte stets eine Lunte zum Betrieb der Feuerwaffen bereitgehalten werden, **Tour du Sel** und **Porte de la Gardette,** heute Eingang zur Stadt; davor Parkplatz. Von der Stadtmauer schöner Blick auf die Stadt mit den schachbrettartig angelegten Straßen und auf die seichte Niederung zum Meer hin. Museum und Stadtmauer

geöffnet: im Sommer täglich 9 bis 12 Uhr und 14 bis 18.30 Uhr.

Baden: La Grande-Motte, 9 km südlich; Le Grau-du-Roi, 8 km südlich (s. jeweils Ausflüge).

Veranstaltungen: Sommerfestival, alljährlich vom 1. bis 20. August mit Theateraufführungen. Traditionelles Heimatfest, alljährlich in der 2. Oktoberhälfte.

Ausflüge: **La Grande Motte,** 9 km südlich, Badeort in eigenwilliger Beton-Architektur, Feriensiedlung mit Bade- und Wassersportmöglichkeiten.

Le Grau du Roi, 8 km südlich, alter Fischerhafen und mondäner Badeort mit Jachthafen.

Montpellier (s. dort), 30 km nordwestlich, zwischen den Südhängen der *Cevennen* und dem *Mittelmeer* gelegen, mit malerischer Altstadt und reichen Zeugnissen seiner mehr als tausendjährigen Geschichte.

Nîmes (s. dort), 37 km nordöstlich, Hauptstadt des Département Gard, zwischen der unteren *Rhône* und den *Cevennen* gelegen. Die Stadt mit reichen Zeugnissen ihrer gallo-römischen Vergangenheit war eine der bedeutendsten und prächtigsten Städte der provincia Gallia Narbonensis und wird noch heute als das »französische Rom« bezeichnet.

Les Saintes-Maries de la Mer (s. dort), 33 km südöstlich, bekannter Wallfahrtsort, aus einer Fischersiedlung hervorgegangen. Von hier Ausflüge in die *Camargue,* zu Fuß und mit dem Pferd.

ALBI

E-2. Dép. Tarn, 174 m, 50 000 Einw. Historisch interessante Stadt am *Tarn,* in den Ausläufern des *Massif*

Central gelegen. Auf Grund der vielen Backsteingebäude hat die Stadt den Beinamen »Albi la Rouge«, »Albi, die Rote«.

Auskunft: Syndicat d'Initiative, 19, pl. Sainte-Cécile, 81013 Albi, Tel. 63/ 54 22 30.

Verkehr: Endpunkt der N 88 von Rodez, der N 112 von Castres, der D 999 von Saint-Affrique und der D 911 von Villefranche-de-Rouergue. – Bahnstation.

Unterkunft.

Geschichte: Albis Name ist in der Geschichte vor allem mit der Albigenser Glaubenslehre verbunden, die im 13. Jh. einen grausamen Kreuzzug Roms gegen deren Anhänger auslöste. Die Albigenser, ursprünglich eigentlich Katharer, verdanken ihren Namen einem historischen Irrtum. Diese Häretiker, die mit ihren Auffassungen vom Christentum im Gegensatz zur Kirche in Rom standen, traten bereits im 11. und 12. Jh. auf und verbreiteten ihre Lehre von Osten her über ganz Europa. Im Languedoc war es vor allem die Gegend um Albi, Toulouse und Carcassonne, wo sie ihr stärkstes Echo fanden. Auseinandersetzungen zwischen der Kirche in Rom und den Katharern konzentrierten sich seit ca. 1145 in Form von Predigten und Kolloquien auf Albi, woraus viele Zeitgenossen den falschen Schluß zogen, daß es die Albigenser waren, auf die diese Glaubenslehre zurückgeht. Die Toleranz der Regierenden und auch der Bewohner des Languedoc, aber auch die Sympathie und Achtung, die den Katharern zunehmend stärker entgegengebracht wurde, vor allem jedoch machtpolitisches Kalkül veranlaßte Rom zu Beginn des 13. Jh., einen blutigen

Kreuzzug gegen die Häretiker zu entfesseln. Auf Befehl des Papstes unterwarf Simon de Montfort den Languedoc, viele Tausende von Männern und Frauen, Alten und Jungen wurden, der Häresie beschuldigt, niedergemetzelt, die weltlichen Mächte unterworfen. Auf dem IV. Laterankonzil übergab Papst Innozenz III. die eroberten Gebiete als legalen Besitz an Simon de Montfort. Philippe II. Auguste, König von Frankreich, Lehnsherr Simon de Montforts einerseits und treuer Vasalle Roms andererseits, wurde so zum mächtigsten Feudalherrn Europas, die mittelalterlichen Päpste aber standen auf dem Höhepunkt ihrer weltpolitischen Macht. Die Unterwerfung der Ketzer, die Niederschlagung der Volksaufstände jedoch, die sich gegen die nordfranzösische Vormacht wandten, dauerte bis in die Mitte des 14. Jh. an. Erst dann erlahmte der Widerstand im Languedoc, und Albi, immer schon eine reiche Handelsstadt, gelangte nun mit Wein- und Getreidehandel zu neuer Blüte. Im 16. Jh. kamen der Pastellhandel, im 19. Jh. Kohle- und Glasindustrie hinzu. Diese wirtschaftlichen Faktoren sowie der Umstand, daß die Stadt als Zentrum der südfranzösischen Gegenreformation im 13. Jh. Bistum und 1678 Erzbistum wurde, bewirkten seit dem 14. Jh. eine beeindruckende Bautätigkeit. Herausragende Beispiele sind die Kathedrale und der Bischofspalast. Etwa vier Jahrhunderte später, 1864, wurde im Hôtel de Bosc **Henri de Toulouse-Lautrec** geboren. Der Sohn eines der ältesten Adelshäuser Frankreichs gelangte als Maler des Jugendstils und der Plakatkunst in Paris zu Weltruhm.

Sehenswert: **Cathédrale Sainte-Cécile,** 1282–1480 auf Veranlassung des

Bischofs Bernard de Castenet (1276–1308) erbaut. Die Kathedrale sollte die wiedergewonnene Macht und Größe der mittelalterlichen Kirche und des Christentums, nach den Erschütterungen durch Häresie und Religionskriege, darstellen. Ganz aus rotem Backstein erbaut, zählt das mächtige Bauwerk mit einem Schiff von fast 100 m Länge, 20 m Breite und 30 m Höhe zu den typischen Beispielen der südfranzösischen Backstein-Gotik. Der Haupteingang, Anfang des 15. Jh. erbaut, mit einem Baldachin der Vorhalle, bindet die Kirche an einem ehemaligen Verteidigungsturm an. Der Glockenturm, der ursprünglich das Kirchenschiff nicht überragte, wurde im 15. Jh. auf Weisung Ludwigs I. von Amboise um drei Etagen erweitert. Das Kircheninnere besticht durch seine großartige künstlerische Ausgestaltung durch die besten Maler und Bildhauer der damaligen Zeit. Im Vorraum überdimensionale Wand- und Deckenfreskos, u.a. eine Darstellung des Jüngsten Gerichts von 1480, im eigentlichen Kirchenraum unzählige Skulpturen französischer und italienischer Meister. Die Galerie zu den Seitenkapellen hin sowie das Chorgestühl und der Lettner wurden erst später hinzugefügt, wodurch die Wirkung des gewaltigen Schiffs durchaus beeinträchtigt ist. Das Deckengewölbe wurde zwischen 1509 und 1512 von Künstlern aus Bologna ausgemalt, die der Nachfolger Ludwigs I. von Amboise nach Albi hatte kommen lassen, und die hier bereits etwas von der Großartigkeit der italienischen Renaissance, des sogenannten Quattrocento, vorweggenommen haben. Beeindruckend auch der mächtige Orgelaufbau über dem Altar, reich mit Skulpturen und Malereien verziert.

Eglise Saint-Salvy mit romanischen und gotischen Stilelementen. Romanischer Glockenturm aus dem 11. Jh., im 12. Jh. durch einen gotischen Aufbau erweitert und im 15. Jh. durch eine Backsteinkonstruktion ergänzt. Auch im Innern verschiedene Stilelemente. In der Sakristei eine Pietà aus dem 15. Jh. sowie eine Holzstatue des hl. Salvy aus dem 12. Jh. An der Südseite führt eine Türe zum Kreuzgang aus dem 13. Jh.

Palais de la Berbie, im 13. Jh. auf Initiative von Bernard de Combret, Bischof von Albi von 1254 bis 1271, als Bischofspalast erbaut. 1265 begonnen, wurde das Gebäude unter Bernard de Castenet, Bischof von 1271 bis 1308, zu einer Festung mit mächtigem Donjon, von vier Türmen bewehrt, erweitert. 1598, als Heinrich IV. von Navarra das Edikt von Nantes erläßt und damit Religionsfreiheit in Frankreich gewährt, verlor die Zitadelle des Bischofspalastes jegliche Bedeutung, im 17. Jh. wurden der nördliche und der zur Tarn hin gelegene Teil abgerissen. Im Innern führt eine Treppe aus dem 17. Jh. hinauf in den 1. Stock mit der Galerie d'Archéologie sowie der Chapelle Notre Dame mit schönem Spitzbogengewölbe und Malereien des Marseiller Künstlers Antoine Lombard. Daran anschließend mehrere Salons, im 17. Jh. angebaut, darunter die Sale doré mit schöner Decke. 13 weitere Räume beherbergen heute das

Musée Toulouse-Lautrec, die größte Sammlung der Werke dieses Malers des Jugendstils und der Plakatkunst. Toulouse-Lautrec, 1864 in Albi, im Hôtel de Bosc geboren und direkter Nachfahre der Grafen von Toulouse, wurde durch zwei Unfälle in den

Jahren 1878 und 1879 zum Krüppel. 1882, als Achtzehnjähriger, entfloh er der familiären Enge und ging nach Paris, wo er sich auf dem Montmartre, dem Viertel der Künstler, Bohémiens und der Pariser Lebewelt, niederließ. 1891 wurde sein großes zeichnerisches Talent entdeckt, seine Lithographien und Plakate waren von da an überall in Paris zu sehen. Von tiefen Depressionen und der Flucht in das exzessive Leben auf dem Montmartre gezeichnet, wurde er 1899 in ein Sanatorium in Neuilly eingeliefert. Bald darauf kehrte er jedoch zum Montmartre zurück und lebte sein Leben zwischen tiefen Drepressionen, der Flucht in den Alkohol und dem Rausch des Pariser Nachtlebens ungebrochen weiter. 1901, erst 27jährig, starb er auf dem Familiensitz von Malromé, nahe Langon. Sein Grab befindet sich heute auf dem Friedhof von Verdelais. Im Museum sind 208 Gemälde, 149 Aquarelle und Zeichnungen, 161 Lithographien sowie die vollständige Sammlung seiner 31 Plakate zu sehen. Daneben eine bedeutende Sammlung von mehr als 400 Bildern und Skulpturen seiner Zeitgenossen, u. a. von Degas, Dufy, Utrillo, Matisse, Vlaminck, Rodin. – *Geöffnet:* Ostern bis 30. 9. täglich außer 1. Mai 10 bis 12 Uhr und 14 bis 18 Uhr, im Juli und August ab 9 Uhr; 1. 10. bis Ostern täglich außer dienstags, dem 1. 11., 25. 12. und 1. 1. 10 bis 12 Uhr und 14 bis 17 Uhr.

Maison natale de Toulouse-Lautrec, Geburtshaus Toulouse-Lautrecs mit Erinnerungsstücken an den Künstler. – *Geöffnet:* 15. 6. bis 15. 9. täglich außer sonn- und feiertags vormittags 9 bis 11.45 Uhr und 15 bis 18.45 Uhr.

Hôtel Reynès aus dem Jahre 1530, heute Sitz der Handelskammer. Renaissance-Haus mit sehenswertem Innenhof.

Pharmacie des Pénitents aus dem 16. Jh. sowie schöne alte Häuser in der *rue Timbal.*

Pont Vieux, Brücke über den Tarn aus dem Jahre 1035.

Baden: Schwimmbad.

Sport: Tennis, Reiten, Wassersport.

Veranstaltungen: Karneval von Albi, alljährlich im Februar/März. – Fêtes de la Saint-Jean, alljährlich im Juni. – Festival de Théâtre, Compagnie Guy Vassal, alljährlich Anfang Juli. – Internationales Filmfestival der Amateure, alljährlich 1. Augustwoche. – Grand Prix Automobile, alljährlich Mitte September.

Ausflüge: **Monestiés,** 24 km nordwestlich, mittelalterliche Stadt am *Cérou.* Chapelle Saint-Jacques mit einer Skultpturengruppe aus dem 15. Jh., eine »Mise au Tombeau«, eine Grablegung Jesu darstellend. Ruinen des Schlosses Combefa, ehem. Residenz der Bischöfe von Albi.

Cordes (s. dort), 25 km nördlich, auf einem Hügel gelegener kleiner Ort mit beeindruckenden Zeugnissen seiner mittelalterichen Vergangenheit, u. a. Festungsanlagen aus dem 13. Jh. und Markthallen aus dem 14. Jh.

Le Viaduc du Viaur, 38 km nordöstlich, 1897 bis 1902 von Paul Bodin erbaut. Brücke in 116 m Höhe, die über eine Länge von 460 m den Viaur überspannt.

Gaillac (s. dort), 22 km westlich, am *Tarn* gelegene Stadt gallo-römischen Ursprungs mit Kirche Saint-Michel aus dem 11. Jh.

Castres (s. dort), 42 km südlich, bedeutende Handelsstadt des Mittelalters. Im Rathaus Goya-Museum sowie Jaurès-Museum mit zahlreichen Dokumenten aus dem Nachlaß des Politikers.

ALÈS

G-2. Dép. Gard, 140 m, 45 000 Einw. Industriestadt am *Gardon,* am Südostrand des **Parc National des Cévennes** (s. dort) gelegen, mit jahrhundertealter Tradition in der Seidenproduktion. Alès ist vor allem Ausgangspunkt für interessante Ausflüge in die nähere und weitere Umgebung.

Auskunft: Office de Tourisme d'Alès et des Cevennes, B.P. 226, 30103 Alès, Tel. 66/52 21 15.

Verkehr: N 106 Florac-Nîmes, Endpunkt der N 110 von Montpellier und der D 6 von Bagnols. – Bahnstation.

Unterkunft.

Geschichte: Alès, bis 1926 Alais, ursprünglich Alestum, geht wahrscheinlich auf eine keltische Siedlung zurück, deren Überreste, die sogenannte Eremitage, noch erhalten sind. In die Geschichtsschreibung ist die Stadt 1629 mit dem Vertrag von Alès eingegangen, der, abgeschlossen zwischen Ludwig XIII. und Richelieu auf der einen und den Hugenotten auf der anderen Seite, den französischen Religionskrieg beendete. Im 19. Jh. wirkte hier Pasteur, von dem berühmten Chemiker Dumas zur Bekämpfung einer mysteriösen Epidemie nach Alès geholt. Ihm gelang es schließlich, die Krankheit, die Hunderte von Menschenleben gefordert hatte, wirksam zu bekämpfen. Alès, traditionell eine Stadt der Seidenproduktion, hat sich im 19. Jh. zu einem Zentrum der Metall- und Chemieindustrie entwickelt, die auch heute noch hier angesiedelt ist.

Sehenswert: **Cathédrale Saint-Jean** aus dem 18. Jh. mit romanischer Westfassade und gotischem Portalvorbau. Im Innern, vor allem im Querschiff und in der Chapelle de la Vierge, sehenswerte Gemälde.

Musée du Colombier, im ehem. Château du Colombier, in einem schönen Park gelegen. Dokumentation zur Geschichte der Stadt sowie prähistorische Funde aus der Region. Gemäldesammlung mit Werken aus dem 16., 17. und 18. Jh., schönes Mobiliar aus dem Languedoc sowie aus der Epoche Ludwigs XIII. und Ludwigs XIV.

Baden: Schwimmbad, Hallenbad.

Sport: Tennis, Reiten.

Veranstaltungen: Festival de jeune théâtre d'Alès, Theaterfestival 1. Julihälfte. Musikfestival und Filmfestival im Sommer.

Ausflüge: Fahrt in die **Cevennen,** 65 km. Von Alès auf D 50 12 km südöstlich zum

Forêt de Bambus. Bambuswald, auf einem Gebiet von 35 ha, einmalig in Europa. Verschiedene Bambusarten sowie zahlreiche einheimische und fremdländische Blumengewächse wie Azaleen, Rhododendron u. ä. – *Geöffnet:* 1. 5. bis 31. 10. 9 bis 12 Uhr und 14 bis 19 Uhr, im Juli und August 9 bis 19 Uhr. Nun weiter nach

Anduze, 3 km südlich, malerisches Städtchen, das als Hochburg des Calvinismus in die Geschichte eingegangen ist. Reizvolle Altstadt mit Tour d'Horloge von 1320, an der Stelle des ehem. Schlosses von Anduze. Schöner Park mit exotischen Bäumen und Pflanzen. Zurück auf D 50 bis Générargues, hier links ab zum

Musée du Désert, 7 km nordwestlich. Das Museum besteht aus der Maison de Roland, und den salles commémoratives. Die Maison de Roland, ein Gebäude aus dem 17. und 18. Jh., zeigt Sammlungen und Dokumentationen zur Geschichte dieser Region der Cevennen, zur Geschichte der Hugenotten sowie zum Leben der hiesigen Bevölkerung. In den salles commémoratives Erinnerungen an den langen Kampf der Hugenotten um die Anerkennung ihrer Denk- und Lebensweise. − *Geöffnet:* 1.3. bis 30.11. täglich 9.30 bis 12 Uhr und 14.30 bis 18 Uhr, im Juli und August durchgehend geöffnet.

Grotte de Trabuc, etwa 3 km weiter nördlich, die größte Höhle der Cevennen. Vom Neolithikum bis etwa zur Zeitenwende diente sie den Menschen als Wohnstätte, während der Religionskriege oft genug als Zufluchtstätte und später den Trubacaines, den Straßenräubern der Gegend, als Unterschlupf. Letztere gaben der Höhle schließlich auch ihren Namen. Etwa 12 km unterirdische Gänge und Säle in bis zu 120 m Tiefe sind heute erforscht. Neben riesigen Felsblöcken, fein gestalteten Kristallisationen und großartigen Farbenspielen in den vielen, auf unterschiedlichem Niveau liegenden großen und kleinen Sälen sind die »hunderttausend Soldaten« und der Lac du Minuit, der »Mitternachtssee«, die absolute Attraktion dieser Höhle. Die »hunderttausend Soldaten«, eine ungeheure Anzahl von Versteinerungen in seltenen Formationen, über deren Ursprung die Wissenschaftler rätseln, erweckt den Eindruck einer riesigen Armee von Soldaten. Der Lac du Minuit zeigt ein außerordentliches Farbenspiel von Grün- und Blautönen, entsprechend seiner Wassertiefe von bis zu 25 m. − *Geöffnet:* 15.3. bis 14.6. täglich 9.30 bis 12 Uhr und 14 bis 18 Uhr; 15.6. bis 10.9. täglich 9.30 bis 18 Uhr; 11.9. bis 15.10. täglich 9.30 bis 12 Uhr und 14 bis 18 Uhr; 16.10. bis 30.11. sonntags nachmittags und nach Vereinbarung mit: Conservateur des Grottes de Trabuc, 30140 Mialet par Anduze, Tel. 66/85 33 28. Nun auf D 50 weiter nach

Saint-Jean-du-Gard, 12 km westlich. Reizvolle Kleinstadt mit Musée des Vallées Cévénoles in einer alten Herberge aus dem 17. Jh. Volkskundliches Museum mit Darstellungen und Dokumentationen zum häuslichen Lebensbereich der Menschen in den Cevennen, dem bäuerlichen Leben und Arbeiten, dem Leben der Dorfgemeinschaft und der Arbeit in den Seidenfabriken sowie eine Ausstellung von Trachten und eine Dokumentation der bäuerlichen Traditionen. Von Saint-Jean-du-Gard auf der D 907 und D 910 über Anduze zurück nach Alès, 27 km.

Château de Rousson, 9 km nördlich, großes viereckiges Schloß mit vier Rundtürmen. Im Innern Mobiliar aus dem Languedoc und aus der Zeit Ludwigs XIII. und Ludwigs XIV. − *Geöffnet:* Ostern bis 31.10. täglich 10 bis 19 Uhr.

La Cocalière, 24 km nördlich, größte Höhle Frankreichs, auf 38 km erforscht. Die Höhle mit ihren vielen Sälen und Gängen weist großartige Versteinerungen und Kristallisationen in den unterschiedlichsten Formen und Farbgebungen auf. Über einem unterirdischen Fluß gelegen, reihen sich u. a. die galérie préhistorique, ein Saal mit prähistorischen Funden, die bassin de cristal und die salle du chaos aneinander, daneben das Camp der Höhlenforscher. − *Geöffnet:* Palmsonntag bis 31.10. täglich 9 bis 12 Uhr und 14 bis 18.30 Uhr. Dauer der Führung 1 Std., Temperatur 14° C.

Aven d'Orgnac, 50 km nordöstlich, eine der interessantesten Tropfsteinhöhlen mit riesigen Sälen und großartigen Tropfsteinformationen. Ein Teil der Höhle ist für Besucher zugänglich gemacht, u. a. ein Saal mit einer Länge von 250 m, einer Breite von 125 m und einer Höhe zwischen 17 und 40 m. Von diesem gelangt man zur salle du chaos und über eine Treppe in die 1. salle rouge mit Aussichtspunkt und weiter in die 2. salle rouge mit wunderschönen Versteinerungen, durch unterschiedliche Lichtquellen angestrahlt. – *Geöffnet:* im Sommer täglich 9 bis 11.45 Uhr und 14 bis 17.45 Uhr, außerhalb der Saison nur bis 16.45 Uhr; vom 30. 11. bis 1. 3. geschlossen.

AMÉLIE-LES-BAINS-PALALDA

E-4. Dép. Pyrénées-Orientales, 230 m, 4100 Einw. Landschaftlich und klimatisch überaus reizvoller Ort im *Vallespir,* dem Techtal zwischen Amélie-les-Bains und Prats-de-Mollo. Das ehem. römische Aquae Calidae ist auch heute noch ein beliebter Erholungsort und vielbesuchtes Heilbad. Benannt ist er nach Königin Amélie, der Gemahlin Louis-Philippes, dessen General Castellane hier im Jahre 1854 ein Militärhospital erbauen ließ.

Auskunft: Office Municipal du Tourisme et du Thermalisme, pl. de la République, 66110 Amélie-les-Bains-Palalda, Tel. 68/39 01 98.

Verkehr: D 115 Prats-de-Molle–Le Boulou. – Nächste Bahnstation Céret, 8 km.

Unterkunft.

Heilanzeigen: Rheuma, Hautkrankheiten, Erkrankungen der Atemwege, chronische Bronchitis, Asthma.

Kurmittel: Schwefel-Soda-Quellen, 31° C bis 63° C.

Sehenswert: **Thermes Romains** mit restauriertem Schwimmbad aus römischer Zeit. – Mittelalterlicher Ortskern von Palalda mit **Pfarrkirche** aus dem 12. Jh. und **Kirche Notre-Dame-de-Rosaire.**

Baden: Schwimmbad.

Veranstaltungen: Internationales Folklore-Festival, alljährlich im August. Herbstfest, alljährlich im Oktober.

Spaziergänge: **Gorges du Mondony,** 10 Min. südlich, 500 m lange Schlucht des Flüßchens Mondony. – **Forts-les-Bains,** Festung aus dem 17. Jh. mit herrlichem Blick über das Techtal und den *Mont Canigou.*

Wanderungen: **Roc de France,** 1449 m, 9 Std. südlich, an der Grenze zwischen Spanien und Frankreich gelegen.

Ausflüge: **Prats de Mollo-la Preste,** 23 km südwestlich durch das Tal des Tech, *Vallespir* genannt. Zunächst nach

Arles-sur-Tech, 4 km südlich, kleiner Ort, um ein Kloster herum erbaut. Von dem Kloster aus dem 9. Jh. an den Ufern des Tech errichtet, besteht noch die Kirche sowie die gotische Kreuzgang. Die Kirche, im 11. und 12. Jh. erbaut, weist im Tympanon ein griechisches Kreuz auf, in das eine Christusfigur sowie die Symbolfiguren der vier Evangelisten eingemeißelt sind. Links vom Haupteingang ein weißer Marmor-Sarkophag aus dem 4. Jh., das sogenannte »hl. Grab«, darüber schöne Grabstatue aus dem 13. Jh. Im Innern 17 m hohes

Deckengewölbe, dessen Säulen im unteren Teil aus dem 11. Jh., im oberen Teil aus dem 12. Jh. sind, in dem das Deckengewölbe gebaut wurde. In der ersten Seitenkapelle rechts großer Barockaltar, den Heiligen Abdon und Sennen geweiht, deren Martyrium auf 13 Wandtafeln dargestellt ist. Die Heiligen werden im ganzen Roussillon als Helfer in allen Notfällen verehrt. In der zweiten Seitenkapelle drei Christus-Darstellungen, an denen der Einfluß der katalonischen Malerei deutlich wird. Diese Mysterien-Bilder, »misteri« genannt, werden bei der traditionellen nächtlichen Karfreitagsprozession mitgetragen. Nun weiter nach

Prats de Mollo-la Preste, 19 km südwestlich. Reizvolle Kleinstadt in schöner Berglandschaft, 745 m und 1130 m hoch gelegen, eigentlich zwei, 8 km weit auseinanderliegende Ortschaften, die administrativ zusammengefaßt sind. Der Ort ist Heilbad, dessen Heilquellen und Therapien besonders gut für Kinder geeignet sind, jedoch auch für Erholungs- und Rekonvaleszenzzwecke Erwachsener. Im Ort, der innerhalb einer Befestigungsanlage, von Vauban erbaut, liegt, Kirche aus dem 17. Jh. mit romanischem Glockenturm von einem Vorgängerbau aus dem 13. Jh. Im Innern Hauptaltar mit Darstellungen des Lebens und des Martyriums der Heiligen Justus und Rufinus, der Schutzheiligen des Ortes. In der Oberstadt die »Maison des rois d'Aragon«, das »Haus der Könige von Aragon«. Von Prats de Mollo aus Wanderungen zur **Tour de Mir** aus dem 13. Jh., 1540 m, 2 Std. südwestlich.

Le Boulou, 15 km nordöstlich, kleines Heilbad, in 230 m Höhe gelegen, dessen heiße Schwefelquellen schon den Römern bekannt waren. Zwei Thermalbäder, medizinische und therapeutische sowie verschiedene sportliche Einrichtungen stehen den Gästen zur Verfügung. Kirche, ursprünglich aus dem 11. und 12. Jh. Romanisches Portal mit Bas-Relief-Darstellung aus dem 12. Jh. Nun weiter nach

Céret, 11 km südwestlich, vorbei an der **Chapelle Saint-Martin de Fenouillard,** auch Fenollar geschrieben. Romanische Freskomalereien, das Mysterium der Inkarnation darstellend, schmücken die Kirche: Christus, umgeben von den vier Evangelisten mit ihren Symbolen, die 24 Alten der Apokalypse sowie verschiedene Darstellungen aus der hl. Geschichte, u. a. Verkündigung, die Geburt Jesu und Anbetung der drei Heiligen aus dem Morgenland.

Céret, schon ein typisch katalonischer Ort an der Einmündung des Techtals in das Roussillon, war lange Jahre Anziehungspunkt für Künstler wie Picasso, Gris, Matisse, Chagall, Brune u. a. Werke von diesen Malern befinden sich im **Musée d'Art moderne,** ebenso wie Werke von Dali, Chapiro, Maillol, Miro u. a. m. – *Geöffnet:* 1. 6. bis 30. 9. täglich außer dienstags 10 bis 12 Uhr und 15 bis 19 Uhr; 1. 10. bis 31. 5. täglich außer dienstags 10 bis 12 Uhr und 14 bis 16 Uhr. – **Pont du Diable,** Teufelsbrücke, über den Tech, im 14. Jh. mit einem einzigen Bogen von 45 m Spannweite erbaut. Reste der alten Stadtbefestigung. Von Céret nach Amélie-les-Bains-Palalda, 9 km östlich.

Collioure (s. dort), 44 km östlich, malerischer Badeort an der *Côte Vermeille,* der »Purpurküste«, mit altem Fischerhafen und Château Royal, der ehem. Sommerresidenz der Könige von Mallorca. Die Strecke führt über **Saint-Genis-des-Fontaines,** 26 km nordöstlich, mit berühmter romanischer Kirche, die im Türsturz die älteste romanische Skulptur Frankreichs aus dem Jahre 1020 aufweist, und weiter über **Saint-André,** 5 km östlich mit ebenfalls bedeutender romanischer Kirche aus dem 12. Jh. (s. jeweils Collioure Ausflüge).

ANNONAY

G-1. Dép. Ardèche, 357 m, 23 000 Einw. Eine der größten Städte im *Ardèche,* deren Altstadt in auffälligem Kontrast zu einer ausgedehnten Industriezone mit modernen Wohnhäusern steht.

Auskunft: Office de Tourisme, Syndicat d'Initiative, 3, rue Sadi-Carnot, 07100 Annonay, Tel. 75/33 24 51.

Verkehr: N 82 Saint-Etienne–Serrières. – Bahnstation.

Unterkunft.

Geschichte: Am 4. Juli 1783 starteten die Brüder Montgolfier in Annonay den ersten Fesselballon, der in einer Höhe von 2000 m eine Distanz von 1 km zurücklegte. Ein Obelisk auf der place de la Libération erinnert an dieses bedeutende historische Ereignis.

Sehenswert: **Altstadt** von Annonay zwischen *place de la Libération* und *place de la Liberté.* Von der pl. de la Liberté durch die *rue du Clocher* mit **Wehrturm,** einziges Zeugnis des früheren Château des Rohan-Soubise. Ein weiteres Tor besteht an der *rue Bourgville.*

Pont Valgelas aus dem 14. Jh. und von hier am linken Ufer des Deûme entlang, durch die rue Greffier-Chomel.

Musée Vivarois César-Filhol, *rue J. B.-Béchetoile,* volkskundliches Museum mit Dokumentationen über das frühere Leben in Annonay. – *Geöffnet:* mittwochs, samstags und sonntags 14 bis 18 Uhr.

Baden: Hallen- und Freischwimmbad.

Sport: Tennis.

Ausflüge: **Safari Parc du Haut-Vivarais,** 7 km nordöstlich, zu Fuß und mit dem Auto zu besichtigen. Neben u. a. Zebras, Dromedaren, Bisons und Löwen, die hier in freier Wildbahn leben, gibt es im Safaripark ein Vivarium mit Schlangen, Krokodilen, Eidechsen und Reptilien. – *Geöffnet:* 15.3. bis 31.10. täglich 9.30 bis 20 Uhr; 1.11. bis 14.3. täglich 11 bis 17 Uhr.

AUBENAS

G-2. Dép. Ardèche, 300 m, 12 000 Einw. Auf dem rechten Ufer der *Ardèche* gelegene Stadt, teilweise von alten Mauern umschlossen und von einer Burg überragt. Aubenas ist bekannt für die Herstellung von glacierten Maronen und ausgefallenen Konfitüren.

Auskunft: Syndicat d'Initiative, pl. Airette, 07200 Aubenas, Tel. 75/35 24 87.

Verkehr: N 102 Pradelles–Montélimar, Endpunkt der N 104 von Privas. – Bahnstation.

Unterkunft.

Sehenswert: **Château,** heute Rathaus, z. T. noch aus dem 12. Jh. Zwei Rundtürme mit Pechnasen und ein Donjon geben dem Schloß einen wehrhaften Charakter. Schöner Renaissance-Innenhof sowie Treppe aus dem 18. Jh., die zu den gut restaurierten Räumen des 18. Jh. mit herrlichen Holzvertäfelungen führen. – *Führungen:*Juli und August täglich außer sonntags nachmittags 10 bis 11 Uhr und 14 bis 17 Uhr; September bis Juni täglich außer samstags nachmittags und sonntags 8 bis 12 Uhr und 14 bis 18 Uhr.

Dôme Saint-Benoît, ehem. Kapelle der Benediktiner von Aubenas mit sechseckigem Grundriß. Im Innern Mausoleum des Maréchal d'Ornano aus dem Jahre 1640. – Schöne Häuser, z. T. aus dem 16. Jh. in der Altstadt.

Baden: Freibad.

Sport: Tennis, Reiten, Angeln.

Ausflüge: **Panorama de Jestres,** 5 km südöstlich, Ort einer prähistorischen Siedlung mit wunderschönem Blick über das untere Ardèche.

Privas, 30 km nordöstlich, inmitten von großen Kastanien- und Kieferwäldern gelegen. Privas hatte während der französischen Religionskriege eine bedeutende Rolle gespielt. Als eine der Hochburgen der Hugenotten wurde es 1629 16 Tage lang von den Truppen Richelieus belagert, schließlich gestürmt, niedergebrannt und seine Bevölkerung getötet und verjagt. Erst Jahre später erhielten die Bewohner von Privas das Recht zurückzukehren und ihre Stadt neu aufzubauen.

Gorges de l'Ardèche (s. dort), 33 km südlich zum Ausgangspunkt Vallon-Pont-d'Arc, Gesamtstrecke ca. 140 km. Die Gorges de l'Ardèche sind tief in die Kalkfelsen eingeschnittene Schluchten, die sich über knapp 40 km von Vallon-Pont-d'Arc bis Saint-Martin-d'Ardèche erstrecken.

Largentière, 16 km südwestlich, Kleinstadt mit Schloß und Rathaus

aus dem 15. Jh. sowie gotischer Kirche aus dem 13. Jh. Die Stadt hat ihren Namen von den Silberminen, die zwischen dem 10. und dem 15. Jh. hier ausgebeutet wurden.

AUCH

C-3. Dép. Gers, 136 m, 25 000 Einw. Größte Stadt der *Gascogne,* einer Landschaft, die sich, im Norden und Osten in etwa von der *Garonne,* im Süden von den *Pyrenäen-Ausläufern* begrenzt, bis zum Atlantik hinzieht. Sehr fruchtbares Gebiet, in dem u. a. auch der berühmte Armagnac hergestellt wird.

Auskunft: Office du Tourisme, 1, rue Dessoles, 32002 Auch, Tel. 62/ 05 22 89.

Verkehr: Kreuzungspunkt von N 21 Agen-Tarbes mit N 114 Mont-de-Marsan–Toulouse. – Bahnstation.

Unterkunft.

Geschichte: Bereits vor der Eroberung dieser Region durch die Römer bestand auf dem Gebiet von Auch eine ursprünglich keltische Siedlung. Unter der Herrschaft Roms wurde diese zu einem oppidum erweitert, dem Augusta Auscorum, das sich später zu einer bedeutenden gallo-römischen Stadt entwickelte. Im Mittelalter und später noch einmal im 18. Jh. erlebte die Stadt eine Blütezeit, deren architektonische Zeugnisse heute noch vielfach erhalten sind. Auch ist auch die Heimat von d'Artagnan, einem der »Drei Musketiere«, denen Alexandre Dumas mit seinem gleichnamigen Roman ein literarisches Denkmal gesetzt hat. Um 1615 auf Schloß Castelmore geboren, trat Charles de Batz unter dem Namen seiner Mutter, einer Montesquiou d'Artagnan, in königliche

Dienste. Als Vertrauter Ludwigs XIV. machte er im Regiment der königlichen Musketiere eine steile Offiziers-Karriere. 1673 fand er in der Schlacht um Maastricht den Tod.

Sehenswert: **Cathédrale Sainte-Marie,** im Stil der Flamboyant-Gotik im 15. Jh. begonnen und im 17. Jh. vollendet. Im Innern besticht der Kirchenbau zunächst durch seine großzügige Anlage, mit einer Länge von 104 m und einer Breite von 40 m sowie den hohen gotischen Kirchenfenstern. In den Seitenkapellen des Chorumgangs 18 bemalte Kirchenfenster, ein Werk des Malers Arnaut de Moles, einmalig in ihrer farblichen Gestaltung und darstellerischen Aussagekraft, ein Hauptwerk der französischen Malerei der ersten Hälfte des 16. Jh. Auch das Chorgestühl, dessen Fertigstellung 52 Jahre, von 1500 bis 1552, in Anspruch genommen hat, ist ein Meisterwerk der Bildhauerkunst. 1500 Figuren, Darstellungen aus dem Alten und dem Neuen Testament, aus der Mythologie sowie den Heiligenlegenden, umgeben die 113 Chorsitze, von denen die oberen mit einem gotischen Baldachin überdacht sind. Die Figuren, die einst den im 19. Jh. zerstörten Lettner schmückten, stehen heute über dem Altar von 1609, der die Apsis zum Chor hin abschließt. Hier u. a. Darstellung der vier Evangelisten, zu Tische sitzend. Die große Orgel, 1694 von Jean de Joyeuse gebaut, verfügt über eine außerordentlich ungewöhnliche Klangfärbung. Orgelkonzerte finden hier während der Musiktage im Juni statt.

Escalier monumentale, Treppe, die die Unterstadt von Auch mit der Oberstadt verbindet, 370 Stufen. In der Mitte der Treppe d'Artagnan-Denkmal.

Tour d'Armagnac, 40 m hoher Turm aus dem 14. Jh., ehem. Gefängnis.

Maison du Tourisme, schönes Haus aus dem 15. Jh., heute Sitz des Syndicat d'Initiative.

Musée des Jacobins, im ehem. Konvent der Dominikaner, mit archäologischer Sammlung sowie Ausstellung über volkstümliche Traditionen in der Gascogne. In einer Abteilung Sammlung und Dokumentation lateinamerikanischer Kunst, eine der schönsten Sammlungen dieser Art in Frankreich. – *Geöffnet:* 1.5. bis 31.10. täglich außer montags 10 bis 12 Uhr und 14 bis 18 Uhr; 2.11. bis 30.4. täglich außer montags, sonn- und feiertags 10 bis 12 Uhr und 14 bis 16 Uhr.

Musée d'Histoire locale, rue Edgar-Quinet, Dokumentation zur Geschichte von Auch.

Musée de la Réstistance, Dokumentationen über die Zeit der Resistance. – *Geöffnet:* dienstags bis freitags 14.30 bis 16.30 Uhr.

Baden: Schwimmbad.

Sport: Tennis, Reiten, Angeln.

Veranstaltungen: Festival de Musique d'Auch et de Gascogne, Musikfestival mit Orgel- und Kirchenkonzerten in der Cathédrale Sainte-Marie, alljährlich im Juni.

Ausflüge: **Fleurance,** 24 km nördlich, ehemalige »bastide«, deren geometrischer Grundriß noch erkennbar ist. Im Ort Kirche aus dem 17. Jh. im typischen Stil der Gotik des Midi. In der Apsis drei Renaissance-Fenster, ein Werk des Malers Arnaut de Moles aus dem 16. Jh. In der Sakristei Statue der Muttergottes von Fleurance aus dem 15. Jh.

Mirande, 25 km südwestlich, lebhafte Kleinstadt im *Armagnac*-Gebiet mit

Kathedrale aus dem 15. Jh. Der Glockenturm diente gleichzeitig als Wehrturm. Reste der alten Stadtbefestigung sowie Tour de Rohan im Zentrum der Stadt.

Simorre, 35 km südöstlich, Dorf mit befestigter Kirche aus dem 14. und 15. Jh. Im Innern Chorgestühl und bemalte Kirchenfenster aus dem 16. Jh.

AX-LES-THERMES

D-4. Dép. Ariège, 720 m, 1600 Einw. Wintersportort und Thermalbad im Tal der *Ariège,* bei der Einmündung von *Oriège* und *Lauze* gelegen. 80 Heilquellen mit einer Temperatur von 18° C bis 78° C sind in den vier Thermalbädern la Couloubret, le Modèle, le Breilh und le Teich zusammengefaßt. Das Hospital Saint-Louis aus dem Jahre 1846 ist ein schönes Beispiel für die Bauweise von Bädern im 19. Jh.

Auskunft: Office du Tourisme, 2, av. Delcassé, 09110 Ax-les-Thermes, Tel. 61/64 20 64.

Verkehr: N 20 Pamiers–spanische Grenze. – Bahnstation.

Unterkunft.

Heilanzeigen: Rheuma, Erkrankungen der Atemwege, Hautleiden.

Kurmittel: Schwefelsaure Thermalquellen; Kurzeit ganzjährig.

Baden: Thermalbad.

Sport: Tennis, Reiten.

Wintersport: 16 Liftstationen für insgesamt 45 km Skipiste. Langlauf.

Ausflüge: **Plateau de Bonascre,** 1380 m, 8 km südlich, mit der Skistation Ax, 1400 m. Von hier mit Seilbahn zum **Plateau du Saquet,** 2030 m, schöner Blick über das Tal der Ariège bis zu den Bergen von Andorra.

Porté-Puymorens, 35 km südlich, Wintersportort zu Füßen des *Col de Puymorens,* 1625 m hoch gelegen. Von acht Skistationen aus führen Lifte zu insgesamt 150 km Piste. Berghotels sowie Unterkunftsmöglichkeiten in dem Dorf Porté.

Lac de Naguilles, 1864 m, 9 km östlich mit dem Auto bis Forge d'Orlu, 912 m, von hier ca. 2 Std. zu Fuß.

Col du Pradel, 1680 m, 15 km nordöstlich, weiter zu Fuß zum **Pic de Sérrembarre,** 1851 m, ca. 1½ Std. Vom Berggipfel Rundblick über die *Pyrenäen* im Süden, vom Pic Carlit bis zu den Hügelketten von Andorra und von der Maladetta-Gruppe bis zum Pic du Midi de Bigorre, im Osten über die Corbières und im Norden über das Gebiet von Sault.

Tarascon-sur-Ariège (s. dort), 26 km nördlich, Kleinstadt an der *Ariège* mit hübscher Altstadt, in der Umgebung interessante Höhlen.

BAGNÈRES-DE-LUCHON

C-4. Dép. Haute-Garonne, 630 m, 3700 Einw. Bekanntes Thermalbad und Wintersportzentrum im Tal des *Pique,* zwischen den hohen Bergen der *Pyrenäen* geschützt gelegen. Der Ort mit seinen zahlreichen Kureinrichtungen und den vielen Möglichkeiten für Wanderungen und Ausflüge in die Pyrenäen ist einer der größten Kurorte Frankreichs.

Auskunft: Syndicat d'Initiative, 18, allées d'Etigny, 31110 Bagnères-de-Luchon, Tel. 79 21 21.

Verkehr: N 125/D 125 Montréjeau – spanische Grenze. – Bahnstation.

Unterkunft.

Geschichte: Die Thermalquellen von Luchon waren bereits den Römern bekannt, wie Ausgrabungsfunde von drei römischen Thermen beweisen. Nach dem Einfall der Westgoten in diese Region gerieten sie jedoch in Vergessenheit und wurden erst im 18. Jh. wiederentdeckt. Der Intendant der Generalität der Gascogne, des Béarn und von Navarra, Antoine Mégret Baron d'Etigny, veranlaßte 1759 bei einer Reise durch die Pyrenäen die Wiederherstellung des Thermalbades von Luchon. Bald kamen Mitglieder des Versailler Hofes zur Kur hierher und begründeten den außerordentlichen Ruf dieser Heilquellen.

Heilanzeigen: Erkrankungen der unteren Luftwege, Hals-, Nasen- und Ohrenerkrankungen, Gelenkkrankheiten.

Kurmittel: 120 Mineral- und Schwefelquellen sowie radioaktive Quellen. Sauna-Vaporarium, ein Dampfbad auf der Basis natürlicher Heildämpfe. Kurzeit April bis November.

Sehenswert: **Musée du Pays de Luchon** mit heimatkundlichen Sammlungen sowie Sammlungen mit Funden aus gallo-römischer Zeit. – *Geöffnet:* täglich außer samstags, sonn- und feiertags 8.30 bis 12 Uhr und 14 bis 18 Uhr; 1.11. bis 5.12. geschlossen.

Baden: Hallenbad, Freibad, Vaporarium.

Sport: Tennis, Reiten, Golf, Angeln, Segelfliegen.

Wintersport: 5 Liftstationen mit Skiliften für insgesamt 90 km Skipiste. Langlaufloipen.

Spaziergänge und Wanderungen: Zu den Quellen in der näheren Umgebung markierte Wege, Dauer zwischen 30 Min. und einigen Stunden, Teilstrecken auch mit dem Auto möglich.

Ausflüge: **Superbagnères,** 19 km südwestlich, durch das Tal des Pique und des Lys, moderner Wintersportort auf 1804 m mit herrlichem Blick über die *Pyrenäen* bis zu den Gletschern der Maladetta-Gruppe.

Hospice de France, 11 km südlich durch das Tal des Pique. Von hier weiter in 5 Std. zu Fuß Bergtour zum **Port de Vénasque,** 2448 m, oder zum **Pic de Sauvegarde,** 2738 m, ca. 7 Std. zu Fuß.

Lac d'Oô, 14 km südwestlich, dann ca. 2 Std. zu Fuß durch das Astau-Tal. See auf 1504 m, reizvoll gelegen.

Saint-Béat, 23 km nordöstlich, kleiner Ort mit Überresten einer ehem. Zitadelle aus dem 14. und 15. Jh., einem Donjon, heute Uhrturm.

Saint-Bertrand-de-Comminges (s. dort), 34 km nördlich, ehemals keltische Siedlung und gallo-römisches oppidum, berühmt wegen seiner Cathédrale Sainte-Marie-de-Comminge aus dem 11. und 14. Jh. und seiner umfangreichen gallo-römischen Ausgrabungsstätte, der sogenannten cité romain.

Saint-Gaudens (s. dort), 44 km nordöstlich, lebhafte Industriestadt auf eine Terrasse über der *Garonne* gelegen, Ausgangspunkt für eine Rundfahrt durch das Comminges.

Saint-Lary-Soulan, 44 km westlich, auf 814 m, an der Durchgangsstraße zum Tunnel von Bielsa nach Spanien, am Südostrand des *Parc National des Pyrénées* (s. dort) gelegen. Ausgangspunkt für Bergtouren im Massif de Néouville, Wintersportort mit vier Liftstationen sowie Skischule.

BAYONNE

A-3. Dép. Pyrénées-Atlantiques, 5 m, 45 000 Einw. An der Grenze zwischen den *Landes* und dem *Baskenland* und am Zusammenfluß von *Nive* und *Adour* gelegen, ist die Stadt wirtschaftlicher Mittelpunkt dieser Region sowie eine der wichtigsten Hafenstädte an der französischen Atlantikküste. Touristische Anziehungspunkte sind die Altstadt sowie der Stadtteil Anglet mit seiner Strandregion.

Auskunft: Office de Tourisme, pl. de la Liberté, 64100 Bayonne, Tel. 59/59 31 31.

Verkehr: Autobahn A 63 Bayonne – spanische Grenze. N 10 Peyrehorada – spanische Grenze. – Bahnstation. – Flughafen Biarritz-Anglet, 4 km südlich.

Unterkunft.

Geschichte: Seit der Römerzeit eine wichtige Hafenstadt, war Bayonne im Mittelalter Hauptstadt der Vizegrafschaft Labourd im Königreich Aquitanien. Durch die Heirat Eleonore von Aquitaniens mit dem englischen König Heinrich II. im Jahre 1137 fiel die Stadt unter englische Herrschaft und kam erst 1451 wieder an Frankreich zurück. Während der Zeit der englischen Herrschaft eine blühende Hafenstadt, verlor sie nun ihre Bedeutung als Warenumschlagplatz für den Handel mit England, der Hafen versandete zunehmend und Bayonne geriet für über einhundert Jahre in Vergessenheit. Erst unter Charles IX. wurde mit dem Bau eines Kanals zum Meer auch der Hafen von Bayonne wieder in Betrieb genommen und die Stadt erlebte erneut eine wirtschaftliche Blütezeit, die im 18. Jh. durch den Handel mit den Kolonien und mit dem Bau einer Handelskammer ihren Höhepunkt erreichte. Die Revolution von 1789 und in ihrer Folge die napoleonischen Kriege bedeuteten einen schweren Rückschlag für den Handelshafen Bayonne, von dem die Stadt sich erst im 19. Jh. langsam wieder erholte. Heute ist der Hafen wieder einer der bedeutendsten an der französischen Atlantikküste, in dem Schiffe bis zu 18 000 t anlegen können und in dem neben 1,3 Mio. t Schwefel pro Jahr Erdöl und chemische Produkte umgeschlagen werden.

Sehenswert: Die Altstadt von Bayonne läßt sich durch einen kleinen Stadtrundgang erschließen. Ausgangspunkt ist die

Place de la Liberté mit dem Pont Mayon, an der Mündung der *Nive* in den *Adour.* Hier, am Eingang zur Altstadt, befindet sich das Hôtel de Ville sowie das Theater. Nun durch die anmutige **rue du Port Neuf** zur

Cathédrale Sainte-Marie, im 13. und 14. Jh. erbaut, Nordturm mit zwei Pfeilern aus dem 19. Jh. Man betritt die Kirche durch das Nordportal mit schönem Türklopfer aus dem 13. Jh. Das Innere besticht zunächst durch seine weiten und klaren Proportionen. Im Kirchenschiff die beeindruckend schönen Renaissance-Fenster, die u. a. die herausragende Bedeutung der Kirche begründen sowie in der 2. Seitenkapelle, der Chapelle Saint-Jérôme, ein schön bemaltes Kirchenfenster aus dem Jahre 1531. Vom rechten Querschiff aus gelangt man in die Kreuzgang aus dem 14. Jh., dessen Südgalerie einen herrlichen Blick auf die Kathedrale mit ihren wunderschönen großen Fenstern bietet. Die *rue des Gouverneurs* führt nun am

Château vieux, einer mittelalterlichen Festung auf den Grundmauern einer römischen Wallanlage erbaut, durch die cité administrative und über die herrliche *place Général de Gaulle* zurück zur place de la Liberté.

Weitere *Sehenswürdigkeiten:*

Musée Bonnat, *rue Jacques Laffitte,* benannt nach dem Maler Bonnat (1833–1922), dessen Werk hier, in seiner Vaterstadt ausgestellt sind. Im 2. Stock Rubenssaal mit Werken aus dem 16. Jh., daneben die Maler des 19. Jh., u. a. Bonnat, Delacroix, Géricault, Ingres und Degas. Im Zeichenkabinett Wechselausstellungen von insgesamt 2000 Originalzeichnungen, Werke großer flämischer, holländischer, deutscher, italienischer und französischer Künstler des 15. bis 19. Jh. Weitere Räume sind Ausstellungen zeitgenössischer und moderner Maler gewidmet. – *Geöffnet:* 15. 6. bis 30. 9. täglich außer dienstags und feiertags 10 bis 12 Uhr und 16 bis 20 Uhr, freitags bis 22 Uhr; 1. 10. bis 14. 6. unter der Woche täglich außer dienstags und feiertags 13 bis 19 Uhr, freitags bis 22 Uhr, am Wochenende 10 bis 12 Uhr und 15 bis 19 Uhr.

Musée basque, *rue Marengo,* Museum zur Kultur und Geschichte des Baskenlandes, eines der schönsten volkskundlichen Museen Frankreichs. Sammlungen zu Geschichte, den Traditionen und Bräuchen, dem Handwerk und Kunsthandwerk sowie zur sakralen Kunst, der Architektur und der Wohn- und Lebensweise der Menschen im Baskenland. Daneben Dokumentation über die Schiffahrt der Basken mit Schiffsmodellen u. ä. sowie zur Geschichte der Hexenverfolgung im Baskenland. Im 2. Stock Ausstellung und Dokumentation über das traditionelle baskische Kugelspiel Pelota. – *Geöffnet:* 1. 7. bis 30. 9. täglich außer sonn- und feiertags 9.30 bis 12.30 Uhr und 14.30 bis 18.30 Uhr; 1. 10. bis 30. 6. täglich außer sonn- und feiertags 10 bis 12 Uhr und 14.30 bis 17.30 Uhr.

Baden: Meerwasserschwimmbekken, Strand von Anglet.

Sport: Wassersport, Tennis.

Veranstaltungen: Grandes Fêtes traditionelles, Festtage von Bayonne mit Tänzen, Stierkämpfen und folkloristische Darbietungen, alljährlich Anfang August; das Fest dauert 6 Tage.

Spezialitäten: Bayonner Schinken.

Ausflüge: **Croix de Mouguerre,** 10 km östlich, Denkmal zur Erinnerung an die Schlachten von 1813 bis 1814 zwischen den französischen Truppen Napoleons und den Truppen Wellingtons, in denen Engländer, Spanier und Portugiesen unter englischem Oberbefehl kämpften. Von hier schöner Blick über Bayonne, die Landes und das Baskenland bis hin zu den Pyrenäen mit dem *Pic du Midi d'Ossau.*

Hendaye (s. dort), 27 km südlich, in schöner Landschaft nahe der spanischen Grenze gelegen. Eglise Saint-Vincent aus dem 16. und 17. Jh. mit beeindruckendem romanischem Kruzifix aus dem 13. Jh.

Rundfahrt über **Biarritz** (s. dort), mondäner Badeort mit interessantem Musée de la Mer, weiter entlang der Atlantikküste nach **Bidart – Guéthary – Saint-Jean-de-Luz** (s. dort), mit Eglise Saint-Jean-Baptiste, der größten und bedeutendsten Kirche des Baskenlandes, außerdem Maison Louis XIV., elegantes Wohnhaus aus dem 17. Jh., Residenz Ludwigs XIV. während der Hochzeitsfeierlichkeiten im Jahre 1660. Von hier ins Landesinnere über **Ascain – Ainhoa – Cambo-les-Bains – Hasparren – Grottes d'Isturits et d'Oxocelhaya** und zurück nach Bayonne, 120 km (s. Saint-Jean-de-Luz, Ausflüge).

BÉZIERS

F-3. Dép. Hérault, 70 m, 86 000 Einw.
Stadt am *Canal du Midi,* dessen In-
itiator und Erbauer Paul Riquet hier
geboren ist. Seit dem 19. Jh. genießt
Béziers einen hervorragenden Ruf
als Weinstadt im Languedoc. Es liegt
inmitten des Anbaugebietes der bekannten Minervois-Weine, in einer
Landschaft, die ihren Namen »Minervois« von der ehem. gallo-römischen
Stadt Minderva entlehnt hat. Auf
20 000 ha Fläche wird hier der Weinbau betrieben, der bereits im 1. Jh.
v. Chr. in den Schriften von Plinius
dem Jüngeren und Cicero Erwähnung gefunden hat.

Auskunft: Office de Tourisme, 27, rue
Quatre-Septembre, 34500 Béziers,
Tel. 67/28 44 57.

Verkehr: Autobahn A 9, »La Languedocienne«, Narbonne–Montpellier.
Kreuzungspunkt von N 112 Castres-
Sète mit N 113/N 9 Narbonne–Pézenas. – Bahnstation.

Unterkunft.

Geschichte: Die Stadt bestand bereits in vorrömischer Zeit und wurde
um 35 v. Chr. in die gallo-römische
Provinz Narbonne eingegliedert.
Während des Albigenserkrieges
(s. Albi, Geschichte) erlebte Béziers
das dunkelste Kapitel seiner Geschichte. Im Jahre 1209, von den
Truppen der katholischen Liga unter
der Führung Simon de Montforts belagert, weigerte sich die überwiegend katholische Bevölkerung der
Stadt, diese zu verlassen. Daraufhin
wurde Béziers gestürmt, die Einwohner niedergemetzelt und die Stadt
schließlich niedergebrannt. Es dauerte lange, bis Béziers die Folgen
dieses grausamen Feldzuges über-
wunden hatte. Im 19. Jh. erlebte die
Stadt dann, mit dem Aufkommen des
Weinhandels im Languedoc, eine

neue Phase des Aufschwungs und
des wirtschaftlichen Reichtums.
1604 wurde in Béziers Pierre Paul
Riquet, Baron de Bonrepos geboren.
Sein Lebenswerk war der Canal du
Midi, die Wasserverbindung zwischen Atlantik und Mittelmeer, für
dessen Bau er 1666 Colbert gewinnen konnte. Riquet investierte in dieses Projekt sein gesamtes Vermögen
und starb 1670 kurz vor Vollendung
des Kanals, völlig verarmt in Béziers.

Sehenswert: **Allées Paul Riquet,**
600 m lange Allee mit der Statue
Riquets, ein Werk von David d'Angers. Die Allee führt am Theater vorbei, im 19. Jh. erbaut, dessen Fassade mit allegorischen Figuren, ebenfalls von David d'Angers, geschmückt ist.

Cathédrale Saint-Nazaire, romanische Kirche, 1209 erbaut, im 13. und
14. Jh. mehrmals umgebaut, Haupt-
kirche des Bistums Béziers, das von
760 bis 1789 bestand. Die Westfassade mit schöner Rosette von 10 m
Umfang ist von zwei wehrhaften Türmen aus dem 14. Jh. flankiert. Pechnasen und die z. T. mit Gittern aus
dem 13. Jh. versehenen Fenster weisen darauf hin, daß die Kirche auch
Verteidigungszwecken diente. Im Innern romanisches Deckengewölbe
mit z. T. schön gearbeiteten Säulenkapitellen, das aus dem 13. Jh., im
18. Jh. umgebaut. In der anschließenden Sakristei Deckengewölbe
aus dem 15. Jh. Südlich der Kirche
der Kreuzgang mit **Musée lapidaire,**
Sarkophage, Säulenkapitele und
Grabsteine aus gallo-römischer Zeit.
Über eine Treppe erreicht man den
Bischofsgarten, von dem aus man
einen guten Blick auf die Kirche
Saint-Jude, den Pont Vieux aus dem
13. Jh. und den Pont Neuf aus dem
19. Jh. hat.

Musée du vieux Bitterois et du vin, in der ehem. Kirche der Dominikaner. Im Erdgeschoß Sammlung griechischer Amphoren, etruskische und römische Funde, die vor allem vom Cap d'Agde kommen. In einer Abteilung Dokumentation zur Geschichte des Weinanbaus und der Weinverarbeitung von der Römerzeit bis in unsere Tage. Daneben Überblick über die Geschichte der Stadt. Im 1. Stock heimatkundliche Ausstellungen. – *Geöffnet:* täglich außer montags und feiertags 9 bis 12 Uhr und 14 bis 18 Uhr.

Musée des Beaux Arts, im Hôtel Fabregat, Gemäldesammlung mit Werken u. a. von Géricault, Delacroix, Chirico, Dufy, Utrillo. Daneben eine Sammlung von 140 griechischen Vasen sowie das Gesamtwerk von Jean Moulin. – *Geöffnet:* täglich außer montags und sonntags vormittags 9 bis 12 Uhr und 14 bis 18 Uhr.

Basilique Saint-Aphrodise mit romanischer Krypta. Im Innern Sarkophage aus dem 4. und 5. Jh. sowie Holzchristus aus dem 16. Jh.; in der Krypta schöner Christuskopf.

Baden: Valras-Plage, Redoute-Plage, jeweils 15 km südlich.

Ausflüge: **Nissan-lez-Ensérune,** 7 km südwestlich, mit gotischer Kirche aus dem 14. Jh. Über dem Portalvorbau Inschrift in langue d'oc, der Sprache Okzitaniens. Im Innern schöne Madonnenstatue aus dem 14. Jh. sowie Marmoraltar aus karolingischer Zeit. In der Taufkapelle spanischer Christus aus dem 15. Jh. An der Nordseite der Kirche Museum mit Sammlungen von frühgeschichtlichen, antiken und mittelalterlichen Funden, u. a. aus Vivios nahe Lespignan, im 1. Stock sakrale Kunst aus dem 16. und 17. Jh. Nahe Nissan-lez-Ensérune das

oppidum d'Ensérune. Dieses oppidum geht bis auf das 6. Jh. v. Chr. zurück und bestand bis in die Zeit der Christianisierung Galliens. Bei den Ausgrabungsarbeiten im Jahre 1915 entdeckte man eine Feuerbestattungsstelle aus dem 4. Jh. sowie Spuren einer ibero-griechischen Besatzung. Die Ausgrabungsfunde von Ensérune geben Zeugnis vom Leben in Gallien vor der Zeit der römischen Herrschaft, in der das oppidum eine blühende Handelsstadt mit Beziehungen bis nach Griechenland war. Anfang des 3. Jh. v. Chr. wurde Ensérune zerstört, erlebte aber eine neue Blütezeit, als die Römer nach Gallien vordrangen und die provincia Gallia narbonensis gründeten. Im 1. Jh. n. Chr. jedoch starb die Siedlung aus. Heute ist hier ein Museum eingerichtet mit den Ausgrabungsfunden aus dem 6. Jh. v. Chr. bis zum 1. Jh. n. Chr. Kunst- und kunsthandwerkliche Gegenstände, Werkzeuge, Schmuck und Keramiken phönizischer, griechischer, etruskischer und römischer Herkunft. – *Geöffnet:* Ostern bis 30. 9. täglich außer dienstags 10 bis 12 Uhr und 14 bis 18 Uhr; 1. 10. bis Ostern nur bis 16 Uhr; geschlossen am 1.1., 1.5., 1. und 11.11. und 25.12.

Capestang, 15 km westlich. Kirche aus ockerfarbenem Stein, im 13. Jh. vom Baumeister der Kathedrale in Narbonne erbaut. Die Kirche besticht durch ihre klaren Formen und die Harmonie des Baustils. Ein achteckiger Treppenturm, schon von weitem sichtbar, überragt das Bauwerk.

Ginestas (s. Narbonne, Ausflüge), 33 km westlich, Pfarrkirche mit schöner Innenausstattung.

Narbonne (s. dort), 23 km westlich kulturhistorisch interessante Stadt mit Cathédrale Saint-Just und mächtigem Bischofspalais, großartige Zeugnisse mittelalterlicher Baukunst.

Abbaye de Fontfroide (s. Narbonne, Ausflüge), alte Zisterzienserabtei, in schöner Landschaft ruhig gelegen.

Pézenas (s. dort), 23 km nordöstlich, lebhafte Kleinstadt, durch den Tuchhandel zu Wohlstand gelangt. Im Stadtkern schöne alte Häuser; Musée Vulliod-Saint-Germain mit Molière-Saal, zum Andenken an Molières Wirken in Pézenas.

Sète (s. dort), 33 km östlich, Hafenstadt und Geburtsort Paul Valérys (1871–1945).

Agde (s. dort), 16 km östlich, Stadt, deren Ursprünge auf die Phönizier zurückgehen. Cathédrale Saint-Etienne, wehrhafter Kirchenbau aus dem 12. Jh.

BIARRITZ

A-3. Dép. Pyrénées-Atlantiques, 40 m, 28 000 Einw. Einer der bekanntesten Badeorte an der französischen *Atlantikküste,* der hier eine Reihe von Felsen vorgelagert sind. Die Stadt bietet, angefangen von Grand-Hotels über ein Casino bis hin zu vier Golfplätzen, alle Einrichtungen eines mondänen Badeortes von internationalem Ruf.

Auskunft: Comité de Tourisme et des Fêtes, Syndicat d'Inititative, Square d'Ixelles, 64200 Biarritz, Tel. 59/24 20 24.

Verkehr: Autobahn A 63 Bayonne – spanische Grenze. N 10 Bayonne – spanische Grenze. – Bahnstation. – Flughafen Bayonne-Anglet, 4 km östlich.

Unterkunft.

Geschichte: Bis ins 19. Jh. hinein war Biarritz eine vergessene »bourgade«,

ein Ort, zu dem bestenfalls die Bewohner von Bayonne zum Baden kamen. Im Jahre 1838 entdeckte die spanische Prinzessin Eugénie die schöne Küstenlandschaft von Biarritz und kam nun jedes Jahr wieder hierher und mit ihr bald der gesamte spanische und französische Hochadel, u. a. Napoleon III, der sich 1854 zum erstenmal hier aufhielt. Er ließ die »Villa Eugénie« bauen, das heutige Hôtel du Palais, und Biarritz wurde bekannt als luxuriöser Badeort und Sommeraufenthalt für die oberen Zehntausend.

Sehenswert: **Musée de la Mer,** Museum für Meereskunde mit Dokumentationen und Sammlungen zur Flora und Fauna im nördlichen Atlantik, naturwissenschaftlichen und ozeanographischen Dokumentationen sowie Ausstellungen zur Schiffahrt in dieser Region. – *Geöffnet:* 1. 7. bis 31. 8. täglich 9 bis 19 Uhr; 1. 9. bis 30. 6. täglich 9 bis 12 Uhr und 14 bis 18 Uhr.

Eglise Saint-Martin, einschiffige Kirche mit gotischem Chor, 1541 erbaut.

Leuchtturm auf dem Pointe Saint-Martin, 73 m über dem Meer, mit schönem Blick über die Côte d'Argent bis hin zur spanischen Costa Cantábrica.

Baden: Strandbäder, Meeresschwimmbecken, Hallenbäder.

Sport: Wassersport, Reiten, Golf, Angeln, Tennis, Squash.

Veranstaltungen: Meeresfest und »Zaubernacht« im August.

Ausflüge: **Hendaye** (s. dort), 23 km südlich, in schöner Landschaft nahe der spanischen Grenze gelegen. Eglise Saint-Vincent aus dem 16. und 17. Jh. mit beeindruckendem romanischen Kruzifix aus dem 13. Jh.

BIARRITZ

0   200m

i Information

1 Phare de Biarritz
2 Rocher de la Vierge
3 Musée de la Mer
4 Port des Pêcheurs
5 Ste-Eugénie
6 Rocher le Basta
7 Casino Bellevue
8 Casino Municipal

Pointe St-Martin

ATLANTISCHER OZEAN

la Frégate

Plage Miramar

Roche Ronde

Roche Plate

HÔTEL DU PALAIS (VILLA EUGENIE)

Piscine

Grande Plage

Arroque Praoube

Labardin

Jargin

Channing

Couloum

la Surprise

Cachaous

BOUL GÉNÉRAL

ESPL VIERGE

R.D. L'ATALAYE

PORT VIEUX

PERSPECTIVE DE LA

BOULEVARD DU PRINCE DE GALLES

RUE D'ALBARAT

RUE PEYROLOUBILH

RUE DE BASQUES

RUE GAELANS

MALAGRAN

PLACE BELLEVUE

BOULEVARD DU GÉNÉRAL LECLERC

R. GARDÈRES

QUAI DE LA GRANDE PLAGE

AVENUE EDOUARD VII

AVENUE DE GAULLE

Hôtel de Ville

AVENUE D'OSUNA

RUE D'OSUNA

RUE DAGUE

AVENUE LA MARNE

Av. REINE VICTORIA

RUE DE LA FRÉGATE

L'IMPÉRATRICE

AVENUE DE

RUE DE VAGUE

RUE W. DE CHURCHILL

ALLÉE W. DE CHURCHILL

Plage-Nord

Anglet

RUE FRIAS

Bayonne, Bordeaux, Paris

PL. CLÉMENCEAU

AVENUE DE VERDUN

RUE BROQUEDIS

R.D.LA POSTE

POSTE

RUE VICTOR HUGO

RUE GAMBETTA

R. CH. LACOMBE

RUE DULER

AVENUE DU JARDIN PUBLIC

AV. JAULERRY

RUE DU HEIDER

AVENUE DU MARÉCHAL FOCH

PL. DE LA LIBÉRATION

AVENUE CHAR.

GARE DE BIARRITZ-VILLE

AV. DE LA GARE

LES FLOQUET

RUE BEJAR

AVENUE CARNOT

AV. DE LONDRES

RUE JEANNE D'ARC

RUE LOUSTEAU

RUE PAUL BERT

AVENUE JEAN JAURÈS

AVENUE MARÉCHAL JOFFRE

AVENUE MICHELET

RUE DE L'OCÉAN

AV. DE LA RÉPUBLIQUE

Av. BEAURIVAGE

Camping

Plage de la Côte des Basques

St-Jean-de-Luz, Hendaye, San Sebastian

Rundfahrt entlang der baskischen Küste über **Bidart – Guéthary – Saint-Jean-de-Luz** (s. dort), mit Eglise Saint-Jean-Baptiste, der größten und bedeutendsten Kirche des Baskenlandes; außerdem Maison Louis XIV., elegantes Wohnhaus aus dem 17. Jh., Residenz Ludwigs XIV. während der Hochzeitsfeierlichkeiten im Jahre 1660. Von hier ins Landesinnere über **Ascain – Ainhoa – Cambo-les-Bains – Hasparren – Grottes d'Isturits et d'Oxocelhaya** und **Bayonne** (s. dort), mit schöner Altstadt und den interessanten Musée Bonnat und Musée basque zurück nach Biarritz, 120 km (s. Saint-Jean-de-Luz, Ausflüge).

BOURG-SAINT-ANDÉOL

G-2. Dép. Ardèche, 68 m, 7100 Einw. Historisches Städtchen am rechten Ufer der *Rhône,* am Fuße der nördlichen *Cevennen*-Ausläufer gelegen, Ausgangspunkt für einen Ausflug zu den **Gorges de l'Ardèche** (s. dort).

Auskunft: Syndicat d'Initiative, pl. Champ-de-Mars, 07700 Bourg-Saint-Andéol, Tel. 75/04 54 20.
Verkehr: N 86 Nîmes–Valence. – Bahnstation.

Unterkunft.

Sehenswert: **Eglise Saint-Andéol** aus dem 12. Jh., Fassade aus dem 18. Jh. Unter dem Hochaltar weißer Marmorsarkophag des hl. Andéol.

Hôtel de Nicolay, Bürgerhaus aus dem 15. und 16. Jh. mit schönem Renaissance-Innenhof. 1944 teilweise zerstört, später restauriert. – **Hôtel des Comtes de Doise** aus dem 18. Jh.

Ancienne Palais, ehem. Palais der Bischöfe von Viviers aus dem 16. Jh.

Im Süden der Stadt, nahe der beiden Quellen der Thorne, befindet sich ein Felsrelief aus dem 2. Jh. mit einer Mithras-Darstellung.

Ausflüge: **Viviers,** 14 km nördlich, aus einem römischen Castrum hervorgegangen ehem. Bischofsstadt mit Cathédrale Saint-Vincent aus dem 12. bis 15. Jh. Im Innern schöne Gobelins aus dem 18. Jh. Um die Kathedrale herum Altstadt mit dem Bischofspalais, in einem schönen Park gelegen, der Maison des Chevaliers aus dem 16. Jh. und dem Hôtel de Roqueplane aus dem 18. Jh., heute Rathaus. Im Obergeschoß des alten Festungsturms nahe der Kathedrale befindet sich eine romanische Kapelle.

Aven de Marzal, 20 km westlich, Tropfsteinhöhle. – *Geöffnet:* allgemein 9 bis 12 Uhr und 14 bis 18 Uhr.

Gorges de l'Ardèche (s. dort), 30 km westlich, zum Ausgangspunkt Vallon-Pont-d'Arc, Gesamtstrecke ca. 80 km. Die Gorges de l'Ardèche sind tief in die Kalkfelsen eingeschnittene Schluchten, die sich über knapp 40 km von Vallon-Pont-d'Arc bis Saint Martin-d'Ardèche erstrecken.

Aven d'Orgnac (s. Gorges de l'Ardèche), 47 km südwestlich, südlich der Schlucht gelegene, sehr interessante Tropfsteinhöhle von riesigen Ausmaßen und mit großartigen Steinformationen.

CABRERETS

D-2. Dép. Lot, 130 m, 220 Einw. Kleines Dorf am Zusammenfluß von *Sagne* und *Célé* gelegen, bekannt vor allem durch die **Grotte du Pech Merle** (s. Ausflüge).

Auskunft: Syndicat d'Initiative, 46330 Cabrerets.
Verkehr: D 662 Saint-Géry–Cajarc, Abzw. bei Conduché. – Nächste Bahnstation Conduché, 4 km.

Unterkunft.

Sehenswert: **Château de Gontaut-Biron,** im 14. und 15. Jh. erbaut mit viereckigem Turm und schönem Innenhof; Besichtigung nicht möglich.

Château des Anglais, auch Château du Diable genannt, Schloßruine gegenüber dem Château de Gontaut-Biron, auf dem Felsen von Rochecourbe, hoch über der Stadt gelegen. Während des Hundertjährigen Krieges diente es englischen Plünderern als Versteck.

Ausflüge: **Grottes du Pech Merle,** 3 km westlich. Diese Höhle, 1922 mehr oder weniger per Zufall entdeckt, ist auf Grund ihrer vielfältigen Höhlenzeichnungen, der verschiedenen Knochenfunde, aber auch auf Grund ihrer ausgefallenen Versteinerungen eines der bedeutendsten Zeugnisse prähistorischer Zeit. 1922, angeregt durch den Abbé Lemozi, Pfarrer von Cabrerets, Historiker und Höhlenforscher, erforschten zwei 14jährige Jungen in der Nähe von Cabrerets eine Höhle, die bekannt war als Zufluchtsstätte und Versteck während der Zeit der Revolution. Sie entdeckten einen unterirdischen Gang, der zu einem Schacht führte, aber größtenteils durch Kalksteingeröll und Erde verschüttet war. Unter großen Anstrengungen legten sie ihn frei und stießen auf eine Höhle mit herrlichen Malereien. Abbé Lemozi erkannte die Bedeutung dieser Entdeckung und leitete die Ausgrabungsarbeiten ein. 1949 wurde ein weiterer Saal entdeckt, mit dem man den Eingang zu dem Höhlensystem gefunden hatte, den bereits die Menschen vor 20 000 Jahren benutzt haben. Insgesamt können heute 1600 m der Höhle besichtigt werden. Die »salle de la colonne brisée«, der »Saal der zerbrochenen Säule«, ist mit Darstellungen von Bisons und Mammuts geschmückt, schwarze Strichzeichnungen, die einen 7 m langen und 3 m hohen Fries bilden. Sie stammen höchstwahrscheinlich aus der Zeit des Aurignac-Menschen, ca. 30 000 bis 16 000 v. Chr. Daneben die »Galerie des peintures«, ein Saal mit drei wunderschön geformten Stalagmiten-Säulen. An der einen Wand zwei stilisierte Pferdefiguren, von Farbtupfern überzogen, ebenso mysteriöse Zeichen wie die in fotografischer Negativwirkung angebrachten Händeabdrücke, die sogenannten »mains négatives«. Am Deckengewölbe seltsame Fingerzeichnungen, die weiblichen Figuren gleichen. Die »salle des Disques«, der »Platten-« oder »Scheibensaal«, ist mit zahlreichen Versteinerungen geschmückt, die aussehen wie Scheiben bzw. Platten, und deren Bedeutung bis heute von der Wissenschaft nicht geklärt werden konnte. Daneben riesige Säulen, äußerst bizarr und z. T. sehr fein gestaltet, deren Färbung vom hellen Weiß über Kalkfarben bis hin ins rote Ocker reicht. Fußspuren des prähistorischen Menschen, einst in den noch weichen Boden gedrückt, bieten sich dem Besucher heute als interessante Versteinerung dar. Im letzten Saal Skelettfunde eines Bären, sowie eine Eichenwurzel, die sich unter den klimatischen Bedingungen der Höhle besonders ausgebildet hat. – *Geöffnet:* Ostern bis Allerheiligen täglich 9.30 bis 12 Uhr und 13.30 bis 17.30 Uhr. Bei der Höhle befindet sich das **Musée Amédée Lemozi,** das einen hervorragenden Überblick über die prähistorische Zeit des Quercy gibt. Knochenfunde, Waffen, Werkzeuge, artifizielle und Gebrauchsgegenstände des Menschen der Urzeit, von 160 verschiedenen Fundorten zusammengetragen, sind hier ausgestellt. Diese Stücke sind Zeugnisse der gesamten Entwicklungsperiode vom frühen Paläolithikum bis hin in die Eisenzeit. Daneben geben Fotoausstellungen einen Überblick über verschiedene Höhlensysteme des Quercy, vor allem über Pech Merle und die Höhle von Cougnac (s. Gourdon, Ausflüge). In einem weiteren Raum finden Filmvorführungen statt über die Kunst des Paläolithikums im Quercy. – *Geöffnet:* 15. 1. bis 15. 12. täglich 9.30 bis 12 Uhr und 13.30 bis 17.30 Uhr.

Fontaine de la Pescaterie, 3 km nördlich, eine der landschaftlich reizvollsten Stellen im Tal des *Célé* mit einer Wasserkaskade, die von einem unterirdischen Fluß des *Causse de Gramat,* der Kalkhochebene von Gramat, gespeist wird. Daneben, zwischen Weiden und Pappeln, eine von Efeu umrankte, alte Mühle.

Grotte Bellevue, 16 km nordöstlich, bei Marilhac sur Célé. 1964 entdeckt, besticht diese Höhle vor allem durch den Reichtum und die Schönheit ihrer Versteinerungen: korallenartige Gebilde in den Farbtönen von tiefem Rot bis zu ganz hellem Weiß, sehr fein gestaltete Stalaktiten und kerzenförmige Stalagmiten, darunter die »Colonne d'Hercule«, die »Säule des Herkules«, 4 m hoch und mit einem Umfang von 3,50 m. – *Geöffnet:* 27. 3. bis 30. 9. täglich 9 bis 12 Uhr und 14 bis 19 Uhr; im Oktober nur sonntags, zur selben Zeit.

CAHORS

D-2. Dép. Lot, 128 m, 21 000 Einw. In einer *Lot*-Schleife gelegene, malerische Stadt mit interessanten Zeugnissen ihrer mittelalterlichen Blütezeit. Die Stadt ist idealer Ausgangspunkt für Ausflüge in die Täler von *Lot* und *Célé.*

Auskunft: Office de Tourisme, pl. A.-Briand, 46000 Cahors, Tel. 65/ 35 09 56.
Verkehr: Kreuzungspunkt von N 20 Montauban–Brive mit D 911 Limogne–Puy l'Evêque und D 653 von Livernon. – Bahnstation.

Unterkunft.

Geschichte: Cahors geht zurück auf das alte Divina Carducorum, an der Fontaine des Chartreux gegründet, einer Quelle am gegenüberliegenden Ufer des Lot, die die Stadt noch heute mit Trinkwasser versorgt. Die Gallier und später auch die Römer verehrten diese Quelle und huldigten ihr mit einem göttlichen Kult. Unter den Römern wurde die Stadt ausgebaut und erweitert, ein Theater, Tempel, Thermen und Befestigungsanlagen entstanden. Im Laufe der Jahrhunderte erhielt sie den Namen Cadurca, später dann Cahors. Ihre Hochblüte erlebte die Stadt im 13. Jh. Bank- und Kaufleute aus der Lombardei ließen sich in Cahors, inzwischen eine der großen Städte Frankreichs, nieder. Auch die Tempelritter kamen in die Stadt, und die nun einsetzende wirtschaftliche Prosperität, verbunden mit finanziellem Reichtum, ließen Cahors zum bedeutendsten Bankenzentrum Europas werden. Der Papst, Könige und Adel liehen sich hier Geld, die Stadt besaß Komtureien auf allen wichtigen Handelsplätzen Europas, von Norwegen bis zur Levante. Im Laufe des Hundertjährigen Krieg (1339–1453), in dessen Auseinandersetzung zwischen England und Frankreich einerseits und den inneren Machtkämpfen zwischen Adel und Bürgertum andererseits der französische Nationalstaat entstand, unterwarfen die englischen Heere das ganze Quercy. Nur Cahors blieb unbesetzt, trotz der schwarzen Pest, die fast die Hälfte der Bevölkerung dahinraffte. 1360, im Vertrag von Brétigny, wurde Cahors England zugesprochen, aber die immer noch unbesiegte Stadt verweigerte die Übergabe. Der König von Frankreich befahl, die Schlüssel der Stadt zu übergeben. Diesem Befehl folgend, erklärten die Stadtväter von Cahors: »Nicht wir verraten den König, sondern der König liefert uns aus an eine fremde Macht.« 1450, als die Engländer das Quercy verließen, war Cahors ruiniert, politisch und wirtschaftlich zur Bedeutungslosigkeit abgesunken und bevölkerungsmäßig stark dezimiert. Unter den berühmten Männern, die Cahors im Laufe der Jahrhunderte hervorbrachte, stehen an erster Stelle Papst Johannes XXII., die Dichter Clément Marot und Olivier de Magny, und auch Léon Gambetta teilt ihren Rang. 1838 als Kind von Kaufleuten geboren – sein Vater Genuese, seine Mutter Tochter eines Apothekers –, ging er 1856 in die Hauptstadt, um Jura zu studieren. 1868, inzwischen angesehener Rechtsanwalt in Paris, engagierte er sich gegen Napoleon III., auf der Seite der Republikaner. Er prägte mit seinen liberalen Ideen entscheidend deren politisches Programm gegen Klerikalismus und Monarchie. Am 4. September 1870, nach der französischen Niederlage bei Sedan durch die deutschen Truppen, proklamierte Gambetta die Republik, deren erster Innenminister er wurde. Als die Revolution ausbrach, verließ er Paris und propagierte und organisierte von der Provinz aus den Volkskrieg. Auch nach 1871 vertrat er die Republikaner im französischen Parlament und wurde 1881 Regierungspräsident.

1882 wurde er allerdings gestürzt und starb im selben Jahr, am 31. 12. 1882.

Sehenswert: **Pont Valentré,** Wahrzeichen der Stadt und eines der großartigsten Beispiele militärischer Baukunst des Mittelalters in Frankreich. Mit ihren drei 40 m hohen, mit Pechnasen und Schießscharten versehenen Türmen, den sieben Spitzbögen mit den jeweils dazwischen, auf den Brückenpfeilern liegenden Verteidigungsplattformen stellt sie ein mächtiges militärisches Bollwerk von eleganter Schönheit dar. 1308 begonnen, dauerte ihre Fertigstellung, bei der Überlieferung nach der Teufel eine bedeutende Rolle gespielt hat, mehr als ein halbes Jahrhundert. Verzweifelt über das langsame Vorankommen der Bauarbeiten, ging der Baumeister einen Pakt mit dem Teufel ein: der Teufel verpflichtet sich, alles notwendige Material für den Brückenbau heranzuschaffen und alle Anweisungen des Baumeisters ordnungsgemäß auszuführen; der Baumeister verschreibt dem Teufel seine Seele. In kurzer Zeit ist die Brücke fertiggestellt. Der Baumeister aber, in seiner Angst vor den ewigen Höllenqualen, fordert nun vom Teufel, ihm in einem Sieb Wasser zu holen. Nach mehreren vergeblichen Versuchen gibt sich der Teufel geschlagen. Um sich aber zu rächen, schlägt er eine Ecke des mittleren Brückenpfeilers aus und egal wie oft der Baumeister versucht, den Stein an seinen Platz zurückzusetzen, er fällt immer wieder heraus. Erst bei der Restaurierung der Brücke im letzten Jahrhundert konnte der Stein endgültig befestigt werden. In eine Ecke des Steins hineingehauen ist das Bild eines kleinen Teufels, der große Anstrengungen unternimmt, den Stein wieder zu beseitigen. Die Brücke, deren mittlerer Turm als Wachturm, die Außentürme jeweils als Verteidigungs- bzw. Schutzturm dienten, widerstand nicht nur den Angriffen der Engländer im Hundertjährigen Krieg, ebenso wie Heinrich von Navarra während der Belagerung Cahors im Jahre 1580, die Pont Valentré wurde niemals in der Geschichte eingenommen.

Altstadt, sie läßt sich mit all ihren Sehenswürdigkeiten gut durch einen Rundgang erschließen. Ausgangspunkt ist das Syndicat d'Initiative an der *place A. Briand.* Man überquert den *boulevard Gambetta* und biegt links ein in die *rue du Docteur Bergougnoux,* in das mittelalterliche Stadtviertel

»Badernes« mit seinen schmalen Gäßchen und den geschnitzten Türen und Fenstern an den alten Häusern. Am Haus Nr. 40 Innenhof aus der Zeit Heinrichs II. sowie schöne Renaissance-Fenster; weiter das Haus Nr. 83, das Maison Issala, mit einer Türe aus dem 17. Jh., einem schönen Innenhof und Fenstern aus dem 15. Jh. Kurzer Abstecher in die *rue Nationale* Nr. 16, das alte Hospital von Cahors mit geschnitzter Holztüre aus dem 17. Jh. Ein Stückchen weiter noch zur *rue Saint-Priest,* von wo aus man einen wunderschönen Blick auf das mittelalterliche Cahors hat. Nun zurück und links in die *rue Lestié.* Am Haus Nr. 18 schöne alte Holztreppe aus der Zeit Ludwigs XIII., am Haus Nr. 117 Fassade und Fenster aus dem 14. Jh. Von der *rue Lestié* links in die *rue Saint-Urcisse* mit der Kirche Saint-Urcisse aus dem 12. Jh., Portal aus dem 14. Jh. und mehreren Häusern aus dem 15. Jh. Die nächste Straße rechts hinunter

zum *Quai Champollion,* wo sich linkerhand das

Maison Roaldès befindet, auch Maison Henri IV. genannt. Nach der Überlieferung hat hier Heinrich von Navarra, der spätere Heinrich IV., 1580, während der Belagerung Cahors in den französischen Religionskriegen (1547–1598), gewohnt. Das Haus, Ende des 15. Jh. erbaut, wurde im 17. Jh. von einer angesehenen Adelsfamilie des Quercy, der Familie de Roaldès, bewohnt. An der holzverzierten Südseite des Hauses ein sogenannter Sonnenbalkon sowie ein runder Turm, der als Treppenhaus dient. Die Nordfassade zur place Henri IV. hin ist im Stil der Holzschnitzkunst des Quercy aus der Zeit um 1500 gestaltet. Im Innern schöne Kamine und holzgeschnitzte Treppen. Von der *place Henri IV.* in die *rue de la Chantrerie* und von hier in die Cour de l'Archidiaconé Saint-Jean mit wunderschöner Renaissance-Fassade. Nun weiter in die *rue de la Chartreuse,* zur

Cathédrale Saint-Etienne. Ende des 11. Jh. ließ der Bischof Géraud de Cardaillac diesen großartigen Kuppelbau an der Stelle einer alten Kirche aus dem 6. Jh. errichten. In den folgenden Jahrhunderten wurden verschiedene Ergänzungs- und Änderungsbauten vorgenommen und Anfang des 14. Jh. erhielt die Kirche ihre vom byzantinischen Baustil beeinflußte Fassade. Auf Anregung des Bischofs Guillaume de Labroue, eines Cousins Papst Johannes XXII., wurden Anfang des 14. Jh. die Malereien an Chor und Kuppelbauten ausgeführt und Anfang des 16. Jh. ließ der Bischof Antoine de Luzech den Kreuzgang sowie mehrere Nebengebäude errichten. Das Äußere der Kirche gleicht einer wehrhaften

Festung. Die Westfassade wird überragt von drei nebeneinander stehenden Türmen, deren mittlerer, der Glockenturm, mit einer von Blendbögen umrahmten Rosette geschmückt ist. Das große Doppelflügel-Portal sowie die Zwillingsfenster unterstreichen den strengen, fast militärischen Charakter der Kathedrale. Das Nordportal, im 12. Jh. im romanischen Stil errichtet, ist im Tympanon mit einer um 1135 im Stil der Languedoc-Schule entstandenen Darstellung der Himmelfahrt Christi geschmückt. Im Mittelpunkt ist der in den Himmel auffahrende Christus, die rechte Hand erhoben, in der linken ein geschlossenes Buch. Rechts und links von ihm jeweils ein Engel, der den darunterstehenden Aposteln das Wunder erklärt. Dreifache Bogenarkaden umgeben die Apostelfiguren, in deren Mitte die Hl. Jungfrau steht, ihre Hände zu ihrem Sohn erhoben. Über Christus erscheinen aus den Wolken vier Engel, die ihn, seinen Glorienschein hinwegnehmend, in den Himmel emporheben. Auf beiden Seiten der Christus-Darstellung Bilder aus dem Leben des hl. Etienne, des hl. Stephanus: Verkündigung des Wortes Gottes, seine Festnahme und Steinigung. Die Hand Gottes erscheint vom Himmel her und legt sich schützend über das Martyrium. Man betritt die Kirche durch das Westportal und gelangt in den Vorraum, der im Vergleich zum Kirchenschiff etwas überhöht angelegt ist. Das Schiff, von zwei mächtigen Kuppeln überragt, steht in seinem schlichten Weiß in auffallendem Gegensatz zum Chor mit seinen bemalten Glasfenstern und Wandmalereien. 1872 wurden die Fresken in der Westkuppel wieder erstellt, die im Zentrum die Steinigung des hl. Stephanus, im Fries die Peiniger des

Heiligen und in den Nischen acht gewaltige Prophetenfiguren zeigen. Chor und Apsis sind reich geschmückt mit Malereien. Im Chor Darstellung des Martyriums der Heiligen Etienne und Valérie, in der Apsis eine »Mariä Verkündigung« sowie »Anbetung der Hl. Drei Könige«. Die Seitenkapellen, im 15. Jh. angebaut, sind mit schönen Holzschnitzereien versehen. Rechts vom Chor aus führt eine Tür zum Kreuzgang, mit reichen Skulpturarbeiten geschmückt, u. a. auch hier eine »Mariä Verkündigung«, bei der Maria in einen Mantel gehüllt, mit langem, auf die Schulter fallendem Haar dargestellt ist. In der Kapelle des Kreuzgangs ein Fresko »Jüngstes Gericht« und Deckengemälde aus dem 16. Jh. Lithurgische Gewänder, Skulpturen und 93 Porträts der Bischöfe von Cahors aus dem 3. bis 19. Jh. sind in der Kapelle ausgestellt. – *Geöffnet:* 1. 7. bis 31. 8. täglich außer sonn- und feiertags 9 bis 12 Uhr und 14 bis 18 Uhr. Nun weiter in die *rue Maréchal-Foch*, von wo aus man noch einmal einen guten Blick auf die mächtige Apsis der Kathedrale hat. Rechts in die *rue Clément Marot*, an deren Ende rechterhand der Parc Olivier de Magny liegt, mit Resten der alten Eglise de la Daurade aus dem 15. Jh. Durch die *rue Château du Roi* und die *rue Four Ste-Catherine* erreicht man die *rue Pélegry* mit dem

Collège Pélegry, 1368 entstanden für mittellose Studenten, die die Universität, 1332 vom späteren Johannes XXII. gegründet, besuchten. Bis ins 18. Jh. hinein war dies eine der bedeutendsten Einrichtungen der Stadt. Das Collège wird überragt von einem schönen, sechseckigen Turm aus dem 15. Jh. Nun hinunter zur Pont de Cabessut. Vom anderen Ufer des Lot aus hat man einen wunderschönen Blick über das alte Cahors mit seinen vielen Türmen aus dem 14. Jh. Linkerhand die Kirche Sacré Cœur sowie Reste der alten Jakobinerkirche. Zurück durch die *rue du Château du Roi* in die *rue des Soubirous* Nr. 102, zum alten Hôpital de Grossia aus der Zeit um 1270. Rechts führt die *rue Devia* hinab zum *Quai de Regourd*. Rechterhand der sogenannte **Tour du Roi**, einziger Überrest der Gebäude und Türme der ehem. Gouverneurs-Residenz aus dem 14. Jh. Nun zurück zur rue des Soubirous und weiter durch die *rue Saint-Barthélemy;* am Ende der Straße weiter Platz mit der

Eglise Saint-Barthélemy. Im oberen Teil der Altstadt von Cahors erbaut, nannte sich diese Kirche bis zum 13. Jh. »Saint-Etienne des Soubirous« bzw. lateinisch »Sancti Stephani de superioribus«, im Gegensatz zur Kathedrale, die den unteren Teil der Altstadt von Cahors beherrscht. Mehrere Male zu ihrer jetzigen Gestalt umgebaut, besticht sie vor allem durch ihren schönen Glockenturm, in seiner Anlage aus dem 14. Jh., ohne Turmspitze und fast vollständig aus Ziegelsteinen erbaut, mit einem rechteckig angelegten Spitzbogen-Portal. Im Innern Spitzbogengewölbe im Stil des Languedoc. Linkerhand, neben dem Eingang, erinnert ein Gedenkstein aus Marmor und eine Büste daran, daß in dieser Kirche Papst Johannes XXII. getauft wurde. Am modern gestalteten Taufbecken Email-Bilder mit Darstellungen aus dem Leben des Papstes. Hinter der Kirche erhebt sich die **Tour de Jean XXII.** Dieser 34 m hohe Turm, in fünf Etagen mit Doppelfenstern versehen und noch mit den ursprünglichen Dachziegeln gedeckt, ist einziges Zeugnis des ehem. Palais de Pierre Duèze, 1322 von diesem, einem Bruder Papst Johannes XXII., erbaut. Nun weiter durch die *rue de la Barre* zur Verteidigungsanlage

Barbacane mit der **Tour Saint-Jean,** auch **Tour des Pendus** genannt, Teile der ehem. Befestigungsanlage von Cahors, im 14. Jh. errichtet, die links hinunterführte bis zur Porte Saint-Michel und zur Tour du Pal, ebenfalls aus dem 14. Jh. Von hier führt die *rue Emile Zola* zum

Arc de Diane, im 2. Jh. der Eingang zu den gallo-römischen Thermen. Ein Stück weiter in der rue Emile Zola ehem. Palais der Bischöfe von Cahors, heute

Musée municipal. In mehreren Ausstellungsräumen Erinnerungsstücke an die großen Männer Cahors, an Johannes XXII., an Clément Marot und Léon Gambetta. Daneben die alte Bibliothek des Bischofspalastes und sehenswerte Keramik-Sammlungen. Skulpturen aus dem 15. und 16. Jh., ein Sarkophag und Mosaik aus der Römerzeit, daneben weitere interessante Fundstücke aus der Frühzeit Cahors geben einen Überblick über die Geschichte der Stadt. In der ehem. Bischofskapelle schöne Holzvertäfelungen, Kassettendecke und Fußboden mit Einlegearbeiten. – *Geöffnet:* 2. 5. bis 31. 10. täglich außer sonn- und feiertags 10 bis 12 Uhr und 14 bis 18 Uhr.

Baden: Freibad.

Sport: Reiten, Angeln, Tennis, Wassersport.

Veranstaltungen: Festival des Amateur-Theaters im Mai. – Festival der dramatischen Kunst im Juli.

Spezialitäten: Ausgezeichnete trockene Rotweine.

Spaziergänge: **Mont Saint-Cyr,** 7 km südlich, von hier schönen Blick auf Cahors.

Ausflüge: **Cabrerets** (s. dort), 33 km nordöstlich, bekannt vor allem durch die Höhle **Pech Merle** und dem dazugehörigen Museum.

Saint-Cirq-Lapopie (s. Cabrerets, Ausflüge), 33 km östlich, wegen seiner vielen alten Häuser aus dem 13. und 14. Jh. auch »erstes Dorf Frankreichs« genannt.

Luzech, 20 km westlich, in einer Biegung der *Lot* gelegene Weinstadt. Überragt vom Burgfried seines alten Schlosses aus dem 13. Jh. gibt Luzech mit dem **oppidum de l'Impernal** auf dem gleichnamigen Hügel Zeugnis von seiner mehr als 2000jährigen Geschichte. Alte Häuser mit romanischen Fenstern und schönen Türen, die romanische Ziegelstein-Kirche aus dem 12. Jh. sowie eine gotische Kirche aus dem 14. Jh. weisen auf die Bedeutung der Stadt auch im Mittelalter hin, als Luzech nicht nur im 100jährigen Krieg eine bedeutende Festung, sondern auch in den Religionskriegen ein Bollwerk des Katholizismus für die Bischöfe von Cahors darstellte.

Montcuq, 25 km südwestlich, altes Städtchen an der *Barguelonnette,* der Kleinen Barguelonne, gelegen. 5 km nördlich der Stadt die Grotte »Roland«. Ein ausgetrocknetes, unterirdisches Flußbett gibt den Weg frei in mehrere kleine Säle mit bizarren Versteinerungen. – *Geöffnet:* 1. 4. bis 30. 9. täglich 10 bis 12 Uhr und 14 bis 19 Uhr.

CARCASSONNE

E-3. Dép. Aude, 111 m, 44 500 Einw. Hauptstadt des Départements, am *Canal du Midi* und der *Aude* gelegen,

auf dem höchsten Punkt der breiten Talsenke, die sich vom Tal der Garonne, d. h. von Toulouse bis zum Mittelmeer hinzieht. Aufgrund dieser geografischen Lage nahm Carcassonne seit der Römerzeit bis zu Beginn der Neuzeit in den machtpolitischen Auseinandersetzungen Europas eine exponierte Stellung ein, was sich noch heute in seinen Festungsanlagen, den großartigsten und besterhaltenen in Europa, dokumentiert.

Auskunft: Office de Tourisme, 15, bd. Camille Pelletan, 11012 Carcassonne, Tel. 68/25 07 04 und 25 41 32.

Verkehr: Autobahn A 61, »Autoroute des deux Mers«, Toulouse–Montpelier, Kreuzungspunkt der N 113 Toulouse–Narbonne mit D 118 Mazamet –Limoux. – Bahnstation.

Unterkunft.

Geschichte: Bereits im 1. Jh. n. Chr. bestand an der Stelle des späteren Carcassonne ein befestigtes Feldlager der Römer. Vier Jahrhunderte später wurde Carcassonne von den Westgoten eingenommen, die von hier aus die Eroberung von Toulouse vorbereiteten. Zu einer mächtigen Bastion ausgebaut, widerstand die Stadt dem Ansturm des Frankenkönigs Chlodwig (482–511), wodurch das sogenannte Septimanien, der Küstenstrich zwischen der unteren Rhône und den Pyrenäen weiterhin westgotisch blieb. Erst zu Beginn des 8. Jh. gelang es den Arabern, die Festung einzunehmen, aber bereits 759 konnte Pippin der Jüngere, gestützt auf die einheimische Bevölkerung, Carcassonne von den Arabern befreien und dem Frankenreich eingliedern. Die stark befestigte Stadt behielt auch in den folgenden Jahrhunderten, in denen sie sich zu einem blühenden Gemeinwesen entwickelte, ihre strategische Bedeutung für die machtpolitischen Auseinandersetzungen im westlichen Europa. Seit dem 12. Jh. Vizegrafschaft unter der Oberhoheit der Grafen von Toulouse, wurde Carcassonne im Albigenserkrieg (s. Albi, Geschichte) am 1. August 1209 nach 15 Tagen Belagerung von Simon de Montfort eingenommen. Der erst 24jährige Raymond Roger Trencavel, Vasall Raymonds VI. von Toulouse und Vizegraf von Carcassonne, wurde in den Kerker geworfen, wo er bald darauf starb. Neuer Graf von Carcassonne wurde Simon de Montfort, die Stadt fiel damit unter die Oberhoheit der französischen Krone. Im Jahre 1240 unternahm der Sohn Trencavels den Versuch, sein Erbe zurückzuerobern. Er belagerte die Festung und griff sie schließlich an, wurde jedoch von einer königlichen Armee zurückgeschlagen. Ludwig IX., der Heilige (1226–1270), gab Befehl, die Siedlung zu Füßen der Festung niederzureißen und ihre Bewohner, zur Strafe für ihre Rebellion gegen den König, zu vertreiben. Sieben Jahre lang durften sie ihre befestigte Cité nicht betreten, sondern mußten sich auf Weisung des Königs am anderen Ufer der Aude ansiedeln. Die neue Stadt entstand, deren Straßen und Plätze systematisch im rechten Winkel angelegt wurden. Die z. T. durch die Beschießung Trencavels beschädigte Festungsanlage aber wurde noch unter Ludwig IX. und später unter Philipp dem Kühnen (1270–1285) weiter ausgebaut und verstärkt. Im Krieg zwischen Frankreich und Aragon, der 1285 mit einer Niederlage Frankreichs endete, spielte Carcassonne als militärisches Bollwerk noch einmal eine bedeutende Rolle, trat dann jedoch zunehmend in den Hintergrund. Weder im Hundertjährigen Krieg (1339–1453)

noch während der seit dem Ende des 15. Jh. andauernden Kriege zwischen Frankreich und Spanien, vor allem unter Franz I. (1515–1547) und Karl V. (1519–1556), war Carcassonne Schauplatz des Geschehens. Nach dem Pyrenäenfrieden von 1659, in dem die territorialen Ansprüche Frankreichs befriedigend geregelt wurden, verlor Carcassonne endgültig seine Bedeutung als militärische Festung. Das Leben der Bürger verlagerte sich nun zunehmend in die neue Stadt zu Füßen der Cité. Im 18. Jh. nahmen dort auch Verwaltung und Gericht ihren Platz ein, die Cité sank in absolute Bedeutungslosigkeit und verfiel zusehends. Erst im 19. Jh. »entdeckte« Merimée die Cité wieder, und Viollet-le-Duc erhielt 1844 von der französischen Regierung den Auftrag, diese großartige Festungsanlage in ihrer ursprünglichen Form zu restaurieren.

Sehenswert: **Altstadt. La Cité** (s. Umschlagbild). Alte Festungsstadt von Carcassonne, Europas größte noch erhaltene Bastion des Mittelalters. Ein doppelter Festungsring mit 52 Türmen und einem Wallgraben umschließt die Cité, deren wichtigste Bauwerke die Burg und die Basilique Saint-Nazaire sind. Von der Neustadt Carcassonnes aus führt ein Fußweg hinauf zur Cité, wo man von der porte d'Aude aus einen wunderschönen Blick über die gesamte Anlage hat. Wer mit dem Auto hinauffährt, läßt dieses außerhalb der Festungsanlage stehen und betritt die Cité durch die porte Narbonnaise, früher wie heute das Haupttor der Stadt. In der Cité wohnen heute fast 400 Menschen, und es gibt hier u. a. eine Schule und eine Bank. Die *rue Cros-Mayreville* führt zum

Château Comtal, der Burg der Vize-

CARCASSONNE

■ Information

0   200m

1   La Cité
2   Les fortifications (Befestigungen)
3   Château Comtal
4   Porte Narbonnaise
5   Porte d'Aude
6   Basilique Saint-Nazaire
7   Musée des Beaux-Arts

Narbonne

RUE COMBÉLÉRAN

RUE DU GÉNÉRAL LECLERC

RUE A. GUIRAUD

AV. DU GÉNÉRAL LECLERC

Gendarmerie

RUE TRIVALLE

RUE BARBACANE

PONT NEUF

PONT VIEUX

St-Hilaire de l'Aude

BD PAUL SABATIER

RUE ANTOINE MARTY

RUE D'ALSACE

RUE DE LORRAINE

Palais de Justice

RUE DU PALAIS

SQUARE GAMBETTA

BD C. PELLETAN

BOULEVARD JEAN JAURÈS

Albi

Pref.

RUE DU 4 SEPTEMBRE

RUE DE LA LIBERTÉ

Gare

Gare Routière

BOULEVARD O. SARRAUT

Jardin A. Chénier

RUE BARBÈS

Poste

St-Vincent

PL. CARNOT

RUE DE LA RÉPUBLIQUE

RUE DU 4

VERDUN

Marché couvert

Hôtel de Ville

BD. C. ROUMENS

7

Théâtre

St-Michel

PL. GAL. DE GAULLE

Caserne

RUE FEVRIER

RUE DE LA DR. A. TOMEY

RUE JULES

A. HUGO

RUE VOLTAIRE

RUE SAUZÈDE

RUE DE LA

BOULEVARD BARBÈS

BOULEVARD DE VARSOVIE

CANAL DU MIDI

AVENUE ROOSEVELT

Toulouse

RUE D'IÉNA

PL. DAVILLA

BD. MARCOU

ALLÉE

AV. BUNAU-VARILLA

Pamiers

Quillan

Aude

RUE DU 24 FÉVRIER

BOULEVARD DE GAULLE

grafen von Carcassonne aus dem 12. Jh. Mit einer Länge von 80 m und einer Breite von 40 m sowie ihren neun Türmen ist dieser rechteckige Bau ein imposantes Zeugnis mittelalterlicher Militärarchitektur. Nachdem Carcassonne im Jahre 1209 der französischen Krone zugefallen war, wurde die ursprüngliche Burg im Jahre 1226 zu einer wehrhaften Zitadelle erweitert und unter der Herrschaft Ludwigs des Heiligen mit einem Graben und einem Wehrgang versehen. Die verschiedenen Epochen des Festungsbaus lassen sich heute noch an den unterschiedlichen Bauweisen ablesen. Die großen Blöcke, die ohne Zement aneinandergefügt sind, stammen aus gallo-römischen Zeit. Auf die Ära der Westgoten ist die Kombination von quadratischen Blöcken und Ziegeln zurückzuführen. Gelber oder roter Sandstein charakterisiert die Epoche der Grafen von Toulouse, und große graue und rechteckige Steine wurden schließlich zwischen 1226 und 1270 unter den französischen Königen benutzt. Dabei entspricht die Schichtung keineswegs genau dem Zeitablauf, was u. a. eine Folge der Ausbesserungs- und Renovierungsarbeiten ist. Es empfiehlt sich, zur Besichtigung der Burg die etwa einstündige Führung mitzumachen, in die auch der Besuch des Steinmuseums mit eingeschlossen ist. Das Steinmuseum, **Musée lapidaire,** bietet eine schöne Sammlung von Skulpturen aus der Zeit der Romanik bis zum 15. Jh., Fresken und Wandmalereien aus dem 12. Jh. sowie eine Dokumentation zur Geschichte Carcassonnes und seiner Cité. – *Führung:* 1. 4. bis 30. 9. täglich 9 bis 12 Uhr und 14 bis 18.30 Uhr; 1. 10. bis 31. 3. täglich 10 bis 12 Uhr und 14 bis 17 Uhr; geschlossen am 1. 1., 1. 5., 14. 7., 15. 8., 1. und 11. 11. und 25. 12. Vom 1. 7. bis Ende September Abendführungen, jeweils um 21.30 Uhr. Vom Château Comtal führt die *rue Saint-Louis* zur

Basilique Saint-Nazaire, dem kunsthistorisch bedeutendsten Bauwerk der Cité. Die Basilika, ursprünglich eine romanische Hallenkirche, die 1096 von Papst Urban II. geweiht worden war, wurde zwischen 1269 und 1320 im Stil der Languedocschen Gotik umgebaut und erweitert. An das romanische Langhaus wurden im Ostteil das weitausladende, lichtdurchflutete Querhaus und der polygonale Chorraum angebaut. Die heutige Gestaltung der Westfassade ist Ergebnis eines Irrtums Viollet-le-Ducs, der fälschlicherweise davon ausging, daß diese Seite des Bauwerks Teil der alten, westgotischen Stadtbefestigung gewesen ist und sie deshalb bei der Restaurierung mit Schießscharten versah. Auch im Innern besticht die Kirche durch ihre großartig geglückte Verbindung zwischen dem romanischen und dem gotischen Bauteil. Romanisches Langhaus mit Tonnengewölbe und schön skulptierten Stützpfeilern, Kirchenfenster im Querhaus und im Chorraum aus dem 14. und 16. Jh., die zu den schönsten in Südfrankreich zählen, u. a. die wunderschönen Rosettenfenster an den Stirnseiten des Querschiffs, die besondere Beachtung verdienen. Im Chorraum 22 Statuen aus der Zeit um 1325, die an Reims und Amiens erinnern. In den Seitenkapellen mehrere Bischofsgräber aus dem 13. und 14. Jh. – *Geöffnet:* täglich 9 bis 12 Uhr und 14 bis 19 Uhr, im Winter nur bis 17 Uhr.

Neustadt. Mitte des 13. Jh. im Schachbrettmuster erbaut, wurde die Stadt im Jahre 1355 von den Truppen des Schwarzen Prinzen während des Hundertjährigen Krieges niedergebrannt und ein Jahr später wieder aufgebaut. Noch heute hat sie die Form eines Schachbretts, dessen Zentrum die place Carnot ist mit einem Springbrunnen aus dem 18. Jh.

Domkirche Saint-Michel mit schönen Kirchenfenstern aus dem 14. Jh. sowie einer Schatzkammer.

Eglise Saint-Vincent, einschiffige Kirche im typischen Stil der Languedoc-Gotik.

Musée des Beaux Arts, rue de Verdun. Werke holländischer, flämischer und französischer Künstler aus dem 17. und 18. Jh. sowie eine reiche Porzellansammlung. Daneben Bilder von Künstlern aus dem Languedoc sowie französische Meister des 18. und 19. Jh. – *Geöffnet:* täglich außer sonn- und feiertags 9 bis 12 Uhr und 14 bis 18 Uhr.

Veranstaltungen: Alljährlich am 14. Juli großes Feuerwerk.

Ausflüge: Saissac, 25 km nordwestlich, in der *Montagne Noir* an dem Flüßchen *Vernassonne* gelegen, von der Ruine eines Schlosses aus dem 14. Jh. überragt. Vom größten Turm der alten Stadtbefestigung aus wunderschöner Blick über die Montagne Noir. Im Ort kleines Heimatmuseum, *geöffnet:* 15. 6. bis 15. 9. täglich 11 bis 12 Uhr und 15 bis 18 Uhr.

Lastours, 22 km nördlich, in der *Montagne Noir* gelegen. Eindrucksvolle Ruinen der Festung von Cabarets, deren vier Burgen »Cabaret«, »Tour Regine«, »Fleur d'Espine« und »Quertinheux« im Jahre 1211 von Simon de Montfort zerstört wurden. Von Lastours 6 km weiter östlich die **Grotte de Limousis,** Tropfsteinhöhlen mit der Salle du Lustre und dem sogenannten Ballsaal, deren Tropfsteingebilde die unterschiedlichsten und bizarrsten Formen angenommen haben.

Rieux Minervois, 26 km nordöstlich, alter Ort im *Minervois,* der Landschaft zwischen Carcassonne und Narbonne, mit umfangreichem Weinanbau. Alter Stadtteil »intra muros« mit schönen alten Häusern und interessanter romanischer Kirche aus dem 11. Jh. Es ist dies der einzig noch erhaltene Zentralbau der Romanik im Languedoc mit einem 14-eckigen Grundriß und einem 7-eckigen Glockenturm. Der Zentralbau ist von einer Kuppel überzogen, die im Innern auf sieben kreisförmig angeordneten Arkadenpfeilern ruht. Schöne Skulpturenkapitale mit Figuren und Blumenschmuck, Marmoraltar aus dem 18. Jh. sowie Seitenkapellen, z. T. im 15. Jh. angebaut. In der Seitenkapelle links vom Südeingang eine schöne »Grablegung Jesu«, wahrscheinlich aus dem 15. Jh.

Narbonne (s. dort), 55 km östlich. Als ehemalige Hauptstadt der gallischen Provinz Narbonne, Residenz der westgotischen Könige und alte Bischofsstadt besitzt Narbonne, nur 12 km von der Mittelmeerküste entfernt, mit ihren Kirchen, Profanbauten und Museen eine reiche Dokumentation ihrer großen Vergangenheit.

Lagrasse, 38 km südöstlich, kleiner Ort im Tal des *Orbieu* mit schöner Abtei und Brücke aus dem 11. Jh. Die Abtei, die bereits in vorkarolingischer Zeit nahe der Durchgangsstraße nach Spanien bestand und reich mit Ländereien bis hinein ins Rousillon und nach Katalonien ausgestattet war, gehörte zum Orden der Benediktiner. Im 16. und 18. Jh. wurde sie durch Befestigungsanlagen erweitert. Der Gesamtkomplex besteht aus einer Cour d'Honneur, umgeben von schönen Gebäuden aus gelblichem Sandstein, dem großen Kreuzgang, 1760 angelegt, der Abteikirche, ursprünglich gotisch, jedoch stark umgebaut und restauriert. Von hier gelangt man zum Donjon, 1537 zur Verteidigung der Abtei erbaut. Trotz seiner Höhe von 40 m, im oberen Teil achteckig und wie ein Glockenturm mit doppelten Maueröffnungen versehen, fügt er sich gut in das Klosterensemble ein. Daneben der Wohn- und Arbeitstrakt der Mönche, der älteste Teil der Abtei, sowie der kleine Kreuzgang mit romanischen Säulenkapitellen in den zwei Seitengalerien und das ehem. Refektorium, von einer schönen Gewölbedecke überzogen. Die »escalier de Charlemagne« führt hinauf zur Chapelle de l'Abbé, der Abtkapelle, deren Fußboden mit schönen Keramikplatten aus dem 13. Jh. ausgelegt ist. – *Führungen:* 24. 6. bis 14. 9. täglich außer sonntags früh und religiösen Feiertagen 9 bis 11 Uhr und 15 bis 19 Uhr.

Limoux (s. dort), 24 km südlich, Stadt im oberen Tal der *Aude,* bekannt für ihren moussierenden Wein. Wallfahrtsstätte Notre Dame de Marceille aus dem 14. Jh., Cathédrale Saint-Martin aus dem 14. und 16. Jh. und Musée Pietet mit Sammlungen archäologischer Funde und Gemäldesammlung mit Werken von Künstlern der Belle Epoque.

Castelnaudary (s. dort), 37 km nordwestlich, Kleinstadt am *Canal du Midi* mit Eglise Saint-Michel aus dem 14. Jh.

Castres (s. dort), 63 km nördlich, Stadt am *Agout,* am Rande des *Parc Régional du Haut Languedoc* (s. dort). Im Bischofspalais aus dem 17. Jh. Musée Goya, die größte Sammlung von Werken spanischer Maler in Frankreich. Von Castres aus Rundfahrt durch den nordwestlichen Teil des Naturparks Haut Languedoc.

CASTELNAUDARY

D-3. Dép. Aude, 172 m, 10 500 Einw. Kleinstadt am *Canal du Midi,* in der *Ebene von Fresquel* gelegen, bekannt vor allem wegen ihrer Keramik- und Töpferwaren sowie dem »Cassoulet«, einem Gericht, bestehend aus Geflügel-, Schweine- und Hammelfleisch sowie weißen Bohnen. Im 17. Jh. war Castelnaudary Schauplatz der Schlacht zwischen den Truppen des Duc de Montmorency und Kardinal Richelieus. Montmorency, dem Kardinal unterlegen, wurde 1632 in Toulouse (s. dort) hingerichtet.

Auskunft: Office de Tourisme, place de la République, 11400 Castelnaudary, Tel. 68/23 05 73. – Bahnstation.
Verkehr: Autobahn A 61, »Autoroute des deux Mers«, Abfahrt Castelnaudary, 3 km; N 113 Carcassonne–Albi, Endpunkt der D 624 von Revel. – Bahnstation.

Unterkunft.

Sehenswert: **Eglise Saint-Michel** aus dem 14. Jh. mit einem 56 m hohen Glockenturm. An der Nordseite ein gotisches und ein Renaissance-Portal. Im Innern weites Kirchenschiff, Orgel aus dem 18. Jh. sowie in der vierten Seitenkapelle rechts schönes Steinkreuz aus dem 16. Jh.

Moulin du Cugarel, am nördlichen Stadtrand auf der *Butte du Pech* gelegen. Die Mühle aus dem 17. Jh. war zusammen mit einem guten Dutzend weiterer Mühlen zu Beginn dieses Jahrhunderts noch in Betrieb. 1962 restauriert, ist sie in ihrer ursprünglichen Ausstattung erhalten. – *Geöffnet:* 16. 6. bis 15. 9.

Baden: Freibad, beheiztes Schwimmbad.

Sport: Wassersport am Grand Bassin, Angeln, Tennis.

Ausflüge: **Saint-Papoul,** 8 km nordöstlich. Abtei, im 11. Jh. gegründet, im Jahre 1317 zum Bischofssitz erhoben, mit schönem Kreuzgang. Im Innern der Kirche, deren älteste Bauteile der Narthex, der Chor und die nördliche Apsis sind, das Grabmal des Bischofs François Donnadien, 1626 gestorben, ganz aus grauem Marmor gearbeitet. Weiter nach **Saissac,** 16 km nordöstlich. Dorf, an dem kleinen Flüßchen *Vernassonne* gelegen, von einer Schloßruine aus dem 14. Jh. überragt, mit Resten einer alten Befestigungsanlage. Im Ort kleines Heimatmuseum, *geöffnet:* 15. 6. bis 15. 9. täglich 11 bis 12 Uhr und 15 bis 18 Uhr. Auf der D 629 zum **Barrage du Cammazes,** 8 km nordwestlich, Wasserreservoir mit einem 70 m hohen Staudamm, in schöner Umgebung. Von hier weiter zum **Bassin de Saint-Ferréol,** 8 km nordwestlich. Der von bewaldeten Hügeln umgebene See bietet gute Bade- und Wassersportmöglichkeiten. Über Revel, 3 km nordwestlich, zurück nach Castelnaudary, 19 km südlich.

Seuil de Narouze, 9 km westlich, mit dem Obélisque de Riquet, 1825 aufgestellt. Der Legende nach soll an dem Tag, an dem sich die Risse im Steinsockel des Obelisken schließen, der Zeitpunkt des Weltuntergangs gekommen sein.

Carcassonne (s. dort), 36 km südöstlich, mittelalterliche Stadt an der *Aude,* die mit der sogenannten Cité das größte und besterhaltene Festungswerk Europas besitzt.

Castres (s. dort), 47 km nordöstlich, von den Römern gegründete Stadt am *Agout,* in reizvoller Umgebung gelegen. Im ehem. Bischofspalast aus dem 17. Jh. Goya-Museum, die umfangreichste Sammlung von Werken spanischer Maler in Frankreich.

CASTRES

E-3. Dép. Tarn, 172 m, 47 000 Einw.

Stadt am *Agout,* am Rande des **Parc Régional du Haut Languedoc** (s. dort) gelegen. Castres, von alters her Zentrum der französischen Tuchindustrie, ist Geburtsort des Politikers Jean Jaurès und besitzt heute mit dem Goya-Museum die größte Sammlung von Werken spanischer Maler in Frankreich.

Auskunft: Bureau du Tourisme, Théâtre Municipal, place de la République, 81108 Castres, Tel. 63/ 59 92 44 und 72 11 73.

Verkehr: N 112 Albi–Béziers und Endpunkt der N 126 von Toulouse. – Bahnstation.

Unterkunft.

Geschichte: Castres entstand in gallo-römischer Zeit als Siedlung im Schutze eines römischen Feldlagers. Im 9. Jh. gründeten Benediktinermönche hier ein Kloster und im 11. Jh. erlangte die Stadt, unter der Oberhoheit der Grafen von Albi und Lautrec unterstellt, ihre politische Selbständigkeit und wurde von nun an, ähnlich wie Toulouse, von Konsuln regiert. Aufgrund ihrer Lage am Jakobsweg, dem mittelalterlichen Pilgerweg nach Santiago di Compostela, entwickelte sie sich bald zu einer blühenden Gemeinde. Wie in den meisten Städten und Dörfern des Languedoc konnten im 11. und 12. Jh. auch in Castres die Albigenser (s. Albi, Geschichte) mit ihrer von Rom abweichenden Lehre vom Christentum Fuß fassen. Die Stadt entkam jedoch der Verwüstung durch Simon de Montfort, indem sie sich den Truppen der königlich-päpstlichen Allianz unterwarf. Drei Jahrhunderte später litt Castres jedoch schwer unter den Zerstörungen der französischen Religionskriege (1562–1598). Denn 1563 waren die Konsuln der Stadt und mit ihnen die ganze Bevölkerung zu den Hugenotten übergetreten. Damit war Castres als eines der Zentren der Hugenotten fortwährenden Angriffen der katholischen Liga ausgesetzt, wobei große Teile der Stadt verwüstet wurden. Erst 1598, als Heinrich IV. von Navarra mit dem Edikt von Nantes Religionsfreiheit in Frankreich gewährte, kam die Stadt wieder zur Ruhe. 1859 wurde in Castres der große französische Sozialistenführer Jean Jaurès geboren, der später, nach seinem Studium der Philosophie, an der Universität von Toulouse lehrte. In den achtziger Jahren wandte er sich der Politik zu und ergriff als sozialistischer Abgeordneter in Paris leidenschaftlich Partei für den Offizier Alfred Dreyfuß, dessen unrechtmäßige Verurteilung zu lebenslänglicher Verbannung auf die Teufelsinsel im Jahre 1894 als »Affäre Dreyfuß« in ganz Frankreich zu jahrelangen, heftigen politischen Auseinandersetzungen führte. Seit 1905 Vorsitzender der französischen Sektion der sozialistischen Internationale warnte Jaurès als überzeugter Pazifist schon frühzeitig die Völker vor den Gefahren eines Krieges. Am 31. Juli 1914 wurde er, wenige Tage vor Ausbruch des Ersten Weltkrieges, in einem Pariser Café ermordet.

Sehenswert: Die wichtigsten Sehenswürdigkeiten von Castres kann man sich gut in einem Stadtrundgang erschließen. Man beginnt beim

Palais Episcopal, dem ehem. Bischofspalais von Castres, das von 1317 bis 1790 Bischofssitz war. 1669 nach Plänen von Mansart erbaut, beherbergt das Palais, dessen Parkanlage 1676 von Le Notre gestaltet wurde, heute das Hôtel de Ville mit dem berühmten Musée Goya und dem Musée Jean Jaurès. Vom Eingang des Innenhofes aus rechts befindet sich in einer Ecke des Gebäudes noch als einziges Zeugnis der ehem. Benediktinerabtei ein romanischer Turm mit schönem Portal.

Musée Goya. Im Mittelpunkt der größten Sammlung spanischer Meister in Frankreich steht das Werk Goyas, u. a. sein größtes Ölbild »Junta der Philipinen« von 1814, das Bild »Francisco del Mazo« von 1820 sowie ein Selbstporträt, das um 1800 entstanden ist. Ein Saal des Museums ist ausschließlich den Grafiken und Radierungen Goyas gewidmet, darunter die vier Serien »Caprichos«, zwischen 1796 und 1798 in 80 Blättern, »Desastres de la Guerra«, 1805 bis 1815 in 82 Blättern, »Tauromaquia«, 1815 in 33 Blättern und »Disparates«, ebenfalls 1815 in 15 Blättern entstanden. Daneben weitere Werke spanischer Maler des 15., 16. und 17. Jh., u. a. Barossa, Fernandez, Murillo, Ribéra und Velázquez. – *Geöffnet:* täglich außer montags 9 bis 12 Uhr und 14 bis 18 Uhr, im Winter nur bis 17 Uhr.

Musée Jean Jaurès, Text und Bilddokumentationen zum Leben Jean Jaurès.

Man verläßt das Bischofspalais und geht hinüber zur **Cathédrale Saint-Benoit.** An der Stelle der ehem. Abteikirche der Benediktiner Ende des 17. Jh. erbaut, besticht die Kirche vor allem durch ihre ausgedehnten Proportionen. Im Innern barocke Ausstattung, am Hauptaltar eine »Auferstehung« von Gabriel Briard (1726–1777), im Chor vier Marmorskulpturen, Ende des 17. Jh. gearbeitet sowie in den Seitenkapellen Wandgemälde aus dem 18. Jh., von dem Toulouser Künstler Chevalier de Rivalz ausgeführt.

Nun weiter über die *place du 8. Mai 1945* mit schönen Häusern aus dem 17. Jh. hinunter zum *Quai des Jacobins* mit Blick auf die alten Häuser am Agout, teilweise aus Stein, teilweise aus Holz erbaut. Im Mittelalter wohnten hier die Tuchfärber, Weber und Gerber, die damals den Ruf der Stadt als bedeutendes Zentrum der französischen Tuchfabrikation begründeten. In die mächtigen Gewölbekeller der Häuser sind zur Flußseite hin Rund- und Spitzbogentüren eingebaut, die den direkten Zugang zum Agout ermöglichen.

Linkerhand führt der Weg nun über die *place Jean Jaurès*, im Zweiten Kaiserreich angelegt, mit einer Statue Jean Jaurès, der am 3.9. 1859 in Castres geboren wurde und am 31.7. 1914 in Paris ermordet worden ist. Die *rue Emile Zola* mit ihren schönen Häusern aus dem 17., 18. und 19. Jh. findet ihre Fortsetzung in der *rue Fréderic Thomas*, wo sich auf der linken Seite, bei Haus Nr. 12 das Hôtel Jean Oules, auch **Hôtel Nayrac** genannt, befindet. 1620 erbaut, ist es mit seiner Stein- und Ziegelkonstruktion eines der wenigen Beispiele der Toulouser Architektur in Castres.

Nun weiter zur *place Pélisson;* Haus Nr. 8 ein Renaissance-Gebäude aus dem 16. Jh., Haus Nr. 10, das Hôtel Pereire, ehem. Abgeordnetenhaus des Départements Tarn mit schöner Fassade aus dem 19. Jh.

Die *rue du Consulat* mit Häusern aus dem 17. und 18. Jh. führt nun rechts hinunter zur *rue Henri IV*, in die man links einbiegt. Auf der rechten Straßenseite Haus Nr. 5, Hôtel aus dem 17. Jh., links daneben der ehem. Konvent der Kapuziner, ebenfalls aus dem 17. Jh.

Nun zurück zur *rue du Consulat* und von dieser links in die *rue des Capitouls*. Gleich linkerhand, Haus Nr. 1, der **alte Bischofssitz** von Castres mit Fassade aus dem 14. Jh. und gotischem Eingang, daneben Häuser aus dem 16. und 17. Jh.

Von der *rue des Capitouls* links in die *rue Borrel* und zur *rue Henri IV*, der man nun rechts hinunter folgt. Vorbei an der *place Jean Jaurès* und links hinein in die *rue Alquier Bouffard*. Rechterhand das Haus Nr. 25 mit schöner Fassade aus dem 18. Jh., mit Masken und Fratzen aus Stein verziert, ein Stück weiter auf der linken Seite bei Haus Nr. 12 Glockenturm der Kirche Saint-Vincent, 1598 als Wehrturm erbaut. Nun durch die *rue de la Libération* zurück zur Cathédrale Saint Benoît.

Weitere Sehenswürdigkeiten:

Eglise de la Platé, 1743 bis 1755 im Stil des französischen Barock erbaut, mit einem toskanischen Campanile, dessen berühmtes Glockenspiel täglich um 19 Uhr, sonntags um 12 Uhr erklingt. Im Innern, über dem Hochaltar eine »Mariä Himmelfahrt«, 1754 von den Italienern Isidore und Antonio Baratta aus Carrara-Marmor gearbeitet.

Le Théâtre, Theater, im italienischen Stil 1904 nach Plänen von Joseph Galimer erbaut. Im Innern Gemälde mit Darstellungen klassischer Dramenszenen.

Hôtel de Poncet, *rue Gabriel Guy,* aus dem 17. Jh., Fassade mit Skulpturen und ionischen Säulen geschmückt, im Innern monumentales Treppenhaus mit Marmorverzierungen.

Hôtel de Rozet, auch Hôtel Viviers genannt, *35, rue Chambre-de-l'Edit,* 1585 im Stil der französischen Renaissance erbaut. Ein mächtiger Torbogen führt in den Innenhof; reiches Schmuckwerk an den Fenstern, den Türen und Dachgiebeln sowie der Treppe zum Donjon.

Baden: Schwimmbad.

Sport: Tennis, Angeln, Segelfliegen.

Ausflüge: **Albi** (s. dort) 42 km nördlich, historisch interessante Stadt am *Tarn* mit Cathédrale Saint-Cécile, 1276–1308 im typischen Stil der südfranzösischen Backstein-Gotik erbaut. Im Palais de la Barbie aus dem 13. Jh. Musée Toulouse-Lautrec, mit der größten Sammlung der Werke dieses Malers des Jugendstils und der Plakatkunst.

Castelnaudary (s. dort), 47 km südwestlich, Kleinstadt am *Canal du Midi* mit Eglise Saint-Michel aus dem 14. Jh.

Carcassonne (s. dort), 63 km südlich, mittelalterliche Stadt am *Aude,* die mit der sogenannten Cité das größte und besterhaltene Festungswerk Europas besitzt.

Parc Régional du Haut Languedoc (s. dort), Rundfahrt durch den nordwestlichen Teil: Castres – Vabre – Brassac – Lacaune – la Salvetat-sur-Agout-Saint-Pons de Thomières – Mazamet – Castres, 161 km.

Unterkunft in allen Etappenzielen.

Roquecourbe, 10 km nordöstlich, reizvoll gelegene Kleinstadt, deren Ursprünge bis in keltische Zeit zurückgehen. 1210 von Simon de Montfort zerstört entstand die mittelalterliche Stadt neu im Schutze eines mächtigen Forts. Weiter nach

Vabre, 21 km nordöstlich mit schönem Rathaus und mittelalterlichem Wehrturm in landschaftlich reizvoller Umgebung im Gebiet *Sidobre Val d'Agout* gelegen. Der ruhige Ort mit seinen touristischen Einrichtungen und dem alljährlich stattfindenden Bach-Festival eignet sich auch für längere Aufenthalte. Die Strecke führt nach

Ferrières, 8 km südlich. Im Château de Ferrières Musée du Protenstantisme, Museum zur Geschichte des französischen Protestantismus. Wie auch die Museen in Saint-Pons und Mazamet ist dieses kleine Museum im Zusammenhang mit der Gründung und Pflege des Regionalparks Haut Languedoc entstanden, um auch der kulturellen und historischen Bedeutung dieser Region Rechnung zu tragen.

Brassac-les-Mines, 15 km südlich, kleines Städtchen am Rande des *Sidobre* und den *Bergen von Lacaune,* in dem von Schluchten durchzogenen Tal des *Agout* gelegen. Eine gotische Brücke aus dem 11. Jh. verbindet die ehem. Befestigungsanlagen der mittelalterlichen Stadt. Von Brassac weiter nach

Lacaune, 23 km nordöstlich, einem Heilbad und Luftkurort, in den gleichnamigen Bergen gelegen. Die *Monts de Lacaune* bilden zusammen mit dem *Sidobre* und den Monts de l'Espinouse das Mittelgebirgsmassiv des Agout, das durch das Thorétal von der Montagne Noir im Süden getrennt wird. Auf der Fahrt durch die Berge von Lacaune gelangt man nach

La Salvetat-sur-Agout, 20 km südlich, einer mittelalterlichen Stadt keltischen Ursprungs, am Zusammenfluß von *Agout* und *Vèbre* gelegen. Das Städtchen hat seinen Namen aus dem 11. und 12. Jh., als weltliche und kirchliche Herren sich hin und wieder vor ihren Feinden in Sicherheit begeben mußten und aus diesem Grund auf dem Gebiet der heutigen Gemeinde eine Zufluchtsstätte errichteten. Im Ort romanische Kapelle Saint-Etienne de Cavall. Von La Salvetat aus ist ein Abstecher zu dem wunderschön gelegenen **Lac de la Raviège** zu empfehlen. Am rechten Ufer erstreckt sich über 1,5 km das touristische Zentrum »Les Boulouïres« mit Bade- und Wassersportmöglichkeiten sowie einem Campingplatz. Nun weiter nach

Saint-Pons de Thomières, 21 km südlich, im Tal des *Jaur* gelegen. Im Jahre 936 gründeten Raymond Pons, Graf von Toulouse und seine Gemahlin Garsinde hier ein Kloster, das 1318 zum Bischofssitz erhoben wurde und dessen Kirche noch heute erhalten ist. Im 12. Jh. erbaut, wurde die ursprüngliche Abteikirche und spätere Kathedrale im 15., 16. und 18. Jh. mehrmals umgebaut und erweitert. Bemerkenswert ist die sogenannte »Porte des Morts«, ein reich verziertes Portal mit rätselhaften Steinmonumenten oberhalb des Türbogens. Am Westportal schöner Tympanon mit einer Darstellung des Abendmahls und der Fußwaschung auf der linken Seite sowie rechts der gekreuzigte Christus mit Maria und Johannes. Im Innern schönes Chorgitter mit Marmorverzierungen, gotischer Chor aus dem 16. Jh. und Chorgestühl aus dem 17. Jh. Musée d'Art roman, Museum für romanische Kunst mit Sammlungen und Dokumentationen zur Romanik im Haut Languedoc. Von Saint-Pons de Thomières nun weiter zu der

Grotte de la Devèze, 5 km östlich. Diese Höhle, 1886 entdeckt, weist in mehreren Sälen auf unterschiedlichem Niveau eine reiche Ausstattung an Stalagmiten, Stalaktiten und kristallinen Gebilden auf. – *Geöffnet:* Ostern bis 30. 9. täglich 8 bis 12 Uhr und 13 bis 18 Uhr; 1. 10. bis Ostern sonn- und feiertags 14 bis 17 Uhr. Nun weiter nach

Mazamet, 30 km westlich, Industriestadt im Tal des *Thoré,* am Fuße der *Montagne Noir* gelegen, bekannt u. a. als eines der bedeutendsten Bankenzentren Frankreichs. Die **Montagne Noir,** ein langgestreckter Gebirgszug zwischen Carcassonne und Mazamet, trennt den atlantischen Teil des Landes von der Mittelmeerseite. Höchster Berg ist der Pic de Nore, 1210 m, südöstlich von Mazamet. Mazamet, von Hautpoul, einem ehem. Dorf etwa 5 km südlich an der Arlette, aus gegründet, verdankt seine Entstehung der maschinellen Tuchfabrikation. Die Bürger von Hautpoul betrieben die Leinenweberei von alters her. Als man nun aber zur maschinellen Produktion überging, reichte das Wasser der Arlette zum Spülen des nun in sehr viel größerem Umfang hergestellten Tuches nicht mehr aus. So zogen die Bewohner von Hautpoul an den Thoré und gründeten die Stadt Mazamet. Im 18. Jh. entwickelte sich die Stadt zum Zentrum der französischen Tuchindustrie, die auch heute noch in großem Umfang hier betrieben wird und nichts von ihrer Bedeutung verloren hat. In der Stadt Eglise du Sacré Cœur, moderne Kirche 1959 erbaut, mit einer bemerkenswerten Bleiskulptur »Jungfrau mit dem Kind« von Simon Prouvé. Musée du Catharisme, mit Dokumentationen und Sammlungen zur Geschichte der Katharer, auch Albigenser (s. Albi, Geschichte) genannt, deren Wirken und Leidensweg in Frankreich eng mit der Geschichte des Languedoc verknüpft ist. Belvédère du Plo de la Bise, 3 km südlich von Mazamet, Aussichtspunkt mit schönem Blick über das Ruinendorf Hautpoul und Mazamet. Nun zurück nach Castres, 16 km nordwestlich.

CAUSSES

Die Causses, die einen großen Teil des in diesem Band beschriebenen Reisegebiets umfassen, sind Jura-Kalkplateaus, die vom *Lot-Tal* im Norden, den *Cevennen* (s. Parc National des Cévennes) im Westen, den *Garrigues* im Süden und dem *Rouergue-Plateau* im Osten begrenzt werden. Diese steinigen Einöden, oftmals nur von Schafherden beweidet, sind von unterirdischen Höhlen, Grotten und Erdspalten, den Aven, durchzogen und von z. T. wilden Schluchten, den Gorges, zerklüftet. Das größte dieser Kalkplateaus ist der Causse du Larzac, der mehr als 1000 qkm umfaßt und bis zu 960 m hoch ist. Er ist Weidegebiet für jene Schafe, deren Milch zum berühmten Roquefort-Käse (s. Millau, Ausflüge) verarbeitet wird. Der Name Larzac bedeutet etwas ähnliches wie verbrannt, vertrocknet, unfruchtbar. Ähnlich plastisch sind die Namen anderer Causses, sofern sie nicht, wie z. B. der Causse de Mende, nach Orten benannt sind: der Causse Noir nach seinen dunklen »schwarzen« Kiefernwäldern, der Causse de Sauveterre nach der »wilden Erde« des Gebiets. Weitere Causses sind der Causse Bégon, der Causse de Blandas, der durch die Gorges de la Vis von dem Causse du Larzac getrennt wird, der Causse de Changefège, Causse de la Selle und Causse Méjean.

COLLIOURE

F-4. Dép. Pyrénées-Orientales, 2800 Einw. Im Mittelalter wichtiger Handelshafen, heute malerischer Badeort an der *Côte Vermeille,* der Purpurküste des Roussillon mit zwei kleinen Häfen, rechts und links des Château Royal, gelegen. Zu Beginn dieses Jahrhunderts trafen sich hier eine ganze Reihe der Maler, die mit dem Fauvismus als Antwort auf den Impressionismus der Malerei des Expressionismus den Weg bereiteten: Derain, Braque, Matisse und Friesz; aber auch Maler wie Picasso und Dufy haben hier gearbeitet.

Auskunft: Syndicat d'Initiative, av. C. Pelletan, 66190 Collioure, Tel. 68/ 82 15 47.
Verkehr: N 114 Perpignan–spanische Grenze. – Bahnstation.

Unterkunft.

Geschichte: Die Entstehung von Collioure geht auf die Phönizier zurück, die es als Hafen für ihre Siedlung Elnex bzw. Illiberis benutzten, daher der Name Cauco-Illiberis, aus dem im Laufe der Jahrhunderte Collioure wurde. Über 1800 Jahre hinweg waren die Geschicke der Stadt von Krieg und Fremdherrschaft bestimmt (s. Perpignan, Geschichte), in der sich nacheinander Griechen und Römer, Westgoten, Araber und Spanier ablösten, bis das Roussillon und damit Collioure im Pyrenäenvertrag von 1659 zwischen Frankreich und Spanien endgültig an Frankreich fiel.

Sehenswert: **Kirche** von 1691. Ein ehem. Leuchtturm aus früherer Zeit dient ihr als Glockenturm. Im Innern schöne Altäre; der Hauptaltar, 1689 gearbeitet, ist ein Werk des katalonischen Bildhauers Joseph Sunyer. In der Sakristei schöne Garderobe aus der Zeit Ludwigs XIII., Gemälde aus dem 15. Jh. sowie eine Jungfrau-Darstellung aus dem 17. Jh. Dem Strand Saint-Vincent entlang zur Ilôt Saint-Vincent mit kleiner Kirche, von der aus man einen herrlichen Blick über das Mittelmeer hat.

Château Royal, zwischen dem Port d'Avall und dem Port de plaisance gelegen. Mächtiges Schloß, Residenz der Könige von Mallorca und der Königin Anna von Aragon. Während der Sommermonate finden hier Wechselausstellungen statt, bei deren Besuch man einige Räume des Schlosses besichtigen kann. – *Geöffnet:* 23. 6. bis 30. 9. täglich 14.30 bis 16.30 Uhr. – Grabmal des spanischen Dichters und Schriftstellers Antonio Machado auf dem Friedhof von Collioure.

Baden: Drei Sandstrände zu Füßen des Dorfes.

Sport: Wassersport, Tauchen, Tennis.

Veranstaltungen: Grandes Fêtes, alljährlich vom 15. bis 18. August mit Stierkämpfen und Feuerwerk.

Spaziergänge: **Eremitage de Notre-Dame-de-Consolation,** 45 Min. südlich. – **Fort de Saint-Elme,** 45 Min. südlich. – **Tours de Madeloch,** 2 Std. südlich.

Ausflüge: **Argelès-sur-Mer,** 6 km nördlich, entlang der *Côte Vermeille,* mit Argelès-Plage, 2 km östlich, einer Neubau-Feriensiedlung am Mittelmeer. Der Ort bietet neben 6 km Sandstrand, umgeben von 12 ha Pinienwald, alle touristischen und sportlichen Einrichtungen, von Konzerten und folkloristischen Darbietungen angefangen über Bars und Nachtlokale sowie einem Casino, bis hin zu Wassersportmöglichkeiten, Tennisanlagen und einem Golfplatz. In Argelès-sur-Mer Kirche aus dem

14. Jh. mit Tafelmalereien aus der Spätrenaissance sowie einem Triptychon aus dem 15. Jh. Chapelle Saint-Laurent und Tour de Pujols aus dem 12. Jh., Eglise Saint-Jérôme aus dem 11. Jh. sowie Reste der ehem. Stadtbefestigung.

Perpignan (s. dort), 28 km nordwestlich, ehem. Residenzstadt der Könige von Mallorca. In der schönen Altstadt Palais des rois de Majorque aus dem 13. Jh. und Cathédrale Saint-Jean aus dem 14. Jh.

Amélie-les-Bains-Palalda (s. dort), 44 km östlich, Thermalbad im Tal des *Tech,* Ausgangspunkt für schöne Ausflüge in die Pyrenäen. Die Strecke führt über

Saint-André, 11 km nordwestlich, mit einer bedeutenden Kirche aus dem 12. Jh. An den Außenmauern interessante Fragmente eines präromanischen Dekors, über dem Portal Marmortürsturz, ähnlich dem in Saint-Genis des Fontaines (s. unten) sowie schön gearbeitetem Fenster mit Darstellungen der vier Evangelisten in den Eck-Medaillons. Im Innern vermittelt die ungewöhnliche Anordnung der Säulenpfeiler, die nur einen schmalen Durchgang zur Mauer hin offen lassen, einen verwirrenden Eindruck. Bemerkenswert der Altartisch, an dem sich das gleiche Dekormuster wie auf dem Türsturz über dem Portal wiederfindet. Nun weiter nach

Saint-Genis des Fontaines, 5 km westlich. Die Kirche des Ortes ist berühmt, denn sie weist im Türsturz die älteste romanische Skulptur Frankreichs aus dem Jahre 1020 auf, eine Darstellung von Christus auf dem Thron, umgeben von einem Glorienschein, der von zwei knienden Engeln gehalten wird. Daneben zwei Gruppen von jeweils drei Aposteln.

Côte Vermeille bis zur spanischen Grenze, 24 km südlich. Zunächst bis

Port-Vendres, 4 km südlich. »Portus Veneris«, der »Hafen der Venus«, bestand schon im 7. Jh. v. Chr. als ein Naturhafen, der erst 1679 durch Vauban ausgebaut und Mitte des 19. Jh. erweitert wurde. Aber schon griechische Galeeren sowie die Bi- und Triremen der Römer legten hier an. Heute ist Port-Vendres Fischerei- und Jachthafen sowie Einschiffungshafen für die Personenschiffahrt nach Marokko und Algerien. Von den Hafen- und Befestigungsanlagen Vaubans besteht noch das Fort du Fanal. Auf dem Cap Béar Leuchtturm von 1905 und navigatorische Signalstationen; Fort Béar, 211 m über dem Meer gelegen, zwischen 1879 und 1884 erbaut. Der Ort verfügt über einen schönen Sandstrand sowie verschiedene touristische und sportliche Einrichtungen. Von Port-Vendres aus besteht die Möglichkeit zu organisierten Tagesausflügen in die Umgebung. – *Auskunft:* azulyre excursion, 22, rue Lamartine, 66660 Port-Vendres, Tel. 68/82 36 64. Weiter nach

Banyuls-sur-Mer, 10 km südlich, beliebter Badeort an der *Purpurküste,* ehem. Fischerhafen, heute Jachthafen und Hauptort der nach ihm benannten Weinlagen des südlichen Roussillon. 1861 wurde hier der berühmte französische Bildhauer Aristide Maillol geboren. Die Totengedenkstätte auf der durch einen Damm mit dem Festland verbundenen *Ile Grosse* ist eines seiner Werke. Romanische Kirche la Rectoire aus dem 11. und 12. Jh.; Pfarrkirche mit interessanter Marmorskulptur, die hl. Jungfrau darstellend, von dem katalonischen Bildhauer Alexandre Oliva. Laboratoire Arago, Forschungsinstitut für Meereskunde der Naturwissenschaftlichen Universität Paris mit Aquarium. – *Besichtigung:* täglich 9 bis 12 Uhr und 14 bis 15.30 Uhr. Am Dorfrand schöner Sandstrand. Nun nach

Cerbère an der spanischen Grenze, 10 km südlich. Im äußersten Süden Frankreichs, zwischen der französischen *Côte Vermeille* und der spanischen *Costa Brava* gelegen, ist dieser kleine Ort Grenzstation für die Strecke Paris–Barcelona. Von der Tour de Querroig, einem Wachturm aus dem Jahre 55 v. Chr., sowie vom *Col des Balistres,* 4 km südlich, hat man einen herrlichen Rundblick über das Cap Cerbère.

CONDOM

C-3. Dép. Gers, 81 m, 8100 Einw. Kleinstadt an der *Baïse,* im *Armagnac,* im Herzen der *Gascogne* gelegen. Bekannt nicht nur wegen des gleichnamigen Getränks, sondern auch wegen seiner Kirche, einer der letzten im Stil des Languedoc erbauten gotischen Kathedralen.

Auskunft: Syndicat d'Initiative, pl. Bossuet, 32100 Condom, Tel. 62/28 00 80.
Verkehr: Kreuzungspunkt von D 930 von Nérac mit D 931 von Agen. – Bahnstation.

Unterkunft.

Sehenswert: **Cathédrale Saint-Pierre,** 1507–1521 auf Veranlassung des Bischofs Jean Marre erbaut. Condom wurde erst 1317 durch Papst Clemens V. zum Bischofssitz erhoben, indem nämlich das Bistum Agen, dem Condom bis dahin angehörte, aufgespalten wurde. Die Kirche, über deren Bauzeit reiches Dokumentenmaterial erhalten ist, ist eines der letzten im Stil der languedocschen

Gotik errichteten Bauwerke und weist schon deutliche Elemente des spätgotischen Übergangsstils auf. Man betritt die Kirche durch das im spätgotischen Flamboyant-Stil gestaltete Portal. Im Innern besticht vor allem die für die Languedoc-Kirchen ungewohnte Helligkeit des Kirchenschiffs. Beachtenswert auch eine hinter der Apsis gelegene Kapelle aus dem 14. Jh. Im Norden der Kathedrale der im 16. Jh. errichtete **Kreuzgang** mit Doppelgalerien, die ebenfalls eine Auflösung der gotischen Bauweise charakterisieren. An der Nordseite des Kreuzgangs die Kapelle des Bischofspalastes. Im ehem. Bischofspalais heute **Musée de l'Armagnac** mit Sammlungen zur Geschichte und dem Leben im Armagnac.

Schöne **alte Häuser** aus dem 17. und 18. Jh., im Stadtzentrum **Gebäudeensemble** aus dem 16. Jh.

Baden: Schwimmbad.

Sport: Reiten, Tennis, Wassersport.

Ausflüge: **La Romieux,** 11 km nordöstlich, am ehem. Jakobsweg, dem Pilgerweg nach Santiago de Compostela, gelegen. Alte Festungsanlagen sowie schönes Ensemble von Bischofspalais und Kirche aus dem 13. Jh., auf Veranlassung des Bischofs Arnaud d'Aux (1270–1321) nach seinen Vorstellungen erbaut. In der Sakristei Freskomalereien.

Saint-Puy, 12 km südöstlich, auf einem Hügel gelegenes kleines Dorf, dessen Ursprünge weit in die Geschichte zurückreichen. Geburtsort von Blaise de Monluc (1500–1577), Marschall von Frankreich und Memoirenschreiber. Schloß Monluc, mittelalterliche Festung, mehrfach zerstört und erneuert, mit Gewölbekellern und z. T. erhaltenen Festungsanlagen.

Fleurance, 29 km südlich, im Grundriß der Stadt ist noch die Befestigungsanlage des Jahres 1280 zu erkennen. Kirche aus dem 14. Jh. mit drei Fenstern aus dem 16. Jh.

Castéra-Verduzan, 19 km südlich, bereits den Römern bekanntes Thermalbad.

Flaran, 8 km südlich, eines der schönsten Zisterzienserklöster Südfrankreichs, 1151 von den Mönchen von Citeaux, Schülern des hl. Bernhard, erbaut. Die Kirche ist in ihrer ursprünglichen Bauweise vollständig erhalten, lediglich der Kreuzgang, im 13. Jh. angelegt und 1569 von Montgomery zerstört, wurde im 16. Jh. neu erbaut.

Cassaigne, 7 km südlich, Schloß aus der ersten Hälfte des 16. Jh., ehem. Landsitz der Bischöfe von Condom. Im Innern vollständig erhaltene Küche aus der damaligen Zeit sowie ein »Chai de viellissement«, ein Spirituosenlager, Anfang des 19. Jh. angelegt, entlang dessen Flaschen man die Geschichte des Armagnac nachvollziehen kann.

Mouchon, 13 km südwestlich, schöne romanische Kirche mit gekreuztem Spitzbogengewölbe, einem der ältesten im Midi.

Euze, 29 km südwestlich, mit einer um 1500 erbauten Backsteinkirche im gotischen Stil und zwei alten Häusern aus dem 15. Jh.

Larressingle, 6 km östlich, kleine mittelalterliche Festungsstadt, im 13. Jh. Schauplatz der Kämpfe zwischen den Engländern und den Comtes von Armagnac, die nach dem Vertrag von Amiens blutige Auseinandersetzungen um die Herrschaft in der Condom-Region führten. Die schön restaurierten Häuser innerhalb der Festungsmauern vermitteln einen guten Eindruck der mittelalterlichen Bauweise.

Montreal, 15 km westlich, in der Nähe gallo-römische Villa **Seviac** mit interessanten Ausgrabungen, u. a. römische Therme mit schönen Mosaiken.

Barbotan-les-Thermes, 40 km westlich, Heilbad im unteren *Armagnac*-Gebiet. Kirche aus dem 12. Jh. mit schönem Renaissance-Portal. Ein pyramidenförmiger Glockenturm über der alten Befestigungsanlage erinnert an die Zeit der Tempelritter in Barbotan. Ruinen eines mittelalterlichen Schlosses sowie schöne Parkanlage mit tropischen Pflanzen.

CONQUES

E-2. Dép. Aveyron, 250 m, 430 Einw. Kleiner Ort im *Rouergue,* inmitten karger Bergwelt gelegen. Im Mittelalter bedeutendes Pilgerzentrum durch die Lage am Jakobsweg, dem Pilgerweg nach Santiago de Compostela.

Auskunft: Syndicat d'Initiative, Mairie, 12320 Conques, Tel. 65/69 85 11.
Verkehr: D 901 Rodez–Aurillac. – Nächste Bahnstation Marcillac.

Unterkunft.

Geschichte: Im 8. Jh. durch den Eremiten Dandon gegründet, wurde die Benediktinerabtei von Conques im 9. Jh. durch den Besitz der Reliquien der hl. Fides (Sainte Foy) weithin berühmt und bekannt. Die hl. Fides, Bürgertochter und Christin aus Agen, wurde um das Jahr 303 auf Befehl des Dacius geköpft, weil sie sich geweigert hatte, heidnischen Göttern zu huldigen. Die Reliquien der Heiligen wurden in Agen sorgsam bewahrt und verehrt. Der Legende nach soll der Mönch Ariviscus aus dem Kloster von Conques diese Reliquien so sehr verehrt haben, daß er beschloß, sie in den Besitz von Conques zu bringen. Er ging, als Pilger verkleidet, nach Agen und verschaffte sich so Zugang zu der Ordensgemeinschaft der hl. Fides. In den folgenden zehn Jahren bemühte er sich um das Vertrauen der Wachen, die die Reliquien der Heiligen streng bewachten. Schließlich raubte er die Reliquien und brachte sie im Jahre 803 nach Conques. Von nun an soll sich die Anzahl der Wunder der hl. Fides verdoppelt haben, und immer mehr Pilger kamen nach Conques. Im 11. Jh. wurde die heutige Abteikirche erbaut, nach dem Vorbild der Wallfahrtskirchen von Santiago de Compostela, St. Sternin von Toulouse, Saint Martin von Tours und Saint Martial von Limoges. Von jetzt an bis zum 13. Jh. riß der Pilgerstrom nicht mehr ab, Conques erlebte seine Hochblüte und wurde schließlich in ein Domherrenstift umgewandelt. 1561, in den französischen Religionskriegen, wurde die Abtei zerstört, die Kirche teilweise niedergebrannt, Conques geriet in absolute Vergessenheit. Erst im letzten Jahrhundert wurde es von Marimée auf seinen Reisen durch Frankreich wiederentdeckt. Aufgrund seines damaligen Berichts wurden die historischen Baudenkmäler von Conques gerettet.

Sehenswert: **Eglise Sainte-Foy,** romanische Abteikirche aus dem 11. und 12. Jh. Die mächtige Hallenkirche wird von zwei Türmen überragt, die im letzten Jahrhundert wiederrerstellt wurden, sowie von einem achteckigen Glockenturm über dem Querschiff. Die Kirche mit ihrem sehr hohen, aber kurzem Langhaus und dem weitausladenden Querschiff besticht auch durch diese ungewöhnlichen Proportionen. Über dem Westportal befindet sich ein Tympanon aus dem Jahre 1140 mit einer Darstellung des »Jüngsten Gerichts«. Es ist eines der eindrucksvollsten und besterhaltenen Tympana der Romanik in Frankreich. Im Zentrum der Darstellung Christus in der Mandorla, mit der linken Hand auf die Verdammten deutend, die in der Hölle leiden, mit der rechten die Auserwählten segnend, über deren Häuptern vier Engel schweben, die 4 Kardinaltugenden darstellend. Über Christus öffnet sich der Himmel, himmlische Heerscharen erscheinen und verkünden die Auferstehung der Toten. Rechts von Christus Maria und Petrus und eine Gruppe von Äbten und Gönnern des Klosters, darunter Karl der Große. Links unten in der Ecke die hl. Fides, sich vor dem segnenden Christus niederwerfend. Daneben, in der Mitte, die aus ihren Gräbern auferstehenden Toten und der hl. Michael, die Seelen abwiegend, sowie der Teufel, der die Waage zu seinen Gunsten zu beeinflussen sucht. Ganz unten links Abraham, wie er die Seligen im himmlischen Jerusalem empfängt, daneben der Dämon, die Verdammten durch den Höllenschlund stoßend. Ganz rechts thront der Teufel mitten unter den Verdammten, die die verschiedensten Höllenqualen zu erleiden haben. Man betritt die Kirche vom rechten Flügel des Querschiffs. Das Innere mit seinen gewaltigen Ausmaßen, einer Höhe von 22 m und der strengen und nüchternen Innenausstattung, bietet einen großartigen Anblick. Der weite Chor ist, wie in allen Wallfahrtskirchen üblich, von einem Chorumgang umschlossen, der es den Gläubigen erlaubte, an den Reliquien der hl. Fides, die hier früher ausgestellt waren, vorbeizudefilie-ren. An den Wänden der Sakristei Reste von Fresken aus dem 15. Jh., das Martyrium der hl. Fides darstellend. Im nördlichen Querschiff eine schöne Skulpturengruppe, eine Darstellung der »Mariä Verkündigung«. Man verläßt die Kirche durch das rechte Querschiff und geht hinunter zum Kreuzgang, einem schlichten Arkadengang mit Schlangenbrunnen, der zum ehem. Refektorium hin geöffnet ist.

Museum. Das Museum von Conques beherbergt den größten noch erhaltenen Kirchenschatz des französischen Mittelalters, darunter eine Reihe von Reliquaren, z. T. Arbeiten aus der Goldschmiedewerkstatt der Abtei aus der Zeit der Karolinger bis zum 14. Jh. Die .wichtigsten Stücke sind u. a. ein in Goldfiligran gearbeitetes Reliquar aus dem 9. Jh., ein Sitzreliquar der hl. Fides aus dem 10. Jh. aus Holz, vergoldet und mit Edelsteinen besetzt; aus dem 13. Jh. ein Jungfraureliquar und eines des hl. Georg sowie eine Statue der hl. Fides aus dem 14. Jh. und eine aus dem 15. Jh. sowie ein Prozessionskreuz aus dem 16. Jh. – *Geöffnet:* 1. 3. bis 31. 1. täglich 9 bis 12 Uhr und 14 bis 18 Uhr, im Winter dienstags geschlossen.

Chapelle Saint-Roch, auf einem Hügel etwas unterhalb des Ortes, nahe der *Dordogne* gelegen. Vom Dorf aus geht man auf die rue Charlemagne, vorbei an den schönen alten, mit Schiefer gedeckten Fachwerkhäusern, den ehem. Pilgerweg hinunter zur Kapelle Saint Roch mit Kalvarienberg. Von hier aus hat man einen wunderschönen Blick auf das mittelalterliche Conques mit der mächtigen romanischen Wallfahrtskirche.

Baden: Freibad.

Sport: Angeln, Volleyball, Tischtennis, Tennis.

Veranstaltungen: Musikalische Soireen, alljährlich Mitte bis Ende Juli und Mitte bis Ende August.

Ausflüge: **Site du Bancarel,** 3 km südlich, von hier aus beeindruckende Sicht auf Conques.

Grand Vabre, 5 km nördlich, am Zusammenfluß von *Dourdou* und *Lot* gelegen. Oberhalb des Ortes das malerische Dorf *Vinzelle* mit einer Kirche aus dem 16. Jh. Der Kirchturm, ebenfalls aus dem 16. Jh., wurde neben der Kirche auf den Ruinen eines ehem. Schlosses errichtet. Mitten auf dem Dorfplatz eine Kapelle mit dem Grab Dandons, des Gründers der Abtei von Conques. Im Dorf gibt es noch einen Holzschuhmacher, ein Handwerker, dessen Zunft schon fast ausgestorben ist.

Nouilhac, 8 km südlich, kleines Bergdorf mit herrlichem Blick über Saint-Cyprien und vom Pergadou (639 m) aus bis zu den Bergen der Auvergne. Im Dorf Kirche aus dem Jahre 1770; im Innern schöner Altar mit Darstellungen Johannes des Täufers, des hl. Petrus und der hl. Klara. Auf dem Kirchplatz Eisenkreuz von 1775. Herrenhaus »La Pendarie« von 1774, ehem. Herberge für die Pilger des Jakobsweges. Wallfahrtskapelle Saint-Roch, aus Dank für die Errettung aus einer um 1849 grassierenden Pestepidemie erbaut, 1884 eingeweiht.

Senergues, 15 km östlich, auf einer Granithochebene gelegen, mit ehemals vier Schlössern, von denen zwei noch erhalten sind. Mitten im Dorf das ehem. Schloß der Familie de Senergues aus dem 18. Jh. mit Turm aus dem 13. Jh.; etwas außerhalb des Ortes das Schloß Monternal, das seit dem 12. Jh. im Besitz der Familie Monternal ist. Unweit des Dorfes die

Steinbrüche von Madrières, aus denen das Baumaterial für die Abtei von Conques gebrochen wurde.

Saint-Cyprien-sur-Dourdou, 7 km südlich, mit schöner Dorfkirche aus dem 15. Jh., im Innern, im rechten Seitenschiff, Kapelle aus dem 18. Jh. An der Straße nach Lunel, in früheren Jahrhunderten Hauptverkehrsader und bedeutender Handelsweg, alte Fachwerkhäuser. In der Umgebung, 2 km vom Dorf entfernt, befindet sich das malerische Schloß von Sanhes, am Eingang zu den Schluchten der *Dourdou.* Im 14. Jh. diente es den Äbten von Conques als Wohnsitz. Später verfiel das Gebäude und wurde im 18. Jh. schließlich in eine Mühle umgewandelt. Das Gebäude ist ein besonders schönes Beispiel für die Fachwerk-Architektur jener Zeit. An der Straße nach Decazeville liegt das Schloß von Cayla, das der Familie de Arjac als Residenz diente. Cayla, im 12. Jh. erbaut, im 18. Jh. erweitert, ist bekannt wegen seines riesigen Kastanienbaumes, der an die Bedeutung des Eßkastanienanbaus in früheren Zeiten erinnert.

Saint-Felix-de-Lunel, 20 km östlich auf dem *Plateau von Viadene* gelegen. Die gotische Kirche Saint-Felix, früher Mazières genannt, gehörte zur Abtei von Conques, in deren Besitz sie im Jahre 1107 überging. Besonders schön ist der mit vier steinernen Masken versehene achteckige Kirchturm. In der Umgebung findet man ein bemerkenswertes megalithisches Steinmonument, einen Dolmen, genannt »La Peyro levado«, der »erhobene Stein«. Nicht weit entfernt liegt **Polissal** mit einem reizvollen Wasserfall und der Pic du Kaymard (709 m) mit den Überresten einer alten Kalkmine.

Salles-la-Source, 25 km südlich, mit

romanischer Kirche und Musée du Rouergue.

Decazeville, 26 km südwestlich, bekannt aufgrund der reichen Kohlevorkommen, die hier im Tagebau abgebaut werden. Im Süden der Stadt eine offene Grube, »la découverte« genannt, die es zu besichtigen lohnt. In der Stadt geologisches Museum.

Aubin und **Cransac**, 30 km südwestlich, zwei Kleinstädte, die zusammen ein Industriezentrum bilden. In Aubin Bergbau-Museum sowie Kirche aus dem 12. und 15. Jh. mit einem schönen Holz-Christus aus dem 12. Jh.

Rodez (s. dort), 37 km südlich, ehem. Hauptstadt der Provinz Rouergue, mit Kirche aus dem 13. bis 16. Jh., Bischofspalast aus dem 17. Jh. und Musée Fénaille mit prähistorischen Sammlungen.

CORDES

D/E-2. Dép. Tarn, 274 m, 1100 Einw.
Auf einem Hügel gelegener kleiner Ort mit beeindruckenden Zeugnissen seiner mittelalterlichen Vergangenheit. An der Nordgrenze des *Languedoc*, zwischen dem *Quercy*, dem *Rouergue* und dem *Albi-Gebiet* gelegen, trägt Cordes den poetischen Beinamen »sur Ciel«, »über den Himmeln«.

Auskunft: Syndicat d'Initiative, Maison du Grand Fauconnier, 81170 Cordes, Tel. 63/56 00 52.

Verkehr: Kreuzungspunkt von D 600 von Albi mit D 922 Ville-franche-de-Rouergue–Gaillac. – Nächste Bahnstation Vindrac, 5 km.

Unterkunft.

Geschichte: Raymond VII., Comte von Toulouse, gründete die Stadt und die Festung von Cordes im Jahre 1222 als Antwort auf die Verwüstung des benachbarten Ortes St. Marcel durch die Truppen Simon de Montforts. Die Stadt wurde so stark befestigt, daß sie niemals in ihrer Geschichte angegriffen wurde. Ein Jahrhundert später wurde Cordes, unter der Herrschaft Philippes IV., des Schönen, im Stile der italienischen Architektur zu einer prächtigen Stadt ausgebaut. Das »goldene Zeitalter von Toulouse« hatte seine Auswirkungen auch auf Cordes, die Stadt wuchs und hatte bald mehr als 5500 Einwohner. Gepflasterte Straßen wurden angelegt, von denen heute noch ca. 10 km erhalten sind. Als das Leben in Frankreich sich mehr nach Paris hin orientierte, geriet Cordes langsam in Vergessenheit und trat erst 1870 wieder mehr ins öffentliche Interesse. Zwei Männer aus Cordes brachten aus der Schweiz, aus St. Gallen, einen Stickrahmen mit in die Stadt, der den wirtschaftlichen Aufschwung der Stadt einleiten sollte. Mehr als 300 Stickrahmen waren bald in Cordes, vorhanden und fast ein Drittel der gesamten Bevölkerung arbeitete in diesem Handwerk, das sich bis 1930 hier halten konnte. Danach wurde es wieder still um den Ort, bis mehrere Künstler, u. a. der Maler Yves Brayer hier die »Académie de Cordes-sur-Ciel« gründeten. Weber, Stein- und Holzbildhauer, Maler, Töpfer und viele andere Künstler und Handwerker kamen in die Akademie von Cordes, das nun auch vom Fremdenverkehr entdeckt wurde.

Sehenswert: **Festungsanlage** aus dem 13. Jh. Die Stadt ist von drei mächtigen Verteidigungslinien umgeben, die untereinander durch schmale Gassen und Treppen verbunden sind. Von Osten her betritt man die Stadt durch die Porte des Ormeaux, auch Porte de la Pëitavine genannt, nach dem Namen der Comtesse Jeanne, die den Bruder Ludwigs des Heiligen, Alphonse de Poitiers, geheiratet hatte. Ein zweiter Zugang zur Stadt an der Ostseite ist die Fausse Porte oder Porte de la Jeanne. Im Westen ist es die Porte du Planol, auch Porte du Vainqueur oder Porte Sainte-Claire genannt, durch die man über die Grand Rue zum innersten Verteidigungsring mit dem Portail Peint oder der Porte du Roux gelangt, wo heute das »Musée archéologique Charles Portal« untergebracht ist. Außerhalb der Porte du Planol befand sich früher der Pont Levis, eine Brücke, die die Wehranlage um den Schießstand, einen mächtigen Turm, »Barbacane« genannt, abschließend verband. Etwas weiter unten die Porte de l'Horloge und rechter Hand davon der »Escalier du Pater Noster«, die »Pater-Noster-Treppe«, so genannt, weil sie ebenso viele Stufen hat wie das Vaterunser Worte.

Eglise Saint-Michel, im 14. Jh. erbaut mit achteckigem Glockenturm, der von einem viereckigen Wehrturm überragt wird, Chor und Querschiff aus dem 13. Jh. Im Innern Spitzbogengewölbe, Orgel von 1830 sowie Gemälde aus dem 19. Jh.; im Chor schönes Rosettenfenster.

Chapelle du Saint Crucifix, Votivkapelle mit Reliquar aus dem 17. Jh., das ein kleines Stückchen des Hl. Kreuzes bewahrt.

Musée Charles Portal, historisches und archäologisches Museum, dessen Namen eine Ehrenbezeugung gegenüber Charles Portal, dem großen Historiker von Cordes, darstellt. Das Museum zeigt verschiedene Gegenstände zur Geschichte des Handwerks u. a. Webstühle, Stickrahmen und Muster sowie alte Maßeinheiten.

Daneben eine Bauernstube, mehrere Fundstücke zur Geschichte der Stadt sowie die schöne, eisenbeschlagene Türe der Maison du Grand Fauconnier. Ein Saal ist den Funden aus gallo-römischer Zeit gewidmet, u. a. Münzen, kleine Statuen, Schmuckstücke; ein weiterer der Geschichte von Cordes. Hier u. a. der »libre Ferrat«, ein Buch mit Eisenkette, auf das die Statthalter von Cordes ihren Amtseid schwören mußten. – *Geöffnet:* 1. 4. bis 15. 11. täglich 10 bis 12 Uhr und 14 bis 18 Uhr.

Maison du Grand Ecuyer und **Maison du Grand Veneur** in der rue Voltaire, mit wunderschönen Fassaden. Gegenüber der Maison du Grand Veneur die ehem. **Markthallen** aus dem 14. Jh., mehrmals restauriert. Hier hatte früher vor allem der Stoffhandel stattgefunden. An einem der achteckigen Pfeiler Eisenkreuz aus dem 16. Jh. Neben den Markthallen wurde ein **Brunnen** entdeckt mit einem Durchmesser von 2,80 m und einer Tiefe von 117 m, der bis auf das Niveau des Flusses hinunterreicht. Von der benachbarten **Terrasse de la Bride** hat man einen wunderschönen Blick über das Tal des Cérou.

Beeindruckendes Ensemble gut erhaltener **Häuser** im Stile der italienischen Gotik in der Grand Rue.

Maison du Grand Fauconnier, schönes altes Haus mit eleganter Fassade, dessen Erker mit Falken, franz. Faucon, geschmückt sind. Im Innern schöne Treppe aus dem 15. Jh., die zum **Musée Yves Brayer** führt. Von Yves Brayer, der die Académie de Cordes sur Ciel gegründet hat, sind hier u. a. Lithografien, Gemälde, Entwürfe sowie Wandbehänge ausgestellt. – *Geöffnet:* 15. 6. bis 30. 9. täglich 10 bis 12 Uhr und 14.30 bis 18.30 Uhr; sonn- und feiertags nur 14 bis 18 Uhr, 1. 10. bis 14. 6. montags bis freitags 9 bis 12 Uhr und 14 bis 18 Uhr.

Sport: Tennis.

Veranstaltungen: Konzerte, Musikfestival und Ausstellungen im Centre Culturel Gaugiran.

Spaziergänge und Wanderungen: 3 markierte Rundwanderwege zwischen 9 und 17 km. – **Campes,** 3 km nordöstlich, romanische Kirche.

Ausflüge: **Circuit des Bastides,** Rundfahrt durch das Gebiet südwestlich von Cordes, 80 km. Zunächst nach

Cahuzac-sur-Vère, 13 km südlich, freundliche Kleinstadt inmitten eines Weinanbaugebietes gelegen. Von hier Abstecher zum **Château du Cayla,** 8 km nördlich, die letzten 2 km zu Fuß. Ehemaliger Wohnsitz des Romantikers Maurice de Guérin und seiner Schwester Eugénie, heute Museum mit Erinnerungsstücken an den Dichter. Weiter nach

Vieux, 8 km südwestlich mit schöner gotischer Kirche. In der Umgebung Menhire. Über **Le Verdier,** 3 km westlich, nach

Castelnau du Montmiral, Stadt mit Festungsanlagen aus dem 13. Jh. und schönen Zeugnissen der mittelalterlichen Baukunst. Über den Pont de la Lèbre, 3 km westlich, nach

Puycelci, 8 km westlich, mittelalterliche Stadt mit schönen Häusern aus dem 15. und 17. Jh. sowie gotischer Kirche aus dem 16. Jh. Vorbei an Larroque, 3 km westlich, nach

Bruniquel, 7 km nördlich, alte Stadt mit Wehrturm aus dem 15. Jh., Häusern aus dem 15., 16. und 17. Jh. sowie Schloß, der Legende nach von der austrischen Königin Brunhilde im 6. Jh. begründet. Weiter nach

Penne, 6 km nordöstlich, einer der beeindruckendsten Orte der **Gorges de l'Aveyron,** der für den Autoverkehr gesperrt ist. Der Ort, dessen Mauern mehr als 1000 Jahre Geschichte in sich bergen, wird von einem Schloß, auf einem mächtigen Kalkfelsen gelegen, überragt. Über St.-Michel-de-Vax, 6 km westlich und den Dolmen von Vaour, 2 km südlich, zu der alten Tempelritterstadt

Vaour, 3 km südlich, weiter nach Tonnac, 8 km westlich und **Vindrac,** 4 km westlich, mit interessantem Kirchenbau, über **Les Cabannes,** 3 km westlich, mit gotischer Kirche, zurück nach Cordes, 2 km westlich.

Najac (s. dort), 35 km nördlich, kleiner Ort oberhalb des *Aveyron* mit Festung aus dem Jahre 1253, einer der wichtigsten militärischen Verteidigungsanlagen des Aveyron-Tals.

Albi (s. dort), 25 km südlich, kunstgeschichtlich interessante Stadt, überragt von der gewaltigen Backstein-Kathedrale Sainte-Cécile aus dem 13. bis 15. Jh. Geburtsort des expressionistischen Malers Henri de Toulouse-Lautrec, gleichnamiges Museum im ehem. erzbischöflichen Palais.

Monestiés, 15 km östlich, mittelalterliche Stadt am *Cérou.* Chapelle Saint-Jacques mit einer Skulpturengruppe aus dem 15. Jh., eine »Mise au Tombeau«, eine Grablegung Jesu darstellend. Ruinen des Schlosses Combefa, ehem. Residenz der Bischöfe von Albi.

Gaillac (s. dort), 24 km nördlich, Kleinstadt am *Tarn,* inmitten eines der ältesten Weinbaugebiete Frankreichs gelegen. Kirche Saint-Michel aus dem 10. Jh. sowie verschiedene Museen.

EAUX-BONNES

B-4. Dép. Pyrénées Atlantiques, 750 m, 420 Einw. Kleines Thermalbad, inmitten einer waldreichen Gebirgslandschaft in den Ausläufern der *Pyrenäen* gelegen. Der Ort bildet zusammen mit dem 8 km östlich gelegenen Gourette, einem modernen Wintersportzentrum in 1400 m Höhe, eine Fremdenverkehrsgemeinde.

Auskunft: Office de Tourisme, 64440 Eaux-Bonnes Gourette, Tel. 59/05 33 08 und 05 12 17.

Verkehr: D 934/D 918   Pau–Argèles –Gazost. – Nächste Bahnstation Pau, 42 km nördlich.

Unterkunft.

Heilanzeigen: Erkrankungen der Atemwege und Bronchien, asthmatische und rheumatische Erkrankungen.

Kurmittel: Schwefel-, chlor- und eisenhaltige Quellen; Kurzeit Mai bis Oktober.

Wintersport: Liftstation zu einem Skigebiet mit 25 präparierten Pisten in Gourette.

Ausflüge: **Col d'Aubisque,** 1709 m, 14 km nordöstlich, landschaftliche reizvolle Strecke.

Pic de Ger, 2613 m, von Gourette mit Seilbahn bis auf 2550 m, dann weiter zu Fuß.

Col de Pourtalet, 1729 m, 29 km südlich, über landschaftlich schöne Strecke durch das Tal des *Ossau,* zunächst nach **les Eaux-Chaudes,** 8 km südwestlich, Thermalbad und Luftkurort in einer bewaldeten Schlucht des *Gave d'Ossau.* Weiter am Fuße des Pic de la Sagette, 2031 m, entlang über **Gabas,** 8 km südlich, mit Wallfahrtskapelle aus dem Jahre 1121 zum *Lac d'Artouste,* von dem aus eine Seilbahn zum **Pic**

de la **Sagette** hinauffährt. Die Straße führt nun weiter durch das Tal des Brousset zum Col de Pourtalet, direkt an der spanischen Grenze gelegen.

Lac de Bious-Artigues, 19 km südwestlich, durch das Tal des *Gave d'Ossau.* Vom See aus, der auf 1427 m liegt, Möglichkeiten zu Bergtouren, u. a. auf den **Pic du Midi d'Ossau,** 2884 m.

ENTRAYGUES-SUR-TRUYÈRE

E-2. Dép. Aveyron, 230 m, 1600 Einw. Malerisches altes Städtchen an der Mündung der *Truyère* in den *Lot.* Im 12. Jh. gegründet, besitzt die Stadt noch heute viele Zeugnisse ihrer mittelalterlichen Vergangenheit.

Auskunft: Syndicat d'Initiative, 30, Tour de Ville, 12140 Entraygues-sur-Truyère, Tel. 65/44 56 10; geöffnet 1. 2. bis 1. 12.

Verkehr: Kreuzungspunkt von D 920 Espalion–Montsalvy mit D 904 Rodez–Mur-de-Barrez. – Nächste Bahnstation Espalion, 27 km.

Unterkunft.

Sehenswert: Reste der alten **Stadtmauer** aus dem 12. Jh. – **Schloß** aus dem Jahre 1290, 1604 zerstört und zwischen 1654 und 1656 im ursprünglichen Baustil wiedererrichtet. – Zwei **Brücken** aus dem 13. Jh., eine über den Lot, eine über die Truyère. – Schöne alte Häuser in den malerischen engen Gassen der **Altstadt.**

Baden: Freibad.

Sport: Angeln, Wassersport, Reiten, Tennis.

Ausflüge: **Gorges de la Truyère,** Flußverlauf der *Truyère,* nordöstlich von Entraygues bis hinauf zum Viaduc de Garabit, ca. 140 km. Vorbei an riesigen Stauseen und den größten

Wasserkraftwerken Frankreichs, durch außerordentlich reizvolle Landschaft mit den Aussichtspunkten Belvédère de Jou, 46 km, Belvédère du Vezou, 50 km und Belvédère de Mallet, 98 km. In Chaudes Aigues, 80 km, 32 heiße Quellen, die schon den Römern bekannt waren. Endpunkt der Gorges de la Truyère ist der Viaduc de Garabit, eine 560 m lange Eisenbahnbrücke, die 120 m über eine Schlucht hinwegführt, 1882–1884 nach Plänen Eiffels erbaut.

Gorges du Lot, Flußverlauf des *Lot,* südlich von Entraygues bis hinab nach Estaing, 17 km. Wilde, z. T. 300 m hohe Schlucht mit dem Flußbett des Lot. Kurz vor Estaing, auf der linken Seite des Flusses, das Wasserkraftwerk von Golinhac.

ESPALION

E-2. Dép. Aveyron, 343 m, 5000 Einw. In einem Talkessel des *Lot* gelegene Stadt, überragt von den Ruinen des Schlosses von Calmont d'Olt.

Auskunft: Syndicat d'Initiative, Place Saint Georges, 125000 Espalion, Tel. 65/44 05 46.
Verkehr: D 920 Bozouls–Entraygues-sur-Truyère, Endpunkt der D 921 von Saint-Flour. – Bahnstation.

Unterkunft.

Sehenswert: **Vieux Palis,** 1572 im Stil der Renaissance am Ufer des Lot erbaut.

Alte Brücke aus dem 13. Jh., bildet zusammen mit dem Vieux Palais ein hübsches Ensemble.

Les vieilles Tanneries, alte Gerberhäuser am rechten Ufer des Lot.

Musée J. Vaylet, in der ehem. Kirche Saint-Jean aus dem 15. Jh. Heimatmuseum mit Sammlungen aus dem traditionellen Lebensbereich der Bewohner von Espalion und des Rouergue: Trachten, Mobiliar, Hausrat u. a. m. Daneben, einzigartig in Frankreich, eine Sammlung von 300 Weihwasserkesseln.

Musée de Rouergue, in den Räumen des alten Arresthauses, Sammlungen zur Geschichte des Rouergue.

Chapelle des Pénitents, *rue du Plô,* Gebäude aus dem 18. Jh. mit wechselnden Ausstellungen, vor allem Gemäldeausstellungen in Ergänzung zu den beiden o. g. Museen. – *Geöffnet:* Mai bis November täglich 10 bis 12 Uhr und 15 bis 19 Uhr, Sonntag vormittags geschlossen.

Baden: Freibad.

Sport: Tennis, Wintersport.

Ausflüge: **Eglise de Perse,** 1 km südöstlich, auch Chapelle Saint-Hilarian genannt, da unweit dieser Kapelle der hl. Hilarian enthauptet wurde. Das Kirchlein wurde aus hellem Buntsandstein, in streng romanischem Stil im 11. und und 12. Jh. erbaut. Im Tympanon eine ungewöhnlich anmutende Darstellung des »Jüngsten Gerichts« sowie des Pfingstwunders.

Monastère de Bonneval, 4 km nördlich, Zisterzienserkloster auf halber Höhe über der wilden Schlucht der *Boralde* gelegen, von hohen Mauern und mächtigen Türmen umgeben. Der Weg dorthin führt vorbei an der **Tour de Masse,** einem mächtigen, turmartigen Gebäude aus dem 15. Jh.

Saint-Comte-d'Olt, 4 km südöstlich, am *Lot* gelegen. Mittelalterliche Stadt, von deren ehem. Stadtbefestigung noch zwei Tore stehen.

Bessuéjouls, 6 km westlich, mit mittelalterlicher Kirche, deren Turm ein seltenes Kuriosum aufweist: in luftiger Höhe befindet sich eine Kapelle, im romanischen und vorromanischen Baustil errichtet und mit einem Altar aus der Zeit der Merowinger.

Lassouts, 13 km südöstlich, sehr alte Stadt mit Kirche, ursprünglich aus dem 11. Jh., in reizvoller Landschaft gelegen. In der Nähe der künstliche Stausee von Castelnau-Lassauts sowie die Vulkanfelder von Thubiés.

Roquelaure, 7 km weiter westlich, mit teilweise restauriertem Schloß und schöner romanischer Kapelle. In der Eglise Notre-Dame-d'Albiac schöne Jungfrau-Statue aus dem 15. Jh. Von hier Ausflug zum Mont de Roquelaure, 804 m.

Trou de Bozouls, 10 km südlich, bizarre Talschlucht auf der Kalkhochebene von *Dourdou.*

Entraygues-sur-Truyère (s. dort), 27 km nordwestlich, malerisches altes Städtchen an der Mündung der *Truyère* in den *Lot.*

Rodez (s. dort), 29 km südwestlich, ehem. Hauptstadt der Provinz Rouergue mit Kirche aus dem 13 bis 16. Jh., Bischofspalast aus dem 17. Jh. und Musée Fénaille mit prähistorischen Sammlungen.

FIGEAC

E-2. Dép. Lot, 214 m, 10 500 Einw. Kleinstadt im *Quercy,* am Ufer des *Célé* gelegen. Hier wurde 1790 der berühmte Ägyptologe Jean-François Champollion geboren, dem es als erstem gelang, die Hieroglyphen zu entziffern, indem er erkannte, daß Hieroglyphen keine Zeichen, sondern eine Bilderschrift darstellen. 1830 kehrte er von einer Forschungsreise aus Ägypten zurück und wurde

mit dem Lehrstuhl für Archäologie des Collège de France betraut. 1832, erst 42jährig, starb er.

Auskunft: Syndicat d'Initiative, pl. Vival, 46100 Figeac, Tel. 65/34 06 25.

Verkehr: Kreuzungspunkt von N 140 Gramat–Rodez mit N 122 Cahors –Aurillac sowie D 922 von Villefranche de Rouergue. – Bahnstation.

Unterkunft.

Sehenswert: **Eglise Saint-Sauveur,** Abteikirche, im 12. und 13. Jh. erbaut, in den Religionskriegen teilweise zerstört und im 17. und 19. Jh. erneuert. Im Innern hohes Kirchenschiff mit zwei Seitenschiffen und tiefem Chor. Zwei romanische Kapitelle aus dem Kirchenvorraum dienen heute als Weihwasserbecken. Vom Querschiff aus gelangt man in den ehem. Kapitelsaal mit schönem Spitzbogengewölbe. 1968 wurden die Goldverzierungen und Malereien an den holzgeschnitzten Vertäfelungen aus dem 17. Jh restauriert.

Hôtel de la Monnaie, ursprünglich »l'oustal dé lo Mounédo«, wie eine Inschrift auf der ehem. königlichen Münze bereits im 12. Jh. bekundete. Im 13. Jh. im gotischen Stil erbaut, mit doppelten Spitzbogen-Fenstern und einer offenen Galerie direkt unter dem Dach. Heute beherbergt es das Syndicat d'Initiative sowie das

Musée de Figeac. Im Erdgeschoß »Musée lapidaire« mit 124 Ausstellungsstücken aus gallo-römischer Zeit sowie aus der Zeit der Romanik, Gotik und Renaissance, Zeugnisse der Geschichte der Stadt und ihrer näheren Umgebung. Daneben eine Münzsammlung mit alten gallischen Münzen aus Afrika aus der Zeit 181 bis 148 v. Chr., römische Münzen sowie eine Sammlung französischer Münzen vom 11. Jh. bis heute; Münzen aus Italien, England, Rumänien, Griechenland und den Vereinigten Staaten sowie eine Münzserie, auf der politische Ereignisse von 1848 bis 1910 dargestellt sind. Ein Saal des Museums ist dem Früh-Historiker Maurice Reygasse gewidmet, der vor allem die Geschichte Nordafrikas und Algeriens erforschte, ein weiterer Saal dem Ägyptologen Jean-François Champollion, mit einer Kopie des berühmten Rosetta-Steins (Original im Britischen Museum, London), mit dessen Hilfe Champollion die Hieroglyphen entzifferte. – *Geöffnet:* 15. 6. bis 15. 9. täglich außer sonn- und feiertags 9.30 bis 12 Uhr und 14.30 bis 19 Uhr.

Eglise Notre Dame du Puy, ursprünglich romanische Kirche, im 14. und 17. Jh. stark umgebaut, im Innern Altar, 17. Jh., aus Nußbaumholz gearbeitet.

Altstadt, zwischen Eglise Saint Sauveur, Hôtel de la Monnaie und Eglise Notre Dame du Puy, mit schönen alten Häusern.

Aiguille de Cingle, 15 m hohe, schlanke Säule, südlich von Figeac an der N 122. Sie ist eine der vier Säulen, die im 13. Jh. den Bereich der Rechtsprechung der ehem. Benediktinerabtei markiert haben sollen. In dieses Gebiet hinein durften z. B. vermeintliche Straftäter nicht verfolgt werden.

Baden: Freibad.

Sport: Wassersport.

Ausflüge: **Rocamadour** (s. dort), 44 km nordwestlich, Wallfahrtsort, in der schmalen *Alzou-Schlucht* besonders malerisch gelegen. In der Umgebung Grottes de Lacave.

Cabrerets (s. dort), 45 km südwestlich, bekannt vor allem durch die **Grottes du Pech Merle.**

Villefranche de Rouergue (s. dort), 36 km südlich, mittelalterliche Stadt mit Befestigungsanlage und Karthäuserkloster Saint-Sauveur.

Peyrusse-le-Roc, 22 km südöstlich. Kleines Dorf mit mächtiger Wehranlage, 767 von Pippin dem Mittleren im Kampf um das damalige Aquitanien belagert. Tombeau du Roy, Mausoleum aus dem 14. Jh.; Notre Dame de Laval, Abteikirche, im 13. und 14. Jh. erbaut sowie Notre Dame de Pitié aus dem 15. Jh.

Grottes de Foissac, 20 km südlich. Prähistorische Höhle mit wunderschönen, in zarten Farben schillernden Steinformationen. Ca. 2000 Jahre v. Chr. diente sie den damaligen Menschen sowohl als Wohnstätte als auch als Nekropole, wie gut erhaltene, z. T. im Kalk eingeschlossene Skelettfunde beweisen. Daneben Spuren im ehemals weichen Kalkboden, verschiedene Werkzeuge und Gebrauchsgegenstände. – *Geöffnet:* 1. 6. bis 30. 9. täglich 10 bis 11.30 Uhr und 14 bis 18 Uhr; 1. bis 31. 10. und Ostern bis 31. 5. an Sonn- und Feiertagen nachmittags.

FLORAC

F-2. Dép. Lozère, 545 m, 2000 Einw. Kleinstadt am *Tarnon,* der unweit der Stadt in den *Tarn* mündet, am Rande des *Causse Méjean* und im Herzen des **Parc National des Cévennes** (s. dort) gelegen. Im Schloß von Florac hat die Verwaltung und Informationszentrale des Nationalparks ihren Sitz. Somit ist die Stadt idealer Ausgangspunkt für Ausflüge in die Cevennen und zu den **Gorges du Tarn.**

Auskunft: Syndicat d'Initiative, av. Jean Monestier, 48400 Florac, Tel. 66/45 01 14.

Verkehr: N 106 Mende–Alès. – Nächste Bahnstation Mende, 40 km.

Unterkunft.

Sehenswert: **Couvent de la Présentation,** ehem. Sitz des Templerordens, während des Krieges gegen die protestantischen Camisards Gerichtshof. Schöne Fassade und Eingangspforte von 1583.

Schloß aus dem 13. Jh., 1703 befestigt; heute Sitz der Verwaltung des Parc National des Cévennes.

Source du Pêcher, Quelle, am Fuße des Felsens von Rochefort.

Baden: Freibad.

Sport: Tennis, Reiten, Kanu- und Kajakfahren.

Ausflüge: **Parc National des Cévennes** (s. dort), vor allem zum **Mont Lozère,** 30 km nordöstlich, in die **Montagne du Bougès,** 25 km östlich und in die **Corniches des Cévennes.**

Die **Corniches des Cévennes** ziehen sich bis Saint-Jean-du-Gard über eine Strecke von ca. 60 km. Die landschaftlich überaus reizvolle und interessante Strecke beginnt beim *Col du Rey,* 12 km südlich. Über das Kalkplateau von La Can de l'Hospitalet zum *Col des Faïsses* und weiter durch den kleinen Ort L'Hospitalet. Von der Straße nach le Pompidou hat man einen herrlichen Blick auf den Mont Lozère und den kleinen Ort Barre-des-Cévennes im Norden sowie zum **Massif de l'Aigoual** (s. le Vigan, Ausflüge) im Südwesten. Le Pompidou zurücklassend erreicht man das Dorf Saint-Roman-de-Tousque und weiter den *Col de l'Exil,* der einen wunderschönen Blick auf die Cevennen und den Mont Lozère bietet. Von hier verläuft die Straße in Kehren hinunter nach Saint-Jean-du-Gard. Eine östliche Abzweigung von

Le Rey aus über Barre-des-Cévennes und **Plan de Fontmore** führt durch malerische Gegenden, in denen im 18. Jh. die protestantischen Camisards ihre Religion verteidigten, bis 1787 Ludwig XVI. ihnen mit dem »Toleranzedikt« erlaubte, einen Beruf auszuüben, sich zu verheiraten und Geburten registrieren zu lassen. Ein Denkmal zur Erinnerung an diese Zeit befindet sich in Plan de Fontmore.

Gorges du Tarn (s. dort), 62 km südwestlich bis Le Rozier. Die Gorges du Tarn sind eines der großartigsten Naturschauspiele der Causses (s. dort). Dem ganzen Flußbett entlang bis Le Rozier verläuft die Straße am rechten Flußufer und bietet immer wieder neue Ausblicke auf die wilde Schlucht des Tarn. Von Le Rozier zurück nach Florac durch die Gorges de la Jonte, über Meyrueis und weiter am südlichen Rand des Causse Méjean und dem Tarnon entlang, 56 km, Gesamtstrecke 160 km. Die Strecke führt zunächst nach

Sainte-Enimie, 27 km nordwestlich, einem terrassenförmig angelegten Weindorf an einer der engsten Stellen der Gorges du Tarn. Der Legende nach geht die Entstehung des Dorfes zurück auf die merowingische Prinzessin Enimie, Tochter von Clotar II. und Schwester von König Dagobert. Enimie, ein schönes junges Mädchen, hatte ihr Leben Gott geweiht. Der König jedoch wollte sie mit einem seiner Höflinge verheiraten und holte Enimie an den Hof zurück. Nun erkrankte sie an Lepra und um die Krankheit zu heilen, ging sie zu den Quellen von Bagnols-les-Bains. Hier erschien ihr ein Engel und wies ihr, weiterzugehen. Schließlich kam sie zur Fontaine de Burle, deren Wasser ihre Krankheit heilte. Auf dem Weg nach Hause brach die Krankheit wieder auf und Enimie kehrte zur Quelle zurück, wo sie wieder geheilt wurde. Dieses Wunder wiederholte sich mehrere Male, bis Enimie schließlich beschloß, sich an der Quelle niederzulassen und ein Kloster zu gründen, um das herum später das Dorf entstand. Vom Kloster besteht noch der romanische Kapitelsaal, umgeben von den Ruinen der ehem. Befestigungsanlagen. Hinter dem Kloster die Chapelle Sainte-Madeleine mit schönem romanischen Deckengewölbe. Unweit von hier die place au Beurre mit der halle au Blé, malerischer Platz mit der ehem. Kornwaage. Auf der anderen Seite des Platzes »le vieux logis«, kleines volkskundliches Museum über das Leben der Menschen in Sainte-Enimie in früheren Zeiten. Daneben Kirche aus dem 12. Jh. Am Dorfrand die Fontaine de Burle, an der das Mädchen Enimie geheilt wurde und etwas außerhalb des Dorfes, ca. 3 km nordwestlich, die Grotte Eremitage, wo Enimie sich zuerst niedergelassen und die heute noch bestehende Kapelle gebaut haben soll. Daneben der Croix de Saint-Jean, das Kreuz des hl. Johannes, von wo aus man einen herrlichen Blick auf das Dorf und die Gorges du Tarn hat.

Von Sainte-Enimie aus weiter entlang der Schlucht, 14 km südwestlich oder auf kleiner Straße über den *Causse Méjean,* 18 km südwestlich nach La Malène. Die Strecke über den Causse (s. dort) ermöglicht einen Abstecher nach **Anilhac,** wo sich in einem typischen Haus der Gegend ein kleines Museum mit Ausstellungen und Sammlungen vorgeschichtlicher und archäologischer Funde und Ausgrabungen aus dem Gebiet des Causse Méjean befindet. Über **La**

Malène mit romanischer Kirche aus dem 11. Jh. und schönen alten Häusern nach

Le Rozier, 22 km südwestlich. Das Dorf liegt am Zusammenfluß von *Tarn* und *Jonte, zu Füßen des Rocher de Capluc* und ist Ausgangspunkt für einen Wanderausflug zu den **Corniches du Causse Méjean** (s. Millau, Ausflüge). Nun weiter durch die *Gorges de la Jonte* bis nach

Meyrueis, 21 km östlich. Es empfiehlt sich hier eine Unterbrechung der Fahrt, um verschiedene Sehenswürdigkeiten in der Umgebung zu besichtigen.

Grotte de Dargilan, auch la Grotte rose genannt, 9 km westlich, Höhle mit mehreren Sälen, deren größter 142 m lang, 44 m breit und 35 m hoch ist. Von der salle de la Mosque mit Stalagmiten geht es hinunter zu den sogenannten Steinkaskaden und weiter in die salle du Lac und durch das sogenannte Labyrinth zur salle des Gours, durch die früher ein unterirdischer Fluß verlief. Mit der salle du Clocher ist die Besichtigung beendet; Dauer 1 Std. – *Geöffnet:* 1. Frühlingsferientag bis 30. 9. ganztägig; im Oktober täglich 14 bis 17 Uhr, im restlichen Jahr nach Vereinbarung mit: Monsieur le Directeur de Dargilan, 48150 Meyrueis, Tel. 66/45 60 20 und 45 64 35.

Aven Armand, 10 km nordwestlich, auf dem *Causse Méjean* (s. Causses) in einsamer und karger Landschaft gelegen. Mit einer elektrischen Seilbahn gelangt man 200 m tief in den sogenannten »Forêt Vierge«, eine Höhle mit ungefähr 400 bis 30 m hohen Stalagmiten, die ein beeindruckendes Ensemble bilden, einen »Traum aus 1001 Nacht«, wie der berühmte Höhlenforscher E. A. Martel es beschrieben hat. – *Geöffnet:* 1. Frühlingsferientag bis 30. 9. täglich 9 bis 12 Uhr und 13.30 bis 19 Uhr; Besichtigungsdauer 45 Min. Von Aven Armand zurück auf die D 996 in Richtung Florac, 35 km.

Mende (s. dort), 40 km nördlich, Kleinstadt am Lot mit mittelalterlichem Stadtkern und Kathedrale aus dem 14. Jh. Im Musée Ignon Fabre großartige Sammlung von Funden aus der Bronzezeit.

FONT-ROMEU

D/E-4. Dép. Pyrénées Orientales, 1800 m, 3100 Einw. Einer der führenden Luftkur- und Wintersportorte der Pyrenäen, der um 1920 eigens für den Wintertourismus errichtet wurde. Er liegt in der Hochebene der *Cerdagne,* dem Gebiet eines einstigen Gletschersees, das nördlich vom Bergmassiv des *Carlit,* 2921 m, südlich von der *Puigmal-Kette,* 2909 m, östlich vom *Col de la Perche,* 1579 m, und westlich vom *Vallée de Carol* begrenzt wird. Die Geschichte der Cerdegne ist eng mit der Spaniens verknüpft (s. Perpignan, Geschichte), dem es zusammen mit dem Roussillon bis 1659 angehörte.

Auskunft: Office Municipal du Tourisme, av. E.-Brousse, 66210 Font-Romeu, Tel. 68/30 02 74.

Verkehr: N 116/D 618 Perpignan – spanische Grenze. – Bahnstation.

Unterkunft.

Sehenswert: **Eremitage »Vierge de l'Invention«,** Wallfahrtsort, 1,5 km östlich, mit Madonnen-Statue, die der Legende nach von einem Stier im Boden gefunden wurde. Kapelle aus dem 17. und 18. Jh., über der Wunderquelle erbaut. Im Innern schöner Altaraufbau von dem katalanischen Bildhauer Joseph Sunyer aus dem Jahre 1707, mit der Statue der Muttergottes von Font-Romeu aus dem 12. Jh. Alljährlich am 8. September wird die Muttergottes Statue in einer Prozession nach Odeillo gebracht, wo sie bis zum Dreifaltigkeitsfest bleibt. In dieser Zeit wird im Altar der Kapelle von Font-Romeu die Muttergottes-Statue »Vierge du Camaril« aufgestellt. In der Predella ist in drei Szenen die Entdeckung der Jungfrau-Statue dargestellt. Hinter dem Alter führt eine Treppe in einen kleinen Raum, den sogenannten »Empfangsraum der Jungfrau«, im typisch spanischen Stil gestaltet, das wichtigste und bedeutendste Werk Sunyers. Über dem Altar mit Tafelbildern Christus mit der Jungfrau und dem hl. Johannes zu beiden Seiten. Zwei Medaillons zeigen die »Darstellung Jesu im Tempel« sowie die »Flucht nach Ägypten«. Östlich von der Kapelle führt ein Kreuzweg auf einen Hügel, von dem aus man einen herrlichen Blick über die Cerdegne hat.

Odeillo, 1,5 km westlich, mit kleiner Kirche, Zielpunkt der Prozession von Font-Romeu. Im Ort Sonnenkollektor mit 63 Spiegeln, die die Sonne auf einen 1800 qm großen Parabolspiegel reflektieren; Besichtigung nicht möglich.

Baden: Schwimmbad.

Sport: Tennis, Reiten, Boule, Bergsteigen, Angeln.

Wintersport: 30 km Skipiste mit 8 Liftstationen sowie 68 km Langlaufloipe.

Veranstaltungen: Wallfahrten am 8. September, am 3. Sonntag nach Pfingsten und am 15. August.

Wanderungen: **Pic des Mauroux,** 2137 m, 15 km nordwestlich. – **Roc de la Calme,** 2204 m, 10 km nördlich. – **Col de Pam,** 2005 m, 6 km nordöst-

lich. – **Forêt de Barrés,** 12 km nordöstlich.

Ausflüge: **Mont-Louis,** 9 km östlich,
Erholungs- und Wintersportort mit
Wallmauern und Zitadelle aus dem
17. Jh., in dem heute ein sogenannter »Sonnenofen« steht. Kirche von
1736 mit schönem Holz-Christus aus
dem 16. Jh. sowie innerhalb der Zita-
delite Kapelle von 1678.

Von Mont-Louis weiter über **La Ca-
banasse,** 2 km südlich, nach **Saint-
Pierre-dels-Forcats,** 2 km südlich,
und nach **Planes,** 3 km südöstlich,
schön gelegener Ort mit alter Kirche.

Lac des Bouillouses, 23 km nördlich,
über Mont-Louis und durch den **Forrêt de Barrés.** Stausee des *Têt,* in
schöner Berglandschaft gelegen.
Von hier Wanderung zum **Pic Carlit,**
2921 m.

Aude-Tal, 30 km nordöstlich, über
Mont-Louis und **La Llagonne,** 12 km
nordöstlich, mit befestigter Kirche
und mittelalterlichem Turm. Landschaftlich schöne Strecke vorbei am
Col de la Llose, 1866 m, und dem *Col
de Quillane,* 1714 m, zum **Lac de
Matemale** und dem Dörfchen Matemale, 8 km nördlich. Von hier weiter
nach **Formiguères,** 4 km nördlich,
und bis nach **Puyvaladet,** 6 km nördlich.

Gorges du Sègre, 21 km südlich,
Flußtal des *Sègre,* der in den Pyrenä-
en entspringt.

Col de Pradelles, 1999 m, 35 km
südwestlich, über Bourg-Madame an
der spanischen Grenze.

Porté-Puymorens, 43 km nordwestlich, Wintersportort zu Füßen des *Col
de Puymorens,* 1625 m hoch gelegen. Von acht Liftstationen aus führen Lifte zu insgesamt 150 km Skipiste; Berghotels sowie Unterkunftsmöglichkeiten im Dorf Porté.

Prades (s. dort), 45 km östlich, Kleinstadt im *Têt*-Tal, zu Füßen des *Mont
Canigou* gelegen, Ausgangspunkt
für interessante Ausflüge in die Umgebung.

GAILLAC

D-3. Dép. Tarn, 143 m, 11 000 Einw.
Am *Tarn* gelegenes Städtchen gallo-
römischen Ursprungs, in einem der
ältesten Weinanbaugebieten Frankreichs. Hier werden alljährlich bis zu
1,2 Mio. hl Wein produziert, von denen ca. 40 000 hl Weißwein und
ebensoviel Rotwein, z. T. als Primeur,
mit dem Prädikat »Appelation d'Ori-
gine Contrôllée (AOC) in den Handel
kommen.

Auskunft: Syndicat d'Initiative, pl. de
la Libération, 81600 Gaillac, Tel. 63/
57 14 65.

Verkehr: N 88 Toulouse–Albi, Endpunkt der D 999 von Montauban und
der D 922 von Villefranche-de-Rouergue. – Bahnstation.

Unterkunft.

Geschichte: Gaillac, gallo-römischen
Ursprungs, wurde 654 zum ersten
Mal historisch belegt. 814 gründete
Pippin I., König von Aquitanien, hier
ein Benediktinerkloster, das, von den
Normannen zerstört, im 10. Jh.
wiedererrichtet und unter das Patronat des hl. Michael gestellt wurde. Im
Schutze des Klosters erlangte der Ort
rasch Bedeutung. Im 13. Jh. teilten
sich der Graf von Toulouse und der
Abt von Sankt Michael die Lehens-
herrschaft über Gaillac. Sie schafften
die Leibeigenschaft ab und statteten
den Ort mit Privilegien aus. Vom
Kreuzzug gegen die Albigenser (s.
Albi, Geschichte) verschont, wurde
die Stadt im Krieg gegen England
jedoch stark getroffen und verlor zudem durch die Pest die Hälfte ihrer

Bevölkerung. Anfang des 16. Jh. wurde Gaillac erneut durch eine Pestepidemie sowie durch Hungersnöte heimgesucht und nun auch in die französischen Religionskriege mit hineingezogen. Erst im 17. Jh. erlebte die Stadt wieder eine Blütezeit, die trotz der Revolutionswirren von 1789 ungebrochen durch die Jahrhunderte anhielt.

Sehenswert: **Eglise Saint-Michel,** im 10. Jh. von Benediktinern, zusammen mit einem Kloster errichtet. Die Kirche mit ihrem niedrigen Glockenturm weist eines der schönsten Kirchenschiffe der Albi-Region auf. Im Innern eine Holzstatue der hl. Jungfrau mit dem Kind aus dem 14. Jh.

Parc de Foucaud, italienisch anmutender Park, von Le Nôtre angelegt, mit zur Tarn hin abfallenden Terrassen. Im Park ehem. **Schloß** der Familie de Faucaud d'Alzon, 1647 erbaut, heute **Museum** mit Sammlungen zur Geschichte der Stadt sowie Gemäldesammlungen. – Geöffnet: 1. 4. bis 31. 10. täglich außer dienstags 15 bis 18 Uhr; 1.11. bis 31. 3. mittwochs und sonntags 15 bis 18 Uhr.

Musée de la Tour Pierre de Brens, Turmmuseum Pierre de Brens. In einem turmartigen Backsteingebäude aus dem 15. Jh. bieten sich dem Besucher Ausstellungen zur Geschichte des Handwerks, des Weinanbaus sowie Dokumentationen zum Leben der Bevölkerung Gaillacs in früheren Jahrhunderten dar. – Geöffnet: Mai bis Oktober, täglich außer sonntags bis 16 Uhr.

Musée d'Histoire Naturelle, nach seinem Gründer auch Musée Philadelphe Thomas genannt, Mitte des 19. Jh. eingerichtet. Thomas, 1826 in Gaillac geboren, von Beruf eigentlich Arzt, widmete sich sehr bald nur noch dem Weinanbau sowie dem guten Ruf seines Weinkellers. Nebenbei trug er eine ganze Reihe archäologischer und mineralogischer Funde zusammen und vereinigte sie in einem Museum, das er nach seinem Tode 1912 testamentarisch der Stadt vermachte. – Geöffnet: Im Sommer täglich 14 bis 17 Uhr, im Winter donnerstags und sonntags 14 bis 16 Uhr.

Fonaine du Griffon, alter Brunnen, der bereits 1510 das erste Mal instand gesetzt wurde, mit verschiedenen Bronzeskulpturen geschmückt.

Baden: Schwimmbad.

Sport: Tennis.

Ausflüge: **Château du Cayla,** 15 km nördlich, Wohnsitz des Romantikers Maurice de Guérin (1810–1839) und seiner Schwester Eugénie, heute Museum mit Erinnerungsstücken an den Dichter: – Geöffnet: täglich außer freitags.

Lisle sur Tarn, 9 km südöstlich, Kleinstadt am Tarn, die die Bauweise des 13. Jh. noch deutlich erkennen läßt. Reizvolle alte Häuser sowie gotische Kirche aus dem 13. Jh. und einem Glockenturm in typischer Toulouser Bauweise aus dem 14. Jh. Weiter zum

Château de Saint-Géry, 4 km südöstlich, aus dem 17. und 18. Jh. mit reicher Innenausstattung. Von hier nach

Rabastens, 5 km südöstlich, Kleinstadt am rechten Ufer des Tarn mit Eglise Notre Dame du Bourg aus dem 13 und 14. Jh. mit stattlichem, befestigtem Glockenturm und spätromanischem Portal. Im Kirchenschiff Malereien aus dem 14. Jh. Von der Tarnbrücke aus bietet sich ein schöner Blick auf die Stadt und ihre alten Gebäude.

Saint-Sulpice, 8 km weiter südöstlich, mittelalterliches Städtchen mit den Ruinen des mittelalterlichen Castella sowie reizvoller Kirche mit drei Glockentürmen. Zurück nach Gaillac, 25 km.

Cordes (s. dort), 24 km nördlich, auf einem Hügel gelegener kleiner Ort mit beeindruckenden Zeugnissen seiner mittelalterlichen Vergangenheit, u. a. Festungsanlagen aus dem 13. Jh. und Markthallen aus dem 14. Jh.

Albi (s. dort), 22 km östlich, historisch interessante Stadt am *Tarn* mit Kathedrale Sainte-Cécile und Toulouse-Lautrec-Museum.

GAVARNIE

B/C-4. Dép. Hautes-Pyrénées, 1357 m, 160 Einw. Wintersportzentrum im **Parc National des Pyrénées** (s. dort), Ausgangspunkt für Bergtouren in den Pyrenäen.

Auskunft: Syndicat d'Initiative, 65120 Gavarnie, Tel. 62/92 48 26.
Verkehr: N 21/D 921 von Tarbes. – Nächste Bahnstation Argèles–Gazost, 38 km nördlich.

Unterkunft.

Sehenswert: **Kirche** aus dem 14. Jh., im Innern drei vergoldete Holzskulpturen aus dem 17. Jh., den hl. Johannes den Täufer, die hl. Jungfrau und den hl. Joseph darstellend. Links vom Hauptaltar in einer Seitenkapelle Statue Notre-Dame-du-Bon-Port aus dem 14. Jh.

Wintersport: Ski-alpine, Langlauf, Skiwanderungen.

Ausflüge: **Luz-Saint-Sauveur,** 20 km nordöstlich durch das Tal der *Gavarnie,* landschaftlich reizvolle Strecke über **Gèdre,** 9 km nordöstlich, kleines Dorf am Eingang zum Tal des *Gave de Héas* gelegen. Luz-Saint-Sauveur ist Ferienort und Heilbad mit dem Ortsteil Saint-Sauveur lesBains, vor einer reizvollen Bergkulisse an den Ufern des *Gave de Pau* gelegen. Im Ort befestigte Kirche aus dem 12. Jh., im 14. Jh. mit einer mächtigen Wehrmauer, von einem Turm überragt, umgeben. Im Innern, in der Chapelle Notre-Dame-de-la-Pitié, sakrale Kunstgegenstände sowie im Arsenal-Turm kleines heimatkundliches Museum.

Cirque de Troumouse, 24 km östlich über Gèdre und durch das Tal des *Gave de Héas,* bis auf 2138 m.

Cirque de Gavarnie, 1½ Std. zu Fuß oder mit dem Pferd von Gavarnie aus, Pferde können hier gemietet werden. Über den Cirque schrieb Victor Hugo: »Das ist ein Berg und eine Mauer zugleich; das ist das geheimnisvollste Gebäude des geheimnisvollsten Architekten; das ist ein Kolosseum der Natur.« Der von rund 1700 m hohen, schneebedeckten und von Gletschereis überzogenen Felswänden eingerahmte gewaltige Kessel hat eine Länge von 3,5 km, mit einer Kammlinie von 14 km, und ist am eindrucksvollsten vom **Pic de Mourgat,** Aufstieg ca. 2 Std., aus zu überblicken. Einen grandiosen Anblick bietet die **Grande Cascade,** ein Wasserfall mit über 440 m Fallhöhe. Vom Cirque de Gavarnie geht ein Pfad zur sogenannten Rolandsbresche, der **Brèche de Roland,** 2804 m, einem Felseinschnitt, den der Sage nach Roland mit seinem Schwert Durandel geschlagen haben soll.

Pic de Tantes, 2322 m, 13 km südlich, mit dem Auto oder zu Fuß zu erreichen, herrlicher Blick über die Pyrenäen.

GORGES DE L'ARDÈCHE

Der Fluß Ardèche, der dem Département seinen Namen gab, entspringt im Forêt de Mazan südlich des Gerbier de Jonc in fast 1500 m Höhe. Nach einem sehr windungsreichen Lauf von etwa 12 km Länge durch die östlichen Ausläufer des Zentralmassivs, das Bas Vivarais, mündet er bei **Pont-Saint-Esprit** (s. dort) in die Rhône.

Die **Gorges de l'Ardèche** sind tief in die Kalkfelsen eingeschnittene Schluchten, die sich über knapp 40 km von **Vallon-Pont-d'Arc** bis **Saint-Martin-d'Ardèche** erstrecken. Eine großartige Aussichtsstraße, die *Corniche de l'Ardèche,* zieht teils am Fluß, vor allem aber hoch über dem nördlichen Ufer hin und gewährt zahlreiche überwältigende Ausblicke. – Den Eingang in die Schlucht bildet die **Pont d'Arc,** ein gewaltiges natürliches Felsentor. Die D 290 verläuft zunächst am linken Ufer des Flusses entlang, steigt dann steil an und erreicht den Belvédère du Serre de Tourre und die Belvédères de Gaud. Nun stets kurvenreich über dem Fluß entlang, der sich bis zu 300 m in das zerklüftete Massiv eingegraben hat. Vom **Belvédère de la Madeleine,** auch **Belvédères de la Haute Corniche** genannt, hat man den wohl eindrucksvollsten Blick in die Gorges. Unterhalb die Grotte de la Madeleine, Abstieg von einem Parkplatz. Auf die D 290 zurück und weiter zum Cirque de la Madeleine und einer Reihe weiterer eindrucksvoller Aussichtspunkte. Bei Saint-Martin-d'Ardèche öffnet sich das Tal zur Rhône hin.

Sehr beliebt sind Fahrten mit dem Faltboot oder Kajak, auch mit einem zu mietenden Kahn (Dauer 5–7 Std.) von Vallon-Pont-d'Arc aus. Zahlreiche Campingplätze befinden sich am Mittellauf des Flusses und in der Schlucht selbst. Weit verbreitet ist der Fischfang in der Ardèche.

Südlich der Gorges de l'Ardèche liegt der

Aven d'Orgnac, eine der interessantesten Tropfsteinhöhlen mit riesigen Sälen und großartigen Tropfsteinformationen. Ein Teil der Höhle ist für Besucher zugänglich gemacht, u. a. ein Saal mit einer Länge von 250 m, einer Breite von 125 m und einer Höhe zwischen 17 und 40 m. Von diesem gelangt man zur salle du chaos und über eine Treppe in die 1. salle rouge mit Aussichtspunkt und weiter in die 2. salle rouge, in der die Versteinerungen durch unterschiedliche Lichtquellen angestrahlt werden. – *Geöffnet:* im Sommer täglich 9 bis 11.30 Uhr und 14 bis 17.45 Uhr, außerhalb der Saison nur bis 16.45 Uhr; vom 30. 11. bis 1. 3. geschlossen.

Auskunft: Syndicat d'Initiative Régional des Gorges de l'Ardèche, 07150 Vallon-Pont-d'Arc, Tel. 75/37 04 01.

GORGES DU TARN

Gut 70 km langes Flußbett der Tarn zwischen Florac und Millau in den *Causses* (s. dort), den Kalkplateaus westlich der *Cevennen,* eines der landschaftlich eindruckvollsten Gebiete Frankreichs. Die Gorges, die Schluchten, erreichen zwischen Ispagnac und Le Rozier eine Tiefe bis zu 600 m, wobei der landschaftlich schönste Abschnitt bei Sainte-Enimie beginnt und bis Le Rozier führt. Das Tarntal wird auf dieser Strecke von der D 907 erschlossen, die von Florac über Ispagnac, Molines, Sainte-Enimie, La Malène und Le Rozier

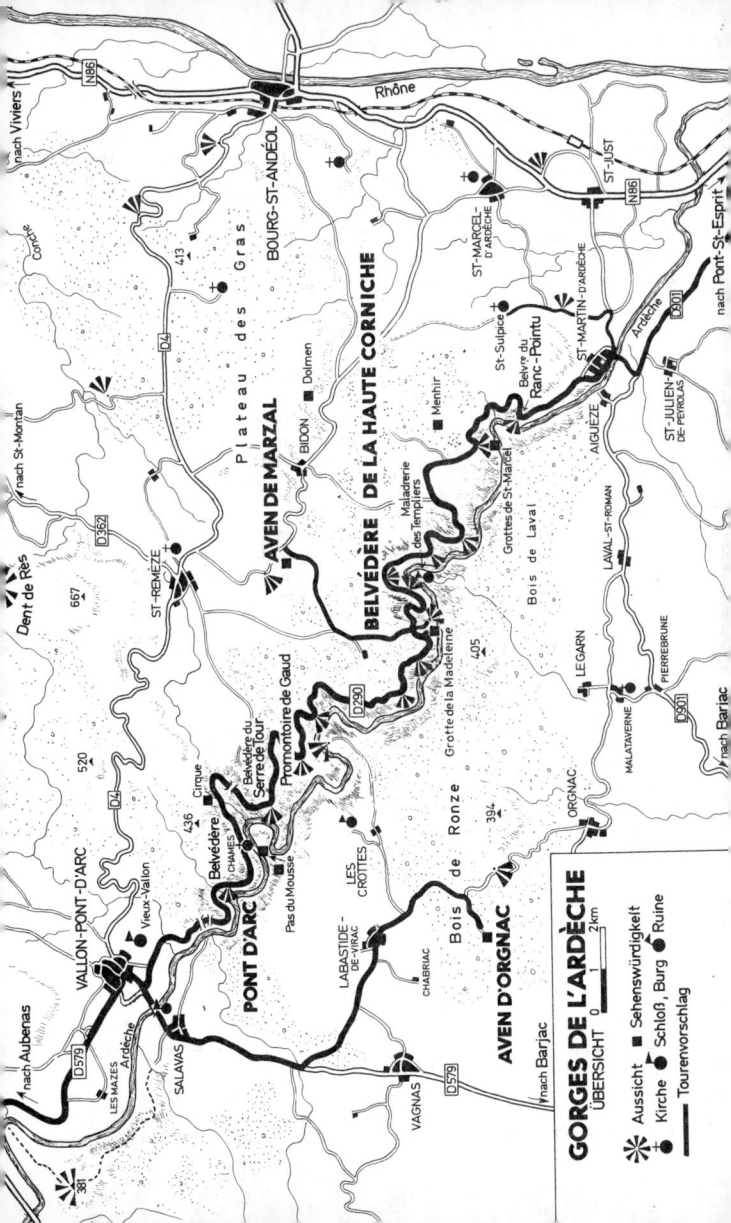

GORGES DE L'ARDÈCHE

ÜBERSICHT   0   1   2 km

* Aussicht   ■ Sehenswürdigkeit
\+ Kirche   ● Schloß, Burg   ● Ruine
— Tourenvorschlag

nach Viviers
Rhône
BOURG-ST-ANDÉOL
ST-JUST
N86
ST-MARCEL-D'ARDÈCHE
ST-MARTIN-D'ARDÈCHE
nach Pont-St-Esprit
D901
ST-JULIEN-DE-PEYROLAS
Ardèche
AIGUÈZE
St-Sulpice
Belvre du Ranc-Pointu
Corniche
413
Plateau des Gras
BIDON
Dolmen
Menhir
Maladerie des Templiers
AVEN DE MARZAL
BELVÉDÈRE DE LA HAUTE CORNICHE
Grottes de St-Marcel
Bois de Laval
LAVAL-ST-ROMAN
PIERREBRUNE
D901
nach Barjac
LE GARN
MALATAVERNE
405
Grotte de la Madeleine
nach St-Montan
D4
ST-REMÈZE
D362
667
Dent de Rès
520
Belvédère du Serre de Tour
Promontoire de Gaud
D290
Grotte de la Madeleine
394
Bois de Ronze
ORGNAC
AVEN D'ORGNAC
436
Cirque
Belvédère
CHAMES
Pas du Mousse
LES CROTTES
LABASTIDE-DE-VIRAC
CHABRIAC
VAGNAS
D579
nach Barjac
PONT D'ARC
VALLON-PONT-D'ARC
Vieux-Vallon
nach Aubenas
D579
LES MAZES
Ardèche
SALAVAS
381

nach Millau führt, an vielen kleinen Ortschaften vorbei, die z. T. reizvolle Sehenswürdigkeiten bieten. Als Ausgangspunkt für einen Ausflug zu den Gorges du Tarn empfehlen sich **Millau** und **Florac** (s. jeweils dort). Bootsfahrten auf dem Tarn sind ab La Malène bis zum Cirque des Baumes möglich. Für Wanderer bietet sich die Möglichkeit einer ca. 4- bis 5-tägigen Tour von Les Vignes bis Florac. Der nicht markierte, aber gut ausgetretene Weg verläuft durchwegs auf dem linken Tarnufer und führt durch weitgehend unberührte Natur mit ständigem Blick auf die Schluchten. Als Tagesetappen eignen sich Les Vignes, La Malène, Sainte-Enimie, Quezac und Florac. Nähere Auskünfte über den Wegverlauf erteilen die örtlichen Fremdenverkehrsämter.

GOURDON

D-2. Dép. Lot, 256 m, 4200 Einw. Hauptstadt der *Bouriane,* zwischen dem *Quercy* und dem *Périgord* auf einem Hügel gelegener Ort mittelalterlichen Charakters mit zahlreichen Sehenswürdigkeiten in nächster Umgebung.

Auskunft: Office de Tourisme, Allées Républiques, 46300 Gourdon, Tel. 65/41 06 40.
Verkehr: Kreuzungspunkt der D 673 von Rocamadour und der D 704 von Sarlat-la-Canéda. – Bahnstation.

Unterkunft.

Sehenswert: **Eglise Saint-Pierre,** 1302 bis 1510 erbaut, gehörte zeitweise zur Abtei von Vigan. Die gotische Kirche, eine der schönsten im Quercy, liegt im Zentrum der Stadt. Der Chor ist von mächtigen Strebepfeilern, das schön gestaltete Westportal von zwei, in ihrer Bauweise unterschiedlichen Türmen flankiert. Über der großen Rosette eine Reihe von Pechnasen, Zeugen der mittelalterlichen Schutz- und Wehrfunktion der Kirche. Im Innern besticht vor allem das Kirchenschiff mit seinem mächtigen Spitzbogengewölbe. Geschnitzte Holztafeln aus dem 17. Jh., bemalt und vergoldet, schmücken den Chor und das rechte Querschiff.

Chapelle des Cordeliers, 1287 im klaren Stil der frühen Gotik erbaut. Im Innern schönes Taufbecken aus dem 14. Jh. mit einer Darstellung des Christkönigs mit den 12 Aposteln. In der Apsis Kirchenfenster aus dem 19. Jh.

Eglise de Saint-Siméon, ehem. Kapelle des Hospizes von Gourdon. In der Kirche schöner Holzstuhl mit einem Samson, wahrscheinlich um 1691 in der Werkstatt von Tourniers gearbeitet.

Notre-Dame-des-Neiges, Kapelle, etwas außerhalb des Ortes gelegen, zwischen dem 14. und 17. Jh. erbaut. Im Innern Altar von 1698 mit einer Steinstatue der hl. Jungfrau aus dem 18. Jh.

Malerische **alte Häuser** aus dem Mittelalter und der Zeit der Renaissance in der *rue du Majou* und der *rue Zig-Zag;* **Maison du Sénéchal** sowie **Maison Cavaignac** mit geschnitzter Holztüre aus dem 15. Jh. und **Hôtel de Ville** aus dem 17. Jh.

Baden: Freibad.

Sport: Angeln, Tennis.

Veranstaltungen: Rencontres Estivales, Musikfestival, alljährlich im Juli und August.

Ausflüge: **Grottes de Cougnac,** 3 km nördlich. Die Höhlen von Cougnac gehören zu den bedeutendsten und

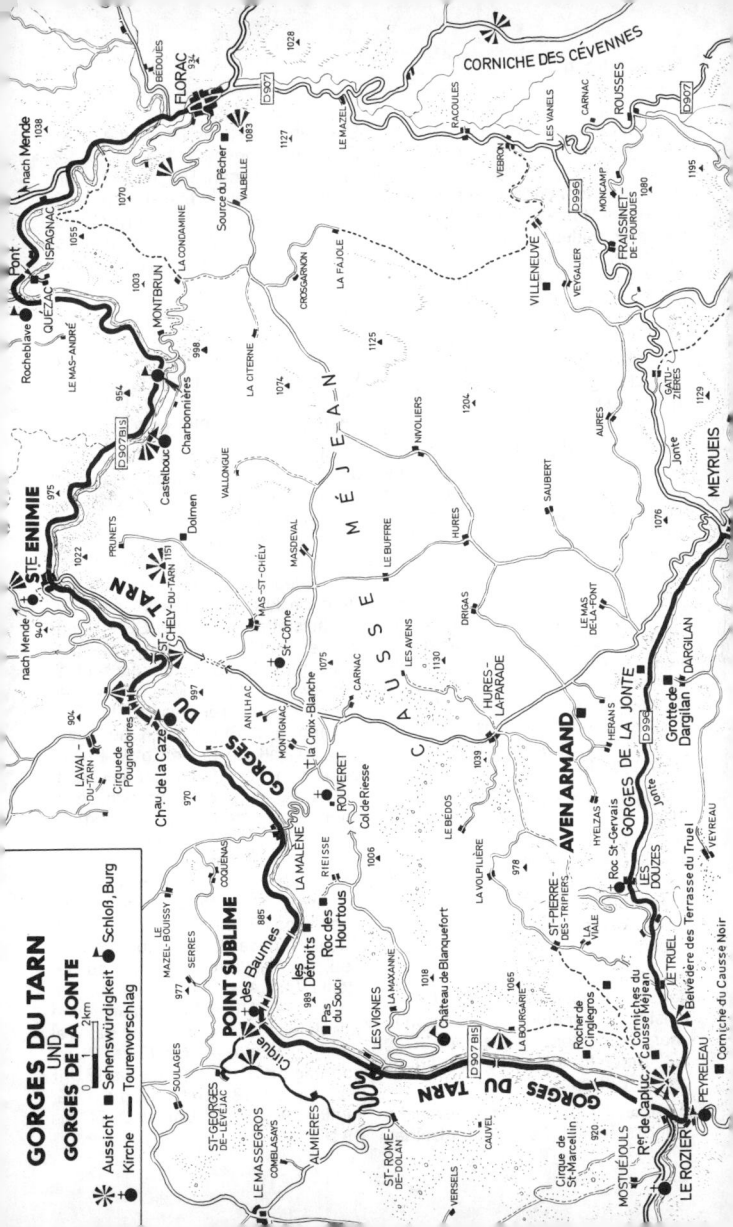

prähistorisch wichtigsten Zeugnissen Westeuropas. Die gesamte Anlage besteht aus zwei Höhlen, die etwa 200 m voneinander entfernt liegen. In der ersten Höhle, bestehend aus drei kleineren Sälen, eröffnet sich dem Besucher von der Decke herab ein dichtes und z. T. fein gestaltetes Meer von Stalaktiten. Die zweite Höhle besteht aus zwei Sälen, der »salle des Colonnes« und der »salle des Peintures préhistoriques«. In der »salle des Colonnes« erstrecken sich die Stalaktiten von der Decke herab bis zum Boden, was der Höhle einen besonders eigenartigen Charakter verleiht. Die »salle des Peintures préhistoriques« ist die hervorstechendste und bedeutendste dieser Höhlen. Sie zeigt neben bizarren Tropfsteinformationen Felsenzeichnungen aus der Zeit des Aurignac-Menschen (ca. 30 000 bis 16 000 v. Chr.). Diese Zeichnungen sind in den Farbtönen schwarz und ocker gehalten und stellen Hirsche, Elefanten und menschliche Wesen dar. – *Geöffnet:* Palmsonntag bis 30. 6. und 21. 9. bis Allerheiligen täglich 9 bis 11 Uhr und 14 bis 17 Uhr; 1. 7. bis 20. 9. täglich 9 bis 18.30 Uhr.

Le Vigan, 5 km östlich, Abtei aus dem 11. Jh., im 14. Jh. Domherrenstift. An der Stirnseite der gotischen Kirche ein mächtiger Turm, der den Mittelteil des Querschiffs umfaßt. Das Kirchenschiff im Innern ist von einem schönen Spitzbogengewölbe überzogen.

Salviac, 14 km südwestlich. Im Ort gotische Kirche. In vier der Kirchenfenster Fragmente der ursprünglichen Glasmalereien aus dem 14. Jh. mit Darstellungen des Martyriums des hl. Eutrope.

Domme, 25 km nordwestlich. Alte Festungsstadt im *Périgord,* auf einem Steilhang über der *Dordogne,* in einem der schönsten Abschnitte des Flußtales gelegen. Untypisch für die normalerweise rechteckig angelegten Festungen hat die von Domme, entsprechend der vorgegebenen Bedingungen des Geländes, die Form eines Trapezes.

Alte Häuser aus schönen, ockerfarbenen Steinen mit Balkonen und Außentreppen, an denen Blumen und Weinreben hochranken, prägen das Ortsbild. Vom Zentrum des Ortes aus gelangt man hinunter in die

Höhlen von Domme, ein System von 450 m Länge mit kleinen Räumen, die z. T. durch niedrige Durchgänge voneinander getrennt sind. Diese Höhlen dienten den Einwohnern von Domme während des Hundertjährigen Krieges und der französischen Religionskriege oftmals als Zufluchtsstätte. In einigen Sälen »regnet« es förmlich sehr dünne Stalaktiten von der Decke herab, die scherzhafterweise auch »Makkaroni« genannt werden. Teilweise treffen Stalaktiten und Stalagmiten aufeinander, so daß sie Säulen bzw. Pfeiler bilden. In der »Salle Rouge«, dem »roten Saal«, bietet sich dem Besucher eine besondere Attraktion: dunkles Licht läßt die ockerfarbenen und weißen Versteinerungen besonders schön und wirkungsvoll erscheinen. Skelettfragmente von Bisons und Rhinozerossen, die bei Ausgrabungsarbeiten gefunden wurden, sind an ihrem Fundort ausgestellt. Vom Ausgang der Grotte, am Rande der Altstadt, hat man einen wunderschönen Blick über das Tal der Dordogne. – *Geöffnet:* Palmsonntag bis 31. 5. täglich 9 bis 12 Uhr und 14 bis 18 Uhr; 1. 6. bis 15. 9. täglich 9 bis 12 Uhr und 14 bis 19 Uhr.

HENDAYE

A-3. Dép. Pyrénées-Atlantiques,
11 000 Einw. Grenzort zu Spanien,
am Fluß *Bidassoa* mit der île des
Faisans, der Fasaneninsel, in herrlicher Landschaft zwischen dem Atlantik und den Pyrenäen gelegen.
Das Stadtbild wird geprägt von der
Vielfalt der Vegetation, entlang den
Straßen und in den Gärten wachsen
Palmen, Magnolien, Eukalyptus, Mi-
mosen, Lorbeerbäume und Tama-
risken.

Auskunft: Office de Tourisme, 12, rue
des Aubépines, 64700 Hendaye, Tel.
59/20 00 34.

Verkehr: Autobahn A 63 Bayonne –
spanische Grenze. N 10 Bayonne –
spanische Grenze. – Bahnstation.

Unterkunft.

Geschichte: Die Fasaneninsel, in der
Mitte der Bidassoa gelegen, ist heute
nur noch ein Landflecken, der durch
die Wogen und Fluten des Flusses
schweren Schaden genommen hat.
Die Insel weckt kaum noch Erinnerungen an die historischen Ereignisse, die sich hier abspielten. Im Jahre
1463 traf Ludwig IX. auf der Fasaneninsel Heinrich IV., König von Kasti-
lien; 1526 wurde hier François I., der
bei Pavia von den Spaniern gefan-
gengenommen worden war, gegen
seine beiden Söhne als Geiseln aus-
getauscht; 1615 feierte man hier die
Verlobung mit Elisabeth, Schwester
Ludwigs XIII., mit dem späteren Philip IV. von Spanien sowie gleichzeitig
die Verlobung Ludwigs XIII. mit Anna
von Österreich, der Schwester des
spanischen Infanten Philip, und
schließlich erinnert ein Denkmal auf
der Insel an die Unterzeichnung der
Pyrenäen-Verträge zwischen Spanien und Frankreich im Jahre 1659.
Nur ein Jahr später, im Jahre 1660,
war die Insel Schauplatz eines für die
damalige Zeit weltpolitischen Ereignisses ersten Ranges. Ludwig XIV.
und Marie-Thérèse, Tochter Philips
IV. von Spanien, unterzeichneten
hier, während einer vom 3. bis zum 7.
Juni dauernden festlichen Zeremonie ihren Ehevertrag (s. Saint-Jean-
de-Luz, Geschichte). Als 1856 erneut
in einem Vertrag der Grenzverlauf
zwischen Spanien und Frankreich
geregelt wurde, erhielten Spanien
und Frankreich von einer internationalen Kommission abwechselnd das
Recht auf Fischfang im Fluß Bidassoa zugesprochen. Entsprechend
dieser Regelung wird die Fasaneninsel seit 1901 ebenfalls abwechselnd
von Spanien und Frankreich verwal-
tet, und zwar jeweils vom 1. August
bis 31. Januar von Frankreich und
jeweils vom 1. Februar bis 31. Juli
von Spanien.

Sehenswert: **Eglise Saint-Vincent,**
große Kirche im baskischen Baustil
aus dem 16. und 17. Jh. Im Innern
Taufbecken aus dem 17. Jh., romanischer Weihwasserkessel mit baski-
schem Kreuz sowie einer »Mariä Verkündigung« über der Orgel. Über der
Chapelle Saint-Sacrément ein großartiges Kruzifix, ein beeindruckendes
Werk der Romanik aus dem 13. Jh.

Baden: 3 km flacher Sandstrand.

Sport: Wassersport, Tennis, Reiten.

Ausflüge: **Saint-Jean-de-Luz** (s.
dort), 11 km nördlich, mit Eglise
Saint-Jean-Baptiste, der größten und
bedeutendsten Kirche des Baskenlandes. Maison Louis XIV., elegantes
Wohnhaus aus dem 17. Jh., Residenz
Ludwigs XIV. während der Hochzeitsfeierlichkeiten im Jahre 1660.
Von Saint-Jean-de-Luz Rundfahrt
durch das Landesinnere über **Ascain
– Ainhoa – Cambo-les-Bains – Hasparren – Grottes d'Insturits et**

d'Oxocelhaya und über **Bayonne – Biarritz – Bidart** und **Guéthary** entlang der baskischen Atlantikküste zurück, 120 km (s. Saint-Jean-de-Luz, Ausflüge).

Biarritz (s. dort), 23 km nördlich, mondäner Badeort mit sehenswertem Musée de la Mer, Dokumentationen zur Flora und Fauna im Atlantik.

Bayonne (s. dort), 29 km nordöstlich, mit schöner Altstadt sowie dem interessanten Musée Bonnat und dem Musée basque.

LAMALOU-LES-BAINS

F-3. Dép. Hérault, 200 m, 2800 Einw. Thermalbad, am Rande des **Parc Régional du Haut Languedoc** (s. dort), in den südlichen *Cevennen* gelegen. Schon im 11. und 12. Jh. war die heilende Wirkung der Quellen von Lamalou bekannt. Seine Blütezeit erlebte der Kurort Ende des 19. Jh., als sich so berühmte Leute wie die Schriftsteller André Gide und Alphonse Daudet hier aufhielten.

Auskunft: Office de Tourisme, av. Charcot, 34240 Lamalou-les-Bains, Tel.: 67/95 64 17.
Verkehr: D 908 Saint-Pons–Hérépian. – Bahnstation.

Unterkunft.

Heilanzeigen: Erkrankungen des Bewegungsapparates, der Nerven sowie rheumatische und Ischiaserkrankungen.

Kurmittel: Arsen-, natrium- und eisenhaltige Quellen, 16° bis 51°C.

Kurzeit: ganzjährig.

Baden: Schwimmbad.

Sport: Tennis, Boule, Behindertensport.

Spaziergänge: **Eglise de Rhédes,** 1 km südwestlich, Schlüssel im Rat-

haus von Lamalou. Ehem. Klosterkapelle aus dem 11. Jh. mit Bogenverzierungen an der Apsis im lombardischen Stil sowie einer eigentümlich anmutenden Steinskulptur, eventuell einen Pilger mit Bündel und Stab darstellend, denn hier führte der Pilgerweg nach Santiago de Compostela vorbei. Im Innern ist die Kirche sehr schlicht und sparsam ausgestattet. Ein Steinsims, für die Kirchen dieser Region typisch, zieht sich um Chor und Kirchenschiff. Daneben Bas-Relief aus Marmor, Ende des 12. Jh. gearbeitet.

Château de Mercoirol, auch Château de Saint-Michel, 4 km südlich. Schloßruine, deren Name Mercoirol zurückgeht auf eine Siedlung, die hier, vielleicht schon in gallo-römischer Zeit, an der alten Römerstraße Béziers–Cahors, spätestens aber seit dem Mittelalter bestanden hat. Von der Plattform der Ruinen, auf der sich ein Kreuz befindet, hat man einen wunderschönen Blick auf das Tal des Orb und das Jaur, bei gutem Wetter bis hinab nach Béziers.

Notre Dame du Capimont, 5 km nördlich, romanische Kapelle, Chor noch aus dem 12. Jh., ehem. Wallfahrtskirchlein.

Ausflüge: **Saint-Gervais,** 13 km nördlich. Kleiner Ort mit Kirche aus dem 12. Jh. und einem kleinen Museum für Geologie. Dieses Museum wurde, wie auch die Museen in Ferrières, Mazamet (s. jeweils Castres, Ausflüge) und Saint-Pons (s. unten) im Zusammenhang mit der Gründung und Pflege des Parc Régional du Haut Languedoc (s. dort) eingerichtet, um auch der kulturellen und historischen Bedeutung dieser Region Rechnung zu tragen. Von hier weiter nach

Boussagues, 12 km östlich, ursprünglich römisches oppidum, von Cäsar während der gallischen Kriege gegründet als Stützpunkt für seine Eroberungszüge gegen Gallien und Spanien. Gut erhaltenes Schloß aus dem 14. Jh., romanische Kirche aus dem 13. Jh. sowie Kirche aus dem 15. Jh. und ein schönes Haus aus dem 16. Jh., ehem. Wohnsitz des Landvogts, später Eigentum der Familie Toulouse-Lautrec. Nun weiter nach

Bédarieux, 7 km südlich, Maison des Arts, Sammlung von Gemälden aus dem 16. bis 20. Jh., u. a. Werke von Fabre und Maraval. Zurück in Richtung Lamalou. Nach 5 km links abbiegen nach

Villemagne, 3 km nördlich, mit Ruinen der alten Stadtbefestigung. Von der ehem. Benediktinerabtei, die hier im 7. Jh. gegründet wurde, besteht noch die Abteikirche Saint-Majan aus dem 13. Jh. Daneben Eglise Saint-Grégoire aus dem 12. Jh. Nun zurück nach Lamalou, 6 km westlich.

Mons-la-Trivalle, 13 km südwestlich, Ausgangspunkt für Bergtouren, Höhlenwanderungen, Kanu- und Kajakfahrten im Regionalpark Haut Languedoc. Besonders schön die Gorges d'Héric sowie die Gorges de Colombières.

Saint-Pons de Thomières, 36 km südwestlich. Fahrt durch den **Parc Régional du Haut Languedoc** (s. dort). 15 km nordwestlich die ehem. Klosterkirche **Saint-Julien d'Olargues** aus dem 12. Jh. sowie 3 km weiter das alte Städtchen **Olargues,** schön gelegen in einer Biegung des *Jaur,* zu Füßen eines Hügels, auf dem ein Glockenturm aus dem 11. Jh. steht. Von hier aus herrlicher Blick zu den Bergen des Espinouse. Weiter nach

Saint-Pons-de Thomières, im Tal des *Jaur* gelegen. Im Jahre 936 gründeten Raymond Pons und seine Gemahlin Garsinde hier ein Kloster, das 1318 zum Bischofssitz erhoben wurde und dessen Kirche noch heute erhalten ist. Im 12. Jh. erbaut, wurde die ursprüngliche Abteikirche und spätere Kathedrale im 15., 16. und 18. Jh. mehrmals umgebaut und erweitert. Bemerkenswert ist die sogenannte »Porte des Morts«, ein reichverziertes Portal mit rätselhaften Steinmonumenten oberhalb des Türbogens. Am Westportal schöner Tympanon mit einer Darstellung des Abendmahls und der Fußwaschung, auf der linken Seite sowie rechts der gekreuzigte Christus mit Maria und Johannes. Im Innern schöne Chorgitter mit Marmorverzierungen, gotischer Chor aus dem 16. Jh. und Chorgestühl aus dem 17. Jh. Musée d'Art roman, Museum für romanische Kunst mit Sammlungen und Dokumentationen zur Romanik im Haut Languedoc. – Nahe Saint-Pons die **Grotte de la Devèze,** 1886 entdeckt, mit reicher Ausstattung an Stalagmiten, Stalaktiten und kristallinen Gebilden.

Béziers (s. dort), 38 km südlich, alte Stadt am *Orb* und am *Canal du Midi* sowie Zentrum des Weinanbaus im Languedoc. Cathédrale Saint-Nazaire aus dem 12. bis 14. Jh., Weinmuseum sowie Musée des Beaux Arts.

Pézenas (s. dort), 36 km südöstlich, altes Städtchen mit engen Gassen, seit 1962 unter Denkmalschutz gestellt, im Herzen des Weinanbaugebietes Languedoc.

Clermont-l'Hérault, 38 km östlich, Kleinstadt, von den Ruinen eines Schlosses aus dem 12. Jh. überragt. Gotische Kirche Saint-Paul, Ende des 13. und Anfang des 14. Jh. erbaut mit achteckigem Glockenturm über dem Nordportal. Während des Hundertjährigen Krieges (1339–1453) festungsartig ausgebaut, blieb die Kirche, deren Westfassade im 15. Jh. mit einer schönen Rosette versehen wurde, lange Zeit Bestandteil der Stadtbefestigung. Das Innere besticht durch die großartige Harmonie und Eleganz der gotischen Architektur.

Lodève (s. dort), 36 km nordöstlich, sehr alte Stadt, deren Ursprünge in die Zeit Neros zurückreichen. Im Mittelalter Bischofssitz, entwickelte sich die Stadt zu einem Zentrum der französischen Tuchindustrie, die auch heute noch von Bedeutung ist. Cathédrale Saint-Fulcran, ursprünglich aus dem 10. Jh., nach der Zerstörung im Hundertjährigen Krieg (1339–1453) in einfachem Stil wiederaufgebaut. Musée Jacques Audibert, archäologische Sammlungen.

LIMOUX

E-3. Dép. Aude, 164 m, 12 000 Einw. Stadt an der *Aude*, bekannt durch den »Blanquette de Limoux«, einen moussierenden Wein, der hier, wie Dokumente beweisen, mindestens seit dem 16. Jh. angebaut wird.

Auskunft: Office Municipal de Tourisme, Boite Postale 5, 11300 Limoux, Tel. 68/31 11 82 und 31 01 16.
Verkehr: D 118 Carcassonne–Quillan. – Bahnstation.

Unterkunft.

Sehenswert: **Cathédrale Saint-Martin** aus dem 12. bis 15. Jh. Von der Pont Neuf aus dem 14. Jh. schöner Blick auf die gotische Stirnseite der Kirche. – **Place de la République,** schöner Platz mit Arkadengängen und alten Bäumen. – **Musée Petiet** mit Gemälden von Marie Petiet und Werken von Künstlern aus der Belle Epo-

que. Archäologische Abteilung mit Funden aus der Umgebung.

Baden: Freibad.

Sport: Tennis, Angeln.

Veranstaltungen: Karneval mit dem rituellen Tanz »Tours de Fécos«, der bis auf das Mittelalter zurückgeht.

Ausflüge: **Notre Dame de Marceille,** 3 km nördlich, Wallfahrtskirche aus dem 14. Jh. bei einer Quelle, deren Wasser Heilkraft zugesprochen wird. In der linken Seitenkapelle schwarze Jungfrau-Statue. Weiter nach

Saint-Hillaire, 9 km nördlich, ehem. Benediktinerkloster, 1748 aufgelöst. Gotischer Kreuzgang in Form eines Trapezes, Doppelsäulen mit schön gearbeiteten Kapitellen. Romanische Kirche mit Sarkophag des hl. Saturnin aus dem 12. Jh. mit Darstellungen aus dem Leben und dem Martyrium des Heiligen.

Rundfahrt durch die **Corbières** über Couiza – Rennes-les-Bains – Gorges de Galamus – Saint-Paul-de-Fenouillet – Maury – Château de Peyrepertuse – Pont de-l'Orbieu – Bellecastel – Monastère Saint-Polycarpe, 140 km.

Die **Corbières,** eine Mittelgebirgs- und Heidelandschaft mit mediterranem Klima, in dem Zedern, Zypressen und Eichen wachsen, waren bis zum 13. Jh. Rückzugsgebiet der Katharer (s. Albi, Geschichte), viele Jahrhunderte Frankreichs natürliche Grenze und Festung gegen das spanische Königreich und seit der Römerzeit auch berühmtes Weinanbaugebiet. Bedeutende Klöster im Norden der Corbières waren die Benediktinerabtei von **Lagrasse** (s. Carcassonne, Ausflüge) sowie die Zisterzienserabtei von **Fontfroide** (s. Narbonne, Ausflüge).

Zunächst durch das Tal der *Aude* bis **Alet-les-Bains,** 8 km südlich. Eglise

Saint-André aus dem 14. Jh. mit Fresken aus dem 15. und 16. Jh. Weiter nach

Couiza, 7 km südlich, Kleinstadt mit Schloß aus dem 16. Jh. Von hier nach

Rennes-les-Bains, 9 km südöstlich, kleines Thermalbad im Tal der *Sals,* dessen Quellen vor allem gegen Rheuma und Arthritis geeignet sind. Nun über landschaftlich schöne Strecke 19 km südöstlich zu den

Gorges de Galamus, die 10 km südlich nach Saint-Paul-de-Fenouillet führen, vorbei an Saint-Antoine-de-Galamus mit schönem Blick über die Corbières.

Saint-Paul-de-Fenouillet am Zusammenfluß von Boulzane und Agly gelegen, mit Kirche aus dem 12. Jh., ist die ehem. Hauptstadt des *Fenouillèdes,* eines Weinanbaugebietes zwischen den Corbières und den Pyrenäen gelegen. In dieser Gegend wird der bekannte »Côte du Roussillon« angebaut. Nun dem Flußtal entlang bis Maury, 8 km östlich, und von hier weiter über den Grau de Maury, 6 km nördlich, mit schönem Blick über das Fenouillèdes, zum

Château de Quéribus, 1 km östlich. Im Jahre 1241 war dieses Schloß Zufluchtstätte für die verfolgten Albigenser (s. Albi, Geschichte), hier wurde im Jahre 1255 der letzte Feldzug gegen sie geführt. Im Innern gotischer Saal mit Zentralpfeiler. – *Geöffnet:* 1. 4. bis 2. 11. täglich 9.30 bis 12.30 Uhr und 14.30 bis 19 Uhr. Vom Schloß aus herrlicher Blick über die Ebene des Roussillon bis zum Mittelmeer, über den Canigou, die Bergkette des Puigmal und des Carlit. Die landschaftlich reizvolle Strecke führt nun weiter nach Soulatgé, 12 km nordwestlich, mit Abstecher zum

Château de Peyrepertuse, von Duilhac 4 km auf schmaler Straße und 1 Std. zu Fuß. Peyrepertuse besteht aus zwei Schlössern, dem Château Bas und dem Château Haut, auch Château Saint-Jordy genannt. Im unteren Schloß aus dem 12. und 13. Jh. viereckiger Donjon mit befestigter Kapelle sowie halbrunde Befestigungstürme, mit Schießscharten versehen. Zum oberen Schloß führt eine Treppe, die escalier Saint-Louis, die in den Felsen hineingeschlagen ist. Vom Château Saint-Jordy guter Weitblick hinüber zum Château de Quéribus.

Von Soulatgé auf schmaler Straße weiter nach Montjoi, 19 km nördlich, vorbei am Château d'Auriac, 10 km nördlich, über den **Pont de l'Orbieu** und durch die *Gorges de l'Orbieu.* Nun über das *Plateau de Lacamp* mit schönen Aussichtspunkten zum Monastère Saint-Polycarpe, 25 km westlich.

Vom Pont de l'Orbieu aus kann man auch am *Col du Paradis* vorbei nach **Arquettes,** 13 km westlich, fahren, mit Schloß aus dem 13. Jh. und von hier über Missègre, 10 km nördlich zum

Monastère Saint-Polycarpe, 12 km nordwestlich. Ehem. Benediktinerabtei, 1771 aufgelöst. In der Kirche, unterhalb des Hauptaltars die Reliquien des hl. Polycarp, des hl. Benedikt und des hl. Epinus aus dem 14. Jh. An den Seitenaltären Dekor aus karolingischer Zeit sowie an den Mauern und im Deckengewölbe Fresko-Fragmente aus dem 14. Jh. Zurück nach Limoux, 8 km westlich.

Carcassonne (s. dort), 24 km nördlich, historisch interessante Stadt mit mächtigen Festungsanlagen, der sogenannten Cité, das großartigste und besterhaltene Befestigungswerk Europas.

LODÈVE

F-3. Dép. Hérault, 165 m, 8200 Einw. Am Flüßchen *Lergue* gelegene Kleinstadt, von Bergen umgeben, deren Bewohner hauptsächlich von der Holz- und Textilindustrie leben. Im Süden der Stadt wurden 1975 Uran entdeckt, in einem Umfang, der fast ein Drittel der bisher in Frankreich bekannten Uranvorkommen umfaßt.

Auskunft: Syndicat d'Initiative, pl. République, 34700 Lodève, Tel. 67/44 07 56.

Verkehr: N 9 Millau–Pézenas. – Bahnstation.

Unterkunft.

Geschichte: Lodèves Geschichte, deren Ursprünge bis in die Zeit vor Christi Geburt zurückreichen, ist eng verknüpft mit der seiner Lebensherren, der Bischöfe von Lodève. So war es z. B. der Bischof Fulcran, der im 10. Jh. die Befestigungsanlagen der Stadt errichten ließ, um das Gemeinwesen gegen Straßenräuber zu schützen. Im 12. Jh. führte einer seiner Nachfolger die Papierfabrikation in Lodève ein und im 13. Jh. waren es wiederum die Bischöfe, die entscheidend an der Entwicklung des Tuchhandels teilhatten. In der Mitte des 17. Jh. entzog Richelieu den Bischöfen von Lodève jedoch alle weltliche Macht. Denn sie hatten den Aufstand des Grafen Henri de Montmorency für die Autonomie des Languedoc und gegen die königliche Zentralgewalt unterstützt.

Sehenswert: **Cathédrale Saint-Fulcran,** ursprünglich im 10. Jh. auf Veranlassung von Bischof Fulcran erbaut, im 11. Jh. erneuert. Die heutige Kirche ist im wesentlichen aus der 1. Hälfte des 14. Jh., wurde jedoch nach den Zerstörungen im Hundertjährigen Krieg (1339–1453) im einfachen Stil wieder aufgebaut. Zwei Wehrtürme sowie die Strebepfeiler an den Fassaden weisen darauf hin, daß die Kirche auch zu Verteidigungszwecken diente. In einer Seitenkapelle rechts die Gräber der 84 Bischöfe von Lodève; Kreuzgang aus dem 14. Jh. mit Lapidarium.

Musée Jacques Audibert, geologisches Museum mit Steinsammlung, u. a. Steinabdrücke von Pflanzen und Tieren sowie Fossilienfunde aus der Steinzeit. – *Geöffnet:* Sonntag vor Christi Himmelfahrt bis 30. 9. täglich außer samstags, sonn- und feiertags 9 bis 12 Uhr und 13.30 bis 17.30 Uhr; im übrigen Jahr mittwochs bis freitags 9 bis 12 Uhr und 13.30 bis 17.30 Uhr.

Pont de Montifort, gotische Brücke über die Soulandres.

Ausflüge: **La Couvertoirade,** 30 km nördlich. Burgartig angelegtes, kleines Dorf mit nur wenigen Einwohnern auf dem Plateau von Larzac. Im späten Mittelalter gehörte es zum Besitz der Tempelritter, die 1450 die heute noch bestehende Stadtbefestigung errichteten. In die Verteidigungsanlagen war auch die befestigte Kirche sowie das Schloß miteinbezogen, das heute teilweise zerstört ist. In den letzten Jahren haben sich hier verschiedene Künstler und Kunsthandwerker niedergelassen.

Saint-Guilhem-le-Désert, 50 km östlich, kleines Dorf, um eine ehem. Abtei herum erbaut, am Eingang zu mehreren wilden Schluchten gelegen, u. a. *Gorges de la Buègues* mit dem kleinen Dorf Saint-Jean de Buègues und der *Source de la Buègues* in schöner Landschaft. Das Kloster wurde im Jahre 804 von Guilhem, Prinz von Orange, gegründet. Guilhem, Enkel von Karl Martell, Jugendfreund und engster Vertrauter Karls des Großen, hatte Aquitanien erobert, die Araber aus Nîmes, Narbonne und Orange zurückgeschlagen und die ganze Region in das unter Karl dem Großen neu entstehende Frankenreich eingegliedert. Er erhielt den Titel eines Prinzen von Orange und damit die politische Verwaltungsbefugnis über dieses Gebiet. Nachdem er seine letzte Schlacht in Barcelona gewonnen hatte, und nach Frankreich zurückgekehrt war, begleitete er Karl den Großen nach Rom. Danach zog er sich in die Berge von Larzac, in das kleine Dorf Gellone zurück, um hier ein Kloster zu gründen, das später nach ihm benannt wurde. Karl der Große schenkte dem Kloster eine Reliquie vom hl. Kreuz, die noch heute auf dem Altar der Kirche verwahrt ist und jedes Jahr am 3. Mai mit einer Prozession verehrt wird. Von der Abtei ist heute nur noch die Klosterkirche erhalten, 804 begonnen und 1076 geweiht. Das große Portal wird von einem Glockenturm aus dem 15. Jh. überragt, die Säulen- und Medaillonverzierungen stammen noch aus gallo-römischer Zeit. Man betritt die Kirche durch den Narthex, mit schönem Kreuzbogengewölbe aus dem 12. Jh. Kirchenschiff, Chor und Apsis wurden im 11. Jh. erbaut, die Taufkirche stammt noch von der ehem. Pfarrkirche Saint-Laurent. In der linken Kapelle des Querschiffs schöner romanischer Altar aus dem 12. Jh., Grabsteine und Skulpturen, früher im Kreuzgang, ein gallo-römischer Sarkophag vom Ende des 4. Jh. mit den Reliquien des hl. Guilhem sowie ein vollständig restaurierter Sarkophag aus

dem 6. bzw. dem 7. Jh. mit einer Darstellung von Christus mit den Aposteln, an den Seiten Adam und Eva mit der Schlange, die drei Hebräer im Feuer sowie eine Darstellung von Daniel in der Löwengrube. Von dem ursprünglich in zwei Etagen angelegten Kreuzgang besteht heute nur noch die nördliche und westliche Erdgeschoßgalerie. Vom Kreuzgang gelangt man in das Refektorium, im 17. Jh. mit einem neuen Gewölbe versehen.

Grotte de Clamouse, 5 km südlich von Saint-Guilhem-le-Désert. Höhle in der Kalkhochebene von *Süd-Larzac,* nahe dem Eingang zu den *Gorges de l'Hérault* gelegen. Verschiedene Säle, die reich an feinen Kristallen und Versteinerungen sind, deren Form- und Farbgebung von besonderer Schönheit sind. – *Geöffnet:* 1. 4. bis 14. 10. täglich 9 bis 12 Uhr und 14 bis 17 Uhr; 15. 10. bis 31. 3. täglich 14 bis 17 Uhr.

Clermont-l'Hérault, 20 km südlich, Kleinstadt, von den Ruinen eines Schlosses aus dem 12. Jh. überragt. Gotische Kirche Saint-Paul, Ende des 13. Jh. und Anfang des 14. Jh. erbaut mit achteckigem Glockenturm über dem Nordportal. Während des Hundertjährigen Krieges (1339–1453) festungsartig ausgebaut, blieb die Kirche, deren Westfassade im 15. Jh. mit einer schönen Rosette versehen wurde, lange Zeit Bestandteil der Stadtbefestigung. Das Innere besticht durch die großartige Harmonie und Eleganz der gotischen Architektur.

Montpellier (s. dort), 54 km südöstlich, zwischen den Südhängen der *Cevennen* und dem *Mittelmeer* gelegen, mit malerischer Altstadt und reichen Zeugnissen seiner mehr als tausendjährigen Geschichte.

Pézenas (s. dort), 40 km südlich, lebhafte Kleinstadt, durch den Tuchhandel zu Wohlstand gelangt. Im Stadtkern schöne alte Häuser aus dem 16. bis 18. Jh., die in ihrer Gesamtheit seit 1962 unter Denkmalschutz stehen. Musée Vulliod Saint-Germain mit Molière-Saal, zum Andenken an Molières Wirken in Pézenas.

Lamalou-les-Bains (s. dort), 39 km südwestlich, Heilbad, in den südlichen *Cevennen*, am Rande des *Regionalparks Haut-Languedoc* gelegen. Eglise de Rhèdes aus dem 11. Jh.

LOURDES

B-3. Dép. Hautes-Pyrénées, 410 m, 18 000 Einw. Malerisch am Fuße der *Pyrenäen* gelegen, ist Lourdes wohl einer der bekanntesten Wallfahrtsorte der christlichen Welt. Mehrere Millionen Pilger kommen alljährlich hierher, was unter anderem zu einer zum großen Teil entwürdigenden Kommerzialisierung der ursprünglichen Intention der Pilgerschaft nach Lourdes führte. Der Eindruck, den der Wallfahrtsort dem Besucher vermittelt, hängt weitgehend davon ab, welche innere Einstellung er der Wallfahrt und ihrem Anlaß entgegenbringt.

Auskunft: Office de Tourisme, 4, pl. du Champ Commun, 65100 Lourdes, Tel. 62/94 15 64.

Verkehr: Kreuzungspunkt von N 21 Tarbes–Argèles–Gazost mit D 937 von Pau. – Bahnstation. – Flughafen Lourdes-les-Pyrénées, 11 km nordöstlich.

Geschichte: Im Jahre 1858 erschien dem Bauernmädchen Bernadette Soubirous bei der Grotte von Massabielle die Muttergottes. Während einer dieser Visionen berührte Bernadette den Boden und es entsprang hier die Quelle, der von Gläubigen eine wunderbare Heilkraft zugesprochen wird. Bernadette, die von nun an als Ordensschwester ihr Leben den Kranken widmete, starb 1879 im Kloster von Nevers und wurde 54 Jahre nach ihrem Tod von der katholischen Kirche heilig gesprochen. 1864 fand in Lourdes die erste Wallfahrt statt, aus Anlaß der Weihe einer Muttergottes-Statue, die in einer Felsnische über der Quelle aufgestellt wurde. Seit dieser Zeit ist Lourdes Pilgerstätte, Millionen Wallfahrer kommen Jahr für Jahr hierher, darunter Tausende von Kranken, die hier Erlösung von ihren Leiden erhoffen. In einigen, von Ärztekommissionen anerkannten Fällen ungewöhnlicher Heilung sieht die Kirche Wunder bestätigt. Seit der Hundertjahrfeier 1958 und vor allem seit dem 2. Vatikanischen Konzil wurde die Mariengrotte weitgehend von ihren mystifizierenden Beigaben befreit und die Rosenkranz-Basilika, deren Orgel und Akustik berühmt sind, für Kirchenkonzerte zur Verfügung gestellt.

Zielpunkte einer Pilgerfahrt sind:

Grotte de Massabielle, etwas abseits des Pilgerzentrums gelegen, mit einer vom Licht der gespendeten Kerzen erhellten Muttergottes-Statue. Dem Wasser der hier entspringenden Quelle wird eine wunderbare Heilkraft zugesprochen.

Basilique du Rosaire, Rosenkranz-Basilika, 1889 erbaut, sie bietet bis zu 2500 Pilgern Platz. Die Krypta, zwischen der unteren und der oberen Basilika gelegen, ist dem stillen Gebet gewidmet. Die **basilique supérieure,** im gotischen Stil erbaut und 1871 dem Wunder der unbefleckten Empfängnis geweiht, ist mit 21 Altä-

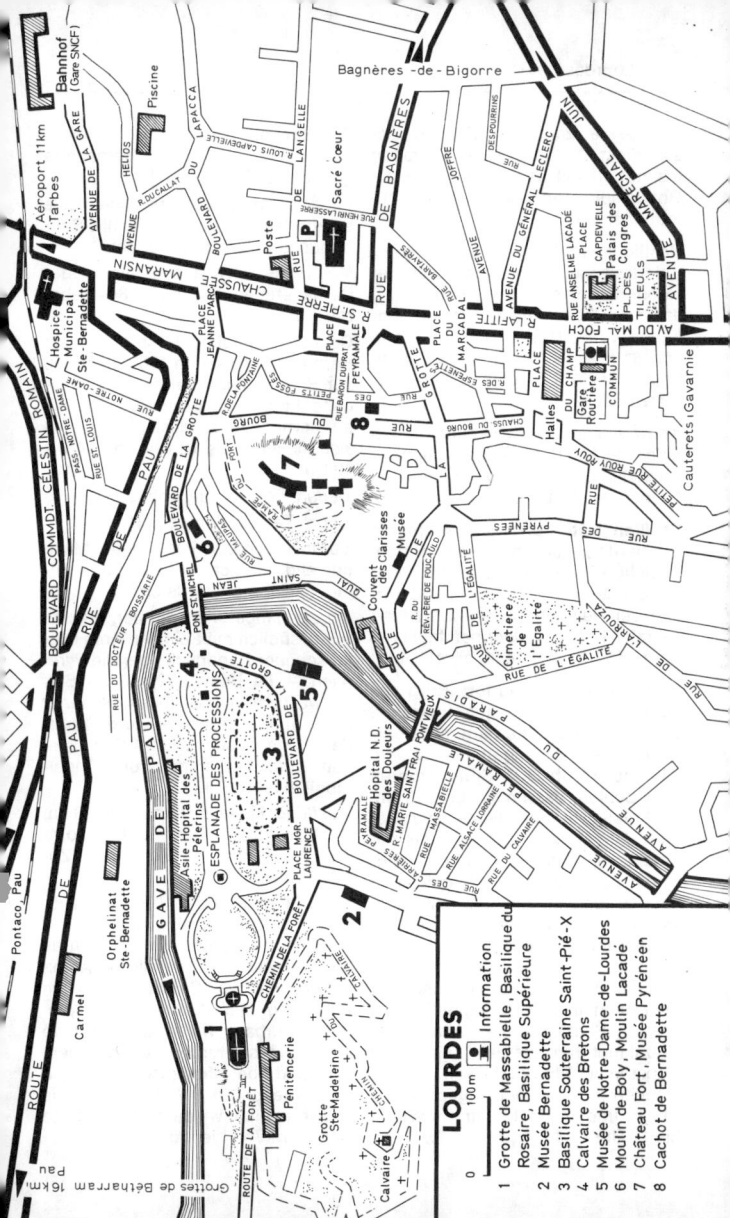

LOURDES

0 —— 100 m   ☐ Information

1 Grotte de Massabielle, Basilique du
  Rosaire, Basilique Supérieure
2 Musée Bernadette
3 Basilique Souterraine Saint-Pié-X
4 Calvaire des Bretons
5 Musée de Notre-Dame-de-Lourdes
6 Moulin de Boly, Moulin Lacadé
7 Château Fort, Musée Pyrénéen
8 Cachot de Bernadette

ren sowie zahllosen Ex-voto geschmückt. Die Seitenkapellen tragen Inschriften mit den Worten, die die Gottesmutter an Bernadette gerichtet haben soll.

Basilique souterraine Saint-Pié X., unterirdische Basilika, anläßlich der Hundertjahrfeier von Lourdes im Jahre 1958 geweiht. Sie ist mit einer Länge von 201 m und einer Breite von 81 m einer der größten Sakralbauten der Welt, in dem 20 000 Pilger Platz finden.

Kreuzweg auf den Kalvarienberg, bei jeder der 14 Stationen monumentale Darstellungen der verschiedenen Szenen des Leidenswegs Christi.

Pavillon Notre Dame, Museum mit Erinnerungsstücken an das Hirtenmädchen Bernadette, u. a. 18 Bilder mit Szenen aus dem Leben und Wirken der Heiligen sowie Ausstellung sakraler Kunst. – *Geöffnet:* täglich 9 bis 11.45 Uhr und 14.30 bis 18 Uhr.

Sehenswert: **Château fort,** Burg aus dem 16. und 17. Jh., auf einem Felsen über der Stadt erbaut, mit Überresten eines Vorgängerbaus aus dem 13. und 14. Jh. 131 Stufen führen zum Schloß, das im 17. und 18. Jh. als Staatsgefängnis diente. Heute ist hier das **Musée pyrénée** untergebracht, mit Sammlungen von handwerklichen und kunsthandwerklichen Gegenständen sowie Keramiken aus den Pyrenäen, u. a. ein Eß-Service mit 110 Teilen. Daneben Dokumente über die Geschichte, die Traditionen und die Bräuche der Menschen in dieser Region. In der ehem. Schloßkapelle Altar und Holzskulpturen aus dem 18. Jh., die früher in der Pfarrkirche von Lourdes standen. – *Geöffnet:* täglich 9 bis 11 Uhr und 14 bis 18 Uhr, im Winter bis 17 Uhr.

Pfarrkirche, 1876 erbaut, im Innern Taufbecken, über dem Bernadette getauft worden sein soll.

Cachot, »Wohnhaus«, bestehend aus einem Raum, in dem die Familie Soubirous um 1860 gewohnt hat.

Moulin de Boly, alte Mühle, in der Bernadette am 7. Januar 1844 geboren wurde.

Centre hospitalier, Hospiz, in dem Bernadette zwischen 1860 und 1866 zur Schule ging. Hier sind verschiedene Fotos und Erinnerungsstücke an Bernadette ausgestellt. – *Geöffnet:* täglich 9 bis 12 Uhr und 14 bis 19 Uhr.

Baden: Freibad, Hallenbad.

Sport: Tennis, Wintersport.

Veranstaltungen: Festival de Musique et d'Art Sacré, Musik- und Kunsttage, alljährlich an Ostern.

Spaziergänge: **Pic du Jer,** 948 m, 1 Std. südlich mit Seilbahn, vom Gipfel schöner Rundblick über die Pyrenäen. – **Le Béout,** 791 m, 1½ Std. südwestlich mit Seilbahn, schöner Blick über Lourdes. – **Lac de Lourdes,** 4 km westlich, auf 421 m gelegen, gute Wassersport- und Angelmöglichkeiten.

Ausflüge: **Lestelle-Bétharram,** 18 km westlich, über Saint-Pé-de-Bigorre und die Grottes de Bétharram. Zunächst nach

Saint-Pé-de-Bigorre, 10 km westlich, kleiner Ort, der auf eine Abtei zurückgeht, deren Kirche dem hl. Petrus geweiht war. Die romanische Abteikirche, von den Clunyazensern am Pilgerweg nach Santiago de Compostela erbaut, war einst die größte und schönste Kirche der Pyrenäen. Während der französischen Religionskriege im 17. Jh. erlitt sie schwere, nicht wieder zu behebende Schäden. Von hier zu den

Grottes de Bétharram, 3 km westlich, eine der bekanntesten Natursehenswürdigkeiten der Pyrenäen. Auf fünf Stockwerken führen insgesamt 2,8 km unterirdischer Weg vorbei an bizarren Stalagmiten und Stalaktiten, durch bis zu 80 m hohe Säle. Man kann die Höhle mit einer Kleinbahn befahren sowie eine Bootsfahrt auf dem unterirdischen See unternehmen. – *Geöffnet:* Ostern bis 15. 10. täglich 8.30 bis 12 Uhr und 13.30 bis 17.30 Uhr. Nun weiter nach

Lestelle-Bétharram, 5 km westlich, kleiner Wallfahrtsort am *Gave de Pau,* in schöner Berglandschaft gelegen. Eglise Notre Dame von 1661 mit grauer Marmorfassade. Im Innern Barockausstattung, über dem Hauptaltar Statue der Muttergottes von Bétharram von 1845. Links vom Eingang Jungfrau-Statue aus dem 14. Jh., rechts eine Christus-Darstellung aus dem 18. Jh. An die Stirnseite der Kirche ist die runde Chapelle Saint-Michel-Garicoïts angebaut, mit den Reliquien dieses baskischen Priesters (1797–1863), der das Sanktuarium von Bétharram wiederhergestellt hat.

Cauterets, 30 km südlich, kleines Thermalbad und Wintersportzentrum, 932 m hoch in den Pyrenäen, am Rande des *Parc National des Pyrénées* (s. dort), in beeindruckend schöner Berglandschaft gelegen. Die schwefelhaltigen Thermalquellen (36°–53°C) von Cauterets, die schon von so berühmten Persönlichkeiten wie Gaston Fébus, Marguerite de Navarre, Georges Sand und Chateaubriand frequentiert wurden, eignen sich besonders bei Erkrankungen der Atemwege, bei Rheuma und Hautleiden. Darüber hinaus ist der Ort idealer Ausgangspunkt für Wanderungen und Bergtouren in den Py-

renäen sowie ein modernes Wintersportzentrum. Drei Liftstationen führen zu 14, insgesamt 26 km langen Skipisten, ebenso sind Langlauf und Skiwanderungen möglich.

Gavarnie (s. dort), 51 km südlich, nahe der spanischen Grenze gelegen. Landschaftlich reizvolle Strecke durch den Parc National des Pyrénées (s. dort).

Tarbes (s. dort), 19 km nordöstlich, mit Musée international des Hussards im Jardin Massey, einem der schönsten Parkanlagen Südfrankreichs. Ausgangspunkt für eine Rundfahrt durch die *Bigorre* und den nördlichen Teil des Parc National des Pyrénées (s. dort).

Pau (s. dort), 41 km nordwestlich, ehem. Hauptstadt des Béarn und Geburtsstadt Heinrichs IV. von Navarra, mit Château aus dem 13. Jh., heute u. a. Musée National und Musée Béarnais.

MARTEL

D-2. Dép. Lot, 225 m, 1600 Einw. Lebhafte Kleinstadt im *Quercy,* auf dem *Causse Martel,* der Kalkhochebene von Martel. Die Stadt mit ihren engen Gassen und alten Häusern hat sich bis heute ihr mittelalterliches Gepräge erhalten. In der Umgebung wachsen Lavendel und Nüsse, besondere Spezialitäten dieser Gegend sind auch Gänseleber und Trüffel.
Auskunft: Syndicat d'Initiative, Mairie, 46600 Martel, Tel. 65/37 30 03.
Verkehr: Kreuzungspunkt von N 140 Cressensac–Rocamadour mit D 703 Souillac–Vayrac. – Bahnstation.

Unterkunft.

Geschichte: Karl Martell, franz. Charles Martel, unehelicher Sohn Pippins II. und seit 714 Majordomus in Austrien, besiegte 732 zwischen Tours und Poitiers die Araber. Dieser Sieg verhinderte das weitere Vordringen der Araber im Westen und festigte das Frankenreich unter Karl Martell im Innern wie nach Außen. Zu seinen Ehren wurde eine Kirche errichtet, um die herum die Stadt Martell entstand. Das Stadtwappen zeigt heute noch drei Hämmer und erinnert damit ebenfalls an Karl Martell, dessen lateinischer Name in der Übersetzung »Hammer« bedeutet.

Sehenswert: **Saint-Maur,** gotische Kirche aus dem 13. Jh. mit interessanten Verteidigungsanlagen und Türmen. 48 m hoher, festungsartiger Glockenturm aus dem 15 Jh. Unter dem Portal romanischer Tympanon mit einer Darstellung des »Jüngsten Gerichts«. Im Chor schöne Glasmalereien aus dem 16. Jh.

Alte Stadtbefestigung aus dem 12. Jh. mit sieben Türmen, den Wahrzeichen der Stadt.

Palais de la Raymondie, zwischen 1280 und 1330 erbaut, heute Rathaus mit dem Büro des Syndicat d'Initiative und Museum mit Ausgrabungsfunden aus dem gallischen oppidum **Puy d'Issolud.**

Cloître des Mirepoises, Kreuzgang. – **Markthallen** aus dem 18. Jh. mit den alten, unter Karl Martell gültigen Maßeinheiten.

Maison Fabri, hier starb 1183 einer der vier Söhne Heinrichs II. von England, des Begründers des Hauses Aragon-Plantagenet.

Baden: Strandbad.

Sport: Boule, Tennis, Angeln, Radfahren.

Veranstaltungen: Mittelalterliches Fest, alljährlich am Wochenende nach dem 15. August. – Foire de la laine, »Wollmarkt«, alljährlich am 22. oder 23. Juli.

Spaziergänge: Schöne Spazier- und Wanderwege in der näheren und weiteren Umgebung.

Ausflüge: **Souillac** (s. dort), 15 km westlich, mit romanisch-byzantinischer Kirche aus dem 12. Jh.

Gluges, 5 km südlich und **Creysse,** 10 km südlich, Ausgangspunkte für schöne Spaziergänge entlang der Dordogne. In Creysse außerdem romanische Kirche.

MENDE

F-2. Dép. Lozère, 731 m, 11 000 Einw. Kleinstadt am *Lot* mit mittelalterlichem Stadtkern, Ausgangspunkt für Ausflüge zu den **Gorges du Tarn** (s. dort) und in den **Parc National des Cévennes** (s. dort).

Auskunft: Syndicat d'Initiative de Mende et des Gorges du Tarn, 16. bd. du Soubeyran, 48000 Mende, Tel. 66/65 02 69.

Verkehr: Kreuzungspunkt von N 88/ N 9 Rodez–Langogne mit N 106 Saint-Flour–Alès. – Bahnstation.

Unterkunft.

Geschichte: In gallo-römischer Zeit war Mende unter dem Namen »Viculus Mimatensis« ein befestigter Stützpunkt, in dessen Umgebung, vor allem am rechten Ufer des Lot, reiche Römer ihre Villen besaßen. Seit dem 3. Jh. entwickelte sich die Siedlung, die vor allem unter den Karolingern und bis ins 12. Jh. hinein eine gewisse Prosperität erlebte. Der Hundertjährige Krieg (1339–1453) und in seiner Folge die Pest sowie die französischen Religionskriege im 16. und 17. Jh. bestimmten auch das weitere Schicksal Mendes, dessen Land verwüstet und dessen Bevölkerung stark dezimiert wurde. Erst gegen Ende des 17. Jh. erlebte die Stadt wieder einen bescheidenen

Aufschwung, vor allem durch den Woll- und Garnhandel. Heute ist Mende politisches Verwaltungszentrum sowie Schulzentrum des Départements.

Sehenswert: **Kathedrale,** im 14. Jh., auf Veranlassung Papst Urbans V., der in dieser Gegend geboren wurde, gebaut, mit Glockenturm aus dem 16. Jh., im 17. Jh. restauriert. Die Kirche besaß ursprünglich die größte Glocke aller christlichen Kirchen, mit einem Gewicht von 20 t. Sie wurde während des Religionskriege 1579 zerstört, der 2,15 m hohe und 470 kg schwere Klöppel ist heute unterhalb der Orgel aus dem 17. Jh. aufbewahrt. 15 Seitenkapellen umschließen den dreischiffigen Kirchenraum. Im Chorraum acht Aubusson-Wandteppiche von 1708 sowie schönes Chorgestühl aus dem 17. Jh. mit Darstellungen aus dem Leben Jesu. Rechts und links vom Hauptaltar zwei Holzleuchter aus dem 16. Jh. In einer Seitenkapelle neben der Sakristei eine schwarze Madonna, die von den Kreuzrittern aus Palästina mitgebracht wurde. Unter dem Mittelschiff der Kirche, in der **Krypta des hl. Privat,** einer der ältesten Krypten in Frankreich, befinden sich noch Reste der ersten Kirche von Mende, u. a. ein Altar und das Grabmal des hl. Privat, des Bischofs von Mende, der um das Jahr 265 den Märtyrertod starb.

Musée Ignon Fabre mit einer großartigen Sammlung von Funden aus der Bronzezeit sowie der Eisenzeit, geologischer und paleontologischer Sammlung, einer Sammlung griechischer Vasen und gallo-römischer Keramiken aus Banassac sowie einer Münzsammlung. Daneben Dokumentation zu den Traditionen und Bräuchen im Lozère. – *Geöffnet:* täglich

außer dienstags, sonn- und feiertags 10 bis 12 Uhr und 15 bis 18 Uhr, 1. 7. bis 15. 9. bis 19 Uhr. – **Pont Notre Dame,** Brücke aus dem 13. Jh.

Tour des Pénitents, 12. Jh., einziges Zeugnis der ehem. Stadtbefestigung.

Hôtel de Ville aus dem 17. Jh. Im 1. Stock schöne Kamine aus dem 18. Jh. sowie im Ratssaal Aubusson-Teppiche mit alttestamentarischen Darstellungen aus dem Leben der Judith.

Ancien Convent des Carmes, *rue de l'Ange,* mit gotischem Portalvorbau aus dem 14. Jh. und Kreuzgang. Heute ist hier die Coopérative des Artisans et Paysans de Lozère mit Verkaufs- und Ausstellungsräumen untergebracht.

Ancienne Synagogue, Synagoge aus dem 13. Jh., im ehem. Judenghetto der Stadt. Die Juden wurden im 14. Jh. vertrieben. Die Synagoge besitzt einen schönen Innenhof mit Galerie.

Baden: Beheiztes Schwimmbad.

Sport: Tennis, Angeln, Boule, Skifahren.

Ausflüge: **Gorges du Tarn** (s. dort), 27 km südlich nach Sainte-Enimie, von hier der Schlucht entlang bis nach Les Vignes, 25 km südwestlich, oder bis Le Rozier, 35 km südwestlich. Gesamtstrecke hin und zurück 104 bzw. 124 km. Die Gorges du Tarn sind eines der großartigsten Naturschauspiele der Causses. Dem ganzen Flußtal entlang von Florac bis Millau verläuft die Straße am rechten Flußufer und bietet immer wieder neue, faszinierende Ausblicke auf die Schlucht des Tarn (s. auch Florac und Millau, Ausflüge).

Parc National des Cévennes (s. dort). Von Mende bieten sich vor allem

Ausflüge in die **Montagne du Goulet,** ca. 50 km östlich, zum **Mont Lozère,** ca. 70 km südöstlich und in die **Montagne du Bougès,** ca. 60 km südöstlich an.

Saint-Privat, 4 km südlich, Eremitage mit zwei Kapellengrotten, die dem hl. Privat geweiht sind, auf dem *Mont Mimat* gelegen. Von hier wunderschöner Blick über Mende und das Tal des Lot.

Marvejols, 29 km westlich, im Tal der *Colagne,* einem Nebenfluß des Lot gelegen. Von der ehem. Stadtbefestigung aus dem 14. Jh. bestehen noch drei Tore, die Porte de Soubeyran im Norden mit einer Inschrift zur Erinnerung an Henri IV., die Porte du Théron im Osten und die Porte de Chanelles im Süden der Altstadt. Nahe der Porte du Théron, auf der place des Cordeliers, Denkmal der »**Bête du Gévaudan«** von Auricost. Der Legende nach soll die »Bestie von Gévaudan« zwischen 1764 und 1767 140 Bürger der Region getötet haben. Von Marvejols ca. 10 km nördlich zum

Parc du Gévaudan, einem Tierpark, in dem seltene europäische Tierarten wie Bisons, Braunbären und Wölfe in Halbfreigehegen leben. – *Geöffnet:* Ostern bis Allerheiligen 9 bis 18 Uhr. Weiter zum

Château de la Baume, 8 km nordwestlich. Schloß, im 17. Jh. aus Granitstein erbaut mit schöner Inneneinrichtung. – *Geöffnet:* 15. 7. bis 31. 8. täglich 10 bis 11.30 Uhr und 14 bis 18 Uhr; 1. 9. bis 14. 7. täglich außer dienstags 14 bis 17 Uhr. Zurück nach Mende, 50 km.

Florac (s. dort), 40 km südlich, Kleinstadt am *Tarnon,* Ausgangspunkt für Ausflüge zu den Corniches des Cévennes. Im Schloß von Florac Verwaltungs- und Informationszentrum für den Parc National des Cévennes (s. dort).

Villefort, 59 km östlich, kleiner Ort, reizvoll im Tal des *Palhère,* nahe dem Stausee *Lac du Villefort* gelegen. Die landschaftlich schöne Strecke führt vorbei an **Bagnols-les-Bains,** 21 km östlich, einem kleinen Badeort, dessen Quellen schon den Römern bekannt waren, und am **Château de Champ,** 11 km vor Villefort, einem Schloß aus dem 14. Jh.

Etwa 6 km weiter östlich stößt die Straße auf den Lac du Villefort, an dessen äußerster Ostspitze das **Château de Castenet** liegt. Von außen wenig anmutiges Gebäude aus dem 16. Jh., von drei Rundtürmen flankiert. Im Innern Ausstellungen von Bildern und Skulpturen zeitgenössischer Künstler. – *Geöffnet:* 1. 7. bis 10. 9. täglich 10 bis 19 Uhr. Die restliche Fahrt nach Villefort, 5 km südöstlich, führt nun ein gutes Stück am See entlang.

MILLAU

E/F-2. Dép. Aveyron, 370 m, 22500 Einw. Lebhafte Geschäftsstadt am Zusammenfluß von *Tarn* und *Dourbie,* seit Jahrhunderten Zentrum der Handschuhfabrikation, heute vor allem führend in der Herstellung von Lederkleidung. Ausgangspunkt für Ausflüge in den **Parc National des Cévennes** und zu den **Gorges du Tarn** (s. jeweils dort).

Auskunft: Syndicat d'Initiative Régional de Millau, av. Alfred-Merle, 12100 Millau, Tel. 65/60 02 42.
Verkehr: N 9 Béziers–Saint-Flour; Endpunkt der D 999 von Albi. – Bahnstation.

Unterkunft.

Geschichte: 121 v. Chr. gründeten die Römer in Millau die Töpfereien von Graufesenque, deren Erzeugnisse bis nach Italien, Deutschland und Schottland exportiert wurden. Millaus Ruhm als »Handschuhstadt« geht bis auf das 12. Jh. zurück. Die seit dieser Zeit in großem Stil betriebene Schafhaltung zur Herstellung von Käse bedingte auch die Entwicklung des Lederhandwerks zur Verarbeitung der Lammfelle.

Sehenswert: **Place du Maréchal Foch,** malerischer Platz im Zentrum der Altstadt mit Laubengängen aus dem 12. bis 16. Jh. In einer der Säulen an der Westseite ein Stein mit einer noch aus römischer Zeit stammenden Inschrift: »Gara que faras« – »Sieh Dich vor, was Du tust!«. An der Nordseite des Platzes **Eglise Notre Dame,** romanische Kirche, im 17. Jh. vollständig restauriert, Seitenkapellen im 17. und 18. Jh. angebaut. In der Apsis und im Chorraum Fresken von Jean Bernard aus dem Jahre 1939. An der Südostecke der place du Maréchal Foch das **Musée archéologique** mit schöner Sammlung gallo-römischer Töpferwaren aus den Werkstätten von Graufesenque. Rechterhand durch die *rue Droite* gelangt man zum

Beffroi, Wachturm im gotischen Stil, zum ehem. Hôtel de Ville gehörend. Im unteren, viereckigen Teil war im 17. Jh., in dem auch der achteckige obere Teil angebaut wurde, das Gefängnis der Stadt untergebracht. Nun zur *place Emma-Calvé* und zur

Eglise Saint-Martin. Im Innern, über dem Hauptaltar eine »Kreuzabnahme« aus dem 17. Jh., die dem flämischen Maler de Crayer zugeschrieben wird. Hinter der Kirche die **Porte des Gozons,** Teil der ehem. Stadtbefestigung.

Die *rue du Voultre* führt nun rechts zum *boulevard de l'Ayrolle,* wo sich linkerhand der sogenannte »**Lavoir**«, eine Waschanstalt aus dem 17. Jh. befindet.

Baden: Schwimmbad, av. Jean-Jaurès.

Sport: Tennis, Reiten, Squash.

Ausflüge: **Sévérac-le-Château,** 32 km nördlich, altes Städtchen, unweit der Quelle des Aveyron, von den Ruinen eines mächtigen Schlosses überragt. Das Schloß, im 17. Jh. erbaut, weist nördlich des früheren Ehrenhofes noch zwei Türme und eine kleine Kapelle, Überreste eines Vorgängerbaus aus dem 13. Jh., auf. Südlich die Ruinen des Schlosses aus dem 17. Jh. mit einer monumentalen Treppe mit doppeltem Aufgang.

Saint-Affrique, 31 km südwestlich, Kleinstadt an der *Sorgues,* am Schnittpunkt zwischen den Causses (s. dort) und der Region um Albi gelegen. Der Besuch von Saint-Affrique läßt sich mit einem Abstecher nach

Roquefort-de-Soulzon verbinden, 4 km östlich von Lauras auf der Strecke Millau–Saint-Affrique. Der kleine Ort ist weit über Frankreichs Grenzen hinaus bekannt wegen des gleichnamigen Käses, der hier seit Jahrhunderten produziert wird und schon den Küchenzettel der Römer und die Tafel Karls des Großen bereichert haben soll. Die Herstellung und der Reifungsprozeß des Käses erfolgt in den riesigen, natürlichen Kellern der Kalkberge dieser Region, so daß sich das Arbeitsleben der Menschen hier fast ausschließlich unter Tage abspielt. Der Reifungsprozeß und die Geschmacksentwicklung des Käses hängt ab von dem sogenannten penicillium Roquefort, durch dessen Beigabe die berühmten blauen Adern im Käse entstehen. Pro Jahr werden hier etwa 16 000 t Roquefort produziert, wovon ca. 10 % in den Export gelangt. Es besteht die Möglichkeit, die Keller der Roquefort Societé zu besichtigen, Dauer ca. 1 Std. – *Geöffnet:* täglich 9 bis 11 Uhr und 14 bis 17 Uhr; während der Sommermonate Voranmeldung, Tel. 65/60 23 05. Es empfiehlt sich, warme Kleidung mitzunehmen.

Nant, 32 km südöstlich, landschaftlich schöne Strecke entlang den *Gorges de la Dourbie.* Der kleine Ort in landschaftlich reizvoller Umgebung an dem Flüßchen *Dourbie* gelegen, hat seinen Ursprung in einem Kloster, das hier im 7. Jh. gegründet wurde und dessen Mönche mit der Trockenlegung der Umgebung begannen. Um 730 zerstörten die Araber das Kloster und verjagten die Mönche, so daß erst im 10. Jh. die Benediktiner die Urbarmachung des Landes wieder betrieben. 1135 erhob Papst Innozenz II. das Kloster zur Abtei, die Kirche Saint-Pierre wurde erbaut sowie mehrere Kirchen in der Umgebung. Um die Abtei herum entstand eine Siedlung, die im 14. und 15. Jh. befestigt wurde. Ende des 16. Jh. ging das Kloster in Lehensbesitz über und wurde schließlich während der Französischen Revolution 1789 aufgelöst. Das 1662 gegründete Kolleg des Klosters war eine der meistbesuchten Schulen des Rouergue. Heute besteht noch die Abteikirche Saint-Pierre aus dem 12. Jh., von einem Donjon überragt. Über dem Querschiff erhebt sich der Glockenturm, nach der Zerstörung 1794 mit einem Helmdach versehen. Im mittleren Arkadenbogen des Narthex aus dem 14. Jh. gotisches Portal. Das Innere der Kirche besticht vor allem durch die klare romanische Bauweise, den schönen Säulenkapitellen sowie das Blendbogenwerk im Chorraum. Unweit der Kirche die vieille halle aus dem 14. Jh., ursprünglich zum Kloster gehörend, später Markthalle. Pont de la Prade aus dem 14. Jh.

Montpellier-le-Vieux, 18 km nordöstlich, bizarre Felsenlandschaft auf dem *Causse Noir,* die ihren Namen von den Hirten der Umgebung erhalten hat. Sie hielten diesen Platz, der noch im letzten Jahrhundert von einem Walddickicht überwachsen war, und in den kein Mensch einen Fuß hineinsetzen konnte und wollte, für eine verwunschene Stadt. Zwischen 1880 und 1890 wurde Montpellier-le-Vieux von französischen Forschern, u. a. de Malafosse und E. A. Martel erforscht und planmäßig erfaßt. Die phantastischen Formen der Felsen assoziieren die Namen, die man ihnen gegeben hat: es gibt hier den Hasen (le Lapin) und das Schiff (la Navire), den Richter (le Juge), die Amphore (l'Amphore), das Tor von Mykäne (la Porte de Mycènes), die Sphinx (le Sphinx), den Hundekopf (la Tête de Chien) und vieles andere mehr. Eine Wanderung durch dieses wilde Steinlabyrinth, dessen Vegetation von seltener Schönheit ist, kann man bis auf einen Tag ausdehnen, der bezeichnete Weg ist jedoch auch in 2 Std. zu bewältigen. Ausgangspunkt ist die Auberge du Maubert, die mit dem Auto zu erreichen ist. Hier ist ein Eintrittsgeld zu entrichten und es empfiehlt sich, hier auch den Wanderführer durch Montpellier-le-Vieux zu kaufen.

Corniche du Causse Noir, 27 km nordöstlich bis zum *Rocher du Champignon,* in dessen Nähe ein Parkplatz ist. Der weitere Weg durch diese reizvolle Felsenlandschaft, der immer wieder herrliche Ausblicke auf das Tal der *Jonte* und den Zusammenfluß von Jonte und Tarn bietet, ist nur zu Fuß zu bewältigen. Wanderungen von 1 Std. bis zu einem Tag sind möglich.

Corniches du Causse Méjean, 16 km nordöstlich bis Le Rozier, vom Schloß aus über den *Rocher de Capluc* weiter zu Fuß. Der markierte Wanderweg durch die stille, beeindruckende Landschaft dauert in seiner ganzen Länge 7 Std.; Wanderkleidung ist zu empfehlen. Die Felsenschlucht des Tarn und der Jonte stoßen hier fast im rechten Winkel zusammen, nordöstlich davon öffnet sich die weite Landschaft des Causse du Méjean, die auch heute noch, von Menschenhand kaum berührt, von riesigen Schafherden durchzogen wird.

Gorges du Tarn (s. dort), 78 km nordöstlich bis Florac. Die Gorges du Tarn sind eines der großartigsten Naturschauspiele der Causses (s. dort). Dem ganzen Flußbett entlang bis nach Florac verläuft die Straße am rechten Flußufer und bietet immer wieder neue Ausblicke auf die wilde Schlucht des Tarn. Von Florac zurück nach Millau, dem Tarnon entlang, weiter am südlichen Rand des Causse Méjean, über Meyrueis und durch die Gorges de la Jonte, 71 km, Gesamtstrecke ca. 196 km. Zunächst über

Le Rozier, 16 km nördlich, am Zusammenfluß von *Tarn* und *Jonte,* zu Füßen des *Rocher de Capluc* gelegen, nach

La Malène, 38 km nordöstlich, mit romanischer Kirche aus dem 11. Jh. und schönen alten Häusern. Weiter entlang der Schlucht, 14 km nordöst-

lich, oder auf kleiner Straße über den *Causse Méjean,* 18 km nordöstlich nach Sainte Enimie. Die Strecke über den Causse ermöglicht einen Abstecher nach **Anilhac,** wo sich in einem typischen Haus der Gegend ein kleines Museum mit Ausstellungen und Sammlungen vorgeschichtlicher und archäologischer Funde und Ausgrabungen aus dem Gebiet des Causse Méjean befindet. Über **Sainte-Enimie** (s. Florac, Ausflüge) nach **Florac** (s. dort), 27 km südöstlich und weiter, entlang dem *Tarnon* und dem südlichen Rand des Causse Méjean nach

Meyrueis, 35 km südwestlich. Es empfiehlt sich hier eine Unterbrechung der Fahrt, um verschiedene Sehenswürdigkeiten in der Umgebung zu besichtigen.

Grotte de Dargilan, auch la Grotte rose genannt, 9 km westlich, Höhle mit mehreren Sälen, deren größter 142 m lang, 44 m breit und 35 m hoch ist. Von der salle de la Mosque mit schönen Stalagmiten geht es hinunter zu den sogenannten Steinkaskaden und weiter in die salle du Lac und durch das sogenannte Labyrinth zur salle du Gours, durch die früher ein unterirdischer Fluß verlief. Mit der salle du Clocher ist die Besichtigung beendet; Dauer 1 Std. – *Geöffnet:* 1. Frühlingsferientag bis 30. 9. ganztägig; im Oktober täglich 14 bis 17 Uhr, im restlichen Jahr nach Vereinbarung mit: Monsieur le Directeur de Dargilan, 48150 Meyrueis, Tel. 66/45 60 20 und 45 64 35.

Aven Armand, 10 km nordwestlich, auf dem *Causse Méjean* in einsamer karger Landschaft gelegen. Mit einer elektrischen Seilbahn gelangt man 200 m tief in den sogenannten »Forêt Vierge«, eine Höhle mit ungefähr 400 bis zu 30 m hohen Stalagmiten, die ein beeindruckendes Ensemble bilden, einen »Traum aus 1001 Nacht«, wie der berühmte Höhlenforscher E. A. Martel es beschrieben hat. – *Geöffnet:* 1. Frühlingsferientag bis 30. 9. täglich 9 bis 12 Uhr und 13.30 bis 19 Uhr; Besichtigungsdauer 45 Min. Von Aven Armand zurück auf die D 996 und weiter in Richtung Millau, 37 km südwestlich.

MOISSAC

D-2. Dép. Tarn-et-Garonne, 76 m, 12 000 Einw. In einer grünen Uferlandschaft am *Tarn* gelegene Stadt, berühmt wegen ihrer Abtei, eines der schönsten romanischen Baudenkmäler Frankreichs.

Auskunft: Syndicat d'Initiative, pl. Delthil, 82200 Moissac, Tel.: 63/0 40 85.
Verkehr: N 113 Toulouse-Agen, Endpunkt der D 927 von Montauban. – Bahnstation.

Geschichte: Der Legende nach im Jahre 506 vom Merowinger-König Chlodwig gegründet, besteht in Moissac bereits im 7. Jh. ein Benediktinerkloster, das jedoch, mehrmals von den Arabern, den Normannen und den Ungarn zerstört und geplündert, bis ins 11. Jh. hinein ein bescheidenes Dasein führt. Erst 1047, als der Abt von Cluny die Abtei von Moissac mit der von Cluny vereinigt, erlebt das Kloster eine Hochblüte, und sein Einfluß reicht bald bis Katalonien. 1059 bis 1131 werden die Klostergebäude erneuert, 1063 die Klosterkirche geweiht und findet hier das Konzil von Moissac statt. Im Albigenserkrieg (s. Albi, Geschichte) werden große Teile des Klosters durch Simon de Montfort zerstört, der Kreuzgang jedoch kann noch im 13. Jh. unter Verwendung des ursprünglichen Baumaterials erneuert werden. 1271 wird Moissac zusammen mit der ganzen Languedoc Frankreich angegliedert. Während des Hundertjährigen Krieges (1339–1453) erleiden Kirche und Abtei erneut schwere Schäden und fallen schließlich 1361 unter die Herrschaft der Engländer. 1369 vom Herzog von Anjou befreit, wird das Kloster im 14. und 15. Jh. baulich erneuert, vor allem die Kirche restauriert und erweitert. 1628 säkularisiert, werden die Gebäude 1793 während der Französischen Revolution, erneut zerstört und geplündert. Im 19. Jh. veranlaßt Viollet le Duc die Wiederherstellung der Abtei und der Kirche Saint-Pierre und rettet damit eines der bedeutendsten romanischen Bauwerke Frankreichs.

Sehenswert: **Eglise Saint-Pierre** ehemalige Abteikirche, ursprünglich aus dem 12. Jh., lediglich der Glockenturm ist noch aus der damaligen Zeit erhalten. Von außen sind die beiden Bauperioden der Kirche gut zu erkennen: der aus Stein erbaute untere Teil sowie die Bogenfenster sind romanisch, der Rest, im 15. Jh. erbaut, gotisch. Das Portal, zwischen 1100 und 1130 ausgeführt, ist eines der bedeutendsten Werke der romanischen Bildhauerkunst. Im Zentrum des Tympanon Christus der König, umgeben von den Symbolfiguren der vier Evangelisten, rechts und links davon ein Erzengel. An den Seiten und unterhalb o. g. Darstellung die 24 Ältesten der Apokalypse. Der Tympanon ruht auf einem mit acht Rosetten verzierten Türsturz, in den rechts und links die Mäuler zweier Dämonen aus den Tierdarstellungen der Seitenfriese hineinragen. Am Türpfeiler links eine Skulptur des Petrus, rechts der Prophet Isaia, in der Mitte ein Monolith, von drei Löwenpaaren verziert, die jeweils in Form eines X gearbeitet sind. Das Portal ist von drei Rundbögen überzogen, die reich mit Ornamenten geschmückt sind. Der Portalvorbau aus Pyrenäen-Marmor zeigt rechts und links Szenen aus dem Alten und dem Neuen Testament, des Jüngsten Gerichts sowie die Statuen des Abtes Roger und eines Benediktinermönchs. Im Innern ist die ursprüngliche Ausstattung des Kirchenschiffs noch teilweise erhalten. Hinter dem von einer im 16. Jh. gestalteten Steinballustrade umgebenen Chor wurde in den letzten Jahren eine karolingische Apsis freigelegt, auf die man von der Galerie links vom Altar aus einen guten Blick hat. Über dem Altar ein romanischer Christus aus dem 12. Jh., außerdem Chorgestühl aus dem 17. Jh. sowie ein weißer Marmorsarkophag aus der Zeit der Merowinger unterhalb der Orgel. Rechts und links der Seitenschiffs mehrere Seitenkapellen. In der zweiten Seitenkapelle rechts eine Jungfrau-Darstellung von 1476, in der folgenden eine »Flucht nach Ägypten« aus dem 15. Jh. sowie eine »Grablegung Jesu« von 1485 in der letzten Seitenkapelle. Man verläßt die Kirche und geht um den Glockenturm herum zum **Kreuzgang**, Ende des 11. Jh. fertiggestellt und nach seiner Zerstörung im Jahre 1212 durch Simon de Montfort im 13. Jh. in seiner ursprünglichen Gestaltung wiedererbaut. Die vier Galerien des Kreuzgangs mit insgesamt 76 Arkadenbögen bilden ein Rechteck von annähernd gleicher Seitenlänge. Die Kapitelle aller 76 Säulen weisen jeweils unterschiedliche Dekorationen auf: u. a. Tierdarstellungen, Blumendekorationen, Szenen aus dem Alten und dem Neuen Testament sowie Heiligenfiguren. In den Kapellen des

Kreuzgangs **Klostermuseum** mit einer Steinsammlung aus dem 11. bis 13. Jh. sowie Sammlungen religiöser Kunst aus dem 17. bis 19. Jh. – *Geöffnet:* 1. 3. bis 30. 9. täglich 9 bis 12 Uhr und 14 bis 18 Uhr; 1. 10. bis 28. 2. täglich außer 25. 12. und 1. 1. 9 bis 12 Uhr und 14 bis 17 Uhr.

Musée moissageais, Moissac-Museum, in der ehem. Abtei. Dokumentationen zur Geschichte des Klosters, Sammlungen sakraler Gegenstände sowie heimatkundliche Sammlungen, u. a. Trachten, Möbel, handwerkliche Gegenstände und Keramiken. – *Geöffnet:* 16. 1. bis 30. 11. täglich außer dienstags und sonntags vormittags sowie dem 1. 5. 9.30 bis 12 Uhr und 14.30 bis 17.30 Uhr.

Baden: Schwimmbad, Freibad am Mündungssee von Tarn und Garonne.

Sport: Tennis, Reiten, Wassersport am Mündungssee von Tarn und Garonne.

Veranstaltungen: Fest der Gutedel-Traube, alljährlich im September.

Ausflüge: **Montauban** (s. dort), 31 km südwestlich, alte Festungsstadt am *Tarn,* Geburtsstadt des Zeichners Max Ingres und des Bildhauers Bourdelle. Ingres-Museum im ehem. Bischofspalast.

MONTAUBAN

D-2. Dép. Tarn-et-Garonne, 87 m, 53 000 Einw. Zwischen der *Garonne-Ebene* und dem Hügelland des *Quercy,* am rechten Ufer des *Tarn* gelegene alte Festungsstadt mit den für diese Gegend typischen Backsteingebäuden. Lebhaftes Verkehrs- und Handelszentrum und Umschlagplatz für die landwirtschaftlichen Produkte, vor allem Gemüse und Früchte, der gesamten Region. Montauban ist Geburtsstadt des Malers Ingres sowie des Bildhauers Bourdelle.

Auskunft: Syndicat d'Initiative, Ancien Collège, 37, rue du Collège, 82002 Montauban, Tel. 63/63 60 60.

Verkehr: N 20 Toulouse–Cahors, Endpunkt der D 115 von Bruniquel, der D 927 von Moissac und der D 999 von Gaillac. – Bahnstation.

Unterkunft.

Geschichte: 1144 gegründet, ist Montauban eine sogenannte »ville neuve«, eine »neue Stadt«, planmäßig angelegt und mit mächtigen Festungsanlagen versehen. Obwohl mehrmals im Laufe der Jahrhunderte zerstört, hat sich die Stadt einige Zeugnisse ihrer mittelalterlichen Vergangenheit bis heute bewahrt. Im 14. Jh., nach dem Frieden von Brétigny 1360, wurde Montauban von den Engländern besetzt, fiel jedoch 1368 bereits wieder an Frankreich zurück und entwickelte sich im Laufe der folgenden Jahrzehnte zum Zentrum des französischen Protestantismus. Blutiger Schauplatz der Religionskriege, unterwarf es sich schließlich 1629 der Politik Kardinal Richelieus und entwickelte sich nun rasch zu einer Industriestadt. Gegen Ende des 18. Jh. arbeiteten in den 60 Fabriken der Stadt ca. 8000 Arbeiter, Montauban erlangte den Rang einer Industriemetropole im Midi mit politischem Verwaltungszentrum. Während der Zeit der Französischen Revolution allerdings wurde Montauban zurückgestuft zu einer einfachen Verwaltungsstelle, erlangte jedoch 1808 als Hauptstadt eines neugeschaffenen Départements seine frühere Bedeutung zurück. 1780 wurde in Montauban der Zeichner Ingres geboren, 1861 der Bildhauer und Rodin-Schüler Bourdelle. Die Werke

dieser Künstler setzten neue Akzente im kulturellen Leben der Stadt und erweiterten ihre kunsthistorische Bedeutung weit über das Mittelalter hinaus.

Sehenswert: **Musée Ingres,** im ehem. **Bischofspalast,** 1664 an der Stelle zweier Schlösser aus dem 12. und 14. Jh. erbaut. Ersteres wurde 1229 geschleift und etwa ein Jahrhundert später, während des Hundertjährigen Krieges, wurde hier auf Weisung des Schwarzen Prinzen ein festungsartiges Schloß errichtet, von dem einige Räume in den Bau des Bischofspalastes integriert wurden. Während der Französischen Revolution seiner ursprünglichen Bestimmung enthoben, wurde hier 1843 das Musée Ingres eingerichtet. Im 1. Stock Sammlungen der Bilder Ingres (1780–1865) sowie Bilder von David, Géricault und Delacroix u. a. Im 2. Stock Werke verschiedener Künstler aus dem 14. bis 18. Jh. sowie Möbel aus der Zeit Ludwigs XV. und Ludwigs XVI. Das Erdgeschoß ist zwei weiteren Künstlern Montaubans, Bourdelle (1861–1929) und Desnoyer (1894–1972) gewidmet sowie einigen weniger bekannten Künstlern des Midi. In dem Bereich des Gebäudes, der noch aus dem 14. Jh. stammt, mehrere Säle mit archäologischen Funden sowie Sammlungen zur Geschichte der Stadt und der Region. In der Salle des Gardes, auch Salle du Prince Noir genannt, Steinsammlung sowie zwei Kamine aus dem 15. Jh. In der Salle Jean-Chandos u. a. gallo-römisches Mosaik aus dem 4. Jh., in Labastide du Temple, nahe Montauban, gefunden. – *Geöffnet:* Palmsonntag bis 15. 10. täglich außer montags, dem 1. 5. und 14. 7. 10 bis 12 Uhr und 14 bis 18 Uhr; 16. 10. bis Palmsonntag täglich außer montags und sonntags vormittags, dem 1. 11., 25. 12. und 1. 1. 10 bis 12 Uhr und 14 bis 18 Uhr.

Place Nationale, im 14. Jh. im Zentrum der Stadt angelegt, wurden die aus Holz gebauten Arkadengänge durch zwei große Brände 1614 und 1649 zerstört und im 17. Jh. mit Ziegelsteinen wiedererrichtet. Der Platz mit seinen Backsteinhäusern im Übergangsstil von Renaissance zum Klassizismus und den schönen Bogengewölben der Arkaden bildet ein harmonisches Ensemble.

Pont Vieux, Brücke mit sieben Bögen, 1304 erbaut, die den Tarn in einer Länge von 205 m überspannt. Bei der Brücke Denkmal zur Erinnerung an den Krieg von 1870/71, ein Jugendwerk Bourdelles.

Eglise Saint-Jacques, um 1230 errichtet, im 16. Jh. weitgehend zerstört. Nur der spitze Glockenturm im typischen Stil der Toulouser Backstein-Gotik ist noch aus dem 13. Jh. erhalten. Das Kirchenschiff wurde im 18. Jh. in der ursprünglichen Bauweise erneuert. Im Innern barockes Chorgestühl sowie schönes Orgelgehäuse.

Cathédrale Notre Dame, mächtiger klassischer Bau von François d'Orbay und Robert de Cott, Baumeister des Versailler Doms. In der Sakristei das berühmte Gemälde »Gelöbnis Ludwigs XIII.« von Ingres.

Anciennes Cours des Aides, Haus aus dem 17. Jh. mit zwei Museen. **Musée du Terroir,** heimatkundliche Sammlungen zum Leben im Bas-Quercy seit dem 19. Jh. – Geöffnet: 1. 4. bis 31. 10. täglich außer montags, sonn- und feiertags 10 bis 12 Uhr und 14 bis 18 Uhr. In der 2. Etage das **Musée d'Histoire Naturelle** mit

zoologischen und ornithologischen Sammlungen sowie Funden aus dem Tertiär. – Geöffnet: täglich außer montags, sonntags vormittags und feiertags 10 bis 12 Uhr und 14 bis 18 Uhr.

Le Cour Foucault, Park, 1679 angelegt und nach seinem Gründer benannt, mit Denkmal von Bourdelle für die Gefangenen des Ersten Weltkrieges: Frankreich, dargestellt als Pallas Athene, Göttin der Weisheit, erwartet ihre Verbündeten. Am Eingang des Cour Foucault Mahnmal Dautrys zum Gedenken an die im Zweiten Weltkrieg Deportierten sowie an die Widerstandskämpfer gegen die deutsche Besatzung.

Schöne alte **Patrizierhäuser** und **Hôtels** aus dem 15. bis 19. Jh.

Baden: Schwimmbad.

Sport: Reiten, Tennis, Wassersport.

Veranstaltungen: Festival d' Occitanie, alljährlich im Juni/Juli. – Fêtes de l'Eté, alljährlich 1. bis 15. August.

Ausflüge: **Bruniquel,** 29 km östlich, Dorf mit malerischen alten Häusern und einem eindrucksvollen Schloß aus dem 12. bis 15. Jh., dessen Ursprünge bis auf das 6. Jh. zurückgehen. Der mächtige, viereckige Turm trägt den Namen der Königin Brunhild, die der Legende nach das Schloß bewohnt haben soll. Im Innern alter Rittersaal. Dem *Aveyron* entlang weiter nach **Penne,** 6 km östlich, mit alten Schloßruinen. Nun nach **Saint-Antonin,** 16 km östlich, mittelalterliche Stadt am Ufer des *Aveyron.* Zurück nach Montauban, 51 km.

Moissac (s. dort), 31 km westlich, mit ehem. Abteikirche Saint-Pierre aus dem 12. Jh. und Rathaus, ebenfalls aus dem 12. Jh.

MONTPELLIER

F-3. Dép. Hérault, 50 m, 196 000 Einw.
Die Stadt, erst im 9. und 10. Jh. auf
dem Hügel »Monspistillarius« gegründet, ist heute eine der größten
Städte des Languedoc, Kultur- und
Wirtschaftszentrum der Region und
Universitätsstadt, deren Traditionen
bis ins 12. Jh. zurückreichen. Die malerische Altstadt und die Museen der
Stadt bergen zahlreiche Zeugnisse
ihrer bedeutenden Vergangenheit.

Auskunft: Comité Régional au Tou-
risme, 2, rue Stanislas-Digeon, 34000
Montpellier, Tel. 67/60 55 42. Bureau
Municipal de Tourisme, le Capoulié,
6, rue Maguelone, Tel. 58 26 04; Gare
S.N.C.F., pl. A Gibert, Tel. 92 90 03;
Pavillon d'accueil, route de Palavas,
Tel. 65 67 38.
Verkehr: Autobahn A 9, »La Langue-
docienne«, Béziers–Nîmes. N 113
Béziéres–Nîmes. Endpunkt der N 109
von Gignac. – Bahnstation. – Flugha-
fen Aéroport de Frejorgues, 8 km.

Unterkunft.

Geschichte: Im Jahre 985 wurde
Montpellier als »Monspestellario«
zum ersten Mal urkundlich erwähnt.
Auf einem Hügel, nahe dem Meer
erbaut, entwickelte sich die Stadt
rasch zu einem Handelszentrum. Jü-
dische und arabische Ärzte, die aus
Spanien vertrieben worden waren,
ließen sich in Montpellier nieder und
gründeten hier bald eine medizinische Fakultät, die bereits 1147 über
die Grenzen Frankreichs hinaus Anerkennung und Erwähnung fand. Ihr
folgte noch im 12. Jh. eine Fakultät
für Recht sowie eine Kunstakademie.
Im Jahre 1204 erhielt Montpellier eine politische Charta, die eine weitgehend demokratische Verwaltung der
Stadt gewährleistete. Die Konsuln
der Stadt wurden aus den Reihen der
Bevölkerung und von dieser gewählt.
Politisch, wirtschaftlich und kulturell
war dies die Blütezeit Montpelliers,
das gleichzeitig durch die Heirat von
Marie von Montpellier mit dem König
von Aragon an Spanien fiel. Zwei-
hundert Jahre später, im Jahre 1349
kaufte der König von Frankreich die
Stadt für 120 000 Goldtaler zurück.
Unter der Herrschaft der Valois wurde die Stadt von schweren Krisen
geschüttelt, daneben litt sie unter
den Zerstörungen und Wirrnissen
des Hundertjährigen Krieges (1339
–1453) ebenso wie die ganze Region.
Lediglich die Universität von Montpellier konnte sich ihren herausragenden Ruf bewahren, Namen wie
Rabelais, Rondelet und Nostradamus
bürgten für ihre wissenschaftliche
Qualität. Ende des 16. und Anfang
des 17. Jh. geriet die Stadt erneut in
eine politische Krise. Eine Hochburg
des Protestantismus geworden, wurden hier nahezu 60 Kirchen und Klöster zerstört. 1622 besetzten die
Truppen Richelieus die Stadt. Montpellier unterwarf sich rasch der Politik Ludwigs XIII. und wurde 1672
politisches Verwaltungszentrum der
Provinz Languedoc. Die Stadt erlebte
nun eine zweite Phase wirtschaftlicher Prosperität, die erst 1789 mit
der Französischen Revolution vorübergehend unterbrochen wurde. Im
19. Jh. entwickelte sich neben dem
Weinanbau die Industrie, der Handel
blühte und Banken und Verwaltun-
gen nahmen ihren Sitz in Montpellier. Im 20. Jh. setzte sich diese Entwicklung fort, so daß Montpellier
heute eine der größten und wirtschaftlich dynamischsten Städte des
Languedoc ist.

Sehenswert: **Promenade du Peyrou,**
auf Beschluß des Stadtrats von
Montpellier im 17. und 18. Jh. ange-

legte Promenade. Bauherren waren d'Aviler, Giral und Jacques Donnat. Die Promenade, in zwei auf unterschiedlich hohem Niveau liegenden Terrassen angelegt, auf deren obere ein Reiterstandbild Ludwigs XIV. steht, bietet einen schönen Blick auf die Cevennen und bis zum Mittelmeer hin. Eine monumentale Treppe mit schmiedeeisernen Gittern führt zur unteren Terrasse mit einem Wasserschloß aus dem 18. Jh. und dem Aquädukt Saint-Clément, das, 880 m lang und 22 m hoch, in schönen Arkadenbögen gebaut, an den Aquädukt Pont du Gard (s. dort) erinnert. Dieser Aquädukt ist das Ende einer Wasserleitung, die über 9 km von der Quelle des Luz bis zum Wasserschloß in Montpellier führt. Von der Promenade du Peyrou aus verläuft die *rue Foch* ins Stadtzentrum. Am Anfang der Straße der **Arc de Triomphe** aus dem 17. Jh. mit Bas-Relief-Darstellungen aus dem Leben Ludwigs XIV.

Cathédrale Saint-Pierre, *place Saint-Pierre,* einzige Kirche Montpelliers, die nicht während der Religionskriege zerstört wurde. Im 14. Jh. Kapelle des Collège Saint-Benoît, wurde die Kirche im 16. Jh. zur Kathedrale erhoben, als Montpellier Sitz einer Diözese wurde. Im 17. und 18. Jh. restauriert, hat sich die Kirche dennoch ihren einfachen gotischen Stil bewahrt. Zwei Türme aus dem 14. Jh. bilden den Portalvorbau. Im Innern kontrastieren Chor und Querschiff, im 19. Jh. wiedererrichtet, stark mit dem Kirchenschiff aus dem 14. Jh. mit nur einem Seitenschiff, eine Konstruktion, die eher der romanischen als der gotischen Bauweise entspricht.

Musée Atger, in der 1. Etage des ehem. Collège Saint-Benoît aus dem 14. Jh. mit Gemäldesammlung von Werken italienischer, flämischer und südfranzösischer Künstler, u. a. Bourdon, Mignard, Rigaud, Fragonard, Natoire und Vien. – *Geöffnet:* 1. 7. bis 30. 9. täglich außer samstags, sonn- und feiertags 13.30 bis 18 Uhr, im August geschlossen; 1. 10. bis 30. 6. täglich außer samstags, sonn- und feiertags 10 bis 12 Uhr und 13.30 bis 19 Uhr.

Jardin des Plantes, gegenüber dem Musée Atger und der Cathédrale Saint-Pierre. 1593 auf Veranlassung Heinrichs IV. angelegt, wurde dieser botanische Garten im 19. Jh. auf 5 ha erweitert. Neben typischen Pflanzen der Region befindet sich hier auch eine große Anzahl tropischer Pflanzen sowie eine berühmte Schule, in der nach den Methoden des Botanikers Candolle Pflanzenbestimmungen vorgenommen werden. – *Geöffnet:* täglich außer samstags, sonn- und feiertags 8 bis 12 Uhr und 14 bis 18 Uhr.

Musée Fabre, *rue Montpellieret,* in der 1. Hälfte des 19. Jh. eingerichtet. Den Grundstock für dieses Museum legte François-Xavier Fabre, Maler aus Montpellier und Schüler Davids, der nach seiner Rückkehr aus Italien der Stadt sein gesamtes Werk sowie seine Bücher, Gemälde und seine Briefmarkensammlung übermachte. Das Museum besitzt u. a. Werke von David, Ingres, Géricault, Delacroix, Courbet sowie Skulpturen von Houdon und Barye. – *Geöffnet:* täglich außer montags 9 bis 12 Uhr und 14 bis 17.30 Uhr.

Eglise Saint-Thérèse-de-l'Enfant-Jésus, moderne Kirche mit schönen Kirchenfenstern, u. a. das Leben der Heiligen darstellend.

Hôtel du Lunaret, *rue des Trésoriers-de-France.* Hôtel aus dem 17. Jh., in

ihm ist eine archäologische Sammlung untergebracht. Funde aus gallo-
römischer Zeit sowie dem Mittelalter,
aus dem. 16., 17. und 18. Jh. – *Geöffnet:* samstags 14 bis 17 Uhr, im August geschlossen.

Place de la Comédie, schöner Platz
im Zentrum der Stadt mit der Fontaine des Trois Graces aus dem 18. Jh.,
ein Werk des Bildhauers Etienne Antoine.

Vieux Hôtels, etwa 50 ehem. Adels-
und Kaufmannshäuser aus dem 17.
und 18. Jh. in der Altstadt von Montpellier mit reich verzierten Fassaden,
weiten Innenhöfen und schönen
Treppenhäusern.

Baden: La Paillade, av. de Heidel-
berg, Hallen- und Freibad mit Olym-
piabecken. Weitere Schwimmbäder.
Carnon Plage, 10 km südlich, Mittelmeerküste.

Sport: Wassersport, Ballsport.

Ausflüge: **Saint-Guilhem-le-Désert**
(s. Lodéve, Ausflüge), 30 km nordwestlich. Kloster, Anfang des 19. Jh.
von Guilhem, Prinz von Orange gegründet. Kirche aus dem 11. Jh. mit
Taufkapelle aus einem Vorgängerbau. 5 km südlich die

Grotte de Clamouse (s. Lodève, Ausflüge) mit mehreren Sälen, fein gestalteten Versteinerungen und Kristallisationen in unterschiedlichen
Farbgebungen. – *Geöffnet:* 1. 4. bis
14. 10. täglich 9 bis 12 Uhr und 14 bis

17 Uhr; 15. 10 bis 31. 3. täglich 14 bis
17 Uhr.

Maguelonne, 16 km südlich, sehr altes Städtchen am *Golfe du Lion,* auf
einer Landzunge gelegen, mit romanischer Kathedrale aus dem 11. bis
13. Jh. Die Kathedrale ist mit Wehr-
türmen und befestigten Toren, z. T.
noch mit Pechnasen versehen und
besitzt ein Mauerwerk von einer Stär-
ke bis zu 2,50 m. Über dem Eingangs-
portal Tympanon aus dem 13. Jh. mit
einer Darstellung des segnenden
Christus, umgeben von den Symbolfiguren der vier Evangelisten. Im Innern rechteckiges Kirchenschiff und
polygonale Apsis mit sparsamen Dekorationen. Rechts vom Hauptaltar
eine Truhe aus dem 13. Jh., in den
Seitenkapellen Grabsteine aus gallo-
römischer Zeit und dem 14. Jh. sowie
ein Marmorsarkophag.

Palavas-les-Flots, 11 km südlich, altes Städtchen mit schönem Sandstrand, der sich auf einer schmalen
Nehrung kilometerweit hinzieht.

Aigues-Mortes (s. dort), 30 km östlich, am Westrand der *Camargue* gelegene Kleinstadt mit vollständig erhaltenen Wallanlagen aus dem
13. Jh.

Castries, 12 km nordöstlich, kleiner
Ort mit Renaissance-Schloß. Im weiten Innenhof eine Büste Ludwigs
XIV. von Puget, Treppe mit Gemälden von Boucher aus dem Jahre
1760. Im großen Ständesaal Kachel-

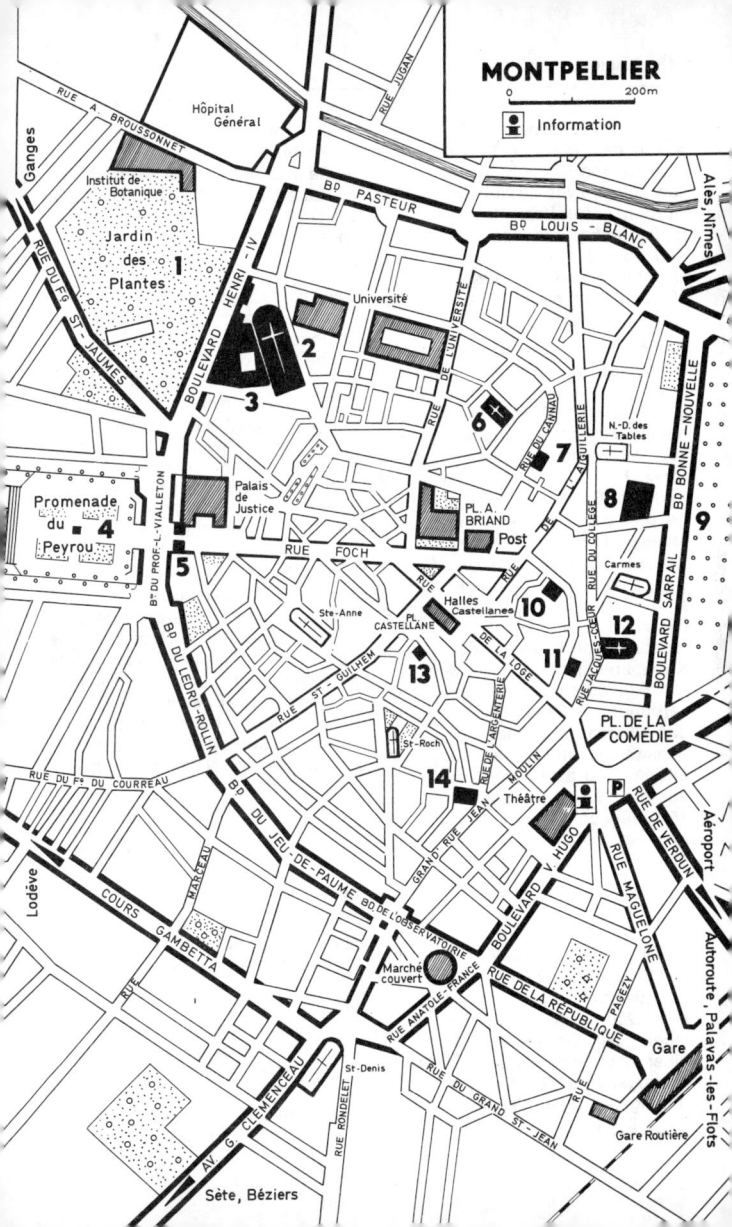

MONTPELLIER

0   200m

ℹ Information

ofen mit Fayencen aus Nürnberg sowie feines Meißner Porzellan aus dem 18. und 19. Jh. Schloßpark, dessen Anlagen von Le Nôtre entworfen wurden. – *Geöffnet:* 15. 3. bis 14. 12. täglich außer montags 10 bis 12 Uhr und 15 bis 18 Uhr; 16. 1. bis 14. 3. samstags und sonntags 15 bis 18 Uhr; 15. 12. bis 15. 1. geschlossen. Nun weiter nach

Sommières, 16 km nordöstlich, Kleinstadt, die mit ihren befestigten Stadttoren, engen Gäßchen und geschlossenen Plätzen bis heute ihren mittelalterlichen Charakter bewahrt hat. Pont romain, Brücke aus gallorömischer Zeit, im 1. Jh. erbaut. Am Ende der Brücke die Tour de l'Horloge, gotischer Uhrturm, eines der mittelalterlichen Zugangstore zur Stadt. Von hier gelangt man zur Marché-Bas, einem Platz, von Arkadenhäusern umgeben, im ehem. Flußbett des Vidourle angelegt. Ein Stück weiter der Marché-Haut, der frühere Kornmarkt der Stadt, mit dem Marché-Bas durch ein enges Gäßchen verbunden. – 3 km östlich der Stadt das **Château de Villevieille** mit sehenswertem und z. T. sehr kostbaren Interieur, u. a. Fayencensammlung aus dem 17. Jh. – *Geöffnet:* 1. 7. bis 15. 9. täglich 15 bis 19 Uhr, im übrigen Jahr Besichtigung nach Anmeldung, Tel.: 66/80 01 61.

NAJAC

D/E-2. Dép. Aveyron, 350 m, 930 Einw. Auf einem Hügel, oberhalb des *Aveyron,* an der Grenze zwischen dem *Quercy* und dem *Rouergue* gelegen. Der Ort wird überragt von einer mächtigen Burgruine, einer der wichtigsten mittelalterlichen Verteidigungsfestungen des Aveyron-Tals.

Auskunft: Syndicat d'Initiative, 12270 Najac, Tel. 65/65 80 94 und Mairie, Tel. 65 74 28.
Verkehr: D 299 Cordes–Villefranche-de-Rouergue, Abzw. bei Fouillade auf D 39, 6 km westlich. – Bahnstation.

Unterkunft.

Geschichte: Bertrand de Saint-Gilles, Sohn von Raymond IV., Comte von Toulouse, ließ im 12. Jh. in Najac die größte Burg des Rouergue errichten und verlegte den Verwaltungssitz des Landes dorthin. 1182 bestätigte Philippe August Najac als Lehen seines Vasallen Raymond V. de Saint-Gilles. Drei Jahre später besetzten die Engländer die Festung und unterzeichneten einen Vertrag, in dem sie Najac mit dem König von Aragon gegen den Comte von Toulouse verbündeten. Aber bereits 1196 fiel die Stadt an Toulouse zurück. Um 1200 gewannen die Katharer, eine sich gegen die Kirche in Rom stellende und in ganz Europa aufflammende Ketzerbewegung (s. Albi, Geschichte) Macht und Einfluß in Najac. Simon de Montfort, ein rechtgläubiger Haudegen auf seiten Roms, zerstörte die Festung von Najac und verpflichtete die der Ketzerei für schuldig befundenen Einwohner des Ortes zum Bau einer Kirche. Die Festung ließ Alphonse de Poitiers als einen der wichtigsten Verteidigungspunkte des Aveyron im 13. Jh. neu errichten.

Sehenswert: **Festung,** 1253 als eine der wichtigsten militärischen Verteidigungsanlagen hoch über dem Tal des *Aveyron* erbaut. Die Burg, in Form eines Trapezes angelegt und ehemals von drei Wallmauern umgeben, ist von wehrhaften Rundtürmen flankiert. Von der Plattform des Bergfrieds im Südosten, dem mächtigsten der Türme, hat man einen wunderschönen Blick über das Tal des Aveyron. – *Geöffnet:* Palmsonntag bis 30. 9. täglich 10 bis 12 Uhr und 14 bis 19 Uhr; im Oktober an Sonn- und Feiertagen 10 bis 12 Uhr und 14 bis 17 Uhr.

Eglise Saint-Jean, interessanter Kirchenbau, 1258 im Stil der frühen Gotik errichtet. Im Innern drei Statuen aus dem 15. Jh.; eine Christusfigur im Stil der spanischen Schule, eine Jungfrau-Statue und ein hl. Johannes.

Fontaine Monolithe, Brunnen von 1344, aus einem einzigen Stein herausgehauen. – **Arkadengänge** aus dem 13. Jh. sowie schöne **alte Häuser** aus dem 13. bis 16. Jh. in der *rue principale.*

Sport: Reiten, Tennis.

Ausflüge: **Villefranche-de-Rouergue** (s. dort), 25 km nördlich. Mittelalterliche Stadt mit Befestigungsanlage und Karthäuser-Kloster Saint-Sauveur.

Cordes (s. dort), 35 km südlich. Auf einem Hügel gelegene, kleine Stadt mit vielen beeindruckenden Zeugnissen ihrer mittelalterlichen Vergangenheit.

NARBONNE

E/F-3. Dép. Aude, 11 m, 40 500 Einw. Alte, historisch interessante Stadt am *Canal de la Robine.* Seit ihrer Eroberung durch Rom bis ins hohe Mittelalter hinein spielte die Stadt als kulturelles und wirtschaftliches Zentrum eine herausragende Rolle. Heute genießt Narbonne mit den vielen Zeugnissen seiner großartigen Vergangenheit auch als Stadt des Weins und des Weinhandels einen bedeutenden Ruf.

Auskunft: Office de Tourisme, Jardin de la Maison Vigneronne, pl. Ro-

ger Salengro, 11100 Narbonne, Tel. 68/65 51 60 und 32 31 60.

Verkehr: Autobahn A 9, »la Languedocienne«, Perpignan–Montpellier; Endpunkt der Autobahn A 61, »Autoroute des deux Mers«, von Toulouse; Kreuzungspunkt der N 9 von Perpignan mit N 113 von Carcassonne, von Narbonne gemeinsame Streckenführung nach Béziers. – Bahnstation.

Unterkunft.

Geschichte: »Colonia Narbo Martius« war der Name, unter dem die Stadt auf Grund eines Dekrets des römischen Senats im Jahre 118 v. Chr. gegründet wurde. Als Umschlagplatz für die Handelswaren aus den Cevennen – Öl, Tuch, Holz, Heil- und Gewürzkräuter, Käse, Fleisch – sowie Marmor, Keramik und Töpferwaren aus Rom, entwickelte sich die Siedlung bald zu einer blühenden und reichen Hafenstadt. 27 v. Chr. gab Narbonne seinen Namen der neugegründeten gallo-römischen Provinz »provincia Gallia narbonensis«. Bereits im 1. Jh. v. Chr. rühmte Cicero die kulturelle Bedeutung der Stadt und ein Jahrhundert später beschrieb Martial sie als die schönste und neben Lyon größte Stadt Galliens. Nach dem Vordringen der Westgoten im Mittelmeerraum und dem Zusammenbruch des römischen Reiches im Jahre 410 machten die Westgoten Narbonne zu ihrer Hauptstadt. Im 8. Jh. kamen die Araber von der nordafrikanischen Küste über Spanien nach Gallien und besetzten auch Narbonne, aber bereits 759 konnte Pippin der Jüngere nach längerer Belagerung die Stadt einnehmen. Nun eingegliedert in das Frankenreich, wurde Narbonne unter der Herrschaft Pippins und später Karls des Großen (768–814) wiederum Hauptstadt, diesmal eines fränkischen Herzogtums, wobei die Stadt selber in drei Einflußgebiete aufgeteilt wurde: Die Cité mit der Kathedrale und dem Bischofspalast wurde dem Erzbischof von Narbonne, die Burg mit der Kirche Saint-Paul-Serge einem Grafen und die Neustadt von Narbonne den Juden zugewiesen. Die Verwaltung der Stadt allerdings lag, ähnlich wie in Toulouse, in den Händen von Konsuln. Bis zum 14. Jh. behielt die Stadt am Mittelmeer ihre wirtschaftliche Bedeutung als Warenumschlagplatz sowie als kultureller und politischer Mittelpunkt der Region. Der Hundertjährige Krieg (1339–1453), die Pest sowie die Abwanderung der Juden waren im 15. Jh. der Beginn des langsamen Niedergangs der Stadt. Dazu kam, daß der Hafen von Narbonne immer mehr versandete, bis die Stadt schließlich völlig vom Mittelmeer abgeschnitten war, was u. a. ihren wirtschaftlichen Ruin bedeutete. Zur Zeit der Französischen Revolution (1789) lebten in der einst blühenden und vom Handel geprägten Stadt nur noch ein paar tausend Menschen. Erst mit dem Aufkommen des Weinanbaus als ökonomischem Faktor und dem Weinhandel entwickelte sich Narbonne wieder zu einer wichtigen Handels- und später, mit dem Industriegebiet von Plaisance, auch Industriestadt.

Sehenswert: Zwei Stadtrundgänge durch die Altstadt erschließen die wichtigsten Sehenswürdigkeiten.

1. Quartier de Cité.

Ausgangspunkt ist die *place de l'Hôtel de Ville* am rechten Ufer des Canal de la Robine. Hier, im Herzen der Stadt, befindet sich das **Hôtel de Ville,** das in einem umgebauten Trakt des ehem. Palais des Archevêques

untergebracht ist. Das **Palais des Archevêques** bildet zusammen mit dem **Donjon Gilles Aycelin** und der **Basilique Saint-Just et Saint-Pasteur** ein großartiges Zeugnis mittelalterlicher Baukunst. Drei viereckige Türme aus dem 13. und 14. Jh. beherrschen die Fassade des Hôtel de Ville, rechts die Tour Madeleine, in der Mitte die Tour Saint-Martial und links der Donjon Gilles Aycelin. Der Gebäudeteil zwischen dem Donjon und der Tour Saint-Martial wurde, nachdem die Stadt im Jahre 1840 diesen Teil des Palais gekauft hatte, von Viollet le Duc im gotischen Stil umgebaut, um hier die Räume der Stadtverwaltung zu installieren. Der

Donjon Gilles Aycelin, im 13. Jh. auf den Ruinen der ehemals gallo-römischen Stadtbefestigung erbaut, überragt mit seiner Höhe von über 40 m das gesamte Ensemble. Von der Plattform des Donjon aus, zu der eine Treppe mit 162 Stufen führt, hat man einen wunderschönen Blick über Narbonne, die Montagne de la Clape, hinüber zum Mittelmeer und bis hin zu den Pyrenäen. In der unteren Etage des Donjon Schatzsaal mit Sammlungen mittelalterlicher Skulpturen. – *Geöffnet:* 15. 5. bis 30. 9. täglich 10 bis 12 Uhr und 14 bis 18 Uhr; 1. 10. bis 14. 5. täglich außer montags 10 bis 12 Uhr und 14 bis 17.15 Uhr; geschlossen am 1. 1., 1. 5., 14. 7., 1. 11. und 25. 12. Nun geht man über die place de l'Hôtel de Ville zur *rue Armand Gauthier,* die links zur

Basilique Saint-Just et Saint-Pasteur führt. Der Grundstein für diese Basilika wurde im Jahre 1272 gelegt und der erste Stein für den gewaltigen Kirchenbau kam aus Rom. Papst Clemens VI., der ehem. Erzbischof von Narbonne, hatte ihn geschickt, und

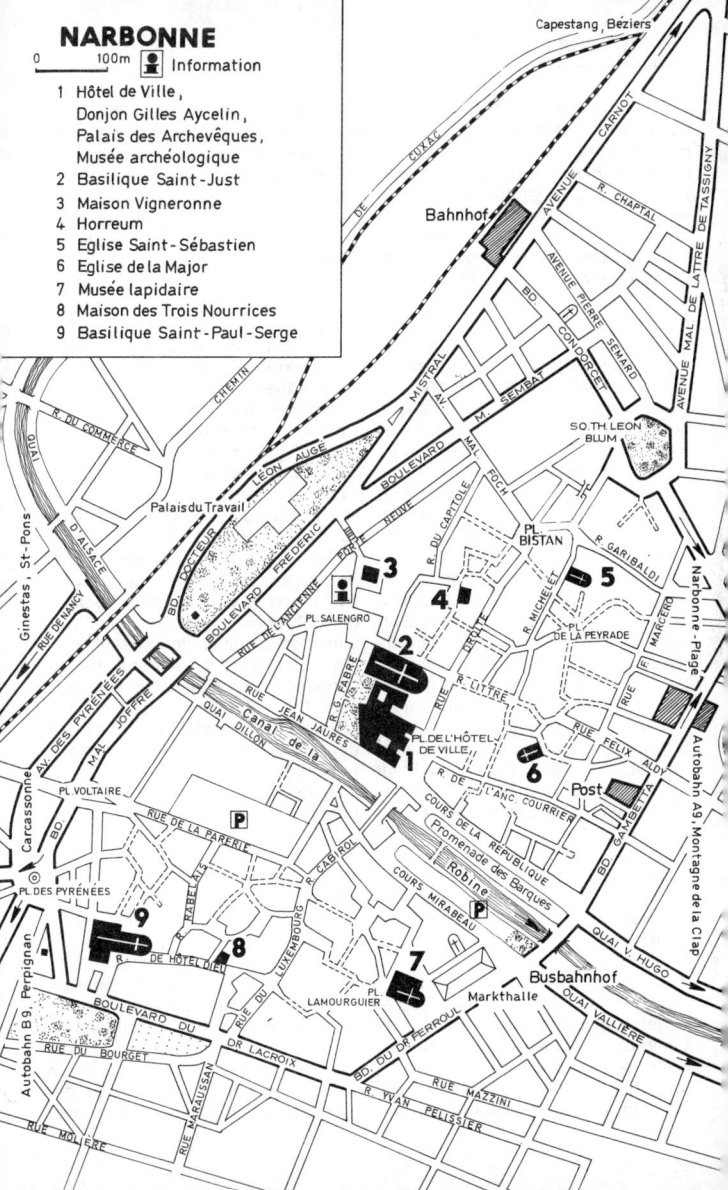

NARBONNE

0   100m   🚹 Information

1 Hôtel de Ville,
   Donjon Gilles Aycelin,
   Palais des Archevêques,
   Musée archéologique
2 Basilique Saint-Just
3 Maison Vigneronne
4 Horreum
5 Eglise Saint-Sébastien
6 Eglise de la Major
7 Musée lapidaire
8 Maison des Trois Nourrices
9 Basilique Saint-Paul-Serge

Capestang, Béziers

Bahnhof

SO. TH LEON BLUM

PL. BISTAN

Palais du Travail

PL. SALENGRO

PL. DE LA PEYRADE

PL. DE L'HÔTEL DE VILLE

Post

PL. VOLTAIRE

PL. DES PYRÉNÉES

COURS DE LA RÉPUBLIQUE

Promenade des Barques

Robine

Cours Mirabeau

PL. LAMOURGUIER

Markthalle

Busbahnhof

Carcassonne

Ginestas, St-Pons

Autobahn B9, Perpignan

Narbonne-Plage

Autobahn A9, Montagne de la Clap

der Stein wurde in das Fundament einer Seitenkapelle der Apsis eingemauert. 1354 war der Chor, im Stil der großen Kathedralen Nordfrankreichs erbaut, vollendet. Für die Weiterführung des Baus war es nun erforderlich, einen Teil der Stadtbefestigung einzureißen. Darüber entbrannte unter den Konsuln der Stadt ein heftiger Streit und da man sich nicht einigen konnte, wurde das Bauvorhaben vorerst eingestellt. Der Hundertjährige Krieg, die Pest sowie der wirtschaftliche Niedergang der Stadt führten dazu, daß sich die Wiederaufnahme der Bautätigkeit immer wieder verzögerte, bis man es im 18. Jh. schließlich ganz aufgab, die Kathedrale zu vollenden. Der Chor, im gotischen Stil errichtet, weist bereits Stilelemente der Hochgotik auf, was sich besonders am Mauerwerk der großen Fenster zeigt. Die Mauerbögen, die den oberen Teil des Bauwerks mit dem unteren, terrassenartig angelegten Teil, dem Chorumgang, verbinden, die Türmchen über dem Chorumgang wie auch die gewaltigen Nordtürme weisen darauf hin, daß die Kirche nicht nur sakrale, sondern durchaus auch militärische Funktion zur Verteidigung der Stadt erfüllen sollte. An der Nordseite des Chors der Cour Saint-Eutrope, der zwischen den mächtigen Pfeilern liegt, über denen hier im 18. Jh. das Querschiff und die ersten zwei Gewölbebögen des Langhauses errichtet werden sollten. Man betritt die Kathedrale durch die Türe, die den Kreuzgang mit dem Chor verbindet. Ein kleiner Gang führt in den hinteren Teil des Chores, der unter der Orgel liegt. Von hier aus hat man einen überwältigenden Blick auf das über 40 m hohe Deckengewölbe, dessen Triforium durch Gewölbebögen mit den Säulenpfeilern der gro-

ßen Fenster verbunden ist. Der Hauptaltar, aus Marmor und mit Bronzeverzierungen geschmückt, wurde nach Plänen Mansarts gearbeitet, die Orgel aus dem Jahre 1741 kommt aus der Werkstatt Moucherels. Zwischen Orgel und Hauptaltar Chorgestühl aus dem 18. Jh. Links hinter dem Hauptaltar das Renaissance-Grabmal Kardinal Biconnets, ganz aus weißem Marmor, rechts vom Hauptaltar das Grabmal Kardinals Pierre de Jugie. Vom Chorumgang öffnen sich die fünf Seitenkapellen der Apsis mit schönen Fenstern aus dem 14. Jh. In der mittleren Kapelle, über dem Altar, eine Jungfrau mit dem Kind aus Alabaster, im 14. Jh. gearbeitet sowie ein Bas-Relief, ebenfalls aus dem 14. Jh., Höllenszenen darstellend: rechts ein Wagen mit den Verdammten, links, im aufgerissenen Maul Leviathans, ein Teufel, zwischen den Kochzubern thronend, in denen die Verdammten leiden. In den Seitenkapellen rechts daneben schöne Aubusson-Wandteppiche und Gobelins aus dem 17. und 18. Jh. Durch die anschließende Sakristei gelangt man in den ehem. Kapitelsaal, auch Chapelle de l'Annonciade genannt. Unterhalb der Chapelle de l'Annonciade befindet sich die »salle acoustique«, so genannt wegen ihrer besonderen Akustik, hervorgerufen durch das runde Backsteingewölbe, wo der Kirchenschatz aufbewahrt wird. Darunter Manuskripte, religiöse und sakrale Gegenstände, u. a. ein Kelch von 1561, Wandbehänge aus dem 16. Jh., in Brüsseler Werkstätten gefertigt und die Schöpfungsgeschichte darstellend sowie eine geschnitzte Elfenbeinplatte aus dem 10. Jh. Bevor man die Kirche zum Kreuzgang hin verläßt, beachte man noch in der rechten Seitenkapelle neben dem

Ausgang die Steinskulptur »Grablegung Jesu« aus dem 15. Jh., die Bavière zugeschrieben wird. Der Kreuzgang, im 14. Jh. angelegt, besitzt ein schönes gotisches Bogengewölbe sowie mit Skulpturen geschmückte Brunnen im Innenhof. Von der Westseite des Kreuzgangs öffnet sich eine Türe zum Jardin des Plantes, im Wehrgraben der ehem. Stadtbefestigung angelegt. Hier befinden sich Fragmente römischer Baudenkmäler, u. a. aus dem Kapitol, dem Haupttempel des alten Narbo Martius. Von hier hat man einen hervorragenden Blick auf die Kathedrale und das Palais, vor allem auf den Synodentrakt, zwischen zwei runden, auf den Mauern der alten Stadtbefestigung erbauten Türmen gelegen, das Hauptgebäude des neuen Bischofspalastes aus dem 14. Jh.

Man geht nun zurück zur *rue Armand Gauthier* und wendet sich nach links zur *place Salengro*. Linkerhand die *rue G. Fabre*, in der sich die ehem. Kapelle der Büßermönche befindet. Man überquert die *place Salengro* und gelangt durch die anschließende Parkanlage zur

Maison Vigneronne. Das Haus, das ehem. Pulvermagazin der Stadt, wurde im 17. Jh. beim letzten Erweiterungsbau der Stadtbefestigung errichtet. Heute ist hier das **Weinmuseum** eingerichtet mit Dokumentationen und Sammlungen zur Tradition und Pflege der Weinkulturen, des Weinanbaus sowie der Weinverarbeitung. Nun zurück über die place Salengro in die rue Armand Gauthier und hier links in die *rue L.-C.-Deymes* und weiter durch die *rue du Capitole*, wo sich linkerhand die ehem. Konvent der Karmeliter befindet. Rechterhand führt die *rue Fabert* zur **place Bistan,** dem ehemals römischen Forum mit dem Capitol. Von hier nun rechts in die *rue Rouget-de-l'Isle* und weiter zum

Horreum liegt. Es ist das einzige Bauwerk aus römischer Zeit, das heute noch in Narbonne zu finden ist. Das Gebäude selbst besteht aus unterirdischen Gängen, in denen die Waren für den Markt aufbewahrt wurden. Von einem Zentralgang aus öffnen sich eine Reihe von Seitengängen, in denen Bas-Reliefs und in Stein gemeißelte Inschriften die römische Epoche unter Augustus mit ihren Bauwerken wie dem Amphitheater, dem Zirkus, Tempel, Thermen und Triumphbogen wieder lebendig werden lassen. – *Geöffnet:* 15. 5. bis 30. 9. täglich 9 bis 12 Uhr und 14 bis 18 Uhr; 1. 10. bis 14. 5. täglich außer montags 9 bis 12 Uhr und 14 bis 17 Uhr; geschlossen am 1. 1., 1. 5., 14. 7., 1. 11. und 25. 12. Man verläßt das Horreum und erreicht, die rue Droite querend, die *rue Girard* mit der

Eglise Saint-Sébastien. Im 15. Jh. an der Stelle des Geburtshauses des hl. Sebastian erbaut, war sie zwischen dem 17. Jh. und der Französischen Revolution die Kapelle des benachbarten Karmeliterklosters. Im Innern Hauptaltar aus dem 17. Jh., Gemälde »Ekstase der hl. Theresa« von Pierre Mignard aus dem 18. Jh. sowie ein »Ecce homo« und im Tympanon über dem Portal ein Bas-Relief, das Martyrium des hl. Sebastian darstellend. Nun zurück durch die rue Girard zur *rue Droite*, wo sich linkerhand auf der rechten Straßenseite das Maison Romane, Haus Nr. 75 und daneben die

Tourelle d'Angle, bei Haus Nr. 67 das Maison de l'Anmône mit Treppenturm aus dem 15. Jh. und bei Haus Nr. 63 die Maison Lamothe befinden.

Hier links zur *rue Michelet* mit dem Hôtel de Saint-Felix, heute Collège Beauséjour aus dem 17. Jh. Über die *place de la Peyrade* zur *rue Louis Blanc*, in der noch viele schöne alte Häuser mit Innenhöfen stehen. Unweit von hier, in der *rue Aubert.*

Eglise de la Major, ehem. Wallfahrtskapelle und einer der ältesten Sakralbauten Narbonnes. Von der *rue Louis Blanc* nun zur *rue de l'Ancienne Courrier*, sie führt rechterhand zum

Palais des Archevêques. Das Palais der Erzbischöfe von Narbonne ist in seiner Architektur eine Mischung aus Profanbau, militärischer Anlage und klerikalem Repräsentationsbau, geprägt vom jeweiligen Baustil der Jahrhunderte, in denen das Ensemble in seiner heute noch bestehenden Form nach und nach entstanden ist: der alte Bischofspalast im 12. Jh., der Donjon de la Madeleine im 13. Jh., ebenso der Donjon Gilles Aycelin, die Tour Saint Martial und das neue Palais im 14. Jh., die Residenz der Bischöfe im 17. Jh. und im 19. Jh. das Hôtel de Ville nach Plänen von Viollet le Duc. Durch ein Tor betritt man die

Cour de la Madeleine, den Innenhof des alten Bischofspalastes. Ausgrabungen haben ergeben, daß hier, an der Stelle des mittelalterlichen Palais und der Kirche, bereits drei Vorgängerbauten standen: eine constantinische Basilika, eine vom hl. Rusticus erbaute Kathedrale aus dem 5. Jh. sowie eine Kathedrale aus dem 9. Jh., von Erzbischof Théodard erbaut. Auch fand man hier noch wenige Reste eines römischen Hauses, eventuell eine »domus ecclesiae«, eines Kirchenhauses, in dem zu Beginn der Christianisierung Galliens heimlich Gottesdienste abgehalten

wurden. Im Südwesten der Cour de la Madeleine erhebt sich noch der Glockenturm der Théodardus-Kathedrale, an dessen unteren Bauteil man noch deutlich die Architektur des 9. Jh. erkennen kann. Darüber Rundbögenarkaden mit Lavastein-Gesims, typische Merkmale der romanischen Baukunst. Das

Alte Bischofspalais wurde fast unmittelbar in Anschluß an die Kathedrale erbaut, der Ostflügel mit Doppelarkaden und Treppenturm im 12. Jh., der Südflügel, mehrfach umgebaut, weist sowohl Rund- wie Spitzbogenfenster auf, als auch Kreuzfenster im Stil der Renaissance. Der Gebäudekomplex wird abgeschlossen von der

Tour de la Madeleine, 1273 von Erzbischof Pierre de Montbrun als Beobachtungsturm im Stil der frühen Gotik erbaut. Das **Alte Bischofspalais** wird durch die

passage de l'Ancre mit dem **Neuen Bischofspalais** verbunden. Gleich rechts neben der passage de l'Ancre ein Raum von völlig asymmetrischer Architektur mit einem Pfeiler in der Mitte, von dem sich völlig unregelmäßig die Gewölbebögen der Decke zu den Wänden hinziehen. Dieser Saal beherbergt eine Sammlung von Inschriften, Plastiken, Säulenkapitellen, Skulpturen und Standbildern aus der Zeit der Westgoten bis zum 15. Jh. Durch eine Tür gelangt man nun in den

Ehrenhof, den Innenhof des Neuen Bischofspalais, mit Blick auf den Donjon Gilles Aycelin. Die westliche Seite des Ehrenhofes ist durch das Gebäude der Synode begrenzt, das ab 1350 erbaut wurde. Später wurde dieser Bau mit einem südlichen Flügel mit dem Hauptturm verbunden. Ein nördlicher Flügel, der an der

Tour Saint Martial endet, ergänzt die Baueinheit. Im 17. und 18. Jh. wurden die Fassaden zum Hof hin im klassischen Stil weitgehend verändert. 1840 errichtete Viollet le Duc den östlichen Flügel, in dem das Hôtel de Ville untergebracht ist. Im Saal des Erdgeschosses, der

»salle des Consuls«, mit einer Reihe von Pfeilern, die das obere Stockwerk tragen, sieht man noch Überreste der im römischen Kaiserreich errichteten Wallbefestigung der Stadt. Daneben mehrere Zeugnisse aus der Geschichte der Stadt, vor allem aus der Zeit der Konsuln. Neben der salle des Consuls befindet sich der Zugang zu einer monumentalen Treppe, 1628 errichtet, die zum

Synodensaal führt. Dieser prächtige Repräsentationssaal verdankt seinen Namen den Synoden, den früheren Versammlungen der Erzbischöfe, die hier stattfanden. Ursprünglich war der Saal zweimal so hoch wie heute, im 17. Jh. jedoch wurde mittels einer Bogenkonstruktion eine zweite Decke eingezogen, wodurch eine weitere Etage entstand, in der die Wohnräume für die Prälaten eingerichtet wurden. An den Wänden hängen vier Aubusson-Teppiche, im 17. Jh. gearbeitet und die Geschichte der Esther aus dem Alten Testament darstellend. Neben den zu besichtigenden salle des Consuls und salle de Synode befinden sich im Neuen Bischofspalais das

Musée archéologique und das **Musée d'Art et d'Histoire.** Im archäologischen Museum prähistorische Funde sowie Funde aus der Bronzezeit, im wesentlichen aus dem oppidum von Montlaurès. Daneben Sammlungen griechischer Kunst sowie Ausstellungen und Dokumentationen über die Zeit der römischen Herr-

schaft über Narbonne. Im Museum für Kunst und Geschichte Sammlungen von Gemälden, u. a. Werke von Van der Meulen, Mignard, Rigaud, Nattier, David, Breughel und Tintoretto. Fayencen und Porzellan aus verschiedenen Jahrhunderten. – Geöffnet: 15. 5. bis 30. 9. täglich 9 bis 12 Uhr und 14 bis 18 Uhr; 1. 10. bis 14. 5. täglich außer montags 9 bis 12 Uhr und 14 bis 17 Uhr; geschlossen am 1. 1., 1. 5., 14. 7., 1. 11. und 25. 12.

2. Quartier de Bourg.

Ausgangspunkt ist wieder die *place de l'Hôtel de Ville. Von hier zur promenade des Barques* und über die Fußgängerbrücke, die über den Canal de la Robine führt. Von der Brücke aus hat man einen guten Blick auf den einzig noch erhaltenen Brückenbogen der

pont romain, auch pont des Marchands genannt. Die Brücke, deren einst sieben Bögen die Aude überspannten, wurde im Jahre 118 v. Chr. erbaut. Weiter am Canal de la Robine entlang über den *Cours Mirabeau* und dann rechts in die *rue Emile Zola.* Links die Markthallen der Stadt, rechts, am Ende der Straße die **Ancienne Eglise des Jacobins.** Nun rechts zur *place Emile Dijeon* und links zur *place Lamourguier* mit der

Eglise Notre Dame de la Mourguie aus dem 13. Jh. Die einschiffige Kirche, die ursprünglich zu einer Benediktinerabtei gehörte, die während der Französischen Revolution zerstört wurde, ist im Stil der Gotik erbaut, lediglich das Südportal aus dem 12. Jh. ist romanisch. Die mit Zinnen bewehrte Stirnseite der Kirche weist darauf hin, daß auch dieses Gebäude der Stadt Teil der mittelalterlichen Wehranlagen war. Die ehem. Kirche beherbergt heute das

Musée lapidaire mit nahezu 1300 Ausstellungsstücken aus der Geschichte Narbonnes: antike Inschriften, Grabsteine, Skulpturen, Stelen sowie Zeugnisse der alten Stadtbefestigung und der Bautätigkeit in Narbonne zur Zeit der römischen Herrschaft.

In der *rue de Belfort,* gegenüber vom Musée lapidaire, der ehem. **Konvent der Augustiner** mit Portalvorbau aus dem 12. Jh. und eine schönen Madonnenstatue. Die rue de Belfort führt zur *rue du Luxembourg.* An der Ecke der ehem. **Logis de la Vache,** dessen schöne Fassade in einer Etage noch romanische Doppelbögenfenster aufweist. Nun links hinunter zur *place V.-Hyspa* und links in den *boulevard Dr.-Lacroix.* Hier die einzigen Überreste der alten Stadtbefestigung aus dem 16. Jh. Zurück zur place V.-Hyspa und durch die kurze *rue J.-Longuet* zur *rue des Trois Nourices* mit der

Maison des Trois Nourrices. 1558 erbaut, ist dieses Haus ein bemerkenswertes Beispiel der Baukunst der Renaissance. Die Südfassade ist mit Skulpturen geschmückt, die die wunderschönen Renaissance-Fenster umgeben. Die *rue de l'Hôtel Dieu* führt nun direkt zur

Basilique Saint-Paul-Serge. Die Basilika, zwischen dem 12. und dem 15. Jh. erbaut, erhebt sich über dem Grab des ersten Bischofs von Narbonne, über das hier im 4. oder 5. Jh. bereits eine Nekropole errichtet worden war. Die z. T. noch vom romanischen Baustil geprägte Kirche wird von einem Spitzbogengewölbe aus dem 12. Jh. überzogen, der hohe Chor mit den Arkadenbögen und doppeltem Triforium, den großen Fenstern und dem eleganten Deckengewölbe im Baustil der Cham-

pagne wurde 1229 errichtet, die beiden letzten Gewölbejoche im westlichen Kirchenschiff im 15. Jh. angefügt. Im nördlichen Querschiff zwei schöne Türflügel aus dem 16. Jh. sowie mehrere Aubusson-Wandbehänge. Unter der großen Orgel zwei Sarkophage, in die Wand eingelassen. Mehrere Gemälde, darunter eine beachtenswerte »Kreuzigung« von Nicolas Tournier. Man verläßt die Kirche durch das Nordportal und gelangt in die **Crypte-paleo-chrétienne,** einer Krypta, die hier zu Anfang des 4. Jh. unter Constantin angelegt wurde. Die ältesten Sarkophage, der älteste aus dem 3. Jh. n. Chr., befinden sich hier, in einem der ältesten christlichen Bauwerke Frankreichs.

Nun die *rue de l'Hôtel de Dieu* zurück bis zur *rue Rabelais,* in die man links einbiegt. In dieser Gegend, dem alten Viertel Saint Paul, viele alte Häuser, die z. T. allerdings in schlechtem Zustand sind. Bei Haus Nr. 8 der ehem. Couvent de Saint Esprit, dann das Hôtel de Castillon mit Treppenturm. Der Weg durch das Quartier Saint Paul in Richtung Canal de la Robine führt zurück zur place de l'Hôtel de Ville.

Baden: Schwimmbad im Palais du Travail. Narbonne Plage, 11 km östlich, Strandregion von Narbonne. Saint-Pierre sur Mer, 15 km östlich, Gruisson, 16 km südöstlich.

Sport: Tennis, Wassersport.

Ausflüge: **Montagne de la Clape,** 10 km südöstlich, reizvolle Landschaft und Weinanbaugebiet.

Lagrasse, 41 km westlich, kleiner Ort im Tal des Orbieu mit schöner Abtei und Brücke aus dem 11. Jh. Die Abtei, die bereits in vorkarolingischer Zeit, nahe der Durchgangsstraße nach Spanien bestand und reich mit

Ländereien, bis hinein ins Roussillon und nach Katalonien ausgestattet war, gehörte zum Orden der Benediktiner. Im 16. und 18. Jh. wurde sie durch Befestigungsanlagen erweitert. Der Gesamtkomplex besteht aus einer Cour d'Honneur, umgeben von schönen Gebäuden aus gelblichem Sandstein, dem großen Kreuzgang, 1760 angelegt, der Abteikirche, ursprünglich im gotischen Stil, jedoch stark umgebaut und restauriert. Von hier gelangt man zum Donjon, 1537 zur Verteidigung der Abtei erbaut. Trotz seiner Höhe von 40 m, im oberen Teil achteckig und wie ein Glokkenturm mit doppelten Maueröffnungen versehen, fügt er sich gut in das Gebäudeensemble ein. Daneben der Wohn- und Arbeitstrakt der Mönche, der älteste Teil der Abtei, sowie der kleine Kreuzgang mit romanischen Säulenkapitellen in den zwei Seitengalerien und das ehem. Refektorium, von einer schönen Gewölbedecke überzogen. Die »escalier de Charlemagne« führt zur Chapelle de l'Abbé, zur Abtskapelle, deren Fußboden mit schönen Keramikplatten aus dem 13. Jh. ausgelegt ist. – *Führungen:* 24. 6. bis 14. 9. täglich außer sonntags vormittags und religiösen Feiertagen 9 bis 11.30 Uhr und 15 bis 19 Uhr.

Ginestas, 18 km nordöstlich, inmitten von Weinbergen gelegen. Im Dorf Pfarrkirche mit schöner Innenausstattung, u. a. vergoldeter Holzaltar aus dem 17. Jh., eine Marienstatue sowie eine Jungfrau mit dem Kind und eine Statue der hl. Anna aus dem 15. Jh. – *Geöffnet:* nur vormittags.

Abbaye de Fontfroide, 27 km südwestlich (s. Umschlagbild). Ehemalige Zisterzienserabtei, in schöner Landschaft gelegen. 1093 gegründet, bestand das Kloster als eigenständige Abtei bis ins 14. Jh. Danach verlor es seine Unabhängigkeit, geriet langsam in Vergessenheit und wurde schließlich 1791 ganz aufgegeben. Fast all seiner Kunstwerke beraubt, kam es 1908 in Privatbesitz und wurde sehr schön restauriert. Die Besichtigung führt durch den Cour d'Honneur aus dem 17. Jh. in die belle salle aus dem 13. Jh. mit Spitzbogengewölbe und einem schmiedeeisernen Gitter aus dem 18. Jh. und von hier zu den Gebäuden aus dem 12. und 13. Jh. Der Kreuzgang, im 13. Jh. angelegt, ebenfalls mit Spitzbogengewölbe und Arkadenbögen, die auf Marmorsäulen ruhen, besticht durch seine harmonische Eleganz. Ihm schließt sich die Abteikirche an, im 12. Jh. erbaut, in ihrer architektonischen Wirkung von der typisch zisterziensischen Schlichtheit und den klaren Linien und Proportionen des Baustils bestimmt. In der dahinter liegenden salle capitulaire romanische Gewölbedecke, gegenüber, in der salle des Morts aus dem 13. Jh., eine Steinskulptur »Kalvarienberg«, im 15. Jh. gearbeitet. – *Geöffnet:* 1. 4. bis 30. 9. täglich 9 bis 12 Uhr und 14.30 bis 18 Uhr; 1. 10. bis 31. 3. täglich außer dienstags 9 bis 12 Uhr und 14 bis 17 Uhr.

Réserve Africaine Sigean, 15 km südlich, Afrika-Tierreservat in der Nähe von Sigean, am *Etang de Bages et de Sigean* gelegen. Riesiges Freigehege, in dem vor allem afrikanische Tiere in freier Wildbahn leben. Neben Pelikanen, rosa Flamingos, Aras und Gänsegeiern sind hier Zebras, Watusi-Rinder, Elen-Antilopen und korsische Mufflons zu sehen, ebenso wie Affen, Elefanten, Tiger und Löwen, Kragenbären, weiße Rhinozerosse und Alligatoren. – *Geöffnet:* im Sommer täglich 9 bis 19 Uhr, im Winter täglich 10 bis 16 Uhr.

Béziers (s. dort), 23 km nordöstlich. Alte Weinstadt am *Canal du Midi* mit romanischer Cathédrale Saint-Nazaire und dem Musée du vieux Bitterois et du vin, mit archäologischen Sammlungen sowie Dokumentation zur Geschichte des Weinanbaus.

Nissan-lez-Ensérune (s. Béziers, Ausflüge), 18 km nordöstlich, mit gotischer Kirche aus dem 14. Jh. Unweit das **oppidum d'Ensérune** aus dem 6. Jh. v. Chr.

Capestang (s. Béziers, Ausflüge), 18 km nördlich, kleiner Ort mit Kirche aus dem 13. Jh., aus ockerfarbenem Stein erbaut.

NÎMES

G-3. Dép. Gard, 39 m, 150 000 Einw. Hauptstadt des Département Gard und Handelszentrum, zwischen der unteren *Rhône* und den Ausläufern der *Cevennen* gelegen. Mit den vielen Zeugnissen seiner großartigen Vergangenheit ist Nîmes eine der historisch und kulturell interessantesten Städte Südfrankreichs. 1840 wurde hier der französische Dichter Alphonse Daudet (1840–1897) geboren.

Auskunft: Office de Tourisme, 6, rue Auguste, 30000 Nîmes, Tel. 66/67 29 11 und 67 86 86.

Verkehr: Autobahn A 9, »la Languedocienne«, Béziers-Orange. N 103 Arles–Montpellier. Endpunkt der N 106 von Alès und der N 86 von Bagnols. – Bahnstation. – Flughafen Nîmes-Garons, 9 km südlich.

Unterkunft.

Geschichte: Schon vor der Römerzeit war der Ort Sitz eines keltischen Quellheiligtums, dessen Gott Nemausus hier verehrt wurde. 121 v. Chr. wurde die Siedlung von den Römern unterworfen. Kaiser Augustus siedelte hier um die Zeitenwende die Veteranen seiner Armee an und bald wurde das oppidum einer der bedeutendsten und prächtigsten Plätze der provincia Gallia Narbonensis und erlebte im 2. Jh. n. Chr. seine größte Blüte. Nach dem Zusammenbruch des römischen Reiches eroberten im 5. Jh. die Westgoten die Stadt und übten bis zum 8. Jh. ihre Herrschaft aus. Nîmes' Geschichte ist in den folgenden Jahrhunderten in erster Linie von den Religionskriegen des 13. Jh. und den Hugenottenkriegen im 16. und 17. Jh. geprägt. Simon de Montfort (s. Albi, Geschichte) unterwarf die Stadt, die den Anhängern der Albigenser Glaubenslehre Zuflucht und Wirkungsraum geboten hatte. Im Jahre 1389 wurden die Juden, die hier seit dem 7. Jh. ansässig waren und eine bedeutende Rolle im wirtschaftlichen Leben der Stadt spielten, verjagt und ihr gesamtes Eigentum konfisziert. Im 16. Jh. schließlich schloß sich die Stadt den Hugenotten an und wurde damit für lange Zeit in kriegerische Auseinandersetzungen und Wirrnisse hineingezogen, die erst 1789 mit der Französischen Revolution beendet waren. Trotzdem erlebte die Stadt seit dem 15. Jh., vor allem unter der Regierung von François I. (1494–1547), wieder einen wirtschaftlichen und kulturellen Aufschwung. 1682 wurde in Nîmes eine wissenschaftliche Akademie gegründet, die von Ludwig XIV. mit den gleichen Privilegien ausgestattet wurde wie die berühmte Académie Française. Die Académie de Nîmes, ursprünglich zur Erforschung und Erhaltung des archäologischen und historischen Erbes der Stadt gegründet, bemüht sich heute auch um die Pflege der Literatur, der Musik und der bildenden Künste. Das 19. Jh. mit seinen weitreichenden technischen Entwicklungen, der Industrialisierung, dem Bau von Eisenbahnen und einer immensen Ausweitung des Weinanbaus und des Weinhandels brachte schließlich einen gewaltigen wirtschaftlichen Aufschwung für Nîmes und das Département Gard.

Sehenswert: Die Altstadt von Nîmes mit ihren bedeutendsten Sehenswürdigkeiten läßt sich sehr gut durch einen Stadtrundgang erschließen. Ausgangspunkt sind

Les Arènes, das römische Amphitheater an der *place des Arènes.* Das Amphitheater, im 1. Jh. n. Chr. in einer Größe von 134×103 m und einer Höhe von 21 m erbaut, ist zwar nicht eines der größten, aber eines der besterhaltenen Bauwerke seiner Art. 22000 Besucher fanden hier Platz, um Gladiatorenkämpfe u. ä. zu folgen. Die 60 Bögen der Umgänge sind im Untergeschoß von Pilastern, im Obergeschoß von dorischen Halbsäulen gestützt. Das Theater verfügte über 124 Eingänge, durch die sich ein reibungsloser An- und Abmarsch der Besucher vollzog. Die Eingänge, die auf den beiden Achsen des ellypsenförmigen Bauwerks liegen, sind etwas größer als die anderen. Das nördliche Portal, der Haupteingang, ist mit Stierdarstellungen geschmückt. An der Giebelseite befindet sich ein Bas-Relief mit einer Darstellung der römischen Wölfin, die zwei Kinder nährt, ein weiteres Bas-Relief zeigt einen Gladiatorenkampf. Diese Art von Kämpfen hatte in Nîmes einen hervorragenden Ruf und war ebenso wie die berühmte Gladiatorenschule von Nîmes bis nach Rom hin bekannt. Im 5. Jh. wurde das Amphitheater von den Westgoten zu einer Festung ausgebaut und diente ebenso wie dasjenige in Arles als Zufluchtsstätte. Im Mittelalter richteten sich hier die »Chevaliers des Arènes« ein; sie wurden später von Armen abgelöst, die innerhalb der Mauern schließlich eine Wohngemeinschaft von 2000 Menschen mit einer eigenen Kapelle bildeten. Erst im 19. Jh. wurde das Bauwerk geräumt und restauriert. Heute finden im Sommer Freilichtveranstaltungen, vor allem Stierkämpfe, statt.

Man geht nun den *boulevard Victor Hugo* hinunter. Auf der linken Seite die **Eglise Saint-Paul,** von Questel im romanisch-byzantinischen Stil erbaut. Im Innern schöne Fresken von Flandrin sowie ein Kreuzweg von Pradier. Der boulevard Victor Hugo führt zu

Maison Carrée. Dieser griechisch-römische Tempel, eines der schönsten Bauwerke der Römerzeit, wurde zu Beginn des 1. Jh. n. Chr. erbaut. Dieser Tempel war, wie eine Inschrift an der Frontseite bezeugt, Caius und Julius Cäsar gewidmet, den Söhnen des Agrippa, römischer Feldherr und Schwiegersohn des Augustus. Das rechteckige Monument mit Portikus wird von hohen, korinthischen Säulen umgeben, es ist 26 m lang, 15 m breit und 17 m hoch. Der Tempel, seit dem 16. Jh. unter seinem heutigen Namen bekannt, wurde als Rathaus, Wohnhaus, Pferdestall und Kirche benutzt, heute befindet sich hier das

Musée des Antiques, das Antikenmuseum. Zu den wertvollsten Kunstwerken dieses Museums gehören ein bronzener Apollokopf und eine Apollo-Statue aus Nîmes sowie Mosaiken, Friese und eine Venus-Statue aus Nîmes und Anduze. – *Geöffnet:* Palmsonntag bis 30. 9. täglich 9 bis 12 Uhr und 14 bis 19 Uhr, bis Mai dienstags geschlossen; 1. 10. bis

Palmsonntag täglich außer dienstags 9 bis 12 Uhr und 14 bis 17 Uhr.

Nun weiter durch die *rue d'Horloge* bis zur *rue de l'Aspice*, Fußgängerzone, in die man rechts einbiegt. Die erste Querstraße links führt zur *rue Saint Castor* mit der **Cathédrale Saint-Castor,** die auf das 11. Jh. zurückgeht, aber oftmals erneuert und im 19. Jh. völlig verändert wurde. Erhalten blieben Teile eines romanischen Frieses an der Fassade mit Szenen aus dem Alten Testament. In den benachbarten Straßen zahlreiche alte Häuser. Gegenüber der Kirche das **Musée du Vieux Nîmes** im ehem. erzbischöflichen Palais mit einer Abteilung zur Geschichte des Protestantismus in Nîmes und einer Abteilung zur industriellen Entwicklung der Region. In der Eingangshalle Werke des Bildhauers J. Pradier sowie schöne Möbel, kunsthandwerkliche und Kunstgegenstände aus dem Languedoc des 17. Jh. – *Geöffnet:* Palmsonntag bis 30. 9. täglich 9 bis 12 Uhr und 15 bis 18 Uhr, bis Mai dienstags geschlossen; 1. 10. bis Palmsonntag täglich außer dienstags 9 bis 12 Uhr und 14 bis 17 Uhr.

Die rue Saint Castor führt nun zur *place Belle Croix,* die rechterhand in die *rue de la Curaterie* einmündet. Beim *boulevard Amiral Courbet* biegt man links ein und gelangt nun, am **Grand Temple** vorbei, zur

Porte d'Arles, auch **Porte d'Auguste** genannt, der Ruine eines im Jahre 15 v. Chr. errichteten Stadttores der römischen Stadtbefestigung. Nun den boulevard Amiral Courbet zurück zum

Musée lapidaire et archéologique, Musée d'Histoire naturelle im ehem. Jesuitenkolleg aus dem 17. Jh. Im Musée lapidaire et archéologique vor allem Funde aus gallo-römischer Zeit, Altäre, Epitaphe, Skulpturen sowie Keramiken und eine Münzsammlung. Im Musée d'Histoire naturelle prähistorische Funde aus der Umgebung. – *Geöffnet:* Palmsonntag bis 30. 9. täglich 9 bis 12 Uhr und 15 bis 18 Uhr, bis Mai dienstags geschlossen; 1. 10. bis Palmsonntag täglich außer dienstags 9 bis 12 Uhr und 14 bis 17 Uhr. Von hier nun durch die zur Fußgängerzone umgestaltete Altstadt mit ihren engen Gassen und z. T. schönen alten Häusern zurück zur *place des Arènes.*

Weitere Sehenswürdigkeiten:

Les Jardins de la Fontaine. Hier befand sich das keltische Quellheiligtum, später dann, in römischer Zeit, eine Thermenanlage. Erhalten sind noch Reste des Thermengewölbes, **Dianatempel** genannt. Die heutige Parkanlage wurde Mitte des 18. Jh. von dem Ingenieur Mareschal und dem Architekten Dardalhon geschaffen und ist mit geometrischen Becken und Skulpturen aus dem Garten des Château de la Mosson nahe Montpellier geschmückt. Hinter dem

NÎMES

0 _____ 200m

Information

Garten, auf dem *Mont Cavalier* die **Tour Magne** aus dem 1. Jh. v. Chr., eines der ältesten Bauwerke Frankreichs, wahrscheinlich als Wachturm gebaut. Von hier wunderschöner Blick auf die Stadt und die Umgebung.

Castellum, *rue de la Lampère,* Ruine eines Wasserschlosses aus gallo-römischer Zeit. Hier liefen die Wasserleitungen nach Nîmes zusammen und von hier aus wurde die Wasserversorgung der Stadt organisiert. Die rue de la Lampère führt in südlicher Richtung zum *boulevard Gambetta,* in den man links einbiegt. Linker Hand, bei Haus Nr. 20, das Geburtshaus von Alphonse Daudet.

Musée des Beaux Arts, *rue de la Cité Foulc.* Im Erdgeschoß römisches Mosaik, im Obergeschoß Gemäldesammlung mit Werken von Künstlern der italienischen, spanischen, flämischen und holländischen Schule sowie Skulpturen. – *Geöffnet:* täglich 9 bis 12 Uhr und 14 bis 17 Uhr, von Oktober bis Mai dienstags geschlossen.

Baden: Hallenbad im Sportzentrum Pablo Neruda, bd. Jean Jaurès; im »Iris«, rte. de Sommières; im »le Fenouillet«, rue Léo Lagrange. Freibad, impasse verdier.

Sport: Tennis, Squash, Reiten, Golf.

Veranstaltungen: Festival du Jazz, alljährlich in der Woche des 14. Juli, im Amphitheater. Theater, Konzert- und Folkloreveranstaltungen während der Sommermonate. Stierkämpfe in den Monaten Mai bis Oktober. Feria des Vendages Folklorefest mit Corridas, alljährlich am letzten Wochenende im September.

Ausflüge: **oppidum Nages,** 14 km westlich, Reste eines römischen oppidums mit Stadtmauern, Rundtürmen und Toren sowie verschiedenen frühgeschichtlichen Wohnstätten.

Aigues Mortes (s. dort), 38 km südlich, mittelalterliche Festungsstadt, deren Umwallung noch weitgehend erhalten ist. Von hier zu den mondänen Badeorten **La Grande Motte** und **Le Grau du Roi** sowie Ausflugsmöglichkeiten in die Camargue (s. Parc Naturel Régional de Camargue).

Pont du Gard (s. dort), 23 km nordöstlich, berühmter römischer Aquädukt, um 19 v. Chr. auf Veranlassung des römischen Feldherrn Agrippa erbaut.

Uzès, 25 km nördlich, reizvolles altes Städtchen mit vielen schönen alten Häusern. Im Zentrum der Stadt die place de la République, der ehem. Kräutermarkt mit tiefen Arkaden, die dem Platz einen malerischen Charakter verleihen. Uhrturm aus dem 12. Jh., Duché, Herzogsschloß aus dem 11. bis 14. Jh. mit Renaissance-Fassade von um 1550 und gotischer Hauskapelle. Im Innern schönes Louis-quinze- und Louis-seize-Mobiliar. – *Geöffnet:* im Sommer täglich außer mittwochs 10 bis 12 Uhr und 15 bis 19 Uhr; im Winter täglich außer mittwochs und samstags 10 bis 12 Uhr und 15 bis 17 Uhr. Cathédrale Saint-Théodorit aus dem 17. Jh. mit romanischer Tour Fenestrelle aus dem 12. Jh. Daneben ehem. Bischofspalais aus dem 17. Jh.

Alès (s. dort), 44 km nordwestlich, Industriestadt am *Gardon,* Ausgangspunkt für schöne Ausflüge in die Cevennen (s. Parc National des Cevennes).

PAMIERS

D-3. Dép. Ariège, 278 m, 15 200 Einw. Eine der bedeutendsten Städte im Ariège, am Rande der *Montagnes du Plantaurel* gelegen. Schöne Altstadt mit interessanten Zeugnissen der mittelalterlichen Geschichte Pamiers.

Auskunft: Syndicat d'Initiative, Office de Tourisme de la Basse-Ariège, Palais de Justice, pl. du Marcadal, 09100 Pamiers, Tel. 61/67 04 22.

Verkehr: N 20 Toulouse–spanische Grenze. Endpunkt der D 119 von Carcassonne. – Bahnstation.

Unterkunft.

Geschichte: Im 5. Jh., als die Westgoten nach Südfrankreich vordrangen, übergab der König von Toulouse seinem Sohn Frédéric das Gebiet des heutigen Pamiers, die »Domaine de Frédéric«, auch »Fédélas« genannt. Zum christlichen Glauben übergetreten, wurde Frédéric im Jahre 507 von den Westgoten ermordet. An der Stelle seines Martyriums wurde 961 die Abtei Saint-Antonin gegründet. Im 12. Jh., unter der Herrschaft der Comte de Foix, erhielt Pamiers ein Schloß, das castrum Apamie und damit seinen heutigen Namen. Seit 1295 Bischofssitz, erlebte die Stadt durch den Weinhandel eine wirtschaftliche Blüte, die im 12. und 13. Jh. zu einer regen Bautätigkeit führte. Während der französischen Religionskriege und dem Hundertjährigen Krieg (1339–1453) litt auch Pamiers stark, konnte sich aber wieder von den Kriegsfolgen erholen und war 1789 eine Stadt mit 5000 Einwohnern. Im Verlauf der Französischen Revolution 1789 verlor es seine Stellung als Bischofssitz und politische Verwaltungszentrale. Im Zuge der Industrialisierung des 19. Jh. konnte die Stadt jedoch eine bedeutende Stellung in der aufkommenden Metallindustrie erlangen. Bedeutende Söhne der Stadt sind der Musiker Gabriel Fauré (1845–1924) und der Politiker Théophile Delcassé (1852–1923), der von 1898 bis 1905 französischer Außenminister war.

Sehenswert: **Cathédrale Saint-Antonin,** ursprünglich aus dem 12. Jh., im 16. Jh. weitgehend zerstört und zwischen 1657 und 1689 wiedererrichtet. Vom Kirchenbau aus dem 12. Jh. besteht nur noch das romanische Portal mit Kapitellen, deren Reliefs, durch die Jahrhunderte zerstört, kaum noch zu erkennen sind. Von links nach rechts ist dargestellt: das Martyrium Johannes des Täufers, Adam und Eva, Kain und Abel, Daniel in der Löwengrube, Samson im Kampf mit dem Löwen sowie im Zentrum des Portals eine Darstellung des Martyriums des Evangelisten Johannes. Im Innern der Kirche, im Chorraum, die Gräber der Bischöfe von Pamiers, hinter dem Altar fünf Bilder, die die Legende vom hl. Antonin erzählen. Vergoldete Holzskulptur der hl. Magdalena aus dem 16. Jh.; in den Seitenkapellen Gemälde aus dem 18. und 19. Jh.

Eglise Notre-Dame du Camp aus dem 12. Jh., im 14. Jh. erweitert, in den Hugenottenkriegen zerstört und im 17. Jh. wiedererrichtet.

Carmal, 1648 von den Ordensschwestern der hl. Teresa von Avila gegründet mit Klosterkapelle aus dem 18. Jh. und viereckigem Turm aus dem Jahre 1285. Während der Französischen Revolution war das Gebäude Gefängnis.

Clocher des Cordeliers, einziges Zeugnis der ehem. Franziskanerkirche aus dem 14. Jh., die während der französischen Religionskriege zerstört und in ihrer jetzigen Gestalt im 18. Jh. wiedererrichtet wurde.

Palais de Justice, Gebäude aus dem 18. Jh., in dem heute das Amtsgericht und das Syndicat d'Initiative untergebracht sind.

Tour de la Monnaie, Turm des ehem. Hôtel des Monnaies aus dem Jahre 1596.

Porte de Nerviau, Stadttor, einziges Zeugnis der alten Stadtbefestigung aus dem 15. Jh.

Baden: Schwimmbad.

Sport: Tennis, Reiten, Fliegen.

Ausflüge: **Grotte du Mas-d'Azil,** 38 km westlich, in der *Montagnes du Plantaurel* gelegen. Die Höhle besteht aus einem natürlichen Tunnel von 450 m Länge und 50 m Breite, der von der Straße von le Mas nach Lescure durchquert wird. In der salle du Temple, in der unter Richelieu im 17. Jh. die Hugenotten Zuflucht fanden, Vitrinen mit Funden aus prähistorischer Zeit, in der salle Mandement Überreste von frühgeschichtlichen Tierskeletten. Nahe der Höhle prähistorisches Museum mit weiteren Funden aus der Umgebung. – *Geöffnet:* 1. 4. bis 30. 6. täglich 14 bis 18 Uhr; 1. 7. bis 30. 9. täglich 10 bis 12 Uhr und 14 bis 18 Uhr.

Tarascon-sur-Ariege (s. dort), 35 km südlich, Kleinstadt an der Ariege mit hübscher Altstadt, in der Umgebung interessante Höhlen.

Montagnes du Plantaurel, Rundfahrt über Foix–Lavelanet–Chalabre–Mirepoix, 140 km. Zunächst nach

Foix, 19 km südlich, durch das Tal der *Ariège.* Im Mittelalter Hauptstadt der gleichnamigen Grafschaft, zwischen den *Pyrenäen* im Süden und den *Montagnes du Plantaurel* im Norden gelegen, hat sich Foix mit seiner schönen Altstadt und dem mächtigen Schloß interessante Zeugnisse seiner bedeutenden Geschichte bewahrt. Im Jahre 1290 wurde das Foix unter der Oberhoheit der französischen Krone mit dem Bearn vereinigt. Reich an Bodenschätzen, u. a. Mangan, Bauxit und Zink wurde im Foix auch seit Jahrhunderten schon Eisen abgebaut, wie ein Dekret von 1293 beweist, in dem jeden Ansässigen das Recht zur Ausbeutung der Minen zugestanden wird. Heute werden nur noch die Minen von Luzenac und von Salau ausgebeutet. Das Schloß von Foix, das bereits im Jahre 1000 bestand, war einst ein mächtiges Bollwerk, das selbst Simon de Montfort in den Albigenserkriegen (s. Albi, Geschichte) nicht einzunehmen vermochte. Im 17. Jh. zu einem Gefängnis umgewandelt, ist hier heute das **Musée départementale de l'Ariège** untergebracht. Zwei Säle zeigen traditionelle und handwerkliche Volkskunst aus dem Ariège, in drei Sälen aus dem 14. und 15. Jh. prähistorische Funde und Funde aus gallo-römischer Zeit, u. a. Waffen, Münzen und Schmuck. Erinnerungsstücke an die Zeit, als das Schloß Gefängnis war, sind in einem weiteren Raum zu sehen. – *Geöffnet:* im Sommer 8.30 bis 12 Uhr und 14 bis 18.30 Uhr; im Winter 10 bis 12 Uhr und 14 bis 18 Uhr. Eglise Saint-Volusien aus dem 12. und 15. Jh. mit romanischer Seitenpforte und unvollendetem viereckigem Glockenturm. Von Foix Abstecher zur

Rivière souterraine de Labouiche, 5 km nordwestlich, über 3500 m unterirdischer Flußlauf des Labouiche, der 70 m unter der Erde auf 2,5 km mit einem Boot befahren werden kann. Stalagmiten und Stalaktiten in unterschiedlichsten, bizarren Formationen geben diesem Höhlenfluß einen geheimnisvollen Charakter. Nun weiter nach

Lavelanet, 27 km östlich, in der Landschaft *Olmes* gelegen, deren höchster Berg der *Mont Saint-Barthélémy,*

2350 m, ist. Schloß aus dem 13. Jh., im 18. Jh. im Renaissance-Stil umgebaut, Pfarrkirche Saint-Antoine aus dem 17. Jh. mit Taufbecken von 1633 und romanische Kapelle Saint-Sernin de Bensa. 12 km südlich von Lavelanet das

Château de Montségur aus dem Jahre 1204, im Albigenserkrieg (s. Albi, Geschichte) vom Juli 1243 bis zum März 1244 durch die Truppen Simon de Montforts belagert. Über die ehem. Zisterne bzw. eine Treppe im Donjon, in dem sich auch die salle des Chevaliers befindet, gelangt man in die Schloßkapelle. Im Museum von Montségur Ausgrabungsfunde aus der Umgebung sowie schönes Mobiliar aus dem 13. Jh. – *Geöffnet:* 1. 7. bis 30. 9. täglich 9 bis 12 Uhr und 14 bis 19 Uhr.

Nun über die Fontaine de Fontestorbes weiter nach **Bélesta**, 13 km nordöstlich. Die **Fontaine des Fontestorbes** zeigt das interessante Phänomen, daß ihr Wasserausstoß nach einer bestimmten Menge für eine gewisse Zeit unterbrochen wird und dann aufs neue beginnt. Von Bélesta nach Chalabre, 20 km nordöstlich, vorbei an **Puivert**, 11 km östlich, mit Schloßruine aus dem 8. Jh. In

Chalabre, einem ruhigen Ort in schöner Landschaft gelegen, Eglise Saint-Pierre aus dem 12. Jh. mit Glockenturm aus dem 16. Jh. und Chapelle le Calvaire mit schönem Blick auf die Pyrenäenkette. Weiter nach

Mirepoix, 20 km nordwestlich, schönes Beispiel einer mittelalterlichen »bastide«, im 13. Jh. rechtwinklig angelegt um einen zentralen Platz, die place principale. Um den Platz herum, von Laubengängen umgeben, Häuser aus dem 13. bis 15. Jh. Kathedrale aus dem Jahre 1343, erst 1865

mit dem Einziehen einer Gewölbedecke vollendet. Das Kirchenschiff, im 16. Jh. gebaut, ist mit 31,60 m das längste gotische Kirchenschiff Frankreichs. Von Mirepoix zurück nach Pamiers, 23 km westlich.

PARC NATIONAL DES CÉVENNES

Die Cévennes, deutsch Cevennen, liegen südöstlich des *Massiv Central* und fallen nach Süden hin zum *Mittelmeer* ab. Im Osten werden sie vom *Rhônetal* (s. Rhône), im Westen von den *Causses* (s. dort) begrenzt. Sie bestehen im wesentlichen aus Granit, Schiefer und Kalkstein, und diese drei Gesteinsarten bestimmen auch die unterschiedliche Fauna und Flora dieser Region. Von mehreren Bergketten durchzogen, deren höchste der **Mont Aigoual,** 1567 m, im Süden und der **Mont Lozère** mit einer Höhe von annähernd 1700 m im Norden sind, bilden die Cevennen jedoch keine geschlossene Gipfelkette. Bis ins 19. Jh. hinein waren die Cevennen, wie auch die Causses, ein dicht bewaldetes Gebiet, in dem Wölfe und andere wilde Tiere heimisch waren. Im Zuge der Industrialisierung wurden die Cevennen abgeholzt und sind trotz Wiederaufforstungsmaßnahmen seit Ende des 19. Jh., die vor allem auf die Bemühungen von Georges Fabre zurückzuführen sind, noch in weiten Teilen kahl und versteppt. Denn oftmals standen einer Wiederaufforstung die Lebensinteressen der hier ansässigen Menschen entgegen, die mit riesigen Schafherden ihre Existenzgrundlage sicherten. Vor allem im nördlichen Teil sind die Cevennen heute ein wenig besiedeltes Gebiet. Der typische Baum dieser Region ist die Eßkastanie, die an fast allen Berghängen, manchmal bis zu einer

Höhe von 950 m, zu finden ist und anderen Kulturen wie Obstbäumen und dem Wein nur wenig Platz läßt. Seit 1970 sind die Cevennen zum Naturschutzgebiet erklärt, das sich einschließlich einer Peripheriezone über 237 000 ha erstreckt, wovon 84 000 ha Zentralzone unter besonders weitreichenden Schutzbestimmungen stehen. Seine herausragendsten landschaftlichen Sehenswürdigkeiten sind der **Mont Lozère** (s. Florac, Ausflüge) und der **Mont Aigoual** (s. le Vigan, Ausflüge) sowie die **Corniches des Cevennes** (s. Florac, Ausflüge) und die **Gorges du Tarn** (s. dort) in der westlichen Peripheriezone. Markierte Wanderwege sowie 26 Rundwanderwege mit einer Gesamtlänge von 750 km erstrecken sich über den gesamten Nationalpark, in dem selbst sehr selten gewordene Tierarten wie Steinadler, Uhu, Wanderfalke, Trappe und Bieber beheimatet sind. In den Sommermonaten werden Wanderungen mit Führungen durchgeführt, bei denen unterschiedliche Themen behandelt werden, z. B. Vorgeschichte, Geologie oder Archäologie sowie Probleme und Erfolge der Naturpflege. Ebenso sind Ausflüge zu Pferd auf den zahlreichen, orange markierten Reitwegen, insgesamt ca. 500 km, möglich, die, mit entsprechenden Etappenzielen versehen, auch über mehrere Tage durchgeführt werden können. Auch im Winter bietet der Nationalpark auf markierten Langlaufbahnen und Skirouten Skiwanderungen u. a. zum Mont Lozère und zum Mont Aigoual. Während der Fremdenverkehrssaison von Mai bis September werden außerdem alljährlich in verschiedenen Orten der Cevennen Ausstellungen, Konzerte und ähnliche Veranstaltungen organisiert, um auch die kulturellen Traditionen und Gegebenheiten dieser Region zu pflegen.

Als Ausgangspunkte für Ausflüge und Wanderungen sowie Besichtigungen im Parc National des Cévennes bieten sich in der Peripheriezone **Millau, Mende, Alès** und **le Vigan** (s. jeweils dort) sowie im Zentrum **Florac** (s. dort) an. In Florac befindet sich auch der Sitz der Nationalparkverwaltung mit ganzjährig geöffneter Informationszentrale.

Für Besuche der Zentralzone des Nationalparks, vor allem bei längeren Aufenthalten, sind z. T. strenge Vorschriften zu beachten, die z. B. das Zelten, Feuermachen, Sammeln von Beeren oder Pilzen, den Fischfang wie auch die Jagd betreffen.

Auskunft: Parc National des Cévennes, Centre d'Information, Château, 48400 Florac, Tel.: 66/45 01 75.

PARC NATIONAL DES PYRÉNÉES

Dieser Nationalpark wurde 1967 gegründet. Er umfaßt etwa 48 000 ha und zusammen mit dem Naturschutzgebiet von Néouvielle ca. 50 000 ha. Man unterscheidet eine zentrale Parkzone, die sich in 100 km Länge und 3 bis 15 km Breite an der französisch-spanischen Grenze entlangzieht und Höhen bis zu 3300 m erreicht. In ihr liegen der **Pic du Midi d'Ossau**, 2884 m, der **Pic Balaïtous**, 3146 m, und der **Pic Vignemale**, 3298 m (s. Pyrenäen) sowie der **Cirque de Troumouse** und der **Cirque de Gavarnie** (s. Gavarnie, Ausflüge). Die Randzone mit über 200 000 ha legt sich als ein 10 bis 30 km breites Band um die Zentralzone. Sie reicht etwa von Oloron-Sainte-Marie bis südlich von Pau über Argèles-Gazost, schließt die Randregion des Naturschutzgebiets um das Massif de Néouvielle ein und wird im Osten etwa durch Bagnères-de-Luchon begrenzt.

Das Gebiet wird durch drei Gebirgstäler gegliedert: die Vallée d'Aspe im Westen, die Vallée d'Ossau und die Vallée de Cauterets im Osten.

Starke Unterschiede in der Höhenlage, der Sonneneinstrahlung und der Bodenbeschaffenheit geben der Pyrenäen-Flora eine überaus große Artenvielfalt. Hier blühen Alpenrosen, Jonquillen, Türkenbund, Enzian, Steinbrech, Alpenranunkeln und Edelweiß. Spezifisch ist auch die Fauna, man findet hier Tierarten, die sonst nicht mehr in Frankreich vorkommen: Auerhähne, Bären, Kuttengeier, Ginsterkatzen, Marder und Gemsen. In den ca. 250 Bergseen sowie den zahllosen Gebirgsbächen und -flüssen findet man darüber hinaus überall Forellen, deren Lebensraum besonders sorgsam gepflegt wird.

Auskunft: Direction du Parc National des Pyrénées, B. P. 300, 65013 Tarbes-Ibos, Tel. 62/93 30 60.

PARC NATUREL RÉGIONAL DE CAMARGUE

Die Camargue, das Deltagebiet der Rhône zwischen der Mündung des **Grand Rhône,** der Großen Rhône, in das Mittelmeer bei Port Saint-Louis und derjenigen des **Petit Rhône,** der Kleinen Rhône, bei Les Saintes-Maries de la Mer, umfaßt ein Gebiet von 85 000 ha. Dieser gesamte Landstrich, einschließlich einer 7-Meilen-Zone des Mittelmeers entlang der Küste der Camargue, steht seit 1970 unter Naturschutz.

Das sumpfige Alluvialland der Camargue ist während Jahrtausenden von der Rhône angeschwemmt worden, deren Wasser noch immer jährlich über 20 Millionen cbm Kies, Sand und Schlamm herantragen. Andererseits aber kämpft das Meer mit Macht gegen dieses Vordringen, was zur Bildung von Haffs und Salzseen führt. Dieser ständige Kampf prägt das Landschaftsbild vor allem im südlichen Teil. Hier liegen hinter einer gegen das Meer vorgeschobenen Bastion zerrissener Dünen riesige schilfüberzogene Sümpfe, aus denen früher im Sommer beträchtliche Mückenschwärme aufstiegen. Durch Entwässerung wurde dieser Plage wenigstens teilweise Einhalt geboten.

Die Camargue ist eine ideale Brutstätte für seltene Vogelarten. So finden sich hier rosafarbene Flamingos, Ibisse, Silberreiher, Stelzen, denen am haffartigen **Etang de Vaccarès** ein 13 300 ha großes Schutzgebiet eingerichtet wurde, das nur Wissenschaftlern zugänglich ist. Aber auch außerhalb dieses Reservats kann man die Tiere, die sich weitgehend an Verkehr und Menschen gewöhnt haben, beobachten. Berühmt sind die auf sumpfigen Weiden grasenden Herden schwarzer Stiere, die Manades, die von berittenen Gardians mit ihren breitkrempigen Hüten und ihren Dreizack-Waffen bewacht werden. Die Stierkämpfe der Camargue enden, anders als in Spanien, meistens unblutig. Auch Herden wilder Pferde sind in der Camargue zu beobachten.

Seit 1942 sind im nördlichen Teil der Camargue, zwischen dem Etang de Vaccarès und Arles, etwa 20 000 ha Sumpfland für den Reisanbau kultiviert worden, so daß inzwischen etwa zwei Drittel des gesamten französischen Bedarfs hier erzeugt werden. Westlich des Petit Rhône erstreckt sich bis zum Rhône-Sete-Kanal die teilweise kultivierte, sonst aber unfruchtbare Sumpflandschaft der Petite Camargue.

Am Südwestrand des Gebiets sind an der Mittelmeerküste nahe dem alten Fischerhafen Le Grau du Roi moderne Feriengebiete entstanden. Port Camargue ist ein mondäner Jachthafen östlich des Fischerdorfes mit großen Hotels und ausgedehntem Freizeitangebot. Mehr noch trifft dies für das nordwestlich gelegene La Grande Motte zu, eine Appartementsiedlung für mehr als zehntausend Wassersportanhänger. An der Straße von **Aigues-Mortes** (s. dort) nach La Grau du Roi, aber vor allem im Osten der Camargue bei Salin-le-Giraud, liegen die rötlich-violett schimmernden Salzseen, in denen Meersalz gewonnen wird. Daneben Weindomänen, die den sogenannten Sandwein, einen Rosé, erzeugen. Östlich der Mündung der Grand Rhône ist am **Golfe de Fos** ein gewaltiges Industriezentrum um den Hafen von Fos entstanden, das mit Piers zum Löschen von Großtankern ausgestattet ist. Die mit großen staatlichen Subventionen in Angriff genommenen Anlagen konzentrieren sich auf die petrochemische Industrie.

Zwei Einrichtungen innerhalb des Naturparks informieren den Besucher über die Geschichte der Camargue sowie über die Besonderheiten ihrer Flora und Fauna.

Musée Camarguais, in dem ehem. Gehöft **Mas du Pont de Rousty,** 10 km südwestlich von Arles. Ausstellungen zur Geschichte der Camargue, ihrer Entstehung und Entwicklung durch die Jahrhunderte, Dokumentationen über das Leben der Menschen in dieser Region, Sammlungen zur Geschichte der Flora und Fauna, ihrer Kultivierung, aber auch ihrer Zerstörung vor allem in diesem Jahrhundert. Zum Museum gehört ein Rundweg über 3,5 km durch die Camargue, der einen Eindruck von der noch bestehenden Pflanzenwelt dieses eigenartigen Landstrichs gibt. – *Geöffnet:* 1. 7. bis 31. 8. täglich 15 bis 19 Uhr; 1. 9. bis 30. 6. täglich 14 bis 18 Uhr; 1. 10. bis 31. 3. dienstags geschlossen.

Centre d'information et d'animation de Ginès, 6 km nördlich von Les Saintes-Maries de la Mer. Informationszentrum über die Camargue mit einer ständigen Ausstellung über die geschützten Lebensräume der Camargue, Informationen über den Naturschutz in dieser Region mit Diaserien zu verschiedenen Themenbereichen. – *Geöffnet:* ganzjährig. Daneben der **Parc ornithologique de Pont de Gau,** Vogelpark auf einer Fläche von 12 ha. Die Wiederherstellung des natürlichen Biotops in diesem Gebiet bietet den unterschiedlichsten Vogelarten der Camargue einen neuen, natürlichen Lebensraum. Im Vogelpark werden außerdem verletzte und kranke Vögel aufgenommen und gepflegt. – *Geöffnet:* ganzjährig von 8 Uhr bis Sonnenuntergang.

Auskunft: Parc Naturel Régional de Camargue, Mas du Pont de Rousty, 13200 Arles, Tel. 90/97 10 82. Centre d'informations et d'animation de Ginès, Pont de Gau, 13460 Les Saintes-Maries de la Mer, Tel. 90/97 86 32.

PARC RÉGIONAL DU HAUT LANGUEDOC

Der Regionalpark Haut Languedoc, 1972 gegründet, umfaßt, von Norden nach Süden gesehen, das Gebiet der *Monts de Lacaune,* der *Monts de l'Espinouse,* des *Sidobre,* und Teile der *Montagne Noir* sowie die Täler des *Orb*, des *Jaur* und des *Agout*. Sowohl vom atlantischen als auch vom mediterranen Klima beeinflußt, weist dieses Gebiet eine derartig unterschiedliche Flora und Fauna auf, wie dies kaum anderswo zu finden ist. Die Vegetation reicht von Wein über Olivenbäume bis hin zu Eichen, Kastanien und Buchen. In der Tierwelt treten vor allem die vielen Vogelarten hervor, darunter Bussarde, Falken und Schlangenadler. Im Herzen des Naturparks liegt der *Lac de la Ravière* (s. Castres, Ausflüge), der sich, von reizvoller Landschaft umgeben, zu einem touristischen Zentrum mit guten Bade- und Wassersportmöglichkeiten sowie einem Campingplatz entwickelt hat. Von Mons-la Trivalle (s. Lamalou-les-Bains, Ausflüge) aus besteht die Möglichkeit, im östlichen Teil des Naturparks Bergtouren, Höhlenwanderungen sowie Kanu- und Kajakfahrten zu unternehmen. Darüber hinaus gibt es im gesamten Gebiet des Regionalparks Haut Languedoc Naturhäuser mit Wandertafeln und Hinweisen für Autotouren sowie in verschiedenen Orten kleinere Museen mit Ausstellungen und Dokumentationen zur Geschichte und Kultur dieser Region. U. a. Saint-Gervais (s. Lamalou-les-Bains, Ausflüge), Musée de géologie, geologisches Museum; Saint-Pons, Musée d'Art roman, Museum für romanische Kunst; Mazamet, Musée du Catharisme, Museum zur Geschichte der Katharer; Ferrières, Musée du Protestantisme, Museum zur Geschichte des französischen Protestantismus (s. jeweils Castres, Ausflüge). Als Ausgangspunkt für Ausflüge in den Parc Régional du Haut Languedoc bieten sich **Castres** und **Lamalou-les-Bains** (s. jeweils dort) an.

Auskunft: Parc Régional du Haut Languedoc, BP 9, 34220 Saint-Pons, Tel. 67/97 02 10.

PAU

B-3. Dép. Pyrénées-Atlantiques, 210 m, 86 000 Einw. Ehemalige Hauptstadt des *Béarn*, heute kultureller und wirtschaftlicher Mittelpunkt dieser Region, am *Gave de Pau* und zu Füßen der *Pyrenäen* gelegen. Pau ist Geburtsstadt Heinrich von Navarras und somit eng mit der Geschichte der religiösen Auseinandersetzungen im Frankreich des 16. und 17. Jh. verbunden.

Auskunft: Office Municipal du Tourisme, pl. Royale, 64000 Pau, Tel. 59/27 27 08.

Verkehr: Kreuzungspunkt von N 117 Orthez-Tarbes mit N 134 Oloron-Sainte-Marie – Aire-s-l'Adour. – Bahnstation. – Flughafen Pau-Uzein, 10 km nordwestlich.

Unterkunft.

Geschichte: Ursprünglich nicht viel mehr als ein befestigter Stützpunkt am Gave de Pau, erbaute Gaston Fébus, Comte de Foix und Vicomte de Béarn, hier im Jahre 1390 ein Schloß, um das herum die Stadt Pau entstand. Weiter ausgebaut und von einer Stadtmauer umgeben, wurde Pau im Jahre 1450 Hauptstadt des Béarn, die vierte Hauptstadt in der Geschichte dieser Region, nach Lescar, Morlaas und Orthez. Bis 1598 war das Béarn von Frankreich unabhängig und wurde von König von Navarra, der gleichzeitig den Titel eines Grafen von Fois und Bigorre innehatte, regiert. Zu Beginn des 16. Jh. kam das Adelsgeschlecht der d'Albret in den Besitz des Königreichs Navarra sowie der Grafschaft Foix. Im Jahre 1527 heiratete der damalige König Henri d'Albret die Schwester des französischen Königs François I., Marguerite d'Angoulême. Diese machte Pau zu einem kulturellen Mittelpunkt Frankreichs, zu einem Hof der Dichter und Denker. Sie, eine Verehrerin des Boccaccio und seines »Decamerone«, veröffentlichte selbst unter dem Namen »Heptaméron« eine Sammlung galanter Erzählungen, die in die Literaturgeschichte eingingen. Ihre Intelligenz und Schönheit wurde von den Dichtern und Künstlern der Zeit gerühmt, die sie als »Marguerite des Marguerites« verehrten. Marguerites Tochter Jeanne d'Albret, mit Henri de Bourbon verheiratet, gebar am 13. 12. 1553 einen Sohn, Henri d'Albret, den späteren König Henri IV. von Navarra. Dieser, von Geburt und Geisteshaltung Südfranzose, der fließend okzitanisch sprach, wurde ganz und gar in der Überzeugung seiner Mutter erzogen, daß er, durch seinen Vater ein Nachkomme Ludwigs des Heiligen aus dem Hause Bourbon, rechtmäßiger Erbe der französischen Krone sei und die Königswürde dem Hause Valois wieder zu entreißen habe. Auch war es der Wille seiner Mutter, einer überzeugten Hugenottin, daß Henri, als König von Frankreich, der wahren Religion der Hugenotten zum Siege verhelfen sollte. Doch Henris Wille zur Macht war weniger geprägt von religiösem Fanatismus als vielmehr von politischer Weitsicht. Er erkannte die Notwendigkeit, das von religiösen und machtpolitischen Auseinandersetzungen zerrissene Frankreich zu vereinen, denn nur ein geeintes Frankreich konnte dem Machtstreben der spanischen Habsburger, die auf Krieg gegen Frankreich sannen, widerstehen. Verheiratet mit Marguerite von Valois, trat Heinrich von Navarra zum katholischen Glauben über und proklamierte sich 1589 zum König von Frankreich und Navarra, unter der Maßgabe, nicht das Béarn mit Frankreich, sondern Frankreich mit dem Béarn vereinigt zu haben. Im 18. Jh. erhielt Pau unter Ludwig XVI. eine Universität, blieb aber dennoch eine Kleinstadt, die bis zur Französischen Revolution 1789 nicht viel mehr als 8000 Einwohner zählte. Erst zu Beginn des 19. Jh., als Pau vor allem von den Engländern als Kuraufenthalt während der Wintermonate »entdeckt« wurde, begann der wirtschaftliche Aufschwung der Stadt, der nun auch einen raschen Anstieg der Bevölkerungszahlen zur Folge hatte.

Sehenswert: Die wichtigsten Sehenswürdigkeiten von Pau lassen sich gut durch einen Stadtrundgang erschließen. Ausgangspunkt ist das

Château, im 13. Jh. als militärische Festung von Gaston Fébus, dem »Phoebus«, erbaut, auf Veranlassung Marguerites d'Angoulêmes im 16. Jh. im Renaissancestil umgebaut. Lediglich der viereckige Donjon vermittelt noch einen Eindruck des ursprünglichen Festungsbaus. Im 19. Jh., in der Regierungszeit Louis-Philippes und Napoleons III. erhielt das Gebäude sein heutiges Aussehen. Heute sind hier das **Musée Nationale** und das **Musée Béarnais** untergebracht. Hinter dem Schloß der **Parc National,** in dem noch Teile der berühmten Gärten erhalten sind, die das Schloß im 16. Jh. umgaben.

Musée National mit einer Sammlung von ungefähr 100 Gobelins und flandrischer Wandteppiche sowie eine ikonographische Sammlung, dem Heinrich IV. und seiner Familie gewidmet ist. Im 1. Stock ist die königliche Wohnung in ihrer ursprünglichen Ausstattung erhalten sowie das Zimmer, in dem Heinrich von Navarra geboren ist. – *Geöffnet:* 16. 4. bis 15. 10. täglich 9 bis 11.45 Uhr und 14 bis 17.45 Uhr; 16. 10. bis 15. 4. täglich 9.30 bis 11.45 Uhr und 14 bis 16.45 Uhr.

Musée Béarnais, in der 3. Etage des Schlosses, Sammlungen und Dokumentationen zur Geschichte des Béarn, zur lokalen Bauweise sowie zu den Traditionen und Bräuchen der Bevölkerung mit Trachten, Möbeln und kunsthandwerklichen Gegenständen. Daneben Dokumentation zur Flora und Fauna der Region. – *Geöffnet:* täglich 9.30 bis 12.30 Uhr und 14.30 bis 18.30 Uhr, im Winter bis 17.30 Uhr. Nun in die *rue Maréchal Joffre* und links in die *rue Louis Barthou* bis zur *rue Tran,* die rechterhand zum

Musée Bernadotte führt. Geburtshaus des französischen Marschalls Bernadotte, der 1818 als Karl XIV. Johannes den schwedischen Königsthron bestieg. Die rue Tran führt über die *place de la Libération* zur *rue Saint-Jacques.* Von hier rechts in die *rue Serviez* und über die *place Georges Clemenceau* zum *boulevard Barbanègre,* wo sich linkerhand das

Musée des Beaux Arts befindet. Gemäldesammlung mit Werken von Desnoyer, Degas u. a. sowie dem romantischen Werk des Béarner Künstlers Eugène Devéria (1805–1865). Daneben bedeutende Münzsammlung mit Objekten aus Navarra und Frankreich. *Geöffnet:* täglich außer dienstags 10 bis 12 Uhr und 14 bis 18 Uhr. Nun durch den **Parc Beaumont,** am Casino vorbei zum

Boulevard des Pyrénées, der Prachtstraße von Pau, die auf Initiative Napoleons I. hier angelegt wurde.

Von diesem Boulevard, mit der **place Royale** im Mittelpunkt, hat man einen schönen Blick über die Pyrenäenkette.

Baden: Schwimmbad.

Sport: Reiten, Tennis, Golf.

Veranstaltungen: Internationales Springreiten, zwei Wochen vor Ostern; Pferderennen im Januar, Mai, Juni und Dezember; Fuchsjagden von November bis März. Großes Autorennen von Pau, alljährlich am Ostermontag.

Ausflüge: **Tout-y-Croit,** 8 km südlich durch das Tal des *Soust.* Schloß mit dem klangvollen Namen »hier wächst alles«, von Jeanne d'Albret im 16. Jh. erbaut.

Eaux-Bonnes (s. dort), 41 km südlich, kleines Thermalbad im Norden des *Parc National des Pyrénées* (s. dort) gelegen, Ausgangspunkt für schöne Ausflüge in die Umgebung.

Lestelle Bétharram (s. Lourdes, Ausflüge), 26 km südöstlich, im Tal des *Gave de Pau* gelegen, mit Eglise Notre Dame aus dem Jahre 1661. In der Nähe Grottes de Bétharram sowie ehem. Abtei Saint-Pé-Bigorre.

Lourdes (s. dort), 40 km südöstlich, berühmter Wallfahrtsort in den Pyrenäen.

Tarbes (s. dort), 40 km östlich, mit Musée international des Hussards im Jardin Massey, einem der schönsten Parkanlagen in Südfrankreich. Ausgangspunkt für eine Rundfahrt durch die *Bigorre* und den nördlichen Teil des *Parc National des Pyrénées* (s. dort).

Rundfahrt durch das nördliche Béarn über Oloron-Sainte-Marie – Navarrenx – Salies de Béarn – Orthez, 140 km.

Das **Béarn,** dessen Name von der einstigen römischen Siedlung beneharum abgeleitet ist, umfaßt die mit Wein und Obstbäumen bewachsene Hügellandschaft zwischen dem *Gave de Pau* und dem *Gave d'Oloron* und reicht hinunter bis zur spanischen Grenze, vom *Pic du Midi d'Ossau*, 2884 m, im Osten bis zum *Pic d'Anie*, 2504 m, im Westen. Einstmals der größte der fünf Pyrenäenstaaten macht das Béarn heute zwei Drittel des Département Pyrénées-Atlantiques aus, der übrige Teil gehört zum Baskenland. Nun zunächst nach

Oloron-Sainte-Marie, 33 km südwestlich, Kleinstadt, malerisch am Zusammenfluß von *Gave d'Aspe* und *Gave d'Ossau* gelegen. Ursprünglich römische Siedlung auf einem Hügel, dem heutigen Stadtviertel Sainte Croix, bauten die Vizegrafen von Béarn den Ort im Mittelalter zu einem militärischen Stützpunkt aus. Eglise Sainte-Marie, ehemalige Kathedrale aus dem 13. Jh., bei einem Brand teilweise zerstört und im 14. Jh. wiederhergestellt. Herausragend das romanische Portal, das den Fall Jerusalems während der Kreuzzüge, an denen auch Gaston IV., Graf von Béarn, führend teilgenommen hatte, glorifiziert. Im unteren Teil des Mittelpfeilers zwei Sarazenen in Ketten, darüber, in den Rundbögen über den zwei Portalflügeln zwei Löwen, die verfolgte und die triumphierende Ecclesia darstellend, im Zentralbogen eine Kreuzabnahme. In den darüberliegenden Bögen Darstellung der Apokalypse, des ländlichen Lebens in Oloron, ein Reiterstandbild Gastons IV. sowie über den Portalbögen zwei Wächter, die christliche Kirche schützend. Im alten Stadtviertel Sainte-Croix Eglise Sainte-Croix, romanische Kirche aus dem 13. Jh. mit interessanter Kuppel über dem Querschiff. Daneben mehrere schöne alte Häuser. Nun weiter durch das Tal des *Oloron* nach

Navarrenx, 20 km nordwestlich, kleiner Ort mit Stadtbefestigung von 1540. Am besten erhalten ist die Porte Saint-Antoine bei der Brücke über den *Oloron* im Nordwesten der Stadt. Von Februar bis August wird in Navarrenx Lachs gefangen, es finden hier in dieser Zeit regelrechte Meisterschaften in dieser Disziplin statt. Weiter nach

Laàs, 9 km nordwestlich mit Château de Laàs, ehem. Schloß der Familie Serbat mit Inneneinrichtung – Mobiliar, Bilder, Kunstgegenstände – aus dem 18. Jh. In den Räumen und Salons Holzvertäfelungen aus der Zeit Ludwigs XVI. sowie Bilder aus dem 18. und 19. Jh., u. a. Darstellung Napoleons nach der Schlacht von Waterloo. – *Geöffnet:* 1. 7. bis 30. 9. täglich 10 bis 12 Uhr und 15 bis 18 Uhr; 1. 3. bis 30. 6. nur an den Wochenenden. Über

Sauveterre-de-Béarn, 10 km nordwestlich, mit Stadtbefestigung aus dem 13. bis 16. Jh., romanische Kirche aus dem 13. Jh. und Vieux Pont, Brücke aus dem 12. Jh. weiter nach

Salies-de-Béarn, 11 km nördlich. Kleines Thermalbad, zwischen dem *Gave de Pau* und dem *Gave d'Oloron* am Flüßchen *Saleys* gelegen, dessen Ursprünge auf eine salzhaltige Quelle zurückgeht, die schon 1500 v. Chr. bekannt war. In der Saline werden heute ca. 1500 t Salz pro Jahr gewonnen. Im Ort Kirche Saint-Vincent aus dem 15. Jh. sowie Kirche Saint-Martin aus dem 16. Jh., Château Saint-Pé aus dem 15. Jh. und die Maison Jeanne d'Albret aus dem 16. Jh. Nun nach

Orthez, 17 km nordöstlich, der ehemaligen Hauptstadt des Béarn, malerisch auf dem rechten Ufer des *Gave de Pau* gelegen. Pont Vieux, Brücke mit Wehrturm aus dem 13. Jh., von hier schöner Blick über die Stadt und das Tal des Gave de Pau. Orthez wird überragt von der Tour Moncade, einem Turm aus dem 13. und 14. Jh., Überrest der ehem. Stadtbefestigung, die unter Gaston VII. erbaut wurde. Hôtel de la Lune aus dem 14. Jh., Gästehaus von Gaston Fébus sowie Eglise Saint-Pierre aus dem 13. und 14. Jh., Teil der alten Stadtbefestigung, nach den Religionskriegen im 16. und 17. Jh. restauriert. Von Orthez nun am *Gave de Pau* entlang zurück nach Pau, 41 km südöstlich.

PAYS BASQUE
Baskenland

Ein in Kultur, Tradition, Sprache und Folklore weitgehend autonomes Gebiet, über das das ausgezeichnete **Musée Basque** in **Bayonne** (s. dort) einen aufschlußreichen Überblick gibt. Von den sieben baskischen Provinzen gehören nur drei, nämlich Labourd, Basse-Navarre und Soule, zu Frankreich, während die vier anderen jenseits der spanischen Grenze in einem breiten Streifen entlang der spanischen Küste zwischen San Sebastian und Bilbao liegen. Getreu dem baskischen Schwur »Zaspiak-bat« – »alle sieben sind eins« – hält man beiderseits der Grenze an der gemeinsamen Stammeseigenart fest, was sich wohl am deutlichsten im Gebrauch der noch erhaltenen baskischen Sprache ausdrückt.

Die Provinz *Labourd* umfaßt die Côte Basque, die baskische Küste mit Saint-Jean-de-Luz und den weiter im Land liegenden Orten Ainhoa, Ustaritz, Cambo und Hasparren. Der höchste Berg ist die 900 m hohe Rhune. Die Provinz *Basse-Navarre,* die größte der drei französischen, schließt sich südöstlich an und breitet sich um Saint-Jean-Pied-de-Port, Saint-Etienne-de-Baïgorry und Saint-Palais aus. Ihre höchsten Erhebungen steigen im Grenzgebiet auf über 1200 m an. Als Heinrich IV. diese Provinz an Frankreich anschloß, gab er den französischen Königen das Recht, sich Könige von Navarra zu nennen. Die dritte Provinz, *Soule,* ist die gebirgigste (Pic d'Orhy, 2017 m); sie geht in ihrem nördlichen Teil aber in fruchtbare Ebenen über. Die bedeutendsten Orte sind Mauléon und Tardets.

Die Basken wurden im 3. Jh. v. Chr. zum erstenmal als »vascones« in römischen Aufzeichnungen urkundlich erwähnt. Über ihren Ursprung gibt es keine endgültige Klarheit. Interessant ist, daß die baskische Sprache Euskara mit keiner anderen europäischen Sprache direkt verwandt ist.

Ursprünglich siedelten die Basken im Gebiet des heutigen Spanien, erst vor den vordringenden Westgoten wichen sie im späten 6. Jh. nach Frankreich aus, wobei die Region Labourd noch zum spanischen Navarra gehörte, während die beiden anderen Provinzen diesseits der Pyrenäen dem Herzogtum Gascogne zugeordnet waren. Durch die Heirat Eleonore von Aquitaniens kam dieses ganze Gebiet unter englische Herrschaft und fiel erst im 16. Jh. an Frankreich zurück (s. Bayonne, Geschichte).

Die Basken waren schon immer große Seefahrer und Fischer. Ihre Fahrten führten sie bis vor die Küste Nordamerikas, bereits 600 Jahre vor der »Entdeckung« dieses Kontinents. Da immer nur der Älteste das Erbe des väterlichen Hofes antreten konnte, waren viele Basken zur Auswanderung gezwungen, allein im

19. Jh. wanderten ca. 100 000 Basken nach Lateinamerika aus. In ihrer Heimat ist es den Basken gelungen, ihre Traditionen und Bräuche ebenso wie ihre Sprache und auch den charakteristischen Baustil ihrer Häuser weitgehend zu erhalten. Bemerkenswert ist die lebendige Folklore, hier vor allem die baskischen Tänze. In der Karnevalszeit werden in den Provinzen Basse-Navarre und Soule diese akrobatisch anmutenden Tänze – Santibates, Mascarades – aufgeführt. Daneben gibt es eine Reihe anderer Tänze, die jeweils bei bestimmten festlichen Anlässen getanzt werden. Begleitet werden diese Tänze, die ausschließlich den Männern vorbehalten sind, von einer ebenso charakteristischen Musik, die auf den traditionellen Instrumenten, Flöten und Trommeln, gespielt wird, teilweise auch auf dem Akkordeon, der Klarinette sowie dem Klapphorn.

Die baskischen Dörfer sind in der Regel um das Rathaus, die Kirche und den Fronton angeordnet. Der Fronton ist der Spielplatz bzw. die Spielwand für das traditionelle Ballspiel Pelota, das in mehreren Variationen gespielt wird. Zur Spielausrüstung gehört der leinenüberzogene Kautschukball sowie die Chistera, mit der der Ball geschlagen wird. Jeweils drei Spieler spielen in zwei Mannschaften gegeneinander. Alljährlich werden hier die Pelota-Weltmeisterschaften ausgetragen, zu denen viele Basken, die ausgewandert sind, eigens in ihre Heimat kommen.

PERPIGNAN

E/F-4. Dép. Pyrénées-Orientales, 37 m, 120 000 Einw. Ehem. Hauptstadt der Comtes des Roussillon und der Könige von Mallorca, heute, dank des Exportes von Obst und der bekannten Roussillon-Weine, rege Handelsstadt. Perpignan mit seiner schönen Altstadt bildet von seiner geographischen Lage, seiner historischen Entwicklung und seiner Kulturgeschichte her den Übergang zu Katalonien, dem es lange Jahre seiner Geschichte angehörte.

Auskunft: Office du Tourisme, Maison du Tourisme, Quai de Lattre de Tassigny, 66 005 Perpignan, Tel. 68/ 34 29 94.

Verkehr: Autobahn A 9, »La Catalane«, Narbonne – spanische Grenze. N 9 Narbonne – spanische Grenze. Endpunkt der N 114 von Cerbère (span. Grenze) und der N 116 von Bourg-Madame (span. Grenze). – Bahnstation. – Flughafen Perpignan-Rivesaltes, 4 km östlich.

Unterkunft.

Geschichte: Perpignan wurde im Jahre 927 zum erstenmal in der Geschichte erwähnt, seine Ursprünge gehen jedoch zweifelsohne bis in gallo-römische Zeit zurück. Im Mittelalter machten die Comtes de Roussillon die Stadt zu ihrer Residenz und damit zum politischen Mittelpunkt des Fürstentums, während Elne, seit dem Jahre 550 Bischofssitz, auch weiterhin Bistum blieb. Zum Fürstentum Roussillon gehörte damals allerdings nicht sehr viel mehr als die Küstenebene zwischen den Bergen von Albères im Süden und den Corbières im Norden. Der ganze restliche Teil des heutigen Département Pyrénées-Orientales, die Cerdagne, Capcir, Conflent, Fenollèdes, Haut Roussillon und Vallespir, gehörte zum Hause Cerdagne-Besalu, einer Seitenlinie des Fürstenhauses Barcelona. Diesem war im Jahre 1117 das Erbe der Cerdagne-Besalu sowie im Jahre 1150, durch Heirat, das Königreich Aragon zugefallen. Durch das

Testament Gérards II. gelangte schließlich auch das Fürstentum Roussillon im Jahre 1172 in ihren Besitz. Im Vertrag von Corbeil 1258 trat Ludwig der Heilige alle Hoheitsrechte über das Roussillon und die Fürstentümer der ehemals spanischen Mark, das »alte Katalonien«, die dem französischen Souverän seit der Zeit Karls des Großen zustanden, an Jakob I., König von Aragon, ab. Das Roussillon und mit ihm Perpignan gehörten nun zum Königreich Katalonien-Aragon. 1276 teilte Jakob I. das Königreich unter seinen Söhnen auf. Der Erstgeborene, Peter, erhielt Katalonien, Aragon und Valencia. Der Zweitgeborene, Jakob, erhielt die Balearen, das Roussillon, die Cerdagne und Montpellier, mit Perpignan als Hauptstadt des neuen Königreichs Mallorca, das bis zu seiner Wiedervereinigung mit Aragon im Jahre 1344 bestand. In dieser Zeit erlebte Perpignan seine höchste Blüte. Der Handel mit den italienischen Stadtrepubliken, das Handwerk der Gerber, Färber und Weber, die sich in der Stadt niedergelassen hatten, die Kunstwerkstätten der Bildhauer, Goldschmiede und Maler machten Perpignan zu einer in jeder Beziehung reichen, wirtschaftlich und kulturell bedeutenden Metropole des Südens. Im Jahre 1463 erhoben sich die Katalanen gegen Aragon, und der französische König Ludwig XI., der Aragon zu Hilfe eilte, nutzte diese Gelegenheit, um das Roussillon zu besetzen, ohne es jedoch endgültig für Frankreich erobern zu können. Karl VIII., seit 1483 König von Frankreich, zog sich wieder aus dem Roussillon zurück, da er freie Hand und Spaniens Unterstützung gegen Italien brauchte. Dennoch versuchte Frankreich in den folgenden Jahren noch zweimal, das Roussillon zu er-

obern. Spanien aber, für dessen Unabhängigkeit und territoriale Sicherheit Perpignan eine Schlüsselstellung einnahm, schlug die französischen Angriffe zurück und baute Perpignan zu einer der mächtigsten Festungen Europas aus. Erst Richelieu gelang es schließlich, das Roussillon der spanischen Herrschaft zu entreißen. Als im 17. Jh. die Katalanen erneut gegen Aragon revoltierten, unterstützte Richelieu, anders als Ludwig XI., die Katalanen und besetzte gleichzeitig das ganze Roussillon. Im Pyrenäenvertrag von 1659 wurden dann die französischen Hoheitsrechte über das Roussillon und mit ihm über Perpignan endgültig festgeschrieben. Unter Ludwig XIV. baute Vauban der Stadt neue, gewaltige Festungsanlagen, die erst Anfang dieses Jahrhunderts eingerissen wurden. Bis dahin zählte Perpignan, in dem heute 120 000 Menschen leben, 39 000 Einwohner.

Sehenswert: **Palais des rois de Majorque,** Residenz der Könige von Mallorca, im Herzen der Stadt gelegen. Begonnen wurde dieses gewaltige Bauwerk im Jahre 1276 unter Jakob I., dessen Nachfolger und auch die Könige von Aragon das Schloß nach und nach ausbauten und erweiterten. Der königliche Palast ist zweifellos Perpignans bedeutendstes Bauwerk und eines der wichtigsten Beispiele der ritterlichen Baukunst des Mittelalters in Südfrankreich. Ein imposanter Eingang führt in die Befestigungsanlagen, die unter Ludwig XI. und später unter Ludwig XIV. von dessen Baumeister Vauban um das Schloß herum angelegt wurden. Gotischer Ehrenhof mit Spitzbogenarkarden, von einem Donjon überragt, in dem sich zwei Kapellen aus dem 14. Jh. befinden. In der unteren Kapelle, der Chapelle de la Reine, schöne Rosetten und Fragmente von Freskomalereien, in der oberen Kapelle, der Chapelle royale oder Chapelle Sainte-Croix, Portal aus rosa Marmor mit schön gearbeiteten Kapitellen aus dem 13. Jh. Im Kirchenschiff mit hohen, gotischen Fenstern Reste von Wandmalereien. Hinter der Chapelle Sainte-Croix die salle de Majorque, der ehem. Ehrensaal mit drei alten Kaminen, unweit davon die cour de la reine und die cour du roi. Vom Donjon aus hat man einen herrlichen Blick über die Zitadelle mit ihren drei Verteidigungsringen, über Perpignan und weit über die Stadt ins offene Land hinaus. In der Residenz ständige Ausstellung »Alte Kunst im Roussillon« und »Wissenswertes über das Roussillon«. – *Geöffnet:* täglich außer dienstags 9.30 bis 12 Uhr und 14 bis 18 Uhr.

Cathédrale Saint-Jean, 1324 erbaut, im Jahre 1509 geweiht. Ursprünglich als dreischiffige Kirche angelegt, wurde sie 1466 zu einer 7 Joch tiefen Hallenkirche im Stil der Sondergotik des Languedoc umgebaut. Links führt eine Passage zu dem **Sanktuarium Saint-Jean-le-vieux** mit romanischem Marmorportal, das eine interessante Christus-Darstellung zeigt. Die rechteckige, aus Backstein erbaute Kirche wird von einem vierekkigen Turm mit schönem Campanile aus dem 18. Jh. überragt. Im Innern grenzen mächtige Strebepfeiler die Seitenkapellen vom Kirchenschiff ab. Reich gestalteter Altaraufbau aus dem 16. und 17. Jh. mit Szenen aus dem Leben Johannes des Täufers und der Kirchenpatrone aus Elne. In der mittleren Nische des Hauptaltars eine Statue Johannes des Täufers, des Stadtpatrons von Perpignan. Unterhalb der Orgel Zugang zur romani-

schen Kapelle Notre-Dame-dels-Correchs. Neben dem rechten Seitenportal die Chapelle du Christ. Sie birgt einen der bedeutendsten Kunstschätze Perpignans, den Dévot Christ, ein geschnitztes Kruzifix aus dem Jahre 1307, das in seinem erbarmungslosen Realismus eine der größten Schöpfungen der mittelalterlichen Skulpturenkunst darstellt.

Eglise Saint-Jacques, im 14. Jh. im Osten der Altstadt mit zwei Apsiden erbaut. In der rechten Apsis Altaraufbau aus dem 15. Jh. mit Darstellungen aus dem Leben der hl. Jungfrau, außerdem Statue des hl. Jakob aus dem 15. Jh. und Christus-Darstellung aus dem 14. Jh. In der linken Apsis Altaraufbau aus dem 17. Jh. An der Westseite des Kirchenschiffs Seitenkapelle aus dem 18. Jh., die der Confrérie de la Sanch vorbehalten ist. Diese Bruderschaft macht jedes Jahr an Karfreitag von der Kirche Saint-Jacques aus eine Prozession durch die Stadt, bei der verschiedene Mysterienbilder mitgetragen werden, sogenannte »misteris«, sowie Choräle gesungen werden. Diese Prozession geht bis auf das Jahr 1416 zurück, wurde jedoch früher bereits am Gründonnerstag durchgeführt. Hinter der Kirche kleiner Garten »**La Miranda«,** auf den ehem. Befestigungsanlagen der Stadt angelegt.

Cabinet Numastique Josepf Puig, *42, avenue de Grande Bretagne,* schöne Sammlung römischer Münzen aus den Kolonien in Ägypten und Spanien sowie Münzsammlung aus dem Roussillon und Katalonien.

Die weiteren Sehenswürdigkeiten Perpignans lassen sich durch einen *Rundgang* erschließen. Ausgangspunkt ist

Le Castillet an der *place de la Victoire,* das Wahrzeichen der Stadt, am

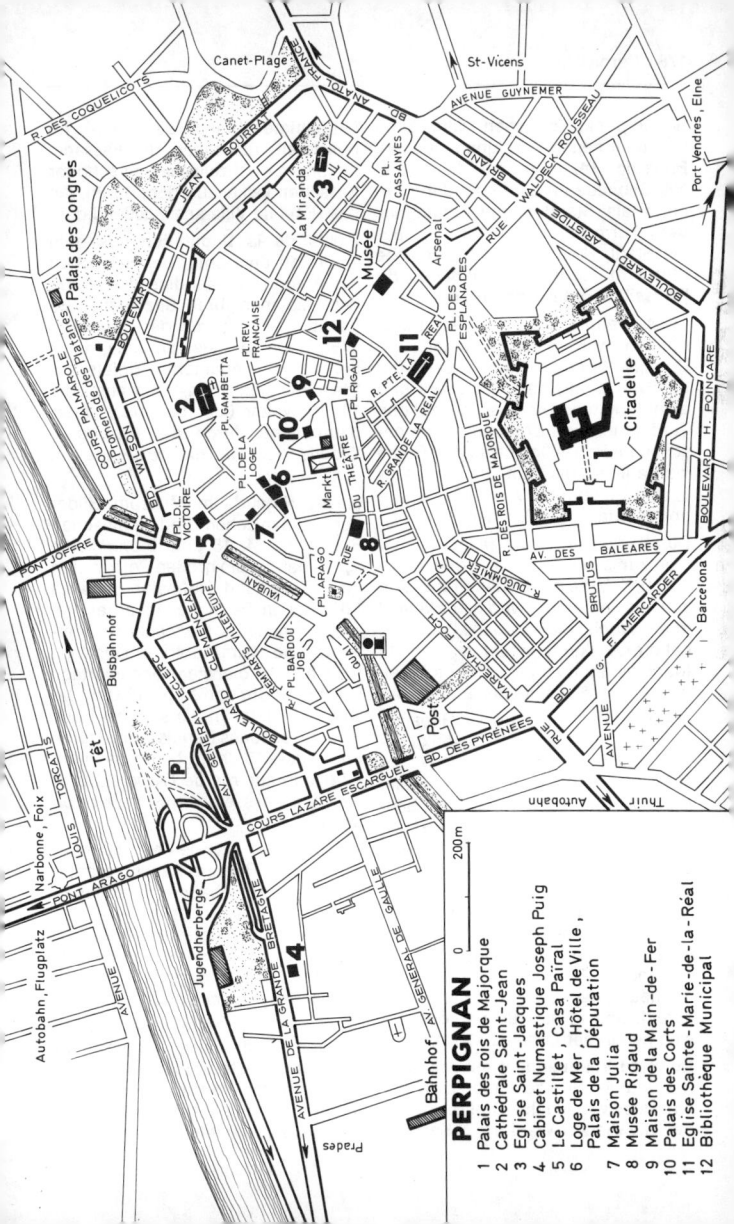

PERPIGNAN

0   200 m

1 Palais des rois de Majorque
2 Cathédrale Saint-Jean
3 Eglise Saint-Jacques
4 Cabinet Numastique Joseph Puig
5 Le Castillet , Casa Païral
6 Loge de Mer , Hôtel de Ville ,
   Palais de la Députation
7 Maison Julia
8 Musée Rigaud
9 Maison de la Main -de -Fer
10 Palais des Corts
11 Eglise Sainte -Marie -de -la - Réal
12 Bibliothèque Municipal

Schnittpunkt zwischen dem alten und dem neuen Perpignan gelegen. Ende des 14. Jh. erbaut, diente dieses Gebäude im Laufe der Jahrhunderte als Stadttor und Gefängnis. Vom Turm aus schöner Blick über die Stadt. Heute ist hier das **Musée d'Arts et Traditions Populaires du Roussillon** untergebracht, die

»Casa Païral«. In acht Ausstellungsräumen werden Sammlungen und Dokumentationen zum Leben, der Landwirtschaft, dem Handwerk und dem Kunsthandwerk sowie zu den Traditionen und Bräuchen der Menschen im Roussillon gezeigt. – *Geöffnet:* täglich 9 bis 11.30 Uhr und 14 bis 17.30 Uhr, vom 15. 9. bis 15. 7. sonn- und feiertags geschlossen.

Durch die *rue Louis Blanc* gelangt man zur *place de la Loge,* dem touristischen Mittelpunkt der Stadt. Von Juni bis September wird hier zweimal in der Woche die »Sardane« getanzt; nähere Auskunft in der *maison du tourisme au quai de Lattre de Tassigny.* An der Südseite des Platzes die

Loge de Mer, ein schönes Gebäude im Stil der Flamboyant-Gotik, ursprünglich aus dem Jahre 1397, um 1540 umgebaut und erweitert. Ehem. Handelsbörse und Sitz der Seerechtskommission. An der Ecke des Gebäudes eine Wetterfahne in Form eines Schiffes, das Symbol für den Seehandel der Kaufleute im Roussillon. Von der place de la Loge Abstecher in die *rue des Marchands* mit schönen **alten Häusern** aus dem 13., 14. und 15. Jh., in denen früher die Kaufleute der Stadt wohnten. Nun zurück und in die *rue de Loge,* wo sich neben der Loge de Mer das

Hôtel de Ville befindet mit Arkadenhof und der Bronzestatue »La Mediterranée« von Maillol. Drei Bronzearme, die die zur Wahl der 5 Konsuln berechtigten Stände der Stadt symbolisieren, überragen die Fassade. Im Innern Hochzeitssaal mit schöner Kassettendecke aus dem 15. Jh. An das Hôtel de Ville anschließend das

Palais de la Députation aus dem 15. Jh., in dem unter der Herrschaft der Aragon die ständige Vertretung der Katalanen ihren Sitz hatte. Gegenüber, in der *rue des Fabriques d'En Nabot,* die **Maison Julia,** eines der wenigen erhaltenen Hôtels der Stadt mit gotischem Patio aus dem 14. Jh. Weiter über die *place Jean-Jaurès* und durch die *rue de la Cloche d'Or* zur *rue de l'Ange* mit dem

Musée Rigaud. Im Museum Bilder der katalanischen und spanischen Schule des 14., 15. und 16. Jh., Werke von Rigaud, dem großen Porträtisten des 17. Jh. und Hofmaler Ludwigs XIV., der in Perpignan geboren ist, sowie von Ingres, Géricault, Tintoretto und de Saint-Aubin. – *Geöffnet:* täglich außer dienstags und feiertags 9.30 bis 12 Uhr und 14 bis 18 Uhr. Die *rue du Théâtre,* in der sich bei Haus Nr. 7 ein schönes Renaissance-Hôtel, Ende des 16. Jh. erbaut, befindet, führt nun zur *rue de l'Argentière,* in die man links einbiegt. Unweit von hier die

Maison de la Mainde-Fer, 1509 von dem Bürger Bernard Xancho erbaut. Das Backsteingebäude mit schönen gotischen Fenstern ist in der ersten Etage mit einem gotischen Fries verziert, der z. T. ausschweifende, z. T. makabre Szenen darstellt. Ein Stück weiter, an der *place des Orfèvres,* das

Palais des Corts, ehem. Gerichtshof aus dem 15. Jh. mit gotischen Arkadenbögen. Heute ist hier der Sitz des Roten Kreuzes. Nun zurück durch die *rue de l'Argentière* zur *place Rigaud* und in die *rue Petite la Réal* zur

Eglise Sainte-Marie-de-la-Réal aus dem 14. Jh., Hofkirche der Könige von Mallorca. In der ersten Seitenkapelle rechts eine schöne »Grablegung« aus dem 15. Jh., in der Taufkapelle Marmortaufbecken aus dem 14. Jh. mit Darstellung der 12 Apostel. Nun weiter über die *place Blanqui* und durch die *rue Côte Saint-Sauveur* zur *rue Emile Zola.* Rechterhand die

Bibliothèque Municipal im ehem. **Hôtel Pams** mit Inkunabeln und Manuskripten aus dem 11. bis 15. Jh., u. a. das Privilegienstatut von Perpignan und die Ordensstatuten von Elne, beides aus dem 14. Jh., sowie ein Meßbuch von Arles-sur-Tech aus dem 11. Jh. – *Geöffnet:* täglich außer sonntags und montags 9.30 bis 12 Uhr und 14.45 bis 19 Uhr. Ein Stück weiter, an der *place Fontaine-Neuve*, im ehem. **Hôtel de Cagarriga** aus dem 16. bis 18. Jh. das **Musée d'Histoire Naturelle** mit Sammlungen und Dokumenten zur Flora und Fauna des Midi. Die *rue Côte des Carmes* führt nun über die *place J. Moulin* und die *place des Esplanades* zum **Palais des rois de Majorque** (s. oben).

Baden: Canet Plage (s. Ausflüge), 4 km Sandstrand. Freibad »Piscine de la Garrigole«, rue Maurice Levy. 4 Hallenbäder, jeweils in der rue Madame de Savigné, avenue Maréchal Joffre, Chemin de Villeneuve und rue Ernest Renan.

Sport: Tennis, Wassersport.

Veranstaltungen: »La Sardane«, folkloristischer Tanz, von Juni bis September 2× wöchentlich auf der place de la Loge. Karfreitagsprozession der Confrérie de la Sanch, Ausgangspunkt Eglise Saint-Jacques.

Ausflüge: **Elne**, 14 km südöstlich, alte Bischofsstadt in der Küstenebene des Roussillon. Im 6. Jh. v. Chr., als die Iberer dieses Gebiet besetzt hatten, hieß die hier liegende Stadt Illiberis. Der heutige Namen Elne geht auf den Namen der Kaiserin Helena, der Mutter Kaiser Constantins, zurück. Gegen Ende des römischen Reiches war Elne die unbestrittene Hauptstadt des ganzen Roussillon. Von 550 bis 1602 war die Stadt Bischofssitz, bis dieser nach Perpignan verlegt wurde. Cathédrale Sainte-Eulalie, romanische Kathedrale aus dem 11. Jh., im 14. und 15. Jh. zur Südseite hin erweitert. Zwei Türme erheben sich über der Kirche, der rechte aus dem 11. Jh., der linke wurde erst in neuerer Zeit angebaut. An der Stirnseite der Kirche die Grundmauern eines gotischen Chores mit Seitenkapellen, ein Bauprojekt, das nie vollendet wurde. Von der Terrasse hinter der Kirche schöner Blick bis zum Mittelmeer. Im Innern romanischer Marmoraltar, in der Seitenkapelle neben dem Südportal Altaraufbau, Werk eines katalanischen Malers aus dem 14. Jh., Darstellungen aus dem Leben des hl. Michael sowie in der Christuskapelle Fresken aus dem 14. Jh. An der Nordseite der Kirche Kreuzgang aus dem 12. bis 14. Jh. mit schönen Säulenkapitellen und gotischen und romanischen Skulpturen. An der Ostseite führt eine Treppe in eine ehem. Kapelle, heute Museum mit Sammlungen zur iberischen Kultur und Zivilisation in Elne. – *Geöffnet:* täglich außer dienstags, im Winter auch sonntags 9 bis 12 Uhr und 14 bis 18 Uhr, im Winter bis 17 Uhr.

Canet-Plage, 11 km östlich, Badeort am Mittelmeer mit allen touristischen Einrichtungen. Feiner, 4 km langer Sandstrand, Hafen mit 1000 Liegeplätzen für Schiffe bis zu 25 m.

Collioure (s. dort), 18 km südöstlich, malerischer Badeort an der *Côte Vermeille* mit Château Royal aus dem 13. Jh., Sommerresidenz der Könige von Mallorca, und Kirche aus dem 17. Jh. – Auf dem Weg nach oder von Collioure Abstecher nach **Saint-André,** 23 km südlich, mit bedeutender romanischer Kirche aus dem 12. Jh. und weiter nach **Saint-Genis-des-Fontaines,** 5 km westlich. Die Kirche des Ortes ist berühmt, denn sie weist im Türsturz die älteste romanische Skulptur Frankreichs aus dem Jahre 1020 auf (s. Collioure, Ausflüge).

Amélie-les-Bains-Palalda (s. dort), 36 km südwestlich, Thermalbad im Tal des *Tech,* Ausgangspunkt für Ausflüge in die Pyrenäen.

Réserve Africaine Sigean, 47 km nördlich, Afrika-Tierreservat in der Nähe von Sigean, am *Etang de Bages et de Sigean* gelegen. Riesiges Freigehege, in dem vor allem afrikanische Tiere in freier Wildbahn leben. Neben Pelikanen, rosa Flamingos, Aras und Gänsegeiern sind hier Zebras, Watussi-Rinder, Elen-Antilopen und korsische Mufflons zu sehen, ebenso wie Elefanten, Affen, Tiger und Löwen, Kragenbären, weiße Rhinozerosse und Alligatoren. – *Geöffnet:* im Sommer täglich 9 bis 19 Uhr, im Winter täglich 10 bis 16 Uhr.

PÉZENAS

F-3. Dép. Hérault, 20 m, 8000 Einw. Alte Stadt der Tuchherstellung und des Tuchhandels im Languedoc, ehem. Residenzstadt des Gouverneurs des Languedoc und bis zum Ende des 17. Jh. kultureller Mittelpunkt der Region, u. a. führte hier Molière viele seiner Stücke auf. Pézenas, das viele schöne alte Häuser aus dem 16. bis 18. Jh. besitzt, steht seit 1962 unter Denkmalschutz.

Auskunft: Syndicat d'Initiative, Boutique du Barbier Gély, Marche au Bled, 34120 Pézenas, Tel. 67/98 11 82.
Verkehr: N 113 von Montpellier und N 9 von Lodève, ab Pézenas gemeinsame Streckenführung bis Béziers. – Bahnstation.

Unterkunft.

Geschichte: Bereits in der Römerzeit war Pézenas eine befestigte Stadt mit einem bedeutenden Tuchmarkt. Seit 1261 königliches Lehen mit besonderen Rechten und Privilegien, entwickelte sich die Stadt im Mittelalter zu einem der bedeutendsten Handelsplätze im Languedoc. Dreimal im Jahr fand der Tuchmarkt hier statt; die Händler waren für insgesamt 30 Tage im Jahr von allen Abgaben befreit, sie konnten wegen eventueller Schulden nicht belangt werden und mußten auf ihren Reisen von Schutztruppen begleitet werden. Für alle diese Privilegien zahlten die Händler von Pézenas 2500 Livres pro Jahr in die königliche Kasse. 1456 fand in Pézenas die erste Versammlung der Regionalstände des Languedoc statt, und einige Jahrzehnte später wurde die Stadt Sitz des Gouverneurs des Languedoc, zuerst der Montmorency, später der Conti. Vor allem unter Armand de Bourbon, Prinz von Conti, erlebte die Stadt im 17. Jh. eine kulturelle Blüte. Armand de Bourbon versammelte an seinem Hofe viele der damaligen Künstler Frankreichs, was Pézenas bald den Beinamen »Le Versailles du Languedoc«, das »Versailles des Languedoc« einbrachte. Zwischen 1650 und 1656 kam Molière mehrmals mit seiner Theatergruppe in die Stadt und spielte hier sowohl für die Versammlung der Generalstände als auch, auf der place Couverte, für die Bevölkerung von Pézenas.

Sehenswert: Die **Altstadt** von Pézenas, die seit 1962 als Ensemble unter Denkmalschutz steht, läßt sich gut durch einen Stadtrundgang erschließen. Ausgangspunkt ist die *place du 14 Juillet* mit dem Denkmal für Molière. Von hier aus in die *rue Saint-Jean* und rechts in die *rue F. Oustrin.* Haus Nr. 8 das

Hôtel de Lacoste aus dem 15. Jh. mit großem Treppenaufgang, gotischem Deckengewölbe und schönem Innenhof. Weiter zur *place Gambetta,* dem ehemaligen Kornmarkt der Stadt, wo sich linkerhand die

Boutique du Barbier Gély befindet, der Laden des Barbiers Gély, in dem heute das Syndicat d'initiative untergebracht ist. Nun rechts in die rue *A. P. Alliés.* Hier das

Musée Vulliod Saint-Germain im ehem. Hôtel Saint-Germain aus dem 16. und 18. Jh. Wandteppiche und Möbel aus dem 16. und 18. Jh., Fayencen und Gemäldesammlung aus dem 19. und 20. Jh. sowie die salle Molière zum Andenken an Molières Wirken in Pézenas. – *Geöffnet:* täglich außer dienstags 10 bis 12 Uhr und 17 bis 19 Uhr, im Winter 10 bis 12 Uhr und 14 bis 16 Uhr. Nun nach links in die *rue Béranger,* wo sich rechterhand, an der Ecke zur rue Montmorency, noch ein Turm der mittelalterlichen **Stadtbefestigung** befindet. Links in die *rue Montmorency* und gleich wieder links, durch die *rue Canabasserie* zurück zur *place Gambetta.* Rechterhand der

Tribunal de Commerce, das ehemalige Maison Consulaire, der Sitz der Provinzialstände des Languedoc. 1552 erbaut, wurde die Fassade im 17. Jh. erneuert; schöne Treppe aus dem 16. Jh. Gegenüber, an der Südwestseite des Platzes, zur rue A. Sebatier hin, das

Hôtel des Flottes-de-Sébasan mit schöner Fassade aus dem 18. Jh. Nun in die *rue A. Sabatier.* An der Kreuzung mit der rue de la Foire die **Maison des Pauvres,** das Armenhaus, mit schöner Eingangshalle und Treppe aus dem 17. Jh. Schräg gegenüber, auf der rechten Straßenseite der rue Emile Zola, das **Hôtel Jacques-Cœur** mit Zierköpfen aus dem 15. Jh. sowie auf der linken Straßenseite, Haus Nr. 14, das sogenannte Nostradamus-Haus. Die *rue Emile Zola* führt zur *place Ledru-Rollin* und von hier rechts zum

Ghetto, dem ehem. Bezirk der Juden, der hier seit dem 13. Jh. besteht. Durch das Tor des früheren Stadtgefängnisses aus dem 16. Jh. gelangt man in die *rue de la Juiverie* bzw. *die rue des Litanies,* die beiden Straßen des Ghettos. Gegenüber die porte Faugère, ein mittelalterliches Stadttor. Nun zur *cours Jean Jaurès,* in die man links einbiegt. Auf der Ecke Chapelle des Penitents Noirs. Die cours Jean Jaurès entlang zur *place de la République.* Von hier rechts in die *rue de Conti.* Haus Nr. 32, das

Hôtel d'Alfonce, ein schöner Gebäudekomplex aus dem 17. Jh., besteht aus einer der besterhaltenen aus Pézenas. 1655 und 1656 diente es Molière als Theater zur Aufführung seiner Stücke. Zwei schöne Innenhöfe mit Balkonen, Terrassen und Loggien, rechts Treppe aus dem 15. Jh. Nun zurück durch die rue de Conti und weiter durch die rue *Kleber* bis zur *rue Saint-Jean.* An der Ecke

Eglise Saint-Jean von 1740. Im Innern Rochuskapelle mit einem Gemälde von Vien sowie Marienkapelle mit Holzskulptur, die Coustou zugeschrieben wird. Links neben der Kirche **Sacristie des Pénitents Blancs** mit Innenhof aus dem 15. Jh. Schräg

gegenüber die **Ancienne-comman-
derie-de-Saint-Jean-de-Jérusalem,**
die ehem. Komturei der Johanniter
aus dem 16. Jh. Die rue Saint-Jean
setzt sich fort in der *rue de la Foire.*
Rechterhand, an der Ecke zur *rue
Triperie Vielle,* das

Hôtel de Carrion Nizas mit Innenhof
und Treppe aus dem 16. Jh. Gegenüber, in der rue de la Foire, das **Hôtel
de Wicque** mit fein gearbeiteter Renaissance-Fassade, Medaillons und
Fenstern sowie einer Galerie aus
dem 16. Jh. Die *rue Triperie Vielle*
führt nun zurück zur place Gambetta.

Baden: Schwimmbad.

Sport: Tennis, Fliegen, Ballsport.

Veranstaltungen: Mirondella des
Beaux Arts, Theater- und Folklore-
Festival alljährlich im Juli/August.
Trödelmarkt auf der place du Marché
au Bled, im Sommer jeden Mittwoch.

Ausflüge: **Ancienne Abbé de Valmagne,** 14 km östlich, ehem. Zisterzienserabtei, inmitten von Weinbergen gelegen. Im 12. Jh. gegründet,
hat sie die Jahrhunderte unbescha-
det überdauert. Seit 1976 ist die Abtei, die lange Jahre fast völlig in
Vergessenheit geraten war, für die
Öffentlichkeit wieder zugänglich gemacht. Die Klostergebäude, seit dem
13. Jh. mehrmals umgebaut, weisen
noch deutliche Merkmale des ursprünglichen Baus aus dem 12. Jh.
auf. Schöner Kreuzgang, im 14. Jh.
im hellroten Stein der hiesigen Gegend errichtet. Im Kapitelsaal schöne
Säulen und Säulenkapitelle, phanta-
sievoll gearbeitet. Die Kirche, im
13. Jh. begonnen und im 14. Jh. fertiggestellt, ist im reinen Stil der Gotik
erbaut, ohne die typischen Stilelemente der Languedoc-Gotik sowie
ohne die Charakteristika der zisterziensischen Bauweise.

Bassin de Thau (s. Sète, Ausflüge),
18 km südlich, 8000 ha großer Lagunensee mit Austern- und Muschel-
zucht.

Sète (s. dort), 35 km südlich, Hafenstadt auf einer Laguneninsel zwischen dem *Mittelmeer* und dem *Bassin de Thau.* Schöne Altstadt mit
Fischerhafen; Musée Paul Valery mit
Dokumentation zum Leben und Werk
des großen französischen Dichters
und Philosophen, der in Sète geboren ist.

Agde (s. dort), 18 km südlich, von
den Phöniziern gegründete Stadt mit
Cathédrale Saint-Etienne aus dem
11. und 12. Jh. sowie Musée Agathois
mit Sammlungen zur Geschichte der
Stadt.

Béziers (s. dort), 23 km südwestlich,
Weinstadt am *Canal du Midi* mit Cathédrale Saint-Nazaire, romanische
Kirche aus dem 13. Jh.; Musée du
vieux Bitterois et du vin mit Dokumentation zur Geschichte des Weinanbaus von der Römerzeit bis heute.

Clermont-l'Hérault, 21 km nördlich,
Kleinstadt, von den Ruinen eines
Schlosses aus dem 12. Jh. überragt.
Gotische Kirche Saint-Paul, Ende
des 13. Jh. und Anfang des 14. Jh.
erbaut mit achteckigem Glockenturm über dem Nordportal. Während
des Hundertjährigen Krieges
(1339–1453) festungsartig ausgebaut, blieb die Kirche, deren Westfassade im 15. Jh. mit einer schönen
Rosette versehen wurde, lange Zeit
Bestandteil der Stadtbefestigung.
Das Innere besticht durch die großartige Harmonie und Eleganz der gotischen Architektur.

Lodève (s. dort), 41 km nördlich,
sehr alte Stadt, deren Ursprünge in
die Zeit Neros zurückreichen. Im Mittelalter Bischofssitz, entwickelte sich

die Stadt zu einem Zentrum der Tuchindustrie, die auch heute noch von Bedeutung ist. Cathédrale Saint-Fulcran, ursprünglich aus dem 10. Jh., nach den Zerstörungen im Hundertjährigen Krieg (1339–1453) in einfachem Stil wiederaufgebaut. Musée Jacques Audibert, archäologische Sammlungen.

Montpellier (s. dort), 49 km östlich, zwischen den Südhängen der *Cevennen* und dem *Mittelmeer* gelegen, mit malerischer Altstadt und zahlreichen Zeugnissen seiner mehr als tausendjährigen Geschichte.

PONT DU GARD

B-4. Römischer Aquädukt, eines der größten Bauwerke aus römischer Zeit in Südfrankreich zwischen Avignon und Nîmes, am Rand der *Cevennen-Ausläufer.*

Der Aquädukt wurde um 19 v. Chr. von dem römischen Feldherrn Agrippa als Teil einer Wasserleitung erbaut, die die Stadt Nemausus (Nîmes) mit frischem Quellwasser der Eure (bei Uzès) versorgte und eine Länge von etwa 50 km hatte. Er überbrückt den Fluß *Gardon* westlich von Remoulins. Seine Höhe beträgt 49 m, die Länge 275 m, und er besteht aus drei Bogenreihen, deren unterste aus sechs, die mittlere aus elf und die oberste aus 35 Bögen besteht. Durch eine etwa 3 m breite Rinne oberhalb der obersten Bogenreihe wurde das Wasser geleitet.

Das imposante Bauwerk, das zu den großen Sehenswürdigkeiten Südfrankreichs zählt, ist aus mächtigen, bis zu sechs Tonnen schweren und ohne Bindemittel aufeinandergesetzten Quadern konstruiert, die zur Vermeidung eines zu gleichmäßigen Erscheinungsbildes in jedem der drei Stockwerke zu andersartigen Bögen geformt wurden. Über der untersten Bogenreihe liegt eine im 18. Jh. verbreiterte Plattform, über die nun der Autoverkehr geleitet wird; die Wasserrinne über der obersten Reihe kann begangen werden (nur von Schwindelfreien!).

Am rechtsseitigen (orographisch linken) Ufer des Gardon von Remoulins aus befindet sich ein Parkplatz mit Kiosk, am linksseitigen ein Hotel-Restaurant, Kioske und ein Campingplatz.

Der beste Rundweg führt von dem Hotel am linksseitigen (orographisch rechten) Ufer des Gardon stromaufwärts unter dem Aquädukt hindurch, folgt dann links einem Serpentinenpfad hinauf, besonders schöner Blick auf das Bauwerk, nun über die oberste Galerie zur anderen Flußseite und nach rechts wieder zum Flußufer hinunter; oder noch einmal unter dem Aquädukt hindurch in einer Serpentine den Hang hinab und auf der untersten Galerie neben der Fahrstraße zurück. Man kann aber auch jenseits des Aquädukts an beiden Ufern des Gardon ein Stück entlanggehen und hat dann vor allem bei Nachmittagslicht einen schönen Blick zurück.

In der Nähe des Hotels befindet sich die prähistorische **Grotte Salpêtrière;** die archäologischen Funde befinden sich im Museum in Nîmes. Sie wird als Garage benutzt.

PONT-SAINT-ESPRIT

G-2. Dép. Gard, 59 m, 6800 Einw. Historisch bedeutsames Städtchen am westlichen Ufer der *Rhône* bei der Einmündung der *Ardèche.* Der Ort leitet seinen Namen von der im

13. Jh. erbauten Brücke ab, die zu den ältesten Flußübergängen über die Rhône gehört.

Auskunft: Office de Tourisme, Citadelle, av. Pasteur, 30130 Pont-Saint-Esprit, Tel. 66/39 13 25.

Verkehr: Kreuzungspunkt N 86 Lyon –Nîmes, D 94/994 von Nyons, D 901 von Barjac. – Autobahn A 7, Anschluß Donzère-Mondragon (10 km). – Bahnstation.

Sehenswert: **Brücke** über die Rhône, erbaut 1265 bis 1309, 919 m lang. Von den 25 Bögen sind 19 alt, die auf beiden Ufern gelegenen Vorwerke sind ebenso wie zwei Türme in der Mitte im Lauf der Zeit zerstört worden. Weitere schwere Schäden erlitt die Brücke durch einen Luftangriff im August 1944. Von der Brücke schöner Blick auf die Rhône und den Ort.

Terrasse, Ostteil der place Saint-Pierre, mit Blick auf die Brücke; dieser Platz wird begrenzt durch die **Pfarrkirche** aus dem 15. Jh., durch die Chapelle des Pénitents mit barocker Fassade sowie die frühere Kirche Saint-Pierre aus dem 17. Jh.

Ehem. Krankenhaus (Hospiz) mit interessanter Sammlung von Apotheken-Fayencen aus dem 16. und 17. Jh. – Maison du Roi, 15. Jh. – Ancien Hôtel Roche, 15. Jh. – Haus der Malteserritter, 15. Jh.

Rundfahrt: **Gorges de l'Ardèche,** (s. dort), 10–50 km nordwestlich. Der aus den Cevennen kommende Fluß *Ardèche,* dem dem Département den Namen gibt, hat sich zwischen Vallon-Pont-d'Arc und Saint-Martin-d'Ardèche über eine Strecke von knapp 40 km in die Kalkfelsen eingeschnitten, die teilweise fast senkrecht zum Flußbett abfallen. Zunächst westlich auf N 86 und D 901

schmal und kurvenreich nach **Barjac,** 32 km; von hier Abstecher, vorbei an einem steinzeitlichen Dolmen, zur großen Tropfsteinhöhle

Aven d'Orgnac (s. Gorges de l'Ardèche), die 1892 entdeckt und seit 1935 erschlossen wurde. Die Tropfsteingebilde (bei einem durchschnittlichen Wuchs vom 5 cm in einem Jahrhundert!) gruppieren sich in mehreren großen Sälen, von denen der 145 m tiefe Rote Saal auf zwei Tropfsteinpfeilern von 17 m und 23 m Höhe ruht. – *Geöffnet:* im Sommer täglich 9 bis 11.30 und 14 bis 17.45 Uhr, außerhalb der Saison nur bis 16.45 Uhr; vom 30. 11. bis 1. 3. geschlossen. – Zurück nach Barjac und auf D 579 nördlich nach

Vallon-Pont-d'Arc, 118 m, 2000 Einw., wo die großartige Aussichtsstraße *Corniche de l'Ardèche* ihren Anfang nimmt. Sie bleibt hoch über der Schlucht auf der Nordseite und gewährt zahlreiche eindrucksvolle Ausblicke. – Den Eingang in die Schlucht bildet die *Pont d'Arc,* ein gewaltiges natürliches Felsentor. D 290 steigt dann steil an und erreicht den Belvédère du Serre de Tourre und die *Belvédères de Gaud.* Kurz vor dem nächsten großartigen Aussichtspunkt zweigt eine kleine Straße zur Tropfsteinhöhle *Aven de Marzal* ab (5 km). Die Panoramastraße erreicht nun den **Belvédère de la Madeleine** mit dem wohl eindrucksvollsten Blick in die Gorges. In den Kalksteinfelsen unterhalb der Straße befinden sich mehrere Höhlen. Abstiege von einem Parkplatz zur *Grotte de la Madeleine.* Es folgen der *Cirque de la Madeleine* und eine Reihe weiterer Tiefblicke. Bei **Saint-Martin-d'Ardèche** öffnet sich das Tal zur Rhône hin. Länge der Rundfahrt etwa 110 km.

Beliebt sind auch Fahrten mit Faltboot oder Kajak oder mit einem Mietboot. Campingplätze am Mittellauf der Ardèche und in der Schlucht. Auskunft: Syndicat d'Initiative Régional des Gorges de l'Ardèche, F-07150 Vallon-Pont-d'Arc.

Ausflüge: **Bourg-Saint-Andéol** (s. dort), 15 km nördlich, mit Eglise Saint-Andéol aus dem 12. Jh. Im Süden der Stadt Felsrelief aus dem 2. Jh.

Saint-Paul-Trois-Châteaux und **Saint-Restitut,** 20 km nordöstlich über Bollène. Das *Tricastin* genannte historische Gebiet östlich der Rhône ist auf Grund seiner romanischen Bauten und der weiten Hügellandschaft sehr sehenswert.

Donzère-Mondragon, große Staustufe der Rhône und Schiffsschleuse am *Rhône-Seitenkanal,* etwa 14 km nordöstlich auf Nebenstraßen. Nördlich schließt sich das Atomzentrum von **Pierrelatte** an.

PRADES

E-4. Dép. Pyrénées-Orientales, 357 m, 7000 Einw. Schöne Kleinstadt im *Têt-*Tal, zu Füßen des *Mont Canigou* gelegen, Ausgangspunkt für interessante Ausflüge in die Umgebung. Bekannt ist Prades vor allem durch den Cellisten Pablo Casals (1876–1973), der lange Jahre hier gelebt hat. In der Abtei von Saint-Michel-de-Cuxa (s. Ausflüge) finden zu seinen Ehren alljährlich Musiktage statt.

Auskunft: Syndicat d'Initiative, rue Victor Hugo, 66500 Prades, Tel. 68/ 05 02 11.

Verkehr: N 116 Perpignan–spanische Grenze. – Bahnstation.

Unterkunft.

Sehenswert: **Eglise Saint-Pierre** mit romanischem Glockenturm. Im Innern Hauptaltar von 1699, ein Werk des katalanischen Bildhauers Sunyer, im linken Querschiff ein »schwarzer Christus« aus dem 16. Jh.

Baden: Schwimmbad.

Sport: Tennis.

Ausflüge: **Molitg-les-Bains,** 7 km nördlich, kleines Thermalbad in 450 m Höhe, im Tal der *Castellane* gelegen. Die Thermalquellen des Ortes, die schon den Phöniziern und Römern bekannt gewesen sind, sowie das milde Klima des Ortes eignen sich besonders bei Hautleiden, bei Rheuma und bei Erkrankungen der Atemwege. Die Kuranlagen, in denen bis zu 3000 Kranke aufgenommen und betreut werden können, sind ganzjährig geöffnet.

Saint-Michel-de-Cuxa, 3 km südlich. Im Jahre 878 gegründet, im 11. Jh. unter Abt Oliva erweitert, danach in Vergessenheit geraten und während der Französischen Revolution 1789 verkauft, ist die ehem. Abtei seit 1965 wieder Kloster der Benediktiner von Montserrat. Große Teile des zerstörten Kreuzgangs wurden 1925 an das Metropolitan Museum von New York verkauft. In einem Park oben am Hudson-River wurde der Kreuzgang 1938 wiederaufgebaut, fehlende Teile im ursprünglich verwendeten Pyrenäen-Marmor nachgearbeitet und ergänzt. Der heute bei der Abtei bestehende Kreuzgang ist ebenfalls aus Überresten des alten Bauwerks rekonstruiert, die aus der ganzen Umgebung zusammengetragen wurden. Die Kirche, im 11. bis 14. Jh. erbaut, weist vorromanische, romanische und gotische Bauelemente auf. Schöner romanischer Glockenturm, mit Zinnen bewehrt, in den unteren zwei Etagen einfache, in den oberen zwei Etagen doppelte Rundbogenfenster. Chapelle de la Crèche aus dem 11. Jh., im Grundriß kreisförmig angelegt, mit Deckengewölbe, das von einem einzigen Pfeiler in der Mitte der Kapelle getragen wird. – *Führungen:* 1. 6. bis 31. 10. täglich 9.30 bis 11 Uhr und 14.30 bis 17 Uhr.

Vernet-les-Bains, 13 km südwestlich, Thermalbad in 650 m Höhe, reizvoll im Tal des *rio Major* gelegen. Schöne Altstadt mit romanischer Kirche Saint Saturnin aus dem 12. Jh. Im Innern romanischer Altartisch sowie in der Apsis interessante Christus-Darstellung aus dem 14. Jh. Der Ort bietet Therapien und Kuren bei rheumatischen Erkrankungen sowie Erkrankungen der Atemwege, besonders bei chronischen Leiden wie Asthma, Bronchitis u. ä., vor allem auch für Kinder und ältere Leute. Von Vernet-les-Bains 2,5 km südlich nach Casteil. Von hier 1 Std. zu Fuß zur

Abbaye Saint-Martin-du-Canigou auf einem Felsen in 1094 m Höhe erbaut. Im 11. Jh. gegründet und während der Französischen Revolution 1789 aufgegeben, wurde dieses Kloster zwischen 1902 und 1932 restauriert und zwischen 1952 und 1972 erweitert. Kirche aus dem 11. Jh. Im Innern Statue des hl. Gaudérique sowie Hauptaltar, dessen Sockel aus einem ehem. Säulenkapitell des Kreuzgangs besteht, mit Darstellungen aus dem Leben des hl. Martin. Nahe der Kirche das Grabmal des Kirchengründers, des Grafen Guifred de Cerdagne sowie einer seiner Gemahlinnen. – *Geöffnet:* 1. 7. bis 15. 10. täglich 9 bis 12 Uhr und 14 bis 19 Uhr; 16. 10. bis 30. 6. täglich 12 Uhr und 14 bis 17 Uhr. Zurück über Vernet-les-Bains nach Villefranche-de-Conflent, vorbei an der

Grotte des Canalettes. Höhle mit z. T. ungewöhnlich vielfältigen und klaren Tropfsteinbildungen. – *Geöffnet:* 15. 3. bis 30. 9. täglich 10 bis 12 Uhr und 13.30 bis 18.30 Uhr; im Oktober sonntags 10 bis 12 Uhr und 13.30 bis 17.30 Uhr. Nun nach

Villefranche-de-Conflent, 9 km nördlich; von einer Befestigungsanlage umgeben, am Zusammenfluß der Flüßchen *Cady* und *Rotja* mit der *Têt* gelegen. Außerhalb der Stadtmauern Parkplatz. Befestigungsanlagen von Vauban mit Überresten der alten Anlage aus dem 11. Jh. – *Besichtigung:* 1. 6. bis 30. 9. täglich 9 bis 12 Uhr und 13.30 bis 18 Uhr. Im Ort **Eglise Saint-Jacques** aus dem 12. und 13. Jh. zweischiffige Kirche mit »Vier-Säulen-Portal«. Im linken Kirchenschiff großes Taufbecken aus rosa Marmor. Bis zum 14. Jh. wurde hier der Täufling vollständig in das Taufwasser eingetaucht. »Jungfrau mit dem Kind«, Marmorskulptur aus dem 14. Jh., und Altaraufbau aus dem Jahre 1715, ein Werk von Sunyer. In einer Seitenkapelle des rechten Kirchenschiffs ein »Christus am Kreuz« aus dem 14. Jh.; im Westchor Chorgestühl aus dem 15. Jh. Nun zurück nach Prades, 6 km östlich.

Font-Romeu (s. dort), 45 km südwestlich, Luftkur- und Wintersportort mit einem Forschungszentrum für Sonnenenergie. Eremitage »Vierge de l'Invention«, Ziel von Wallfahrten. Die Strecke führt über **Thuès-les-Bains,** 15 km südwestlich, ein kleines Heilbad im *Têt*-Tal mit der Source-de-la-Cascade, mit 81° C die heißeste Quelle der Pyrenäen. Weiter nach **Mont-Louis,** 16 km westlich, Wintersportort mit Wallmauern und Zitadelle aus dem 17. Jh., in der heute ein sogenannter »Sonnenofen« steht. Von Mont-Louis aus schöne Ausflüge und Wanderungen u. a. in den Forrêt de Barrés sowie in das Tal der Aude (s. Font Romeu, Ausflüge).

Prieuré-de-Serrabonne, 28 km südöstlich. Kloster, in einsamer Landschaft gelegen, mit wunderschönem Säulen- und Bogendekor, das in starkem Kontrast steht zu der aus dunklem Schiefer erbauten, in ihren Formen eher plump gestalteten romanischen Kirche aus dem 11. und 12. Jh. Marmortribüne aus dem 12. Jh., von sechs Gewölbebögen getragen, mit schön gearbeiteten Kapitellen, Darstellungen von Blumen- und Tiermotiven. Ähnlich die Skulpturen an den Kapitellen in der südlichen Galerie, bei denen der orientalische Einfluß auf die romanische Skulpturenkunst im Roussillon deutlich wird. Schöner Blick über das Tal.

Massif du Canigou, 26 km südlich, Bergmassiv zwischen den Flüssen *Têt* und *Tech* gelegen, mit dem höchsten Berg **Pic du Canigou,** 2784 m. Von seinem Gipfel aus hat man einen herrlichen Blick über die Pyrenäen und über das Roussillon hin bis zum Mittelmeer.

PYRÉNÉES
Pyrenäen

Die Pyrenäen bilden die natürliche Grenze zwischen Frankreich und Spanien. Ihre Hochgebirgskette zieht sich in einer Höhe bis zu 3400 vom Pic de Carlitte, 2931 m, im Osten bis zum Pic du Midi d'Ossau 2885 m, im Westen, der auf einem nördlichen Querast der Zentralpyrenäen liegt. Zwischen diesen beiden Gipfeln liegen alle anderen Hochgipfel der Pyrenäenkette: der Moncalm, 3080 m, in der Ariège; der Perdiguero, 3220 m, im oberen Teil des Garonne-Tals; der Néouvielle, der Pic Long, 3194 m, die Munia, 3146 m, der Vi-

gnemale, 3298 m, und der Balaïtous, 3146 m, in der Landschaft Bigorre sowie die südlich von der Hauptkette gelegenen Seitenäste der Monts Maudits und des Pic de Posets, 3367 m.

Die Pyrenäenkette von Westen nach Osten:

Pic du Midi d'Ossau, 2885 m, Basaltmassiv in völlig isolierter Lage zwischen den Tälern der Aspe und des Ossau. Nach allen Seiten hin schroff abfallend, ist er mit den umliegenden niedrigeren Gipfeln durch bequeme Pässe verbunden. Besteigungen aller Schwierigkeitsgrade sind möglich, ebenfalls eine Überquerung der vier Gipfelpunkte. Sehr beschwerlich ist allerdings eine Besteigung über den Nordhang.

Balaïtous, 3146 m, über dem Tal des Azun, von der Beschaffenheit und dem Schwierigkeitsgrad der Besteigung ähnlich wie der Pic du Midi d'Ossau. Drei-Gipfel-Überquerung über den Nordwestgrat, den Castérilhou und den Crète des Diables, den Teufelsgrat, sowie Gletschertour über Las Néous sind möglich.

Marcadau Fache-Massiv, 3006 m. Das Marcadau-Tal liegt in der Nähe von Cauterets und Pont d'Espagne und gipfelt im Pic de la Fache, der umgeben ist vom Cambalès, 2965 m, vom Pic d'Aratille, 2902 m, und auf spanischer Seite dem Pic d'Enfer, 3073 m. Dieses Gebiet eignet sich vor allem für Bergwanderungen.

Vignemale-Massiv, 3298 m, höchstes französisches Pyrenäenmassiv mit dem Gaube- und Ossoue-Tal. Der Nordhang des Vignemale bietet in der 700 m hohen Pique Longue die höchste Felswand der Pyrenäen. Die Gletscher sind die Sérac du Petit Vignemale und der berühmte Couloir de Gaube.

Kalkmassiv von Gavarnie mit dem höchsten Gipfel, dem Mont Perdu, 3352 m, und dem Cirque de Gavarnie. Der Cirque de Gavarnie ist ein von hohen, mit Schnee und Gletschern bedeckten Bergen umgebener Felsenkessel, mit einer Reihe von Wasserfällen, u. a. der 420 m hohen Grande Cascade und der aus dem Kessel nach Spanien führenden Rolandsbresche. Nach Osten hin anschließend der Cirque de Troumouse mit der Munia, 3146 m (s. Gavarnie, Ausflüge).

Pic Long, 3194 m, und **Pic de Néouvielle,** 3092 m. Das Granitmassiv dieser beiden Gipfel steht über dem Talbecken der Neste de Couplan, im oberen Aure-Tal, in dem zahlreiche waldumsäumte Seen liegen. Dieses Massiv bietet Bergbesteigungen mittleren Schwierigkeitsgrades sowie hervorragende Bedingungen für Skiwanderungen.

Rieumajou- und Louron-Massiv mit dem Pic de Batoua, 3356 m, dem Pic de Lustou, 3023 m, und der Schrader, 3178 m. Für Bergsteiger kaum interessante Schieferfelsen, jedoch bieten die Berggipfel herrliche Aussicht auf den Pic de Posets und den Néouvielle.

Perdiguero- und Maupas-Massiv, 3220 m und 3110 m, Granitmassiv mit zahlreichen Dreitausendern, u. a. Grand Diètre des Spigeoles und Grat Crabioules-Lezat.

Pic de Posets, 3367 m, zweithöchster Pyrenäengipfel, in Spanien gelegen. Zu erreichen von Venasque aus über das Aran-Tal.

Monts Maudits, ebenfalls in Spanien gelegen, mit dem Aneto, der mit 3407 m der höchste aller Pyrenäengipfel ist. Hier sind große Felsgratklettertouren möglich. Die mit ewigen Schnee bedeckte Maladetta-Gruppe, ebenfalls ganz auf spanischem Territorium, ist von Frankreich aus über Hospitalet und den Vénasque-Paß zu erreichen.

Encantats-Massiv mit Peguera, 2932 m, südlich vom Aran-Tal im Becken der Noguera Pallaressa. Das Massiv bietet vielerlei Besteigungsmöglichkeiten, die Touren sind zwar jeweils kurz, dafür aber sehr anstrengend.

Maubermé-Vallier-Massiv, 2838 m, nördlicher Querast der Pyrenäenkauptkette, zugänglich ab Saint-Girons und dem Salat-Tal. Von den Gipfeln herrlicher Rundblick über die Zentralpyrenäen, vor allem die Monts Maudits.

Montcalm- und Pique d'Estats-Massiv, 3080 m, mit dem Becken des Vicdessos, eines Nebenflusses der Ariège. Nur sehr schwer zu besteigendes Bergmassiv.

Carlitte-Massiv, 2921 m, es bietet sowohl im Sommer als auch im Winter herrliche Möglichkeiten für Bergwanderungen.

Massif du Canigou mit dem Pic du Canigou, 2784 m, dieses Massiv bildet nach Osten hin den Abschluß der Pyrenäenkette. Hier öffnet sich die fruchtbare Landschaft des Roussillon, die sich bis zum Mittelmeer hin erstreckt.

Ein Teil der Pyrenäen ist 1967 zum Nationalpark erklärt worden. Dieser umfaßt in seinem Zentralteil ca. 50 000 ha sowie weitere 200 000 ha Peripherzone (s. Parc National des Pyrénées).

QUERCY

Ein mit den heutigen Départements Lot und Tarn-et-Garonne identisches Landschaftsgebiet. Man spricht vom

Haut-Quercy, wenn man das Gebiet um Cahors (Dép. Lot) meint, und vom Bas-Quercy, wenn von dem Bezirk von Montauban (Dép. Tarn-et-Garonne) die Rede ist. Beide Gebiete zeigen recht verschiedene Gesichter, wobei Cahors mit seinen Steinbauten als katholisches Zentrum galt, während das durch rotes Ziegelsteinbauwerk gekennzeichnete Montauban im 16. und 17. Jh. der Mittelpunkt des Protestantismus war.

Der nordöstliche Teil des Quercy, eigentlich ein Teil des Haut-Quercy, bildet mit einer Höhe von 600–700 m und einem im Verhältnis des Landes feuchten und kühleren die sog. Châtaigneraie, das Gebiet der Kastanienbäume. Hier gruben die Flüsse Lot, Celé und Céré tiefe Schluchten. Für diesen Bezirk ist auch die Bezeichnung Ségala üblich.

Das Haut-Quercy selbst ist eine Kalkhochebene mit einer Höhenlage von etwa 300 m, vielfach von Höhlen und Grotten durchzogen und begrenzt von den Flüssen Dordogne und Lot. Demgegenüber ist das Bas-Quercy durch den Zusammenfluß von Aveyron, Tarn und Garonne sowie durch breitere Täler mit fruchtbaren Feldern und Wiesen gekennzeichnet.

Größere Orte sind Saint-Céré, Rocamadour, Alvignac-les-Eaux, Gourdon, Padirac, Luzech, Saint-Cirque-Laponie, Figeac, Cabrerets, Martel, Souillac, Gramat (s. jeweils dort). Das Quercy ist ein kulturell vielfältiges und mit seinen alten Bauten, Schlössern und Kirchen denkbar reizvolles Reisegebiet.

RHÔNE

Dieser bedeutendste französische Fluß begrenzt das in diesem Reiseführer beschriebene Gebiet im Osten. Die Rhône verläßt den Lac Léman, den Genfer See, bei Genf zunächst noch auf Schweizer Hoheitsgebiet, gelangt bei Fort l'Ecluse auf französischen Boden, wendet sich zwischen Jura und Voralpenmassiv Bauges zunächst nach Süden, biegt am Zusammenfluß mit dem Guiers scharf nach Nordwesten und erreicht schließlich in westlicher Richtung Lyon, wo sie sich mit der Saône vereint und von nun ab fast gerade nach Süden strömt. Einige Auffassungen besagen nun, daß sie am 45. Breitengrad, kurz vor Valence, die Provence betritt (daran erinnert ein an der parallel laufenden N 7 aufgestelltes Denkmal), andere verlegen diesen Punkt weiter nach Süden, nach Montélimar. Hier liegt auch die erste der beiden großen provenzalischen Staustufen, die andere befindet sich bei Donzère-Mondragon, weitere sind bei Valence, Beauchastel, Le Logis-Neuf, Caderousse, Avignon und Tarasco. Den wichtigsten Zufluß ihres südlichsten Teiles nimmt die Rhône bei Avignon mit der Durance auf, beide Flüsse bilden das fruchtbare Herzland der Provence in der Grafschaft Venaissin und der Petite Crau.

Kurz vor Arles teilt sich der Fluß in den westlich verlaufenden **Petit Rhône** und den östlichen **Grand Rhône**, zwischen beiden erstreckt sich das große und eigentümliche Delta der Camargue (s. Parc Naturel Régional de Camargue). Der Petit Rhône findet bei Les Saintes-Marie de la Mer, der Grand Rhône bei Port-Saint-Louis ins Meer. Charakteristisch für die untere Rhône ist das Geschiebe von gewaltigen Sand- und Steinmassen. So lag in prähistorischen Zeiten ihre Mündung gleich hinter der Schlucht von Donzère, seither hat sie das ganze südlich davon gelegene Land angeschwemmt, ein Vorgang, der sich in der Camargue noch ständig fortsetzt.

ROCAMADOUR

D-2. Dép. Lot, 210 m, 720 Einw. Kleinstadt, in der schmalen *Alzou-Schlucht* an die Felsen gelehnt und von einem malerischen Schloß überragt, berühmt als Wallfahrtsort mit der Madonna von Rocamadour, »Notre dame de Rocamadour«, aus dem 7. Jh. Der Ort gehört mit zu den historisch und landschaftlich reizvollsten Zielen des hier beschriebenen Reisegebiets.

Auskunft: Office de Tourisme, Grand rue, Rocamadour, 46500 Gramat, Tel. 65/33 62 59.
Verkehr: D 673 Payrac–Alvignac. – Bahnstation.

Unterkunft.

Geschichte: Die Gründung von Rocamadour geht auf eine Legende zurück, die besagt, daß der Zöllner Zachäus nach Gallien gekommen sei und sich hierher als Eremit zurückgezogen habe. Sicher ist nur, daß es tatsächlich ein Eremit war, der als erster hier siedelte, ein »Liebhaber des Felsens«, ein »roc amator«, woraus der Name Rocamadour entstand. Unter der Kapelle, die auf ihn zurückgeführt wird, fand man 1166 den unversehrten Körper eines Mannes, in dem man den heiligen Amadour vermutete. Nach seiner Beisetzung nahe dem Altar begannen die Heilwunder, die über Jahrhunderte hinweg die Pilger zur Wallfahrt nach Rocamadour veranlaßten. 1562 besetzte der Hugenotten-Hauptmann Bessonies den Ort und richtete ein wahres Massaker an; der Überlieferung nach blieben nur die Madon-

nenstatue und eine wundertätige Glocke unversehrt. Als damals der Körper des noch immer unverletzten Amadour nicht verbrennen wollte, wurde er mit Hammerschlägen zertrümmert. Im 19. Jh. ließen die Bischöfe von Cahors die Heiligtümer wieder herstellen.

Sehenswert: **Festung,** einst Palast der Bischöfe von Tulle. Mächtige Wehranlage auf den Steilfelsen über der Stadt.

Rue de la Mercerie, älteste Straße von Rocamadour mit einem Haus aus dem 14. Jh. und der **Porte de Cabiliert** aus dem 13. Jh.

Basilique Saint-Sauveur, spätromanische Kirche aus dem 11.–13. Jh. mit zwei Kirchenschiffen und drei Jochgewölben, die durch große Säulen voneinander getrennt sind. In der Mitte der Kirche befindet sich eine schöne Christusfigur aus dem 16. Jh. Die Holzskulptur weist eine seltene Eigenart in der Darstellung des Gekreuzigten auf: die Einstichwunde des Lanzenstoßes, mit dem Jesus die Seite durchbohrt wurde, befindet sich auf der rechten, statt wie üblicherweise auf der linken Seite.

Chapelle miraculeuse de Notre Dame. Vom Kirchenvorplatz, Parvis des eglises, führen 17 Stufen zur Wunderkapelle von Notre Dame, dem religiösen Mittelpunkt der hl. Stätten von Rocamadour. Hier, so sagt die Legende, habe der Eremit sein Betzimmer in den Felsen hineingegraben. 1476 durch Steinschlag verschüttet und während der französischen Religionskriege zerstört und geplündert, wurde sie erst im letzten Jahrhundert wiederhergestellt. Das Innere ist mit zahlreichen Gaben geschmückt, Zeugnissen der Verehrung und der Dankbarkeit gegenüber der wundertätigen Madonna von Rocamadour; die Wände weisen noch Fragmente von Fresken aus dem 13. und 14. Jh. auf, Darstellungen des hl. Christophorus und eines mysteriösen Totentanzes. Unter dem Deckengewölbe hängt eine Glocke aus dem 6. Jh., die, so erzählt man, von selbst läutet, um ein Wunder zu offenbaren. In die Felswand oberhalb der Türe ist ein großes Eisenschwert eingelassen, das der Legende nach das berühmte Schwert »Durandal« von Roland sein soll. Über dem Altar die Statue der hl. Madonna mit dem Kind auf ihrem Schoß, wahrscheinlich aus dem 9. Jh. Ihre Schwärzung geht auf den Kerzenrauch und die Oxydation der schmückenden Silberteile zurück, die auch das Nußbaumholz im Laufe der Jahrhunderte dunkeln ließen.

Chapelle Saint-Michel, einige Stufen erhöht über der Chapelle miraculeuse, romanische Kapelle, ganz in den Felsen eingebettet. An den Außenmauern zwei Fresken »Mariä Verkündigung« und »Mariä Heimsuchung«, dem Stil und der Farbkomposition nach zu schließen aus dem 12. Jh. Im Chorraum bildliche Darstellungen von Christus dem Herrscher mit den Evangelisten und dem Erzengel Michael.

Musée Trésor mit wertvollen religiösen Gegenständen, u.a. einem vergoldeten Silberkelch aus dem 15. Jh., ein Geschenk des Papstes Pius II., einer Pietà aus dem 16. Jh., ein Kirchenfenster aus dem 14. Jh., Reliquienkreuzen, Gemälden und Meßgewändern.

Kalvarienberg mit dem »Kreuz von Jerusalem«, das früher von bußfertigen Pilgern von den heiligen Stätten hierher getragen wurde.

Schloß, im letzten Jahrhundert auf den Mauern eines alten Forts aus dem 14. Jh. errichtet. Von hier aus großartiger Blick über die Gegend von Rocamadour.

Veranstaltungen: Wichtigste Wallfahrten vom 5. bis 12. September. Während der Saison allabendlich das Schauspiel »Das goldene Buch von Rocamadour«. – Festival zu Ehren des Komponisten Francis Poulenc, alljährlich am 22. August.

Ausflüge: **L'Hospitalet,** 2 km östlich, Höhle mit Malereien aus der Zeit des Aurignac-Menschen, ca. 30 000 bis 16 000 v.Chr. – *Geöffnet:* Palmsonntag bis Allerheiligen täglich 9 bis 12 Uhr und 14 bis 19 Uhr.

Grottes de Lacave, 10 km nordwestlich. Grotte mit 12 wunderschönen Sälen, von denen ein 2000 qm großer Saal ganz in schwarzes Licht getaucht ist. Vier unterirdische Seen, in deren klarem Wasser sich die Stalagmiten spiegeln, geben der Grotte ihren außergewöhnlichen Charakter. Eine elektrische Kleinbahn bringt die Besucher bis zu einem Aufzug bzw. eine Treppe, die direkt in die Grotte hineinführen. Die Besichtigung der Grotte dauert 1 Std. – *Geöffnet:* 1. 4. bis 15. 10. täglich 9 bis 12 Uhr und 14 bis 18 Uhr, im August 9 bis 19 Uhr.

Martel (s. dort), 22 km nördlich, mittelalterliche Stadt mit interessanten Verteidigungsanlagen.

Alvignac-les-Eaux, 7 km nordöstlich, kleines Thermalbad zwischen Padirac und Rocamadour. Von hier weiter nach

Padirac, 6 km östlich, kleiner Ort auf dem *Causse de Gramat,* der Kalkhochebene von Gramat, bekannt durch den »**Gouffre de Padirac**«, den »Schlund von Padirac«, 2 km nördlich. Der »Schlund von Padirac«

diente der Bevölkerung des Causse de Gramat in Notzeiten als Zufluchtsort. Die Attraktionen des unterirdischen Höhlensystems sind ein Fluß in 103 m Tiefe sowie am sogenannten Regensee ein riesiger Stalaktit, der aus 78 m Höhe mit seiner Spitze beinahe das Wasser berührt. Der größte Saal ist die salle du Grand Dôme mit einer lichten Höhe von 91 m. Der 2,5 km lange Weg, davon 600 m im Boot, führt an zahlreichen bizarren Tropfsteinbildungen vorbei. – Geöffnet: 1. 4. bis 2. Sonntag im Oktober täglich 9 bis 12 Uhr und 14 bis 18 Uhr; im Juli 8 bis 12 Uhr und 14 bis 19 Uhr; im August 8 bis 19 Uhr.

Gramat, 9 km südöstlich. Ruhige Kleinstadt auf dem **Causse de Gramat** (s. Causses), mit 50 km Länge eine der bedeutendsten Kalkhochebenen dieser Art. In der Rue Saint-Roche schöne alte Häuser, sehenswert sind auch das Kloster Notre dame du Calvaire sowie die Kirche Saint-Pierre mit einer Statue der hl. Theresa. In der Nähe, im malerischen Tal der *Alzou,* alte Wassermühle.

RODEZ

E-2. Dép. Aveyron, 632 m, 28 000 Einw. Ehem. Hauptstadt der Provinz Rouergue, hoch über dem Fluß *Aveyron,* an der »Route d'Argent« gelegen. Am Schnittpunkt zwischen dem nördlich gelegenen *Causses du Comtal* und der südlichen Flußlandschaft von *Aveyron* und *Tarn,* inmitten des Rouergue, einer abwechslungsreichen Landschaft mit Höhen bis zu 1400 m, Schluchten, Seen und Stauseen wie dem *Lac de Pareloup,* findet man in Rodez, wie auch in Villefranche-de-Rouergue und Millau (s. jeweils dort), aber auch in vielen kleineren Städten und Ort-

schaften reiche Zeugnisse aus der Geschichte und Kultur dieser Gegend. Das **Rouergue,** zwischen dem *Bas-Quercy* im Osten und dem *Causses de Sauveterre* im Westen gelegen, ist von seinen Gebietsgrenzen her praktisch identisch mit dem heutigen Département Aveyron, dessen nördlicher Teil auch heute noch üblicherweise *Haut-Rouergue* genannt wird.

Auskunft: Syndicat d'Initiative, Galerie Foch, 12000 Rodez, Tel. 65/ 68 02 27.
Verkehr: N 88 Sévérac–Albi, Endpunkt der N 140 von Figeac, der D 994 von Villefranche-de-Rouergue, der D 920 von Espalion und der D 901 von Aurillac. – Bahnstation.

Unterkunft.

Geschichte: Der Name Rodez geht auf das römische Ruthena zurück. Schon in 5. Jh. verbreitete sich das Christentum in dieser Gegend. Im Mittelalter stritten Klerus und weltlicher Adel um die Stadt, wobei sich Burg und Stadt durch Befestigungswälle voneinander schützten. Man findet noch heute in der Stadt die entsprechenden Bezeichnungen Cité und Bourg. 1271 fiel die Stadt samt der Grafschaft an die französische Krone. Anfang des 19. Jh., während der Zeit der Restauration, hielt ein Mord, geschehen in Rodez, die ganze Republik Frankreich in Atem. Es war die Affaire Fualdès. Fualdès, ein überzeugter Bonapartist und ehem. Justizbeamter des Kaiserreichs in Rodez, wurde von Ludwig XVIII. abberufen. Eines Morgens, im März 1817, entdeckte man seine Leiche auf dem Fluß Aveyron. Eine Untersuchung des Falles ergab, daß der alte Richter in einer Spelunke der Stadt von zwei Freunden, zwei stadtbekannten Royalisten, ermordet worden war. Ein Prozeß wurde geführt, zuerst in Rodez, später in Albi. Von vielen Wirrnissen geprägt, glich er mehr einer theatralischen als einer juristischen Angelegenheit. Der mysteriöse Tatort, die absolut verworrenen Umstände, die die Tat begleiteten, die ungewöhnliche Anwesenheit einer Dame aus besseren Kreisen in dem zwielichtigen Gasthaus, in dem der Mord geschah, schließlich und endlich die konträren politischen Anschauungen von Opfer und Täter, all dies zusammen rückte den Prozeß eng in den Bereich von Leidenschaft und Skandal. Unzählige Gerüchte über den »armen Fualdès« waren im Umlauf und bewegten die Gemüter der Republik noch lange Zeit.

Sehenswert: **Cathédrale Notre Dame,** im Stil der Gotik ganz aus rotem Sandstein erbaut. 1277 begonnen, war sie Teil der einstigen Stadtbefestigung. Anfang des 14. Jh. wurden Apsis und Teile des Chors angefügt, später das Querschiff und Teile des Kirchenschiffs, im 15. Jh. wurde sie schließlich vollendet. Die Westfassade, außerhalb der eigentlichen Stadtbefestigung gelegen, als wehrhafte Bastion errichtet, weist nur im oberen Teil, zwischen den im 17. Jh. errichteten Türmen, Schmuckwerk im Stil der Renaissance, überragt von einem Giebel im klassischen Stil, auf. Das Nordportal, von drei Rundbögen und einem Spitzbogen überzogen, zeigt Darstellungen der Geburt Jesu, der Anbetung der Hirten, den zwölfjährigen Jesus im Tempel und im Tympanon die Krönung der hl. Jungfrau. Beeindruckend auch der 87 m hohe Glockenturm mit sechs Stockwerken, über einem wehrhaften Turm aus dem 14. Jh. errichtet. In der 3. Etage starkes Mauergesims, die 4. Etage, achteckig angelegt und mit Apostelfiguren geschmückt, in der 5. Etage Türmchen, Rundbögen und Zinnenschmuck, ist der Turm von einer Jungfrau-Statue geschmückt, die im obersten Teil auf einer Terrasse mit Rundgang und Kuppeldach, angebracht ist. Das Innere der Kathedrale besticht durch die klaren gotischen Formen: der hohe Chor, die von außerordentlicher Leichtigkeit geprägten Säulenkapitelle im Kirchenschiff, die Spitzbögen über dem Triforium sowie über den hohen Fenstern. Das weite Kirchenschiff mit seinen zwei großzügig angelegten Seitenschiffen ist flankiert von einer Reihe sehr heller, schöner Seitenkapellen. Die dritte Seitenkapelle rechts ist durch eine Steinbalustrade aus dem 16. Jh. versperrt, deren Skulpturen leider sehr schlecht erhalten sind. Über den Säulen befinden sich 12 Sybillen-Statuen, Wahrsagerinnen der Antike, die wie auch in der christlichen Mythologie vorkommend, bestimmte heilige Geschehnisse vorhergesagt haben. Nur noch vier dieser Sybillen sind erhalten sowie ein Ecce Homo auf der Innenseite der Balustrade. In der Kapelle befindet sich ein Renaissance-Altar mit einer Darstellung der Grablegung Jesu im Altaraufsatz, eines der berühmtesten Skulpturwerke des 16. Jh. in Frankreich. In der danebenliegenden Kapelle Altaraufsatz aus dem 15. Jh. mit einer Darstellung »Christus auf dem Ölberg«. Im rechten Querschiff der Kirche ein Lettner, eine reichgeschmückte Arbeit aus dem 15. Jh. sowie im linken Querschiff ein wunderschönes, holzgeschnitztes Orgelgehäuse aus dem 17. Jh. Auf dem Hauptaltar eine schöne Jungfrau-Statue mit Kind aus dem 14. Jh. Vom Chorumgang aus gelangt man in mehrere kleinere Kapellen, in denen sich mehrere Sarkophage verschiedener Bischöfe von Rodez befinden, u. a. in der Kapelle, die auf der Achse des Mittelschiffs liegt, der des Bischofs Gilbert de Cantobre, gest. 1349. Sehenswert ist auch die Renaissance-Kapelle am Eingang zur Sakristei.

Eglise Saint-Aman, ursprünglich romanischer Bau, im 18. Jh. vollständig erneuert. Im Innern noch schöne romanische Kapitelle. Im Chor Wanddekorationen aus dem 16. Jh. sowie in der Taufkapelle ungewöhnliche Darstellung der Hl. Dreifaltigkeit, in Stein gearbeitet.

Bischöfliche Residenz, aus dem 17. Jh. mit Resten der alten Stadtbefestigung aus dem 16. Jh. sowie der **Tour Corbières** aus dem Jahre 1443.

Musée Fénaille, in zwei Häusern aus dem 14. und 16. Jh., in der *rue Saint-Just.* Prähistorische Sammlungen, darunter eine Sammlung von Menhiren aus dem südlichen Teil des Aveyron, Dokumentationen zur gallo-römischen Geschichte sowie zur Geschichte der Merowinger, Skulpturen aus der Zeit des Mittelalters und der Renaissance, altes Mobiliar sowie sakrale Gegenstände und Kunst, darunter eine sehr schöne »Mariä Verkündigung« aus dem 16. Jh. – *Geöffnet:* 1. 7. bis 31. 8. täglich außer montags, sonn- und feiertags 10 bis 12 Uhr und 14.30 bis 18 Uhr.

Musée des Beaux-Arts, Bilder und Skulpturen alter Meister und der Moderne; ein Saal ist Künstlern aus dem Aveyron gewidmet. – *Geöffnet:* 1. 7. bis 30. 10. täglich außer dienstags und feiertags 9 bis 11 Uhr und 14 bis 17 Uhr.

Schöne alte Häuser um die *place du Bourg* und bei der Kathedrale. Besonders bemerkenswert **Maison d'Armagnac** an der *place de l'Olmat*

mit reizvoller Fassade, **Apotheke** in der *rue d'Armagnac,* **Maison de l'Annonciation** an der *place du Bourg* und **Maison Molinier** an der *place Adrien Rozier,* alle aus dem 16. Jh. sowie das sogenannte **Maison dites des Anglais** an der *rue du Touat,* mächtiger Turm aus dem 14. Jh.

Spaziergänge: Am Ufer des *Aveyron* entlang nach **Carcaillac, Layoule** mit alter gotischer Brücke und **La Monastère** mit Resten einer Abtei, einer gotischen Brücke und schönen alten Häusern. – **Sainte-Radegonde,** 4 km südöstlich, befestigte Kirche.

Ausflüge: **Les Lacs du Lévézou.** Vier Seen im Bereich des *Lévézou-Plateaus,* der Landschaft zwischen dem Tal des *Aveyron* und dem *Tarn.* Die Seen, in durchschnittlich 800 m Höhe gelegen und mit mediterranem Klima, bieten wunderschöne Bade- und Wassersportmöglichkeiten. Lac de Pont-de-Salars und Lac de Bage, jeweils 25 km südöstlich, Lac de Pareloup, 40 km südöstlich, der größte der vier Seen mit touristischem Zentrum, sowie Lac de Villefranche-de-Panat, 43 km südöstlich.

Salles-Curan, 46 km südöstlich, in der Nähe des *Lac de Pareloup* und am Rande der Heidelandschaft um das *Massif von Lévézou* gelegen. Im Ort Schloß der Hostellerie de Lévézou und Kirche aus dem 15. Jh.

Espalion (s. dort), 29 km nordöstlich, Kleinstadt, in einem Talkessel des *Lot* gelegen, mit verschiedenen Museen zur Geschichte des Rouergue.

Conques (s. dort), 37 km nördlich, kleiner, mittelalterlicher Ort im Rouergue, inmitten karger Bergwelt gelegen. Im Mittelalter bedeutendes Pilgerzentrum durch die Lage am Jakobsweg, dem Pilgerweg nach Santiago de Compostela. Mächtige romanische Abteikirche aus dem 11. und 12. Jh. sowie Museum mit dem größten noch erhaltenen Kirchenschatz des französischen Mittelalters.

ROUSSILLON

Eine der fruchtbarsten und vom Klima begünstigten Landschaften im äußersten Süden Frankreichs. Sie zieht sich westlich von Perpignan entlang der Pyrenäenkette bis zum Col de Puymorens hin und schließt sowohl eine Bergkulisse von großartiger Schönheit wie eine mit Wein, Obst und Gemüse bebaute Ebene ein. In seinen Ausmaßen entspricht das Roussillon dem Département Pyrénées-Orientales. Hier, im Vallespir, vereinigen sich die Flußtäler des Têt und des Tech. Nach Norden bilden die Corbières die Begrenzung, während östlich das Mittelmeer und südlich die Pyrenäenkette mit der spanischen Grenze das Gebiet abschließen. Beherrschendes Massiv ist der **Mont Canigou** (2785 m) mit seinen majestätischen vier »Pics«, die lange Zeit als die höchsten Pyrenäengipfel galten.

Die klimatischen Vorzüge haben schon früh zur Besiedlung des Roussillon geführt, das zur Römerzeit Teil der Kolonie von Narbonne war. Im 5. Jh. drangen die Westgoten nach Südfrankreich vor, ihnen folgten im 7. Jh. die Araber, die von Nordafrika über Spanien hierherkamen. In den folgenden Jahrhunderten war das Roussillon ständigen Auseinandersetzungen zwischen Frankreich und Spanien ausgesetzt (s. Perpignan, Geschichte). Dennoch konnte sich hier die romanische Bau- und Skulpturenkunst entfalten wie kaum anderswo in Frankreich. Berühmt ist die Kirche von **Saint-Genis-des-Fon-**

taines, die im Türsturz über dem Portal die älteste romanische Skulptur Frankreichs aus dem Jahre 1020 aufweist (s. Collioure, Ausflüge). Im 12. Jh. ging das Roussillon in spanischen Besitz über und wurde dem Königreich Aragon eingegliedert, gehörte dann für einige Jahrzehnte zum Königreich Mallorca mit der Hauptstadt Perpignan, bis dies im 14. Jh. wieder mit Aragon zusammenfiel. Im 15. Jh. versuchte Frankreich unter Karl VIII. das Roussillon wieder an Frankreich zu binden, dies gelang endgültig jedoch erst Richelieu mit den Pyrenäenverträgen von 1659.

Wichtigste Stadt des Roussillon ist Perpignan. An der Küste locken die vielbesuchten Seebäder Canet-Plage, Argelès-sur-Mer, Collioure, Port-Vendres sowie die im Ausbau befindlichen Badezentren **Saint-Cyprien-Plage** und **Leucate-Barcarès.** Le Perthus ist als Grenzübergang ebenso bekannt wie Cerbère oder Bourg-Madame. Neben den Orten Prades, Villefranche-de-Conflent, Thuir, Céret, Arles-sur-Tech liegen im Roussillon auch eine Vielzahl von Kurorten und Heilbädern.

SAINT-BERTRAND-DE-COMMINGES

C-3. Dép. Haute-Garonne, 446 m, 250 Einw. Das Dorf ist mit dem Thermalbad **Barbazan,** dem Handelsstädtchen **Loures Barousse** sowie dem kleinen Ort **Valcabrère** zu einer Fremdenverkehrsgemeinde zusammengeschlossen. In der Römerzeit ein blühendes Gemeinwesen und im Mittelalter Bischofssitz, ist der Ort reich an Zeugnisse seiner bedeutenden Vergangenheit.

Auskunft: Syndicat d'Initiative, Canton de Barousse, rue National, 65370 Loures-Barousse, Tel. 62/99 21 30.

Verkehr: N 125 Montréjeau–Bagnères de Luchon, Abzw. bei Labroquère, 3 km. – Nächste Bahnstation Montréjeau, 10 km nördlich.

Unterkunft.

Geschichte: Im Jahre 72 v. Chr. gründete Pompeius auf dem Rückweg von seinem Spanienfeldzug bei der ehemals keltischen Siedlung Lugdunum ein oppidum und nannte den Ort Lugdunum Convenarum. Die Stadt entwickelte sich rasch, bereits unter Augustus wurden Thermen, Tempel und Forum angelegt und schon im 1. Jh. n. Chr. zählte das oppidum 60 000 Einwohner. Kaiser Caligula verbannte im Jahre 37 n. Chr. Herodes Antipas, Vierfüst aus Galilea, und dessen Gemahlin nach Lugdunum, die Hauptstadt der Region Convenae in der römischen Provinz Gallia transalpina. Nach der Eroberung der Stadt durch die Vandalen im Jahre 409 und unter der anschließenden Herrschaft der Westgoten, geriet die Stadt jedoch vollständig in Vergessenheit. Erst im Jahre 1120 entdeckte der damalige Bischof des Commingés, Bertrand de l'Isle-Jourdain, der später heiliggesprochen wurde, den Ort in seiner landschaftlich reizvollen Lage wieder. An der Stelle der zerstörten Akropolis ließ er eine Kathedrale errichten, um die herum dann ein neuer Ort entstand. Ende des 13. Jh. erwies sich die Kathedrale als zu klein. Bischof Bertrand de Got, der spätere Papst Clemens V., der erste Papst von Avignon, veranlaßte den Ausbau der Kirche, der 1352 abgeschlossen wurde.

Sehenswert: **Cathédrale Sainte-Marie-de-Comminges.** Portalvorbau, Stirnseite sowie Teile des Glockenturms sind von der ursprünglich romanischen Kirche aus dem 12. Jh. erhalten; im wesentlichen jedoch gotischer Kirchenbau aus dem 14. Jh. Im Kirchenschiff Altar aus dem Jahre 1621, Orgel von 1550 sowie schöne Holzschnitzereien am gotischen Lettner, der den Chor vom Kirchenschiff trennt. Chorgestühl und Hauptaltar sind ebenfalls mit feinem Schnitzwerk versehen. Hinter dem Hauptaltar das Mausoleum des hl. Bertrand aus dem 15. Jh., links vom Chorgestühl Chapelle de la Vierge mit dem imposanten Grabmal von Hugo de Châtillon, der den Kirchenbau im 14. Jh. vollendete. Neben der Kirche romanischer Kreuzgang mit schönen Säulenkapitellen. In der Galerie rechts vom Eingang der berühmte »Pfeiler der vier Evangelisten«. Über der Nordgalerie Kirchenschatz mit zwei Wandteppichen von Tournai aus dem 16. Jh.; im ehem. Kapitelsaal liturgische Gewänder aus dem 14. Jh.

Galérie du Trophée, ehem. kleine Kapelle, etwas abseits der Kathedrale gelegen. Sammlung von Marmorskulpturen griechischer Bildhauer aus dem 1. Jh. n. Chr., die Teile einer kaiserlichen Trophäe darstellen, die in Saint-Bertrand gefunden wurden. Daneben Lapidarium mit Ausgrabungsfunden aus gallo-römischer Zeit.

Musée de Comminges mit Sammlungen und Dokumentationen über die Zeit der römischen Herrschaft im Comminges.

Cité romain, Ausgrabungsstätte des römischen oppidums. Zu besichtigen ist das Forum mit den Thermen, die constantinische Basilika und eine weitere Basilika sowie die Nordthermen.

Sport: Tennis, Reiten, Angeln, Skifahren.

Veranstaltungen: Festival du Comminges, Orgel- und Kirchenkonzerte alljährlich im Juli und August.

Ausflüge: **Valcabrère,** 1 km nordöstlich, Dorf mit Basilique Saint Just, schön zwischen Zypressen inmitten eines Friedhofes gelegen. Die mächtige Hallenkirche aus dem 11. und 12. Jh. ist dem hl. Justus und dem hl. Pastor geweiht, zwei Brüdern, die während der Christenverfolgung des Diokletian den Tod fanden. Westportal aus dem 4. Jh., Seitenportal aus dem 12. Jh. mit vier Säulenstatuen, die Heiligen Justus und Pastor sowie den hl. Stephanus und die hl. Helena darstellend.

Grotte de Gargas, 10 km nordwestlich, prähistorische Höhle, einst Wohnstätte des Aurignac-Menschen vor mehr als 25 000 Jahren. Über 200 Handabdrücke, in schwarz, rot, gelb und weiß, Abdrücke von Kinder- und Frauenhänden, schmücken die Wände und sind eines der geheimnisvollsten aber auch herausragendsten Zeugnisse menschlicher Besiedelung des Comminges (s. Saint-Gaudens, Ausflüge) in frühgeschichtlicher Zeit. Daneben andere Höhlenzeichnungen, Darstellungen verschiedener Tiere wie Bisons, Antilopen und Pferde, darüber hinaus Stalagmiten und Stalaktiten in unterschiedlichsten Formationen. – *Geöffnet:* 15. 6. bis 15. 9. täglich 10 bis 12 Uhr (sonntags 11.30 Uhr) und 14 bis 19 Uhr; 16. 9. bis 14. 6. mittwochs, samstags und feiertags 15 bis 18 Uhr, sonntags 15 bis 17 Uhr. Besichtigungsdauer 45 Min.

Saint-Gaudens (s. dort), 13 km nordöstlich, lebhafte Industriestadt auf einer Terrasse über dem Tal der Garonne gelegen. Ausgangspunkt für eine Rundfahrt durch das Comminges.

Bagnères-de-Bigorre (s. Tarbes, Ausflüge), 40 km östlich Thermalbad und lebhafte Kleinstadt zu Füßen des Massif de Néouvielle gelegen, Ausgangspunkt für schöne Ausflüge in die Umgebung.

Bagnères-de-Luchon (s. dort), 23 km südlich, Thermalbad und Erholungsort nahe der spanischen Grenze, mit interessantem Musée du Pays de Luchon.

SAINT-CÉRÉ

D-2. Dép. Lot, 152 m, 4400 Einw. Im Tal der *Bave* gelegener malerischer Ort des *Quercy,* beliebte Sommerfrische und Ausgangspunkt für schöne Wanderungen und Ausflüge.

Auskunft: Office de Tourisme, pl. de la République, 46400 Saint-Céré, Tel. 65/38 11 25 oder 38 11 85.

Verkehr: Kreuzungspunkt der D 940 Lacapelle-Marival–Tulle mit D 673 von Rocamadour. – Nächste Bahnstation Bretenoux-Biars, 11 km.

Unterkunft.

Sehenswert: **Eglise Saint-Spéries** aus dem 12. und 13. Jh. und **Eglise des Recollects.** – **Galérie d'Art,** Kunstgalerie mit ständiger Ausstellung der Keramiken und Teppiche von Jean Lurçat.

Baden: Schwimmbad.

Sport: Reiten, Bowling, Minigolf.

Veranstaltungen: Internationales Festival für Chorgesang und Instrumentalmusik, alljährlich im August.

Spaziergänge und Wanderungen: **Château de Montal,** 2 km westlich, Schloß im Renaissance-Stil erbaut, mit malerischen Rundtürmen.

Saint-Laurent-les-Tours, 2 km nördlich, mittelalterliche Burg mit zwei Türmen, auf einem Hügel gelegen. Die Burg kann nicht besichtigt werden.

Bonneviole und **Château de Castelnau,** 8 km nordwestlich. Festung mit gewaltigen Mauern und Türmen, die den Zusammenfluß von *Céré* und *Dordogne* beherrscht. Sie entstand im 11. Jh. und wurde von 1896 bis 1932 restauriert. Vom Ehrenhof aus erhält man einen guten Eindruck von der Wehrhaftigkeit dieser Festung, deren viereckiger Turm eine Höhe von 62 m aufweist. In den Gebäuden und Stallungen konnten bis zu 1500 Mann und 100 Pferde untergebracht werden.

Ausflüge: **Carennac,** 16 km nordwestlich. An den Ufern der *Dordogne* liegender kleiner Ort mit malerischen Häusern aus dem 16. Jh. Im Ort **Prieuré de Fénelon,** Benediktinerkloster aus dem 10. Jh., im 11. Jh. zu Cluny gehörend, in dem der Dichter Fénelon seinen »Telemach« schrieb. Die romanische Kirche besitzt ein sehr schönes Portal aus dem 12. Jh., eine »Grablegung« aus dem 16. Jh. sowie einen sehr schön restaurierten Kreuzgang.

Grottes de Presque, 2 km nordwestlich, 235 m lange Folge von Sälen und Galerien mit bizarren Tropfsteingebilden. – *Geöffnet:* April bis Oktober täglich 9 bis 12 Uhr und 14 bis 18 Uhr, im Juli und August bis 19 Uhr.

Rocamadour (s. dort), 27 km südwestlich, historisch interessanter Wallfahrtsort mit malerischem Schloß, in besonders reizvoller Landschaft gelegen.

Grottes de Lacave (s. Rocamadour, Ausflüge), 37 km westlich, interessantes Höhlensystem mit vier unterirdischen Seen.

Padirac (s. Rocamadour, Ausflüge), 14 km südwestlich, Kleinstadt auf dem *Causse de Gramat,* bekannt vor allem durch den **»Gouffre de Padirac«,** den »Schlund von Padirac«,

unterirdische Grotten mit einem Riesenstalaktiten.

LES SAINTES-MARIES DE LA MER

G-3. Dép. Bouches du Rhône, 2100 Einw. Wallfahrtsort in der Camargue. Frühere Fischersiedlung, heute mit modernen Hotels ausgestatteter Ferienort an der Südwestspitze des *Etang de Vaccarès,* Naturschutzgebiet, an der Einmündung der *Petit Rhône* in den *Golfe du Lion* gelegen.

Auskunft: Syndicat d'initiative, av. Van Gogh, 13460 Les-Saintes-Maries-de-la-Mer, Tel. 90/97 82 55.

Verkehr: Endpunkt der D 570 von Arles. – Nächste Bahnstation Arles, 50 km.

Unterkunft.

Geschichte: In der Antike war die Camargue eine Insel, die dem ägyptischen Gott Ra geweiht war. Nahe dem oppidum Ra entstand schon in vorchristlicher Zeit eine Siedlung, die ursprünglich den Namen Notre Dame de Ratis trug. Der Legende nach sollen um das Jahr 40 mehrere Heilige nach ihrer Vertreibung aus Jerusalem hier an Land gegangen sein und die »drei aus dem Meer gekommenen Marien« dem Ort seinen jetzigen Namen gegeben haben. Ihre Reliquien wurden in einer kleinen Kapelle aufbewahrt, die bald zum Wallfahrtsziel wurde. Im 9. Jh. wurde eine Kirche erbaut und ihr folgte im 12. Jh. das heute als Wahrzeichen der Stadt geltende, festungsartige Bauwerk, das im 14. und 15. Jh. mehrmals umgebaut wurde.

Sehenswert: **Wallfahrtskirche,** auf einem freien Platz, von ehem. Fischerhäusern, heute Souvenirläden, umgeben. Der schwere, fensterlose Bau ohne Seitenschiffe, dessen Apsis, mit schönen romanischen Arkaden-Kapitellen, in die Wehrkirche einbezogen ist, wird an der Südwestseite von einem Turm überragt. Vom Wehrgang gute Fernsicht. In der oberen Kapelle (nicht zugänglich) die Sarkophage der beiden Marien. In der Krypta die Statue der hl. Sarah, der dunkelhäutigen Dienerin der Maria Jakobäa und der Maria Salome, die bei der berühmten Zigeuner-Wallfahrt ins Meer hinausgetragen wird.

Musée Baroncelli, im ehem. Rathaus aus dem 19. Jh. An den seitlichen Fassaden zwei Marmor-Medaillons mit den Wappen von Frankreich, von Navarra und von Les-Saintes-Maries-de-la-Mer, Mitte des 17. Jh. für das an dieser Stelle errichtete alte Rathaus aus dem Jahre 1655 von Pierre Sibrent gearbeitet. Die drei Abteilungen des Museums zeigen Dokumentationen zur Flora und Fauna der Camargue, Sammlungen zur Geschichte der Stadt von gallo-römischer Zeit bis in unser Jahrhundert sowie zu den Lebens- und Arbeitsbedingungen und den Traditionen der Menschen in dieser Region. – *Geöffnet:* im Sommer täglich 9 bis 12 Uhr und 14 bis 19 Uhr.

Musée de Cire, etwa 2 km außerhalb der Stadt mit Sammlungen und Dokumentationen zu den folkloristischen Traditionen und Bräuchen der Bewohner von Les Saintes-Maries de la Mer, u. a. Darstellungen typischer Lebensbereiche auf 20 Großgemälden der Maler Joseph Dupin und Louis Taddei. Daneben eine ornithologische Sammlung, eine Waffensammlung sowie Kupferstiche und Glasspiele.

Baden: Feiner Sandstrand.

Sport: Reiten, Tennis, Wassersport.

Veranstaltungen: Wallfahrt zum Fest der Maria Jakobäa am 24. und 25. Mai. Große Zusammenkunft der Zigeuner, die aus Anlaß dieses Festes ihre neue Königin wählen und ihrer Schutzpatronin, der hl. Sarah huldigen. Die Prozessionen werden von den Stierhirten der Camargue, den berittenen Gardians, und den Frauen aus Arles begleitet, die in ihren malerischen Trachten zu diesem Fest kommen. Zum Abschluß der Feierlichkeiten findet ein großes Volksfest statt mit Tänzen und Stierkämpfen in der Arena am Meer sowie mit Pferderennen. – 14. Juli, Nationalfeiertag mit Stierkämpfen in der Arena, folkloristischen Darbietungen und Feuerwerk. – Wallfahrt zu Ehren der Maria Salome am Wochenende um den 22. Oktober, Prozessionen mit den Stierhirten der Camargue und den Frauen aus Arles in ihren schönen Trachten.

Ausflüge: **Parc Naturel Régional de Camargue** (s. dort), mit Musée Camarguais im Gehöft Mas du Pont de Rousty. Der Naturpark umfaßt das gesamte Gebiet von Les Saintes-Maries de la Mer sowie einen Teil der Region von Arles, insgesamt 85 000 ha. Innerhalb des Naturparks befinden sich zwei Reservate, von denen eines nicht zugänglich ist, das andere nur unter Beachtung strenger Auflagen betreten werden darf. Ausflüge zu Fuß und mit dem Pferd sowie Foto-Safaris mit geländegängigen Fahrzeugen, Auskunft s. o.

Aigues-Mortes (s. dort), 31 km nordwestlich. Altes Städtchen am Westrand der *Camargue,* das sich mit seiner vollständig erhaltenen Umwallung den mittelalterlichen Charakter bewahrt hat. Von hier weiter nach la Grande Motte und le Grau du Roi (s. Aigues-Mortes, Ausflüge).

Nîmes (s. dort), 53 km nördlich, Hauptstadt des Département Gard, zwischen der unteren *Rhône* und den *Cevennen* gelegen. Die Stadt mit reichen Zeugnissen ihrer gallo-römischen Vergangenheit war eine der bedeutendsten und prächtigsten Städte der provincia Gallia Narbonensis und trägt noch heute den Beinamen »französisches Rom«.

SAINT-GAUDENS

C-3. Dép. Haute-Garonne, 405 m, 13 000 Einw. Lebhafte Industriestadt, auf einer Terrasse über dem *Garonne*-Tal gelegen. Jeden Donnerstag findet hier der große Kälbermarkt des *Comminges* statt. Im Jahre 1940 wurden in der Gegend von Saint-Gaudens große Erdgasvorkommen entdeckt, was den Bewohnern der Stadt neue existentielle Möglichkeiten eröffnete.

Auskunft: Office de Tourisme, pl. Mas-Saint-Pierre, 31800 Saint-Gaudens, Tel. 61/89 15 99.

Verkehr: N 117 Tarbes–Toulouse. – Bahnstation.

Unterkunft.

Sehenswert: **Boulevard Jean Bepmale,** er mündet im Südwesten in den *boulevard des Pyrénées* und bietet einen schönen Blick über die Stadt und ihre Umgebung.

Monument des Trois Maréchaux, zum Andenken an die drei französischen Marschälle Foch, Galliéni und Joffre, die in den Pyrenäen geboren sind.

Musée municipal mit Dokumentation der prähistorischen und gallo-römischen Geschichte des Comminges. Sammlung zum Alltagsleben in Saint-Gaudens im 19. Jh. sowie eine Sammlung der »Description de l'Egypte«, eine Beschreibung Ägyptens, von den Wissenschaftlern und Gelehrten geschrieben und illustriert,

die Napoleon auf seinem Ägypten-Feldzug begleiteten. Im Obergeschoß Ausstellung handwerklicher und kunsthandwerklicher Gegenstände aus der Region sowie Rekonstruktion einer für das ländliche Commings typischen Wohnungseinrichtung. – *Geöffnet:* täglich außer sonn- und feiertags 10 bis 12 Uhr und 16 bis 18 Uhr.

Baden: Schwimmbad.

Sport: Tennis, Minigolf.

Ausflüge: Rundfahrt durch das **Comminges** über Montespan–Salies-du-Salat–Saint-Girons–Col de Portet d'Aspet–Fronsac–Saint-Bertrand-de-Comminges–Montréjeau–Valentine, 140 km.

Das **Comminges** ist Teil der Zentralpyrenäen, ein Gebiet, das sich bis zur spanischen Grenze hinzieht und im Süden von über 3000 m hohen Granitbergen beherrscht wird. Das Vorgebirge, in dem sich der Pique und der aus dem spanischen Vall d'Aran kommende Riu Garona zur *Garonne* vereinen, besteht aus Kalkgestein, der höchste Berg ist hier der *Pic de Cagire* mit 1912 m. Im Jahre 76 v. Chr. unterwarf Pompeius auf seinem Spanienfeldzug diese Region und gliederte sie unter dem Namen Convenae in die römische Provinz Gallia transalpina ein. Auf seinem Rückzug von Spanien gründete er 72 v. Chr. nahe der ehemals keltischen Siedlung Lugdunum ein oppidum, das nun den Namen Lugdunum Convenarum trug, das heutige Saint-Bertrand-de-Comminges. Die Römer betrieben in dieser Provinz eine rege und systematische Besiedelungspolitik, indem sie Veteranen, Bergbauern und Hirten hier ansässig machten. Reiche Ausgrabungsfunde an vielen Orten zeugen davon. Nach dem Vordringen des Christentums auch in diese Region wurden oftmals beim Bau christlicher Kirchen die Überreste heidnischer und auch römischer Tempel mit in den Neubau einbezogen, was noch heute an vielen Kirchen im Comminges zu erkennen ist. Im Mittelalter stand das Comminges im Schatten der benachbarten Gebiete Béarn und Foix, bis es schließlich 1454 unter die Souveränität der französischen Krone fiel.

Von Saint-Gaudens zunächst nach Salies-du-Salat, über D 21 durch das Tal der *Garonne.* Kurz vor Figarol rechts abbiegen auf eine kleine Seitenstraße zur

Chapelle Saint-Pé, auch Saint-Pierre-de-la-Moraine genannt. Christliche Kapelle mit Überresten einer keltischen und später römischen Kultstätte.

Salies-du-Salat, 15 km östlich, ist ein kleines Thermalbad, in reizvoller Landschaft im Tal des *Salat* gelegen. Seine chlor-, salz- und schwefelhaltigen Quellen waren schon den Römern bekannt gewesen. Im Ort Ruine des Schlosses der Comtes de Comminges aus dem 14. Jh. mit Kapelle aus dem 16. Jh. Durch das Tal des Salat nach

Saint-Lizier, 23 km südlich. Kleiner Ort, auf einem Hügel über dem *Salat* gelegen, ehem. religiöses Zentrum des *Couserans,* einer Landschaft in Comminges, die im wesentlichen das Tal des Flusses Salat umfaßt. Im Ort, der im Mittelalter Bischofssitz war, zwei Kathedralen, die Cathédrale Saint-Lizier und innerhalb der ehem. römischen Stadtbefestigung die Cathédrale de la Sède oder du Siège; letztere kann nicht besichtigt werden. Cathédrale Saint-Lizier, romanische Kirche aus dem 11. Jh. mit achteckigem Glockenturm aus dem

14. Jh. und Hauptportal aus dem 15. Jh. Im Innern Gewölbedecke aus dem 15. Jh., im Chorraum romanische Fresken. Kreuzgang, im 12. Jh. erbaut, im 16. Jh. erweitert, dessen Arkadenbögen auf schön gearbeiteten Marmorkapitellen ruhen, mit Tier- und Pflanzendekor sowie Darstellungen von Fratzen und Grimassen. Nun weiter nach

Saint-Girons, 2 km südlich, am Zusammenfluß von *Salat, Lez* und *Boup* gelegen. Eglise Saint-Valier mit romanischem Portal aus dem 12. Jh. und Glockenturm aus dem 14. und 15. Jh. Von hier weiter nach

Castillon, 12 km südwestlich, kleines Dorf auf einem Hügel gelegen, zu Füßen der romanischen Chapelle Saint-Pierre aus dem 12. Jh., 1773 um die Sakristei an der Nordseite erweitert. Die Kapelle ist vermutlich Teil eines ehem. Schlosses der Comtes de Comminges, eines »castellum«, das dem Ort seinen Namen gegeben hat. Die Strecke führt nun zu Füßen des *Bellongue,* 1067 m, am Flüßchen *Bouigane* entlang, vorbei am *Col de Portet* d'Aspet, 1069 m, durch reizvolle Landschaft nach

Fronsac, 49 km westlich, mit Ruinen einer alten Befestigungsanlage. Weiter durch das Tal der *Garonne* nach

Saint-Bertrand-de-Comminges (s. dort), berühmt auf Grund seiner großartigen historischen Vergangenheit und seiner ursprünglich romanischen, im 14. Jh. im gotischen Stil erweiterten Kathedrale Sainte-Marie-de-Comminges. Nun zu den

Grotte de Gargas, 10 km nördlich, prähistorische Höhle, einst Wohnstätte des Aurignac-Menschen vor mehr als 25 000 Jahren. Über 200 Handabdrücke, in schwarz, rot, gelb und weiß, Abdrücke von Kinder- und

Frauenhänden, schmücken die Wände und sind eines der geheimnisvollsten und zugleich herausragendsten Zeugnisse menschlicher Besiedelung des Comminges in frühgeschichtlicher Zeit. Daneben andere Höhlenzeichnungen, Darstellungen verschiedener Tiere wie Bisons, Antilopen und Pferde, darüber hinaus Stalagmiten und Stalaktiten in unterschiedlichsten Formationen. – *Geöffnet:* 15. 6. bis 15. 9. täglich 10 bis 12 Uhr (sonntags bis 11.30 Uhr) und 14 bis 19 Uhr; 16. 9. bis 14. 6. mittwochs, samstags und feiertags 15 bis 18 Uhr, sonntags 15 bis 17.30 Uhr. Besichtigungsdauer 45 Min. Weiter nach

Montréjeau, 7 km nordöstlich, auf einer Bergterrasse über der Mündung der *Neste* in die *Garonne* gelegen. Vom Ort aus, vom boulevard du Lassus und dem Jardin de la salle, hat man einen herrlichen Blick über die Pyrenäenkette. Pfarrkirche aus dem 13. und 15. Jh. mit achteckigem Glockenturm. Von Montréjeau nun zunächst in Richtung Bagnères de Luchon, dann links ab auf die D 8 nach

Valentine, 14 km östlich, in dessen unmittelbarer Nähe sich die Ruinen einer gallo-römischen Villa befinden. Diese Villa gehörte einst dem Nymphius, im 4. Jh. römischer Gouverneur über die Provinz Aquitanien. Man kann heute noch sehr gut den Grundriß des Hauses erkennen, um dessen Innenhof die Wohnräume angeordnet waren, u. a. ein Empfangssalon. Etwa 50 m südwestlich der Villa die Überreste eines Sakralbaus sowie einer Nekropole, die hier zwischen dem 4. und 13. Jh. bestanden hat. Zurück nach Saint-Gaudens, 2 km östlich.

Montmaurin, 19 km nördlich. Kleines Dorf, unweit dessen sich die Ausgrabungsstätte eines keltisch-römischen Landgutes befindet. Ursprünglich aus dem 1. Jh. n. Chr., wurde hier im 4. Jh. n. Chr. ein Marmorpalais erbaut, das, etwas abseits gelegen von den Wirtschaftsgebäuden, neben Thermen und einer Heißluft-Heizung auch über sorgfältig angelegte Gärten mit Säulenhallen und Skulpturenschmuck verfügte. Im Rathaus von Montmaurin kleines Museum mit einem Modell des Landguts sowie Ausgrabungsfunde, besonders beachtenswert die Büste eines jungen Mannes aus damaliger Zeit. – *Geöffnet:* 1. 4. bis 30. 9. täglich außer dienstags und mittwochs 9 bis 12 Uhr und 15 bis 20 Uhr; 1. 10. bis 31. 3. täglich außer dienstags und mittwochs 9 bis 12 Uhr und 14 bis 17 Uhr.

SAINT-JEAN-DE-LUZ

A-3. Dép. Pyrénées-Atlantiques, 12 000 Einw. Bekannter Badeort an der französischen *Atlantikküste* mit Fischereihafen, der vor allem für den Thunfischfang bedeutend ist. Die Stadt, deren baskischer Name Donibane Lohizun »Sankt Johann der Sümpfe« bedeutet, weist den höchsten baskischen Bevölkerungsanteil diesseits der Pyrenäen auf.

Auskunft: Office de Tourisme, pl. du Maréchal-Foch, 64500 Saint-Jean-de-Luz, Tel. 59/26 03 16.
Verkehr: Autobahn A 63 Bayonne–spanische Grenze. N 10 Bayonne–spanische Grenze. – Bahnstation.

Unterkunft.

Geschichte: Seit dem 11. Jh. war Saint-Jean-de-Luz, ähnlich wie Biarritz, Fischereihafen, dessen Bewohner u. a. vom Wal- und Schellfischfang in den Fischbänken vor Grönland, Labrador und Neufundland lebten. Im Jahre 1558 legte ein von den Spaniern verursachter Großbrand den gesamten Ort in Schutt und Asche. Hundert Jahre später, am 8. Mai 1660, erlebte der Ort eines der bedeutendsten gesellschaftlichen und politischen Ereignisse der damaligen Zeit, die Hochzeit Ludwigs XIV. mit der spanischen Infantin Marie-Thérèse. Ludwig XIV., dessen Liebe eigentlich Marie Mancini, einer Nichte Mazarins, gehörte, folgte damit dem politischen Willen Richelieus und dem Gebot französischer Staatsräson. Der ganze französische Hof sowie der spanische und österreichische Hochadel verfolgten die sechsstündige Trauungszeremonie, die an Prunk und Luxus nicht zu übertreffen war. Marie-Thérèse erhielt vom französischen König als Hochzeitsgeschenk u. a. sechs diamantene Schmuckstücke sowie ein großes Tafelservice aus massivem Gold. Der Niedergang der spanischen Linie des Hauses Habsburg Ende des 17. Jh., und das in diesem Zusammenhang einsetzende Ränkespiel der europäischen Königshäuser führte 1701 zum ersten europäischen Krieg der neueren Zeit, dem Spanischen Erbfolgekrieg, der erst 1713 mit dem Frieden von Utrecht beendet wurde. Leidtragende dieses Friedensschlusses waren u. a. die Fischer von Saint-Jean-de-Luz, denen das Recht genommen wurde, auf Fischfang in die nordischen Gewässer zu fahren. Dies führte dazu, daß sich von nun an viele Basken vom Fischfang auf die Piraterie verlegten, oftmals mit Zustimmung des französischen Königs, und der Ort bald ein gefürchtetes Piratennest wurde. Im 19. Jh. entwickelte sich der Ort durch den Sardinenfang wieder zu einem echten Fischerhafen und ist heute der bedeutendste französische Hafen für den Thunfischfang. Daneben ist der Ort, dank seines milden Klimas und seiner geschützten Lage in einer Bucht der Atlantikküste, seit 1843 ein beliebter Bade- und Luftkurort.

Sehenswert: **Eglise-Saint-Jean-Baptiste**, die größte und bedeutendste Kirche des Baskenlandes, im 15. Jh. erbaut, um 1660 erweitert. Von außen erscheint die Kirche mit dem mächtigen Turm eher nüchtern und schmucklos. Rechts vom Portal befindet sich eine zugemauerte Türe, durch die Ludwig XIV. nach seiner Trauung mit Marie-Thérèse von Spanien die Kirche verlassen hat und die danach zugemauert wurde. Das Innere der Kirche, im wesentlichen im 17. Jh. gestaltet, steht in auffallendem Gegensatz zum Äußeren. Eine dreistöckige Eichengalerie umgibt das Kirchenschiff, das von einer getäfelten Holzdecke überwölbt wird. Ein schön gearbeitetes, schmiedeeisernes Gitter trennt das Kirchenschiff vom Chor, der, überhöht angelegt, vollständig von einem vergoldeten Altaraufbau eingenommen wird. In drei übereinander liegenden Reihen sind von fein gearbeiteten Säulen getrennte Nischen angeordnet, in denen Statuen von Engeln und verschiedenen Heiligen des Baskenlandes sowie Apostelfiguren stehen, überragt von Gottvater in seiner ganzen Glorie. Bemerkenswert auch die Orgel sowie bei der eingemauerten Türe eine Schmerzensmadonna und eine Rosenkranzmadonna.

Maison Louis XIV., elegantes Wohnhaus aus dem Jahre 1643, im baskischen Stil erbaut. Hier residierte Ludwig XIV. 1660, während der Zeit der Hochzeitsfeierlichkeiten. Die schöne Holztreppe im Innern wurde von

Schiffszimmerleuten gebaut, die einzelnen Stufen und Latten werden von Holzstiften zusammengehalten. In der 2. Etage befindet sich die königliche Wohnung, von der aus man einen herrlichen Blick über die Pyrenäen hat. In der großen Küche schöner Kamin sowie im Eßzimmer Marmortisch im Directoire-Stil. *Geöffnet:* 1. 7. bis 31. 8. täglich 10.30 bis 12.30 Uhr und 15.30 bis 18.30 Uhr; im Juni und September täglich außer sonntags vormittags 10 bis 12 Uhr und 15 bis 18 Uhr.

Maison de l'Infante, Haus im Louis-XIII.-Stil erbaut, einst im Besitz der reichen Familie Haraneder. Hier wohnte 1660 die spanische Infantin mit der Königinmutter.

Hafen und **Quartier de la Barre** mit schönen alten Häusern aus dem 17. Jh.

Baden: Flacher Sandstrand.

Sport: Wassersport, Tennis, Reiten, Golf.

Veranstaltungen: Sonnwendfest, alljährlich am 24. Juni. Thunfisch-Fest, alljährlich im Juli. Ttoro, Festtag im September, an dem es die traditionelle baskische Fischsuppe gibt. Korsarsen-Fest; »Musique en Côte Basque«, Musikfest; Maurice-Ravel-Musikakademie, jeweils alljährlich im September. Baskische Weichnacht in der Hochzeitskirche Ludwigs XIV.

Ausflüge: **Hendaye** (s. dort), 11 km südlich, in schöner Landschaft nahe der spanischen Grenze gelegen. Eglise Saint-Vincent aus dem 16. und 17. Jh. mit beeindruckendem romanischen Kruzifix aus dem 13. Jh.

Rundfahrt durch das Landesinnere über Ascain–Ainhoa–Cambo-les-Bains–Hasparren–Grottes d'Isturits et d'Oxocelhaya und über Bayonne–Biarritz–Bidart–Guéthary entlang der baskischen Küste zurück, 120 km. Zunächst nach

Ascain, 6 km südöstlich, kleiner baskischer Ort mit den typischen rotbraun gestrichenen Fachwerkhäusern, deren Türfront nach Osten hin liegt. Auch die Kirche mit mächtigem Turm aus dem 16. und 17. Jh. ist im charakteristischen Stil des Baskenlandes erbaut. Weiter nach

Ainhoa, 20 km südöstlich, baskisches Dorf mit interessanter Kirche und Häusern aus dem 17. und 18. Jh. entlang der Dorfstraße, die mit den Namen ihrer Besitzer sowie den Jahreszahlen ihrer Entstehung versehen sind. Der Ort, der im 13. Jh. zum erstenmal urkundlich erwähnt wurde, lag am Jakobsweg, dem Pilgerweg nach Santiago de Compostela, sowie an der strategisch und kommerziell wichtigen und gleichzeitig kürzesten Verbindungsstraße von Bayonne nach Pamplona, die auch im Winter begehbar war. Im 17. Jh. wurde Ainhoa durch die Spanier zerstört, fiel 1659 endgültig an Frankreich und wurde danach neuaufgebaut. In den folgenden Jahrhunderten diente es dank seiner günstigen Pyrenäenlage oftmals Schmugglern als Stützpunkt und Unterschlupf. Nun über

Espelette, 8 km nordöstlich, auf dessen Friedhof noch die typisch baskischen, scheibenförmigen Grabkreuze aus dem 17. und 18. Jh. zu sehen sind, nach

Cambo-les-Bains, 2 km nordöstlich, auf einem Plateau über der *Nive* in landschaftlich reizvoller Umgebung und mildem Klima gelegen. Der Ort gliedert sich nach in Bas-Cambo, das alte baskische Dorf am Flußufer und in das stromaufwärts liegende Thermalbad Cambo-les-Bains. In der »Villa Arnaga«, einem zwischen 1903 und 1906 modern im baskischen Stil errichteten, großen Haus, lebte seit der Jahrhundertwende der französische Schriftsteller Edmond Rostand, der sich mit der »Arnaga« hier einen Altersruhesitz geschaffen hatte, und um das Haus herum die berühmten französischen Gärten des Ortes anlegte. Im Inneren ist noch die ursprüngliche Einrichtung erhalten. – Geöffnet: 1. 5. bis 30. 9. täglich 10 bis 12 Uhr und 14.30 bis 18.30 Uhr. Cambo-les-Bains bietet sich auch an als Ausgangspunkt für eine Fahrt zum **Artzamendi,** 926 m, (s. Saint-Jean-Pied-de-Port Ausflüge), 20 km südlich, Dauer ca. 3 Std. Nun weiter nach

Hasparren, 10 km nordöstlich, einer der industrialisiertesten Orte im Baskenland und Zentrum des Pelotaspiels. Der Name Hasparren kommt von Haitz-Barne, was soviel wie »innerhalb der Eichen« bedeutet, denn einst war die Ansiedlung, die schon in gallo-römischer Zeit als bedeutendes Verwaltungszentrum bestand, von riesigen Eichenwäldern umgeben. Zwischen 1921 und 1938 lebte der Dichter François Jammes hier in der »Villa Eyhartzia« am Ausgang des Ortes. Von hier zu den

Grottes d'Isturits et d'Oxocelhaya, 11 km südöstlich, mit prähistorischen Funden. Die Besichtigung beginnt in der Grote d'Isturits, in der Zeugnisse einer menschlichen Besiedelung gefunden wurden, die auf ein ungewöhnlich langes Kulturkontinuum hinweisen, nämlich von der Mousterien-Epoche, 40 000 v. Chr., bis zur Magdalenien-Epoche, 10 000 v. Chr. Man steigt nun hinab in die Grotte d'Oxocelhaya, die mit ihren bizarren Stalagmiten und Stalaktiten, den Felsscheiben, Säulen und versteinerten Wasserfällen besonders schöne Tropfsteinformationen aufweist. – Geöffnet: 15. 3. bis 15. 11. täglich 9 bis 12 Uhr und 14 bis 18.30 Uhr; zwischen 15. 6. und 15. 9. durchgehend geöffnet. Besichtigungsdauer 45 Min. Zurück über Hasparren, 15 km nordwestlich und weiter nach

Bayonne (s. dort), 25 km nordwestlich, mit schöner Altstadt sowie den interessanten Musée Bonnat und Musée Basque. Nun über

Biarritz (s. dort), 4 km westlich, mondäner Badeort mit interessantem Musée de la Mer, nach

Bidart, 6 km südlich, kleiner baskischer Ort, auf einer Felsenküste gelegen, zu deren Füßen sich ein 5 km weiter Sandstrand erstreckt. Weiter nach

Guéthary, 2 km südlich, alter baskischer Fischerhafen, heute Bade- und Luftkurort. Kirche aus dem 16. Jh., im Innern Prozessionskreuz aus dem 15. Jh., Pietà aus dem 17. Jh. sowie ein Christus am Kreuz, ebenfalls aus dem 17. Jh. Von hier zurück nach Saint-Jean-de-Luz, 4 km südlich.

SAINT-JEAN-PIED-DE-PORT

A-3. Dép. Pyrénées-Atlantiques, 163 m, 1900 Einw. Kleiner Ort an der Nive, von einer ehemaligen Zitadelle überragt und im oberen Teil von einer Wehrmauer aus dem 15. Jh. umgeben. Die Farben der grau-roten Häuser sowie die schneebedeckten Gipfel der Umgebung prägen das Bild dieses Ortes, der einer der ältesten im Baskenland ist.

Auskunft: Syndicat d'Initiative, pl. du Marché, 64220 Saint-Jean-Pied-de-Port, Tel. 59/37 03 57.

Verkehr: Kreuzungspunkt von D 932/ D 918 von Bayonne mit D 933 Saint-

Palais–spanische Grenze. – Bahnstation.

Unterkunft.

Geschichte: Saint-Jean-Pied-de-Port ist die alte Hauptstadt von Basse-Navarre, das zunächst unter Heinrich IV., König von Frankreich und Navarra, im Jahre 1589 und schließlich unter Ludwig XIII. 1620 endgültig an Frankreich fiel. Die Geschichte des Ortes ebenso wie sein Beiname »Pied-de-Port« ist eng verknüpft mit der mittelalterlichen Pilgerschaft nach Santiago de Compostela. An der traditionellen Pilgerstraße, dem Jakobsweg gelegen, war der Ort letzte Station vor dem Übergang nach Spanien und der dortigen, hoch in den Bergen gelegenen Pilgerstation, dem Kloster Roncesvalles bzw. Roncevaux. In Saint-Jean, das zu Füßen dieser nächsten Rast- und Ruhestätte lag, daher »Pied-de-Port«, sammelten sich seit dem 11. Jh. die Wallfahrer aus ganz Europa, die über die Straßen von Arles, le Puy, Vezelay, Bayonne und Paris hierherkamen, um gemeinsam in riesigen Pilgerscharen den Weg nach Roncevaux anzutreten. Dort, im Kloster der Benediktiner und Prämontratenser, wurden die Gläubigen aufgenommen und gemäß dem Gebot der christlichen Nächstenliebe versorgt. Erst im 16. Jh., unter dem Einfluß des Protestantismus, gingen die Pilgerzahlen zurück, und Saint-Jean-Pied-de-Port geriet ebenso wie die vielen Pilgerwege in Vergessenheit.

Sehenswert: **Notre Dame du Bout du Pont,** gotische Kirche aus dem 14. Jh. Im Innern schöne, hellrote Sandsteinsäulen. Von hier führt rechts die rue de la Citadelle mit Häusern aus dem 16. und 17. Jh., aus rotem Sandstein erbaut, hinauf zur ehem. **Zitadelle** (Besichtigung nicht möglich),

von wo aus man einen herrlichen Blick über den Ort und das Tal der *Nive* hat. Auf halbem Wege die **Porte de France,** Steintor mit einer Treppe, von der aus ein Weg zur *place du Marché* führt. Von der Kirche links hinunter geht es zur Nive mit dem **Vieux Pont** und der *rue de l'Eglise* mit dem **Musee moderne de la Pelote** und der **Maison Jassu,** dem Elternhaus des hl. Franz-Xavier (1506 bis 1552). Die Straße führt zur **Porte de Navarre,** Teil der Befestigungsanlagen aus dem 13. Jh. – **Hôtel de Ville,** auch Maison Mansard genannt, schönes Gebäude im Stil Louis XIV.

Baden: Schwimmbad.

Sport: Tennis, Angeln.

Ausflüge: **Mauléon-Licharre,** 40 km östlich, ostbaskische Kleinstadt am rechten Ufer der *Saison,* in der baskischen Sandalen, »Espadrilles« genannt, hergestellt werden. Château d'Andurain, Renaissance-Schloß aus dem 16. Jh.

Cambo-les-Bains, 34 km nordwestlich, auf einem Plateau über der *Nive,* in landschaftlich reizvoller Umgebung und mildem Klima gelegen. Der Ort gliedert sich auf in Bas-Cambo, das alte baskische Dorf am Flußufer und in das stromaufwärts liegende Thermalbad Cambo-les-Bains. In der »Villa Arnaga«, einem zwischen 1903 und 1906 modern im baskischen Stil errichteten großen Haus, lebte seit der Jahrhundertwende der französische Schriftsteller Edmond Rostand, der sich mit der »Arnaga« hier seinen Altersruhesitz geschaffen hatte und um das Haus herum die berühmten französischen Gärten des Ortes anlegte. Im Innern ist noch die ursprüngliche Einrichtung erhalten. – *Geöffnet:* 1. 5. bis 30. 9. täglich 10 bis 12 Uhr und 14.30 bis 18.30 Uhr; im

April und Oktober täglich 14.30 bis 18 Uhr.

Itxassou, 20 km nordwestlich, kleiner baskischer Ort mit Kirche aus dem 17. Jh., im Innern schöner vergoldeter Holzaltar aus dem 18. Jh. Von hier weiter zum **Artzamendi,** 926 m, 16 km südlich, landschaftlich überaus reizvolle Strecke, allerdings über sehr enge, z. T. schlechte Straße. Auf dem Gipfel Fernmeldestation, von der aus man einen wunderschönen Blick über das Tal der Nive und weit in die spanischen Pyrenäen hinein hat.

SÈTE

F-3. Dép. Hérault, 42 000 Einw. Hafenstadt auf einer Lagune des *Golfe du Lion,* zu Füßen des 180 m hohen *Mont Saint-Clair* gelegen. Umgeben vom *Mittelmeer* und dem *Bassin de Thau* und von zahlreichen Kanälen durchzogen, trägt die Stadt den Beinamen »Venise Languedocienne«, das »Venedig des Languedoc«.

Auskunft: Office de Tourisme, Syndicat d'Initiative, 22, quai d'Alger, 34200 Sète, Tel. 67/74 73 00 und 74 75 59. Office Municipal du Tourisme, pl. Aristide Briand, Tel. 67/74 05 86.

Verkehr: Autobahn A 9, »La Languedocienne«, Narbonne–Montpellier, Abfahrt Sete, 8 km. N 112 Béziers – Montpellier. – Bahnstation.

Unterkunft.

Geschichte: Das Gebiet von Sète ist Teil der ehemaligen, der Südküste Frankreichs vorgelagerten Insellandschaft des Mittelmeers. Die Anschwemmungen aus den großen Flüssen Frankreichs, u. a. der Rhône, ließen diese Inseln immer enger zusammenwachsen, natürliche und künstlich angelegte Kanäle entstanden und damit eine Lagunenland-schaft, die heute das Bild des Golfe du Lion prägt. Auch Sète wäre heute noch eine Insel, hätte man die Stadt nicht durch künstliche Landzungen mit dem Festland verbunden. Bereits in vorchristlicher Zeit war der Norden der Laguneninsel besiedelt, wie Ausgrabungsfunde aus prähistorischer Zeit beweisen. Weiter ist anzunehmen, daß schon in gallo-römischer Zeit die Salinen bestanden sowie Einrichtungen zur systematischen Produktion und Weiterverarbeitung von Fischen und Muscheln. Während des Mittelalters befand sich die Lagune eine zeitlang im Besitz der Benediktinermönche von Aniane, die ebenfalls die Salinen sowie die Fischzucht betrieben. 1154 wurde die erste Kirche, Saint Didié, auf der Insel erbaut und 1666 der »Port Saint-Louis au Cap de Sète«, der Hafen »Saint-Louis am Kap von Sète« auf Veranlassung Ludwigs XIV. errichtet, um hier eine Flotte für den Seekrieg gegen die Piraten zu stationieren, aber auch um den Handel des Languedoc zu beleben. Denn nach dem Niedergang von Narbonne und Aigues-Mortes hatte schon Heinrich IV. von Navarra (1589–1610) den Plan gefaßt, auf der Laguneninsel von Sète einen großen Hafen anzulegen. Colbert begann 1666 mit den Bauarbeiten, die 1669 von Pierre Paul Riquet übernommen wurden und im Zusammenhang mit dem Canal du Midi, der Wasserverbindung zwischen Atlantik und Mittelmeer, fertiggestellt wurden. Ludwig XIV. verfügte nun, daß ein jeder, der wolle, hier ein Haus bauen könne sowie jede mögliche Art von Handel treiben dürfe, ohne Zoll dafür bezahlen zu müssen. Dieser königliche Erlaß bedeutete die Geburtsstunde der Stadt, die 1673 gegründet, unter das Patronat des hl. Ludwig gestellt wurde, dessen Fest seit dieser Zeit alljährlich am 25. August gefeiert wird. Sète entwickelte sich rasch zu einer Stadt des Handels und der Manufaktur und zählte bis zum Ende des Jahrhunderts bereits zweitausend Einwohner. 1685 erhielt die Stadt ihr erstes Verwaltungsgremium, bestehend aus zwei Konsuln. Mitte des 18. Jh. wurde die Stadt, um sie zur Meerseite hin gegen Feinde zu schützen, befestigt. Von diesen Befestigungsanlagen, deren Baumeister Vauban war, sind heute noch das Fort Saint-Pierre und das Fort Richelieu erhalten, das Fort Saint-Louis wurde 1944 zerstört. Im 19. Jh. wurde der Hafen von Sète weiter ausgebaut und dabei die Hafeneinfahrt vom Mittelmeer her sicherer gemacht. Sète erlebte nun eine Blütezeit und entwickelte sich zu einem der bedeutendsten Häfen Frankreichs. Damals wie heute ist der Hafen von Sète spezialisiert auf den Warenumschlag zwischen Frankreich und den nordafrikanischen Ländern sowie den Häfen des Nahen Ostens. 1871 wurde in Sète der französische Dichter und Philosoph Paul Valéry (1871–1945) geboren, dessen Werk eng mit seiner Heimatstadt verknüpft ist. 1925, anläßlich seiner Aufnahme in die Académie Française schrieb er: »Mir scheint, mein ganzes schriftstellerisches Werk ist geprägt vom Charakter und den Traditionen meines Ursprungs.« Sein Grab befindet sich auf dem Cimetière Marin, dem Matrosenfriedhof von Sète.

Sehenswert: **Vieux Port,** alter Fischerhafen von Sète, der schönste Teil der Hafenanlagen mit den vielen Fischerbooten und Barkassen. Daneben der moderne Industrie- und Handelshafen, in dem jährlich ca. 8 Mio. Tonnen Güter umgeschlagen werden.

Musée Paul Valéry, nahe dem Vieux Port mit Dokumentationen zur Geschichte von Sète. Gemäldesammlung mit Bildern von Marquet, Gromaire und Matisse. Ein Saal ist dem Dichter und Philosophen Paul Valery gewidmet mit Erinnerungen an seine Kindheit in Sète. Daneben ein Saal zum Andenken an Georges Brassens, den großen französischen Chansonsänger, der ebenfalls in Sète geboren ist. – *Geöffnet:* täglich außer dienstags und feiertags 10 bis 12 Uhr und 14 bis 18 Uhr, 1. 10. bis 31. 3. nur bis 17 Uhr.

Cimetière Marin, Matrosenfriedhof, hinter dem Museum gelegen, mit Grabstätte Paul Valérys.

Fort Richelieu und **Fort Saint-Pierre,** Reste der alten Stadtbefestigung von Vauban. Im Fort Saint-Pierre ist heute das Théâtre de la Mer untergebracht, ein Freilufttheater, in dem jedes Jahr im August das Festival de la Mer stattfindet.

Mont Saint-Clair mit Chapelle Notre-Dame-de-la-Salette. Bereits im 17. Jh. bestand hier ein Fort, »la Montmorencette« genannt, nach seinem Gründer, dem Duc de Montmorency, der es zum Schutz gegen die Piraten hatte erbauen lassen. Später wurde in einem Unterstand des Forts eine Sühnekapelle eingerichtet, die der Muttergottes von Salette geweiht wurde. An den Mauern moderne Freskomalereien von J. Bringuier, eines zeitgenössischen Künstlers aus Béziers. Gegenüber der Kapelle ein großes Kreuz, das jede Nacht angestrahlt wird. Von hier aus hat man wunderschönen Blick über Sète, den Hafen und den Strand von la Corniche sowie das Bassin de Thau.

Baden: 12 km Sandstrand »Plage de

la Corniche« entlang der N 112 bis zum Cap d'Agde.

Sport: Wassersport, Tennis, Reiten.

Veranstaltungen: Semaine du Carneval, alljährlich Mitte Mai. Grand Pardon de Saint-Pierre, 1. Sonntag im Juli mit »Tournoi de Joutes«, dem traditionellen Fischerstechen. Festival de la Mer, alljährlich im August. Fest des hl. Ludwig, alljährlich am 25. August, ebenfalls mit Fischerstechen.

Ausflüge: Schiffsausflüge und Besichtigungsfahrten im Hafen und dem Bassin de Thau.

Bassin de Thau, Rundfahrt, 74 km. Das Bassin de Thau ist mit 8000 ha der größte Lagunensee an der Küste des Languedoc. Hier werden pro Jahr zwischen 4000 und 5000 t Muscheln und Austern gezüchtet. Zunächst nach

Balaruc-les-Bains, 6 km nördlich, lebhafte Kleinstadt, gegenüber von Sète, mit schönem Blick auf die Stadt und den Mont Saint-Clair. Weiter nach

Loupian, 9 km westlich, inmitten von Weinbergen gelegen. Eglise Saint-Hippolyte aus dem 12. Jh., Teil der Befestigungsanlagen des Schlosses aus dem 14. Jh. Am Ortsausgang Eglise Sainte-Cécile, im 14. Jh. aus schönem, ockerfarbenen Stein erbaut. Einschiffige Kirche, im typischen Stil der Languedoc-Gotik mit Kreuzbogengewölbe und polygonaler Apsis. Südwestlich des Ortes Ausgrabung eines gallo-römischen Mosaiks. – *Besichtigung:* 1. 7. bis 31. 8. täglich 10.30 Uhr, 15.30 Uhr und 17 Uhr; 1. 9. bis 30. 6. täglich 10.30 Uhr und 14 Uhr. Nun nach

Mèze, 3 km südlich, mit gotischer Kirche aus dem 15. Jh. Über **Marseillan,** 12 km südlich, und **Marseillan**

Plage, 6 km südlich, ein altes Fischerstädtchen, auf der N 112 entlang der Plage de la Corniche zurück nach Sète, 16 km.

Agde (s. dort), 20 km westlich, von den Phöniziern gegründete Stadt mit Cathédrale Saint-Etienne aus dem 11. und 12. Jh. sowie Musée Agathois mit Sammlungen zur Geschichte der Stadt.

Béziers (s. dort), 42 km westlich, Weinstadt am *Canal du Midi* mit Cathédrale Saint-Nazaire, romanische Kirche aus dem 13. Jh., Musée du vieux Bitterois et du vin mit Dokumentation über die Geschichte des Weinanbaus von der Römerzeit bis heute.

Pézenas (s. dort), 35 km nordwestlich, durch den Tuchhandel zu Wohlstand gelangt. Im Stadtkern schöne alte Häuser aus dem 16. bis 18. Jh., die in ihrer Gesamtheit seit 1962 unter Denkmalschutz stehen. Musée Vulliod-Saint-Germain mit Molière-Saal, zum Andenken an Molières Wirken in Pézenas.

Ancienne Abbé de Valmagne (s. Pézenas, Ausflüge), 25 km nordwestlich, gut erhaltene Zisterzienserabtei aus dem 12. bis 14. Jh., inmitten von Weinbergen gelegen. Kirche aus dem 13. Jh., schönes Beispiel des reinen gotischen Baustils.

Montpellier (s. dort), 29 km nordöstlich, zwischen den Südhängen der *Cevennen* und dem *Mittelmeer* gelegen, mit malerischer Altstadt und reichen Zeugnissen seiner mehr als tausendjährigen Geschichte.

SOUILLAC

D-2. Dép. Lot, 104 m, 4500 Einw. Kleinstadt am Zusammenfluß von *Borrèze und Dordogne,* inmitten einer fruchtbaren Landschaft gelegen.

Der Ort entstand im Mittelalter, im Schutze eines Benediktinerklosters, dessen mächtige Kirche noch heute das Stadtbild prägt. Spezialitäten der Küche sind Gänseleber, Forellen, Hecht, Nüsse, Maronen, Steinpilze, Wein und Likör.

Auskunft: Office de Tourisme, 9, bd. Louis Jean Malvy, 46200 Souillac, Tel. 65/37 81 56.

Verkehr: Kreuzungspunkt von N 20 Brive-Cahors und D 703 Vayrac–Carsac. – Bahnstation.

Unterkunft.

Sehenswert: **Romanisch-byzantinische Kirche** aus dem 12. Jh. mit drei Kuppeln. Die Kirche ist bekannt für ihre schönen Skulpturen im Innern, u. a. eine Darstellung des Propheten Issaias, ein Pfeilerrelief aus dem 12. Jh. mit den »Sieben Todsünden« und eine Darstellung des Opfers Abrahams sowie ein Tympanon mit einer Bas-Relief-Darstellung von der Legende des Mönchs Théophile.

Boiffre, ehemaliger Stadtturm, in dessen Nähe Reste der alten **Pfarrkirche Saint-Martin,** teilweise restauriert.

Baden: Freibad.

Sport: Reiten, Tennis, Angeln, Wassersport.

Ausflüge: **Grottes de Lacave,** 12 km südlich. Grotte mit 12 wunderschönen Sälen, von denen ein 2000 qm großer Saal ganz in schwarzes Licht getaucht ist. Vier unterirdische Seen, in deren glasklarem Wasser sich die Stalaktiten spiegeln, geben der Grotte ihren außergewöhnlichen Charakter. Eine elektrische Kleinbahn bringt den Besucher bis zu einem Aufzug bzw. einer Treppe, die direkt in die Grotte hineinführen. Die Besichtigung der Grotte dauert 1 Std. – *Geöffnet:* 1. 4. bis 15. 10. täglich 9 bis 12 Uhr und 14 bis 18 Uhr, im Juni und Juli bis 18.30 Uhr, im August bis 19 Uhr.

Château de la Treyne, 6 km südöstlich, an der *Dordogne* gelegen, Schloß aus dem 14. bis 18. Jh.

Château de Belcastel, 8 km südöstlich, auf einem Felsen hoch über der *Dordogne.*

Château de Fénelon, 20 km südwestlich, Schloß aus dem 15. und 16. Jh. Eine doppelte Wehrmauer mit Türmen gibt der Anlage ihren militärischen Charakter. In diesem Schloß, das bis zum 18. Jh. der Familie Soulignac-Fénelon gehörte, wurde 1651 der spätere Bischof von Cambrai geboren, der hier auch seine Kindheit verbrachte. – *Geöffnet:* 16. 3. bis 30. 9. täglich 9 bis 19 Uhr, 1. 10. bis 15. 3. täglich 9 bis 19.30 Uhr.

Martel (s. dort), 15 km östlich, mittelalterliche Stadt mit interessanten Verteidigungsanlagen.

Gourdon (s. dort), 37 km südlich, in der Nähe die Grottes de Cougnac mit prähistorischen Höhlenzeichnungen.

Rocamadour (s. dort), 20 km südöstlich, historisch interessanter Wallfahrtsort mit malerischem Schloß in besonders reizvoller Landschaft gelegen.

Creysse, 15 km östlich, sehenswerter Ort mit kleiner romanischer Kirche.

TARASCON-SUR-ARIÈGE

D-4. Dép. Ariège, 474 m, 4200 Einw. Kleinstadt an der *Ariège.* Die Umgebung von Tarascon ist reich an Höhlen und Grotten, was den Ort zu einem Anziehungspunk für Höhlenforscher und Geologen macht.

Auskunft: Office du Tourisme, 1, av. Victor Philhés, 09400 Tarascon-sur-Ariège, Tel. 61/64 63 46 und 64 64 00.

Verkehr: N 20 Pamiers–spanische Grenze. – Bahnstation.

Unterkunft.

Sehenswert: **Altstadt** mit der **porte d'Espagne,** Rest der ehem. Stadtbefestigung. – **Kirche** aus dem 17. Jh. mit einem Portal aus dem 14. Jh. – La Samaritaine, alter Brunnen.

Baden: Schwimmbad.

Sport: Tennis, Reiten.

Ausflüge: **Grotte de Niaux,** 6 km südlich, im Tal des Flüßchens *Vicdessos* gelegen. Große Höhle mit verschiedenen Höhlenmalereien, u. a. Pferde- und Bisondarstellungen, die in beeindruckender Klarheit und deutlich erkennbarer Ausführung seit Jahrhunderten erhalten sind. – *Führung:* 1. 7. bis 30. 9. täglich 8.30 bis 11.30 Uhr und 13.30 bis 17.15 Uhr; 1. 10. bis 30. 6. täglich 11 Uhr, 15 Uhr und 16.30 Uhr. Dauer 45 Min.

Grotte de Lombrives, 4 km südlich, seit dem 16. Jh. wiederentdeckt, diente diese Höhle den Katharern (s. Albi, Geschichte) als Zufluchtstätte. In der sogenannten »Kathedrale«, einem ca. 100 m hohen Saal, finden sich Inschriften und Malereien an den Wänden, Zeugnisse menschlicher Geschichte in dieser Höhle durch Jahrhunderte hindurch. Eine Treppe führt zu den Galerien mit »lebenden« Steingebilden, die verschiedene Tierarten, u. a. ein Mammut assoziieren. – *Führungen:* Ostern bis Allerheiligen an Sonn- und Feiertagen 10.30 Uhr, 14.30 Uhr, 15.45 Uhr und 17 Uhr; 20. 6. bis 15. 9. täglich 10 bis 19 Uhr. Dauer 1½ Std.

Ussat-les Bains, 4 km südlich, Thermalbad an der *Ariège,* dessen Heilquellen vor allem bei Erkrankungen des Nervensystems sowie bei Neuralgien geeignet sind.

Ax-les-Thermes (s. dort), 26 km südlich, Wintersportort und Thermalbad im Tal der *Ariège.* Ausgangspunkt für schöne Ausflüge in die Umgebung.

Pamiers (s. dort), 35 km nördlich. Die Strecke führt über **Foix** (s. Pamiers, Ausflüge) mit Schloß aus dem 10. Jh. und durch die *Montagne du Plantaurel.* In Pamiers Kathedrale Saint-Antonin aus dem 12. und 17. Jh. und interessante Eglise Notre-Dame du Camp aus dem 14. und 17. Jh. Von Pamiers Rundfahrt durch die Montagne du Plantaurel.

TARBES

C-3. Dép. Hautes-Pyrénées, 304 m, 58 000 Einw. Ehemals Hauptstadt der *Bigorre,* am Fluß *Adour* gelegen, ist die Stadt, die im 19. Jh. eine rasche Entwicklung nahm, heute Handelszentrum und Metropole im Gebiet der Zentral-Pyrenäen.

Auskunft: Syndicat d'Initiative de Tarbes et de la Bigorre, pl. de Verdun, 65000 Tarbes, Tel. 62/93 36 62.
Verkehr: Kreuzungspunkt von N 117 Pau–Saint-Gaudens mit N 21 Lourdes–Auch und D 935 Air-s-l'Adour – spanische Grenze. – Bahnstation. – Flughafen Lourdes-les-Pyrénées, 9 km südwestlich.

Unterkunft.

Geschichte: Bereits in gallo-römischer Zeit bestand hier eine Siedlung, die, im 4. Jh. n. Chr. vollständig zerstört, im Mittelalter erneut aufgebaut wurde. Während der französischen Religionskriege wurde Tarbes, abwechselnd in protestantischer und katholischer Hand, nochmals schwer in Mitleidenschaft gezogen. Zwar erlebte die Stadt im 18. Jh. einen bescheidenen wirtschaftlichen und auch kulturellen Aufschwung, aber erst das 19. Jh. brachte der Stadt, im

Zuge der Industrialisierung und nun Sitz einer Garnison, eine wirkliche Blütezeit.

Sehenswert: **Jardin Massey,** Park, zwischen 1829 und 1851 von Placide Massey, dem Intendanten des Versailler Parks angelegt, mit Blumen, Bäumen und Pflanzen aus aller Welt. Mit einbezogen in die Parkanlagen ist der Kreuzgang des ehem. Klosters Saint-Sever-de-Rustan, der ebenso wie eine Büste von Théophile Gautier sowie die von Jules Lafargue, dem Park eine künstlerische Note geben. Nahe dem Eingang die Büste von Massey, der mit diesem Park einen der schönsten Gärten Südfrankreichs geschaffen hat. Mitten im Park gelegen das

Musée international des Hussards, mit Sammlungen und Dokumentationen über die Hussaren von 1474 bis in unser Jahrhundert hinein. 131 Uniformen aus den Jahren 1793 bis 1983, Waffen sowie Ausrüstungsgegenstände, daneben zahlreiche Bilder großer Meister aus dem 18. und 19. Jh. zu diesem Thema dokumentieren die Geschichte der Hussaren in ganz Europa. Daneben Gemäldesammlung mit Werken französischer, flämischer, holländischer, italienischer und spanischer Meister aus dem 16. bis 19. Jh. Eine weitere Abteilung ist der Archäologie und der Ethnologie der Region Hautes-Pyrénées gewidmet, mit ca. 5000 Ausstellungsobjekten und Dokumenten. Sie geben einen guten Überblick über die historische Entwicklung dieser Region. – *Geöffnet:* täglich außer montags und dienstags 10 bis 12 Uhr und 14 bis 18 Uhr.

Maison natale du Maréchal Foch, 2, rue de la Victoire. Geburtshaus von Marschall Foch (1851–1929) mit Erinnerungsstücken und Dokumentationen über seine Zeit. – *Geöffnet:* täglich außer montags und dienstags 8 bis 12 Uhr und 14 bis 17.15 Uhr, im Sommer 14.30 Uhr bis 17.45 Uhr.

Haras National, Pferdegestüt, in einem 8 ha großen Park, mit Zedern und Magnolien bewachsen, zwischen 1806 und 1810 im typischen Baustil des Ersten Kaiserreichs angelegt. Hier wurden früher die Pferde für die französische Kavallerie gezüchtet, eine Pferderasse, die aus der englischen und arabischen Pferdezucht hervorgegangen ist. Heute werden hier in erster Linie Reit- und Dressurpferde gezüchtet. – *Geöffnet:* täglich 14.30 bis 17.30 Uhr.

Baden: Drei Schwimmbäder.

Sport: Reiten, Tennis.

Veranstaltungen: Festival du Pâques Musique et Art Sacré, Kunst- und Musiktage, alljährlich an Ostern. Festival du Jazz, Jazzfestival, alljährlich im Mai. Fête de la ville de Tarbes, Stadtfest von Tarbes, alljährlich im Juni. Verschiedene Reitveranstaltungen im Oktober.

Ausflüge: **Pau** (s. dort), 40 km westlich, ehem. Hauptstadt des Béarn und Geburtsstadt Heinrichs IV. von Navarra, mit Château aus dem 13. Jh., heute u. a. Musée National und Musée Béarnais.

Rundfahrt durch die **Bigorre** über Capvern-les-Bains – Bagnères-de-Bigorre – la Mongie – Pic du Midi de Bigorre – Col du Tourmal – Barèges – Luz-Sain-Sauveur – Argelès-Gazost – Lourdes, 165 km.

Die **Bigorre,** im Mittelalter eine Grafschaft im Königreich Navarra, fiel 1607 unter die Souveränität der französischen Krone und ist heute Teil des Département Hautes-Pyrénées. In der Bigorre erheben sich mit dem **Vignemale,** 3298 m, und dem **Balaï-**

tous, 3146 m, die höchsten Pyrenäengipfel auf französischer Seite. Durch die Bigorre verläuft, über den **Col du Tourmalet,** 2115 m, die höchste im Sommer befahrbare Pyrenäen-Paßstraße. Gegen Norden zu geht das wilde Bergland der Hochpyrenäen in eine ebenso reizvolle wie fruchtbare Ebene über. Zunächst nach

Capvern-les-Bains, 33 km südöstlich, kleines Thermalbad am Fuße der Pyrenäen mit schwefel-, magnesium- und kalkhaltigen Quellen, die sich für Bade- und Trinkkuren bei Magen-, Leber-, Nieren- sowie Harnwegerkrankungen eignen. Weiter nach

Bagnères-de-Bigorre, 20 km westlich, über **Mauvezin,** 5 km südlich, mit Schloß aus dem 10. und 14. Jh., Teil einer ehem. Befestigungsanlage zum Schutz der Bigorre. In den Räumen des Donjon, von dem aus man einen herrlichen Blick bis zum Pic du Midi de Bigorre hat, Museum mit Dokumentationen zur Geschichte der Bigorre sowie volkskundliche Sammlungen. – *Geöffnet:* 1. 5. bis 15. 10. täglich 9 bis 12 Uhr und 14 bis 19 Uhr; 16. 10. bis 30. 4. sonn- und feiertags 14 bis 18 Uhr. Nun vorbei an der ehem. Zisterzienserabtei **Escaladieu.** In der Kirche aus dem Jahre 1160 Nekropole der Grafen von Bigorre. – *Geöffnet:* täglich 9.30 Uhr bis 11 Uhr und 15 bis 17 Uhr, im Januar und Februar geschlossen.

Bagnères-de-Bigorre, ein Thermalbad in 556 m Höhe in den Pyrenäen-Ausläufern gelegen, verfügt über Thermal- und Eisenquellen, deren Wasser sich bei rheumatischen sowie nervösen Erkrankungen eignen, Musée Salies mit einer Abteilung für Moderne Kunst. – *Geöffnet:* täglich außer dienstags 10 bis 12 Uhr und

14 bis 16 Uhr, im Oktober geschlossen. Etwas außerhalb der Stadt Parc thermal de Salut.

Grotte de Médous, 3 km südlich, Tropfsteinhöhle mit unterirdischem Fluß, auf dem Bootsfahrten möglich sind. – *Geöffnet:* 1. 4. bis 15. 10. täglich 8.30 bis 11.30 Uhr und 14 bis 17.30 Uhr. Nun weiter durch das Tal des *Adour* nach

La Mongie, 20 km südwestlich. Zusammen mit dem modernen la Mongie Tourmalet bildet der auf 1800 m gelegene Ort ein Wintersportzentrum, das über 59 Skipisten mit einer Gesamtlänge von 90 km verfügt. Von La Mongie führt eine Seilbahn zu der Bergstation Laquets auf dem **Pic du Midi de Bigorre,** 2865 m, auf dessen Gipfel sich ein wissenschaftliches Observatorium befindet. Ein Aufstieg ist auch möglich vom **Col du Tourmalet,** 4 km westlich. Die Straße von hier aus, die in der Regel von Mitte Juli bis Mitte September geöffnet ist, ist eine der höchsten Bergstraßen Europas. Von Laquets, 2650 m, fährt eine Seilbahn zum Berggipfel, von dem aus man einen beeindruckenden Blick über die Hügelkette der Pyrenäen sowie die Gletscher des **Massif de Néouvielle** hat. Vom Col du Tourmalet weiter nach

Barèges, 11 km südwestlich, Thermalbad und Wintersportort auf 1250 m, mit insgesamt 80 km Skipiste sowie Langlaufloipen und präparierten Strecken für Skiwanderungen. Das Skigebiet von la Mongie kann ebenfalls von den hiesigen Skistationen aus erreicht werden. Die heißen Schwefelquellen von Barèges, in einem schönen Thermalbad aus der Zeit der Jahrhundertwende, eignen sich bei Knochen-, Gelenk- und Hauterkrankungen. Darüber hinaus ist der Ort idealer Ausgangspunkt für Wanderungen und Bergtouren in den Pyrenäen. Weiter nach

Luz-Saint-Sauveur, 7 km südwestlich, Sommerfrische und Heilbad mit dem Ortsteil Saint-Sauveur-les-Bains, vor einer reizvollen Bergkulisse an den Ufern des *Gave de Pau* gelegen. Im Ort befestigte Kirche aus dem 12. Jh., im 14. Jh. mit einer mächtigen Wehrmauer, von einem viereckigen Turm überragt, umgeben. Im Innern, in der Chapelle Notre-Dame-de-la-Pitié, sakrale Kunstgegenstände sowie im Arsenal-Turm kleines heimatkundliches Museum. Die landschaftlich reizvolle Strecke durch die *Gorge de Luz* führt nun nach

Argelès-Gazost, 18 km nordwestlich, einem kleinen Thermalbad im *Lavedan-Tal* gelegen. Von der Terrasse des Etrangers mit der Tour Mendaigne aus dem 15. Jh. herrlicher Blick über die Pyrenäen-Ausläufer. Nun weiter nach

Saint-Savin, ehemals Benediktinerabtei und religiöses Zentrum der Bigorre. Abteikirche aus dem 11. und 12. Jh., im 14. Jh. mit Befestigungsanlagen umgeben, von denen noch der innere Rundweg erhalten ist. Glockenturm aus dem 14. Jh. sowie romanisches Portal mit einer Christus-Darstellung, umgeben von den vier Evangelisten. Im Innern romanisches Weihwasserbecken aus dem 12. Jh., Orgel aus dem 16. Jh. sowie eine Christus-Figur, eine spanische Holzskulptur aus dem 13. oder 14. Jh. Im ehem. Kapitelsaal des Klosters Museum mit den Säulenkapitellen des zerstörten Kreuzgangs, vergoldeter Reliquienschrein aus dem 14. Jh. sowie romanische Skulpturen. – *Geöffnet:* täglich außer montags

und sonntags vormittags 10 bis 12 Uhr und 15.30 bis 18.30 Uhr.

Nun über Argelès-Gazost und weiter über den berühmten Wallfahrtsort **Lourdes** (s. dort), 13 km nördlich, zurück nach Tarbes, 19 km nordöstlich.

TOULOUSE

D-3. Dép. Haute-Garonne, 145 m, 383 000 Einw. Heute viertgrößte Stadt Frankreichs und Hauptstadt des Départements, ist Toulouse, an der *Garonne* gelegen, von alters her wirtschaftliches und kulturelles Zentrum der Region *Midi-Pyrénées*. Die Stadt, deren Bild von den typischen roten Backsteingebäuden beherrscht wird, besitzt mit dem weltberühmten **Musée Augustin** die bedeutendste und umfangreichste Sammlung romanischer Skulpturen.

Auskunft: Office de Tourisme, Donjon de Capitole, 31000 Toulouse, Tel. 61/23 32 00.
Verkehr: Autobahn A 61, »Autoroute des deux Mers«, Agen–Carcassone, N 20 Pamiers–Agen, Endpunkt der N 88 von Albi, der N 113 von Carcassone sowie der N 124 von Auch. – Bahnstation. – Flughafen Toulouse-Blagnac.

Unterkunft.

Geschichte: Bereits im 3. Jh. v. Chr. bestand an der Stelle der späteren römischen Kolonie Tolosa eine Siedlung der keltischen Tectosagen. Im 3. Jh. n. Chr. christianisiert, gewann die Stadt rasch an Bedeutung und wurde im 5. Jh. Hauptstadt des Westgotenreiches. Seit Karl dem Großen (772–804) wurde sie, relativ unabhängig von der fränkischen Herrschaft, von Grafen regiert, denen jeweils ein Stadtparlament, bestehend aus Konsuln, beigeordnet war. Toulouse entwickelte sich so zwischen dem 9. und

13. Jh. zu einem der prächtigsten und bedeutendsten Höfe in Europa. Seit dem 11. Jh. traten in Toulouse die Albigenser, ursprünglich eigentlich Katharer genannt (s. Albi, Geschichte), auf. Von der Kirche in Rom als Ketzer verfolgt, stießen sie mit ihren Auffassungen vom Christentum im Languedoc jedoch auf Toleranz und Zustimmung. Zu Beginn des 13. Jh. entfesselte Rom, gestützt auf die militärische Macht der französischen Krone, einen blutigen Kreuzzug gegen die Häretiker, in dessen Verlauf, dem sogenannten Albigenserkrieg (1308–1318), Simon de Montfort die ganze Region unterwarf. Einzig Toulouse blieb fest auf der Seite seines Grafen Raymond gegen die übermächtige Allianz von Kirche und Krone stehen, weder öffnete es seine Tore, noch konnte es von Simon de Montfort besiegt werden. Im Gegenteil, 1218, bei der zweiten Belagerung der Stadt durch die Truppen Montforts, wurde dieser getötet. Toulouse blieb unbesiegt. Raymond VII. mußte dennoch im Vertrag von Paris 1229 große Teile seines Landes an die französische Krone abtreten. Um ein für allemal mit der Häresie aufzuräumen, wurde die Stadt weiter verpflichtet, 14 Gelehrte der Theologie zu unterhalten. Die Erfüllung dieser vertraglichen Verpflichtung war die Geburtsstunde der Toulouser Universität, die sich in späteren Jahrhunderten zu einem herausragenden geistigen Zentrum Frankreichs entwickelte. 1271, nach dem Tode von Raymonds einziger Tocher Jeanne und ihres Mannes Alphonse de Poitiers, die keine Erben hinterließen, fiel auch der Languedoc endgültig an den König von Frankreich. Aber trotz blutiger Unterdrückung und trotz der Wirren und Schrecken des Hundertjährigen Krieges (1339 bis 1453) erlahmte der Widerstand der Toulouser Bürger gegen die französische Zentralgewalt nicht. 1444 erhielt die Stadt wieder ein Parlament und damit einen Teil ihrer politischen Unabhängigkeit zurück. Nach dem Ende des Hundertjährigen Krieges erlebte sie mit dem sich rasch entwickelnden Pastellhandel auch einen neuen wirtschaftlichen Aufschwung. 1463 legte ein Großbrand fast die Hälfte der Stadt in Schutt und Asche, aber die inzwischen zu Wohlstand gelangten Bürger nahmen dies zum Anlaß, Toulouse im Stil der Gotik und der frühen Renaissance schöner denn je wieder aufzubauen. Über einen Zeitraum von einhundert Jahren war Toulouse eine blühende, reiche Stadt, auf allen Märkten der damaligen Welt vertreten, geistiges und kulturelles Zentrum im Midi. Diese Entwicklung nahm ein jähes Ende, als 1560 das Indigo nach Europa kam und das sehr viel teurere Pastell vom Markt verdrängte. In den folgenden Jahrhunderten wurde das Schicksal der Stadt von den Geschicken Frankreichs beherrscht. Zwischen dem Ersten und dem Zweiten Weltkrieg war Toulouse Schauplatz der großartigen Leistungen der französischen Flugpioniere. Piloten wie der weltberühmte Saint-Exupéry starteten von hier aus die ersten Linienflüge nach Nordafrika, Spanien und Südamerika. Daneben entwickelte sich die Stadt, verkehrsgünstig im Herzen des Midi gelegen, zum Zentrum des französischen Flugzeugbaus sowie der Elektro- und Chemieindustrie und zum Umschlagplatz für landwirtschaftliche Güter und Produkte aus dem an natürlichen Rohstoffen reichen Hinterland.

Sehenswert: Man erschließt sich die Sehenswürdigkeiten der Stadt am besten durch verschiedene Rundgänge.

1. Capitole – Basilique Saint Sernin.

Das **Capitole,** an der gleichnamigen *place du Capitole* gelegen, hat seinen Namen aus der Geschichte der Stadt entlehnt, als Toulouse von Konsuln, auch »Capitouls« genannt, regiert wurde. Die Fassade des ca. 120 m langen Gebäudes aus dem 18. Jh., mittels ionischer Wandsäulen klassisch gegliedert, besticht das Auge des Betrachters durch ihr Farbenspiel, hervorgerufen durch die stilvolle und abwechslungsreiche Verwendung von Stein und Ziegel. Durch ein Renaissance-Portal betritt man den Innenhof mit einer Statue Heinrichs IV. Hier fand 1632 die Hinrichtung des Duc de Montmorency, des Gouverneurs des Languedoc, statt, der die separatistischen Strömungen in dieser Region gegen die französische Krone unterstützt hatte. Eine Gedenkplatte, eingelassen in das Steinpflaster, erinnert an dieses Ereignis. Im Innern des Gebäudes geben die Treppen, das Vestibül sowie die reich mit Bildern geschmückten Räume Zeugnis von der Kunst und dem Ruhme der Stadt während der III. Republik. Heute ist im linken Flügel des Capitole die Stadtverwaltung, im rechten Flügel seit 1974 wieder das Theater untergebracht. Hinter dem Gebäude befindet sich als einziger Überrest des alten Capitole aus dem 16. Jh. der **Donjon,** von Viollet-le-Duc im letzten Jahrhundert restauriert, heute Sitz des Office de Tourisme. Von der place du Capitole geht man in die *rue du Taur,* wo gleich rechter Hand die Kirche

Notre Dame du Taur liegt. An dieser Stelle soll der hl. Saturninus, der Apostel des Languedoc und erster Bischof von Toulouse, den Märtyrertod gefunden haben. An einen Stier gebunden, wurde er im Jahre 250 auf Befehl des römischen Statthalters vom Capitole aus zu Tode geschleift. Die Kirche, im 14. und 15. Jh. im typischen Stil des Languedoc erbaut, deren Turm noch mit Schießscharten und Pechnasen versehen ist, ist eines der wenigen noch erhaltenen Zeugnisse der ehem. Stadtbefestigung. Der rue du Taur folgend gelangt man zur *place Saint-Sernin* mit der

Basilique Saint-Sernin, 1080 an der Stelle erbaut, an der der hl. Saturninus nach alter Sitte vor den Toren der Stadt begraben worden sein soll. Seit dem 4. Jh. bestand hier bereits eine Kirche mit den Reliquien des Heiligen, zu denen bald Pilger von überallher kamen. Karl der Große beschenkte Saint-Sernin später reich mit Reliquien, so daß die Kirche bald den zweitgrößen Reliquienschatz der katholischen Kirche nach Rom besaß. Die fünfschiffige Basilika, in Form eines lateinischen Kreuzes erbaut, weist mit den Seitenkapellen der Apsis, die ihre Fortsetzung an den Längsseiten des weitausladenden Querschiffs finden, eine reich gegliederte Außenfront auf. Vom Mittelpunkt des Querschiffs aus erhebt sich der achteckige Glockenturm, im 12. Jh. in drei Etagen, durch romanische Doppelarkaden gegliedert, erbaut. Die 4. und 5. Etage deren Fenster, in Form einer Mitra, mit kleinen Giebeln geschmückt sind, sowie die Turmspitze wurden erst im 14. Jh. angefügt. Saint-Sernin ist eine der berühmtesten und schönsten romanischen Kirchen im Midi, z. T. aus Ziegel, z. T. aus Stein in nur 40 Jahren erbaut, was ihr den ungewöhnlich homogenen Charakter verleiht.

Mit dem Bau dieser Basilika verknüpft ist aber auch eine völlig neue Entwicklung der Bildhauerkunst des Mittelalters. Die romanische Monumentalskulptur, wie sie sich u. a. in den Pfeilerkapitellen, dem Chorumgang und dem Altartisch von Saint-Sernin darstellt, erlebt hier ihre Anfänge. Am Beispiel der porte des Comtes an der Südfront der Kirche erkennt man die ersten, noch etwas unbeholfenen Versuche auf diesem neu erschlossenen Gebiet romanischer Skulpturenkunst. Die Kapitelle und Säulen des Doppelportals sind mit Darstellungen geschmückt, die die Geschichte vom armen Lazarus und dem reichen Prasser erzählen. Im Gegensatz zur porte des Comtes stellt die porte Miégeville, Anfang des 12. Jh. erstellt, ein reifes Werk der neuen languedocschen Skulpturenkunst dar, das bald im ganzen Midi Schule machte. Tympanon und Türsturz bilden sowohl in ihrer handwerklichen als auch künstlerisch-inhaltlichen Darstellung eine Einheit. Im Zentrum der zum Himmel fahrende Christus, von Engeln umgeben, darunter die Apostel, den Blick nach oben gewendet. Unterhalb des Türsturzes, in den Säulenkapitellen des Portals, Szenen aus dem Alten und dem Neuen Testament. Rechts und links vom Tympanon zwei Monumentalskulpturen, die Heiligen Petrus und Jakobus darstellend.

Im Innern bestechen vor allem die gewaltigen Ausmaße der Kirche, eine der vollendetsten Wallfahrtskirchen der damaligen Zeit, mit jeweils zwei Seitenschiffen, dem mächtigen Querschiff mit Doppelgalerien, einem Chorumgang für Prozessionen sowie den neun Seitenkapellen und zwei Krypten, in denen die Reliquien der Heiligen verwahrt waren. Die gesamte Länge des Bauwerks beträgt 115 m, die Breite des Langhauses 32,5 m, des Querschiffs 64 m, die Gesamthöhe 21 m. Im Querschiff Doppelgalerie mit schön verzierten Säulenkapitellen, rechts Seitenkapelle mit einer Jungfraustatue aus dem 14. Jh. sowie Fresken aus dem 13. Jh., ebenfalls die hl. Jungfrau darstellend. Im linken Querschiff romanische Freskomalereien, die erst vor wenigen Jahren freigelegt wurden. Im Chorumgang sieben monumentale Marmor-Flachreliefs aus dem 11. Jh., Christus den König darstellend, umgeben von den Symbolfiguren der vier Evangelisten, von Engeln und Aposteln. Ebenso wie die Apsis, der älteste Teil der Kirche, wurde im Jahre 1096 auch der Altar der Kirche von Saint-Sernin geweiht, der heute wieder seinen Platz in der Vierung einnimmt. Über 2,20 m lang und 1,30 m breit, ist dieser ganz aus weißem Marmor gearbeitete Altartisch ein Meisterwerk der damaligen Bildhauerkunst, an der Oberseite sowie an den Stirnseiten reich mit Ornamenten, Pflanzendekors und Figuren geschmückt. Man verläßt die Kirche, geht um die place Saint-Sernin herum und kommt zum

Musée Saint-Raymond, 1892 in dem alten Kolleg aus dem Jahre 1523 eingerichtet, mit prähistorischen Sammlungen sowie Funden aus gallo-römischer Zeit. Von hier zurück in die *rue du Taur* und links hinein in die *rue du Périgord,* wo sich rechter Hand die **Chapelle des Carmélites** aus dem 17. Jh. befindet. Nun links in die *rue de Rémusat,* hinunter zum *boulevard de Strasbourg,* der Hauptverkehrsachse von Toulouse, der rechter Hand zur *allées Jean-Jaurès* führt. Hier rechts und über die *place Wilson* zurück zum **Capitole.**

2. **Capitole – Les Jacobins – Musée du Vieux Toulouse.** Von der *place du Capitole* die *rue Pargaminieres Romiguieres* hinunter. Bei der 2. Querstraße rechts in die *rue du Collège de Foix,* zur

Tour des Cordeliers aus dem 14 Jh., weiter bis zur Kreuzung mit der *rue Valade.* Diese links hinunter bis zur Kirche

Saint-Pierre de Chartreux aus dem 17. Jh., dann links, wieder in die *rue Pargaminieres Romiguieres* bis zur *rue Lakanal,* in die man rechts einbiegt. Bei der ersten Querstraße rechts

»Les Jacobins«, das ehem. Kloster und die Kirche der Dominikaner. Das Klostergebäude diente nach der Französischen Revolution 1789 und während der Zeit des Ersten Kaiserreichs als Kaserne, die Kirche als Pferdestall. Erst 1974 konnte die Wiederherstellung im ursprünglichen Stil abgeschlossen werden. Die Kirche, 1230 begonnen, ist neben der Kirche von Albi (s. dort) eines der wichtigsten gotischen Bauwerke des Midi. Von außen eher ein schmuckloser, festungsartiger Backsteinbau, besticht die zweischiffige Kirche im Innern durch ihre großzügige und helle Raumgestaltung. Bis 1335 wurde die Kirche mehrmals umgebaut und erweitert, wodurch ihre großartige Konzeption von mal zu mal verbessert wurde. Der ursprünglich als einfaches Rechteck gestaltete Kirchenraum wurde zwischen 1245 und 1252 im Ostteil ergänzt und mit einer polygonalen Chorapsis versehen. Um den neuen, einschiffigen Ostteil architektonisch mit dem Doppelschiff der ursprünglichen Kirche zu verbinden, wurde zwischen 1275 und 1292 das großartige Palmier im Chorraum geschaffen. Nach 1325 wurde dann in einem vierten und letzten Bauabschnit auch das westliche Langhaus der Architektur des Ostteils und des Chors angepaßt und damit einer der schönsten südfranzösischen Kirchenbauten im vollendeten Stil der Gotik fertiggestellt. Les Jacobins aber war nicht nur das Kloster der Dominikaner in Toulouse, hier wurde auch die zweitälteste Universität Frankreichs gegründet. Denn Raymond VII. hatte sich im Vertrag von Paris 1229 gegenüber der französischen Krone verpflichten müssen, 14 Magister der Theologie in Toulouse zu unterhalten. Diese gehörten nun ausschließlich dem Orden der Dominikaner an und wurden im neuen Konvent der Ordensbrüder untergebracht. Damit war den Dominikanern nun auch neben ihrer traditionellen Aufgabe des Predigens die der Lehre zugefallen. 1368 erhielt das Kloster von Papst Urban V. die Gebeine des 1274 verstorbenen und 1332 seliggesprochenen Thomas von

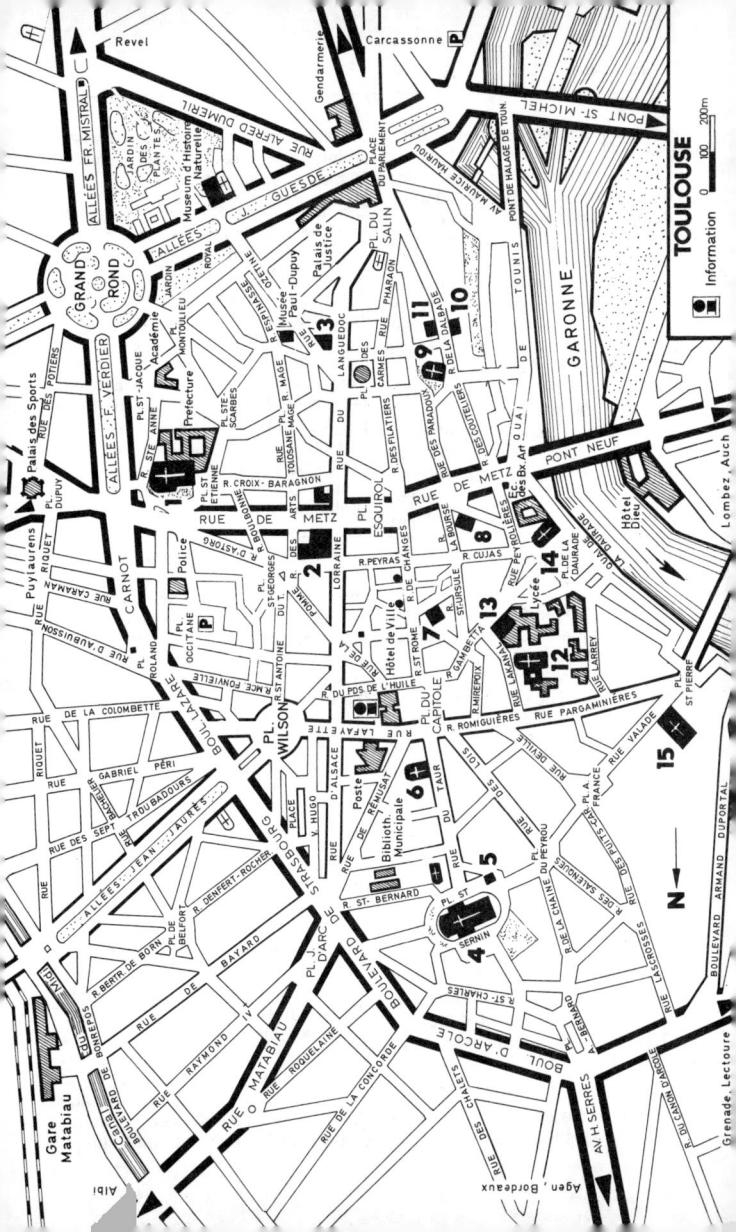

Aquin, die noch heute in der Klosterkirche bewahrt werden. Von der
Nordseite der Kirche führt eine Türe
zu dem ebenfalls bis 1974 wiederher-
gestellten Kreuzgang. Der dahinter-
liegende Kapitelsaal, 1299 bis 1301
erbaut, vollzieht in seiner Bauweise
die Architektur der Klosterkirche
nach. Beeindruckend die sechs
Kreuzrippengewölbe, auf zwei
schmalen Säulen ruhend sowie die
lichtdurchflutete Apsis mit ihren
schönen Lanzettfenstern. Links vom
Kapitelsaal die zwischen 1337 und
1341 erbaute Chapelle Saint-Antonin, ein gotisches Meisterwerk mit
schönen Freskomalereien, Darstellungen aus der Apokalypse sowie
Szenen aus der Legende des hl. Antonin von Pamiers. Von Les Jacobins
aus zurück zur *rue Lakanal* bis zur
rue Gambetta, wo sich rechts das

Hôtel Bernuy befindet, das sich der
Pastellgroßhändler Jean de Bernuy
hier um 1500 erbauen ließ. Es ist
eines der schönsten gotischen Bür-
gerhäuser von Toulouse, das in seinem Dekor schon deutliche Stilelemente der frühen Renaissance aufweist.

Nun geht man die rue Gambetta in
Richtung place du Capitole und biegt
rechts in die *rue Saint-Ursule* ein,
von der links die *rue du May* abzweigt. Im

Hôtel du May aus dem 16. Jh. das
Musée du Vieux Toulouse mit Sammlungen zur Geschichte der Stadt und
dem Leben im Toulouse der vergan-
genen Jahrhunderte. – *Geöffnet:* 1. 6.
bis 30. 9. werktags 15 bis 18 Uhr;
1. 10. bis 31. 5. Mittwoch nachmittags
14.30 bis 17.30 Uhr.

Weiter durch die rue du May zur *rue
Saint-Rome,* die linker Hand zurück
zur place du Capitole führt.

**3. Cathédrale Saint-Etienne – Musée
Augustin – Hôtel Assézat – Notre
Dame de la Daurade.**

Die **Cathédrale Saint-Etienne,** vielfach die »häßlichste Kirche von Toulouse« genannt, wurde zwischen
dem 13. und 16. Jh. erbaut. Die Kathedrale mit ihren unterschiedlichen,
zu keinem harmonischen Ganzen ge-
fügten Baustilen ist damit auch Ausdruck der machtpolitischen Bedeutungslosigkeit der Toulouser Bischöfe, die auch nach der Vernichtung
der Albigenser und unter der Zentralgewalt der französischen Krone keine Verbesserung ihrer Position erfuhren. Durch verschiedene An- und
Umbauten im Laufe der Jahrhunderte, immer wieder unterbrochen wegen Geldmangels, politischer Auseinandersetzungen und Zerwürfnis-
sen, ist eine völlig asymetrische Kirche entstanden, deren Proportionen
einen höchst bizarren Eindruck vermitteln. Herausragend einzig die
Westrose, wahrscheinlich in der 1.
Hälfte des 13. Jh. ausgeführt in Kopie
zu der großartigen Westrose von Notre Dame in Paris. Im Innern sehenswerte Sammlung von Gobelins aus
dem 16. und 17. Jh. Von der *place
Saint-Etienne* rechts in die *rue de
Metz,* die links zum

Musée Augustin führt, das im ehem.
Augustinerkloster mit seinem schö-
nen großen Kreuzgang aus dem
14. Jh. untergebracht ist. In der Sakri-
stei, ebenfalls aus dem 14. Jh., Skulp-
turen aus dem 13. und 14. Jh. sowie
im Kapitelsaal, 15. Jh., die berühmte
Pietà von Récollets. In der ehem.
Klosterkirche befinden sich die
Sammlungen der romanischen
Skulpturen aus dem 12. Jh., vor allem
Skulpturen, Friese und Kapitelle aus
Saint-Sernin, dem Kloster La Daura-
de und der Cathédrale Saint-Etienne.

Es ist dies der Welt größte und bedeutendste Sammlung romanischer Skulpturen, deren Mittelpunkt u. a. die Kapitelle mit den Darstellungen des biblischen Gleichnisses von den klugen und den törichten Jungfrauen, des Todes Johannes des Täufers sowie der Geschichte des Job sind. Daneben verfügt das Museum auch über Skulpturen aus dem 16., 17. und 18. Jh. sowie eine Sammlung von Gemälden bedeutender Künstler dieser Zeit wie Rubens, Van Dyck, Murillo, Perugino, Ingres, Delacroix und Toulouse-Lautrec. In einem weiteren Gebäude, im letzten Jahrhundert von Viollet-le-Duc und Darcy zur rue d'Alsace Lorraine hin erbaut, befinden sich eine Gemäldesammlung mit Werken italienischer, französischer, flämischer und holländischer Meister des 17. und 18. Jh. sowie Skulpturen aus dem 4. bis 9. Jh. – *Geöffnet:* täglich außer dienstags, mittwochs vormittags und feiertags 10 bis 12 Uhr und 14 bis 18 Uhr, mittwochs bis 22 Uhr.

Nun geht man die *rue de Metz* weiter und kommt rechter Hand zu einem der schönsten Gebäude von Toulouse, dem

Hôtel Assézat. Das Haus wurde zwischen 1555 und 1557 von Nicolas Bachelier, dem großen Toulouser Architekten der Renaissance, für den durch den Pastellhandel reich gewordenen Konsul Assézat erbaut. Die drei Etagen des Hauses verlieren nach oben hin an Höhe, die erste und zweite Etage sind mit rechteckigen Fenstern, in Rundbögen gefaßt, versehen, die dritte Etage kontrastiert dazu mit Rundbogenfenstern in rechteckiger Einfassung. Die solcherart faszinierende Gliederung der Fassade wird noch unterstrichen durch die nach dem Vorbild des Ko-

losseums angeordneten Säulen: in der 1. Etage dorisch, in der 2. Etage ionisch und in der 3. Etage korinthisch. Der Fassadenschmuck findet sich wieder im Säulen- und Girlandendekor der beiden Türen und des Treppenhauses. Zur Straße hin öffnet sich ein Säulengang mit einer Galerie über den vier Arkaden, dessen eine Seite unvollendet geblieben ist, da Assézat, zum Protestantismus übergetreten, geächtet und schließlich finanziell ruiniert wurde. Heute sind in diesem Gebäude die sechs wissenschaftlichen Gesellschaften von Toulouse, u. a. die weltberühmte »Académie des jeux floraux«, untergebracht.

Man folgt der rue de Metz noch ein Stück weiter in Richtung *Garonne* und biegt dann rechts ein in die *rue de la Daurade,* wo sich auf der rechten Seite die

Kirche Notre Dame de la Daurade befindet, ein eher nichtssagender klassizistischer Bau, im 18. Jh. an der Stelle einer gotischen Kirche mit berühmtem Kreuzgang erbaut. Die romanischen Skulpturen der ehem. Kirche und des Kreuzgangs sind heute im Musée Augustin.

4. Südliche Altstadt – Museum d'Histoire Naturelle – Jardin des Plantes. Man beginnt den Weg in der *rue de la Dalbade* mit ihren vielen schönen alten Häusern aus dem 16., 17. und 18. Jh. sowie der

Eglise de la Dalbade, der »Weißen«, die ihren Namen von der hellen Fassade eines Vorgängerbaus erhalten hat. Die heutige Kirche, im 16. Jh. aus Backstein erbaut, hat ein schönes Renaissance-Portal mit Tympanon aus dem 19. Jh. Ein Stück weiter auf der rue de la Dalbade in südliche Richtung rechter Hand das Haus Nr. 25.

Hôtel de Clary, auch **Maison Pierre** genannt, aus dem 16. und 17. Jh. mit schönem Renaissance-Innenhof. Auf der gegenüberliegenden Straßenseite bei Haus Nr. 30 das

Hôtel des Chévaliers de Saint-Jean aus dem 17. Jh., ehem. Sitz des Großmeisters des Malteserordens. Nun links hinüber zur *rue du Pharaon,* von hier rechts durch eine Querstraße zur *rue du Languedoc.* Auf der rechten Straßenseite, bei Haus Nr. 36, das

Hôtel de Béringuier-Maynier, auch **Vieux Raisin** genannt, im 15. und 16. Jh. erbaut, eines der ersten Häuser in Toulouse, das, im Stile der Loire-Schlösser, Elemente der italienischen Renaissance aufweist. Nun weiter zur *place des Carmes,* wo sich rechter Hand das **Hôtel Dahus** und die **Tour de Tournoër** aus dem 15. und 16. Jh. als hübsches Ensemble darbieten. Ein Stück weiter, an der Ecke *rue Ozenne/rue de la Pleau* das

Musée Paul-Dupuy mit Sammlungen zu verschiedenen Bereichen des Handwerks seit dem Mitelalter, u. a. Maß- und Gewichtskunde, Uhrmacherei, handwerkliche Gegenstände aus Metall und Holz, daneben ein Kupferstichkabinett sowie eine Rekonstruktion der Apotheke des Jesuitenkollegs von 1632. Man folgt nun der rue Ozenne, überquert die *allées Jules Guesde* und gelangt direkt zum

Museum d'Histoire Naturelle mit einer bedeutenden Sammlung prähistorischer Funde. – *Geöffnet:* täglich außer dienstags 14 bis 17 Uhr. Nun weiter zum schönen **Jardin des Plantes** und über die *allées Frédéric Mistral,* vorbei am **Monument à la Gloire de la Résistance,** *geöffnet* werktags 10 bis 12 Uhr und 14 bis 18 Uhr, zum **Grand Rond** und in den **Jardin Royal.**

Weitere Sehenswürdigkeiten:

Musée Georges Labit, *rue des Martyrs de la Libération.* Das Museum ist in einer Villa im maurischen Stil, dem Haus des Toulouser Kaufmanns Georges Labit, untergebracht. Es zeigt neben ägyptischen Antiquitäten sowie Kunstgegenständen aus dem Himalaya Sammlungen indischer und asiatischer Gemälde, Keramiken, Skulpturen und Stoffdrucke, die Georges Labit Ende des 19. Jh. auf seinen Reisen zusammengetragen hat. – *Geöffnet:* täglich außer diens-tags und feiertags 10 bis 12 Uhr und 14 bis 18 Uhr.

Galérie Municipal du Château d'eau, *place Laganne.* Im Turm eines Wasserschlosses, 1823 erbaut, wurde 1973 diese Galerie für fotografische Kunst eingerichtet. – *Geöffnet:* täglich außer dienstags und feiertags 13 bis 19 Uhr.

Musée de la Carte Postale, de l'Affiche et du Graphisme, *58, allées Charles-de-Fitte,* Sammlungen zur Geschichte der Postkarte, des Plakats sowie der Grafik.

Eglise Saint-Nicolas, im 14. Jh. errichtet.

Stadtrundfahrten: 1.7. bis 15.9. 9.30 Uhr, 15 Uhr und 21 Uhr. Von Oktober bis Juni kunsthistorische Führungen.

Baden: 3 Freibäder im Parc Toulousienne, Hallenbad.

Sport: Wassersport, Golf, Segelfliegen, Wintersport.

Veranstaltungen: Fête de la Viollette, alljährlich im März/April. – Musik- und Theaterfestival »Messidor«, alljährlich im Juni/Juli. – Fête des Moulins du Bazacle, Volksfest, alljährlich im November.

LE VIGAN

F-2/3. Dép. Gard, 231 m, 4500 Einw.
Kleinstadt, in den südlichen Ausläufern des *Mont Aigoual,* im Süden des
Parc National des Cévennes (s. dort),
in fruchtbarer Landschaft gelegen.
Im Ort ist Textil- und Seidenindustrie
angesiedelt.

Auskunft: Syndicat d'Initiative, Maison de Pays, pl. du Marché, 30120 le
Vigan, Tel. 66/81 01 72.
Verkehr: D 999 Albi–Nîmes. – Bahnstation.

Unterkunft.

Sehenswert: **Promenade des Châtaigniers,** Parkanlage mit jahrhundertealten, mächtigen Kastanienbäumen. – **Brücke** über den *Arre,* aus
dem 13. Jh.

Musée cévenol, in einer ehem. Spinnerei aus dem 18. Jh., mit Sammlungen und Dokumentationen zum
Handwerk sowie den Traditionen
und Bräuchen der Region. – *Geöffnet:* 1. 4. bis 31. 10. täglich außer
dienstags 10 bis 12 Uhr und 14 bis
18 Uhr; 1. 11. bis 31. 3. mittwochs
10 bis 12 Uhr und 14 bis 18 Uhr.

Baden: Beheiztes Schwimmbad.

Sport: Reiten, Tennis, Angeln, Skifahren.

Ausflüge: **Col des Mourèzes,** 5 km
nördlich, 560 m, von hier schöner
Blick über das Tal von Aulas.

Ganges, 17 km südöstlich, altes
Städtchen mit Schloßruine, am Flüßchen *Rieutord* gelegen, der südlich
des Ortes in den *Hérault* mündet. Am
24. August 1944 wurde hier ein Angriff deutscher Truppen, die den
Hérault überschreiten wollten, zurückgeschlagen. Von Ganges zur
Grotte des Demoiselles, 5 km südlich. Ehem. Aven, der sich zum *Plateau de Thaurac* hin öffnet, mit einem

riesigen Saal, »salle de la Cathédrale« genannt, 120 m lang, 80 m breit
und 50 m hoch. Beeindruckend sind
die z. T. bizarren Steinformationen
sowie Säulen, die den Anschein geben, als stützten sie das Deckengewölbe. Berühmt ist die »Jungfrau mit
dem Kind«, ein Stalagmit, der aufgrund seiner Formgebung die Assoziation einer Madonnenstatue mit
dem Kind auf dem Arm weckt. Am
24. Dezember wird in der Salle de la
Cathédrale um Mitternacht die Weihnachtsmesse gelesen. – *Geöffnet:*
1. 4. bis 30. 9. täglich 8.30 bis
11.30 Uhr und 14 bis 18.30 Uhr; 1. 10.
bis 31. 3. täglich 9.30 bis 11.30 Uhr
und 14 bis 17 Uhr. Nun weiter zum

Grand Arc, 15 km südlich. Enge, bis
zu 200 m hohe Schlucht mit einer
Vielzahl von natürlichen Bögen und
Toren, deren schönstes den Namen
»Grand Arc« trägt. Zurück nach le
Vigan, 37 km.

Cirque de Navacelles, von Blandas,
17 km südlich, zu dem Gehöft la Baume-Auriol, 30 km südlich, zurück
über Alzon, insgesamt 72 km, oder
über Ganges, insgesamt 81 km.
Landschaftlich schöne Strecke
durch das Tal der *Vis,* das zwischen
den *Causses de Blandas* im Norden
und die Causses du Larzac im Süden verläuft. Vom Belvédère Nord,
etwa 2 km hinter Blandas, hat man
einen herrlichen Blick über dieses
reizvolle Tal, in das man in einem
weiten Bogen hinunterfährt bis zu
dem kleinen Ort Navacelles. Kurz vor
Navacelles verläßt die Straße das
Flußtal und führt zu dem Gehöft la
Baume-Auriol, das auf 618 m liegt.
Auch von hier schöner Blick über das
Tal der Vis bis zur Hügelkette der
Montagne du Lingas im Norden. Nun
zurück über Alzon, 26 km nördlich,
durch die Causses de Blandas und

weiter, am Fuße der Cevennen entlang nach le Vigan, 19 km östlich. Oder von la Baume-Auriol nach Saint-Maurice-Navacelles, 5 km südlich. Von hier weiter durch die **Gorges de la Vis** auf schöner Strecke nach Ganges, 26 km östlich, und zurück nach le Vigan, 17 km nordwestlich.

Mont Aigoual, 1567 m, 39 km nördlich, höchster Berg des *Massif de l'Aigoual,* im südlichen Teil des **Parc National des Cévennes** (s. dort) gelegen. Vom Mont Aigoual hat man bei schönem Wetter einen einzigartigen Blick über die ganzen Cevennen bis zum Mont Blanc in den Alpen und zur Maladetta-Gruppe in den Pyrenäen. Das Massif de l'Aigoual wurde im letzten Jahrhundert über weite Flächen abgeholzt und in seiner ökologischen Struktur zerstört. Seit 1875 betrieb Georges Fabre die Wiederaufforstung dieser landschaftlich großartigen Region, oftmals gegen den Widerstand der einheimischen Bevölkerung und der Behörden. Seinen Bemühungen ist es auch zu danken, daß die verschiedenen Waldhäuser restauriert sowie mehrere Arboreta für biologische Forschungen angelegt wurden. Auch das Observatorium für meteorologische Beobachtungen geht auf seine Initiative zurück. Ebenso setzte er sich für eine vernünftige infrastrukturelle Erschließung dieses Gebietes, das Anlegen von Wegen und Straßen, ein. Das Massif de l'Aigoual bietet für Wanderer wie für Autofahrer eine Vielzahl reizvoller Wege und Strekken, ebenso wie die Hügelkette der Montagne du Lingas südlich dieses Bergmassivs sowie die vielen Flußtäler und Schluchten in dieser Region.

Abime du Bramabiau, 40 km nördlich. Unterirdischer Lauf des Flüß-

chens *Bonheur,* das zu Füßen des Mont Aigoual auf dem *Col de la Sereyrède* entspringt und in der Nähe des Dorfes Comprieu im Causse de Camprieu verschwindet. Nach ca. 700 m unterirdischen Verlaufs tritt der Bonheur aus einer hohen, engen Felsspalte wieder an den Tag und stürzt hinab in ein Felsenbecken, den sogenannten Alkoven. Der Lärm, der durch dieses Wasserfall entsteht, hat diesem Naturschauspiel seinen Namen gegeben: »Bramabiau«, was soviel heißt wie »Ochsengebrüll«. Die Besichtigung des unterirdischen Flußlaufs erfolgt von der Stelle aus, wo der Bonheur aus dem Untergrund herausbricht. – *Geöffnet:* April bis Oktober täglich 9 bis 19 Uhr; Eintrittsgebühr.

VILLEFRANCHE-DE-ROUERGUE

E-2. Dép. Aveyron, 290 m, 13 850 Einw. Am Ufer des *Aveyron* gelegen, ist Villefranche de Rouergue neben Rodez und Millau (s. dort) eine der bedeutendsten Städte im *Rouergue.* Mit ihren Befestigungsanlagen und schönen Arkadengängen hat sich die Stadt bis heute ihren mittelalterlichen Charakter bewahrt.

Auskunft: Pavillon du Tourisme, promenade Guiraudet, 12202 Villefranche-de-Rouergue, Tel. 65/45 13 18.
Verkehr: Kreuzungspunkt von D 922 Cordes–Figeac mit D 911 Millau–Cahors. – Bahnstation.

Unterkunft.

Geschichte: Im Jahre 1252 gründete Alphonse de Poitiers, Comte von Toulouse und Bruder von Ludwig dem Heiligen, die Stadt und legte sie systematisch um einen Platz mit Zufahrtsstraßen an. Bereits 1256 erhielt die Stadt das Marktrecht und entwickelte sich so bis zum Ende des

13. Jh. zu einem Handelszentrum, dessen Waren, Kupfer-, Silber- und Lederwaren, Leinen und Tuche, auch in Deutschland und Italien begehrt und berühmt waren. Im Jahre 1343, während des Hundertjährigen Krieges, wurde die Stadt von starken Wehranlagen umgeben und entwickelte sich nun, mit der Einrichtung einer königlichen Münze im Jahre 1369 zum verwaltungs- und finanzpolitischen Mittelpunkt des Rouergue. Zwischen 1779 und 1789, im Zuge der Reorganisation des französischen Staates, bildete das Quercy zusammen mit dem Rouergue die neue Provinz Haute Guyenne, deren Hauptstadt mit Sitz einer beratenden Versammlung und einer Exekutivkommission wiederum Villefranche wurde. Während und nach der Französischen Revolution 1789 verlor die Stadt sowohl wirtschaftlich als auch politisch vollständig ihre Bedeutung. Erst 1850, als Villefranche eine Eisenbahnlinie erhielt, ergaben sich für die Stadt wieder neue wirtschaftliche Perspektiven.

Sehenswert: **Collegiale Notre Dame,** Stiftskirche Notre Dame, 1260 begonnen, aufgrund des Hundertjährigen Krieges und der Besetzung der Stadt durch die Engländer lange Zeit unvollendet, 1519 schließlich vom Bischof von Rodez geweiht. Auffallend ist der mit 54 m ungewöhnlich hohe Torturm, Symbol der Rivalität der Stadt mit Rodez. Das Doppelportal ist mit einer Darstellung der hl. Jungfrau im Rebengarten geschmückt, was daran erinnert, daß die Gegend von Villefranche früher ein bedeutendes Weinanbaugebiet war, das 1875 durch eine Reblausplage vollständig ruiniert wurde. Die Mauernischen um das Portal herum stehen leer, die hierfür vorgesehenen Statuen wur-

den nie angebracht. Die Kirche, mit nur einem Kirchenschiff, 55,5 m lang, 13 m breit und 22 m hoch, ist in ihrem Baustil eines der herausragendsten Beispiele der Architektur des Languedoc. Im Innern vermischen sich spätromanische und gotische Stilelemente. Beachtenswert sind ein holzgearbeitetes Medaillon mit einer Darstellung des Besuchs der Jungfrau Maria bei der Base Elisabeth, das Pierre Puget zugeschrieben wird, das Chorgestühl, 1473 bis 1485 entstanden sowie die bunten Chorfenster aus dem Jahre 1451. Im linken Fenster Darstellungen der Schöpfungsgeschichte, rechts im Fenster alttestamentarische Prophetengestalten sowie die 12 Apostel.

Kloster Saint-Sauveur, 1451 bis 1459 mit Quadersteinen aus dem Steinbruch von Albi im strengen gotischen Stil erbaut. Von Vézian-Valette, einem reichen Tuchhändler aus Villefranche gestiftet, bestand das Karthäuserkloster bis 1791. Im Zuge der Französischen Revolution wurde es aufgelöst und zu einem Hospital umgewandelt. Man betritt die Kirche durch ein Bogenportal mit Eichentüren und gelangt durch eine Vorhalle in die Kapelle, die, ebenfalls im Baustil des Languedoc, einschiffig und im Chor von einem Spitzbogengewölbe überzogen ist. Im Innern Chorgestühl von 1461, eine Arbeit von André Sulpice, Grabmal von Vézian-Valette und seiner Gemahlin, barocker Altar, ein Holzchristus im Stil der späten Renaissance sowie schöne Fenster und Rosette. Im anschließenden Vorraum zum Kapitelsaal ebenfalls Spitzbogengewölbe und Renaissance-Fenster. Auch im Kapitelsaal schöne Renaissance-Fenster aus dem 16. Jh. mit Darstellung der Verkündung der Geburt Jesu an die

Hirten auf dem Felde, links und rechts davon die Gründer des Klosters. Nun zurück in den Vorraum und von hier in den kleinen Kreuzgang, einer der herausragendsten und bedeutendsten Bauanlagen der Hochgotik mit Spitzbogenfenstern und fein gearbeiteten Gewölbe- und Bogenverzierungen. Am Eingang zum Refektorium ein Brunnen für die Zeremonie der Fußwaschung vor Betreten dieses Teils des Klosters. Das Refektorium, mit Spitzbogenfenstern und von drei Jochgewölben überzogen, wurde von den Mönchen, entsprechend der Klosterregeln, nur an Sonn- und bestimmten Feiertagen benutzt. Aus dem mächtigen Mauerwerk ist der Stuhl des Lektors herausgearbeitet. Hinter dem Refektorium der große Kreuzgang, mit 66 m Länge und 40 m Breite einer der größten Frankreichs und beeindruckend in seiner harmonischen Gestaltung. An den Seiten die 13 Häuser der Mönche, zweistöcking gebaut, im Erdgeschoß je ein Vorrats- und Arbeitsraum, im 1. Stock ein Betzimmer sowie ein Schlafraum. Um jedes der Häuschen, in dem jeweils ein Mönch lebte und, entsprechend den Ordensregeln der Karthäuser, betete und sowohl geistig als auch körperlich arbeitete, war ein kleiner Garten angelegt. Im südlichen Teil des Kreuzgangs der Friedhof der Mönche, wo die Verstorbenen der Klostergemeinschaft nach den religiösen Vorschriften des Ordens beigesetzt wurden. Etwas abseits des Klosters gelegen die Chapelle des Etrangers, in die die Pilger des Jakobsweges aufgenommen wurden. – *Geöffnet:* 1. 7. bis 31. 8. täglich 9.30 bis 12 Uhr und 14.30 bis 18.30 Uhr.

Chapelle des Pénitents Noirs, im 17. Jh. auf Anregung der Schwarzen Bettelmönche vom Heiligen Kreuz errichtet. Die Mitglieder dieses Ordens, 1609 gegründet, sahen ihre Aufgabe und Verpflichtung im Gebet und in der Buße, im Dienste an den Kranken, der Gewährung der hl. Sakramente, in der Beerdigung der Toten sowie in der Zahlung eines jährlichen Beitrags an die Ordensgemeinschaft. 1642 in Form eines griechischen Kreuzes begonnen, konnte die Kapelle aus Geldmangel erst 1671 fertiggestellt werden. Im Innern Altar von 1709, dessen aus Holz gearbeiteter Aufsatz fast den ganzen Chorraum umfaßt. In den Holztafeln Darstellungen der Leidensgeschichte Jesu, die vier Evangelisten sowie mehrere Heiligenfiguren. Naiv anmutendes Deckengemälde eines unbekannten Künstlers aus dem Rouergue, ebenso die sechs Wandbilder im Kirchenschiff. In der Sakristei sakrale Gegenstände aus dem 18. Jh., u. a. ein großes Prozessionskreuz sowie das erste Register der Ordensgemeinschaft.

Fontaine de Griffoul, Brunnen von 1336, von einer Mauer umgeben und mit verschiedenen Figuren geschmückt.

Pont des Consuls, zwischen 1298 und 1320 erbaut, im 18. Jh. teilweise erneuert.

Place Notre Dame, um 1278 im Zentrum der Stadt angelegt, von arkadengeschmückten Renaissance-Häusern umgeben.

Baden: Schwimmbad, Freibad.

Sport: Wassersport, Fliegen, Tennis.

Veranstaltungen: Musikfestival des Rouergue, alljährlich zwischen dem 1. und 15. August. Internationales Folklore-Festival, alljährlich in der 1. Augustwoche. Foire à la Brocante,

Trödel- und Antiquitätenmarkt, alljährlich 3 Tage ab dem 15. August.

Spaziergänge und Wanderungen: 5 markierte Rundwanderwege, Dauer jeweils ca. 2 Std.

Château de Graves, 2 km westlich. Kleines Schloß aus dem 16. Jh., von Jean Imbert d'Ardenne erbaut, einem reichen Kaufmann aus Villefranche. Es ist eines der wenigen Zeugnisse der Architektur der Spätrenaissance in Frankreich. 1562 war das Schloß Schauplatz eines blutigen Ereignisses der französischen Religionskriege. Ca. 100 Protestanten hatten sich unter der Führung von Raymond de Gauthier vor den königlichen Truppen hierher geflüchtet. Die Verfolger garantierten ihnen freien Abzug unter der Bedingung, daß sie ihre Waffen zurückließen. Als die Protestanten unbewaffnet das Schloß verließen, wurden sie allesamt von den königlichen Soldaten niedergemetzelt. Das Gebäude, von vier mächtigen Rundtürmen begrenzt, ist noch vollständig in seiner ursprünglichen Anlage erhalten. Im Innenhof, streng nach den Stil-Prinzipien der Renaissance angelegt, Statuen des Tarquinius und des Lukrez. Im Innern großzügig angelegte Treppe, besonders beachtenswert der Große Saal im Südflügel, im reinsten Stil der Renaissance erbaut.

Ausflüge: **Peyrusse le Roc,** 23 km nordöstlich. Kleines Dorf mit mächtigen Wehranlagen, 767 von Pippin dem Mittleren aufgrund seiner strategischen Schlüsselposition für das damalige Aquitanien belagert. Tombeau du Roy, Mausoleum aus dem 14. Jh.; Notre Dame de Laval, Abteikirche, im 13. und 14. Jh. erbaut sowie Notre Dame de Pitié mit Pietà aus dem 15. Jh.

Grottes de Foissac, 20 km nördlich. Prähistorische Höhle mit wunderschönen, in zarten Farben schimmernden Steinformationen. Ca. 2000 v. Chr. diente sie den damaligen Menschen sowohl als Wohnstätte als auch als Nekropole, wie gut erhaltene Skelettfunde beweisen. Daneben Spuren im ehemals weichen Kalkboden sowie verschiedene Werkzeuge und Gebrauchsgegenstände. – *Geöffnet:* 1. 6. bis 30. 9. täglich 10 bis 11.30 Uhr und 14 bis 18 Uhr; 1. bis 31. 10. und Ostern bis 31. 5. an Sonn- und Feiertagen nachmittags.

Figeac (s. dort), 36 km nördlich, Kleinstadt im Quercy mit Eglise Saint-Sauveur, Abteikirche aus dem 12. und 13. Jh. sowie Musée Figeac.

Najac (s. dort), 25 km südlich, mittelalterliches Städtchen mit Kirche aus dem 13. Jh. und schönen Arkadengängen, ebenfalls aus dem 13. Jh.

Cordes (s. dort), 34 km südlich, auf einem Hügel gelegene kleine Stadt mit vielen beeindruckenden Zeugnissen ihrer mittelalterlichen Vergangenheit.

VIVARAIS

Als Vivarais werden die südöstlichen Ausläufer des *Massif Central* bezeichnet, die im Norden etwa vom Tal des *Gier* (Saint-Etienne – Vienne) und im Süden von der *Ardèche* begrenzt werden. Diese Landschaft, heute dem Département Ardèche entsprechend, fällt nach Osten, zur Rhône hin, ziemlich steil ab; hier wird heute statt des Weinbaus umfangreiche Obstkultur betrieben. Die teils von Wäldern, vor allem Kastanienhainen, teils von ausgedehntem Weideland bedeckten Höhen sind von einigen Flüssen durchschnitten, die sich tief in das vulkanische Basaltgestein des Massif Central oder auch in die früher auf dem Basalt abgelagerten Kalksteinschichten eingegraben haben. Höchste Erhebungen der Monts du Vivarais sind der **Mont Mézenc,** 1753 m, und der **Gerbier de Jonc,** 1551 m, Quellgebiet des Lignon und der Loire. Südlich davon entspringen der Allier, die durch ihre Schluchten berühmte Ardèche (s. Gorges de l'Ardèche) und der Chassezac. Frühere Hauptstadt des Vivarais war Viviers (s. Bourg-Saint-Andéol, Ausflüge), heute ist **Privas** (s. Aubenas, Ausflüge) Hauptstadt des Départements Ardèche; größte Stadt dieses Gebietes ist **Annonay** (s. dort).

ANDORRA

Kleines Fürstentum, hoch in den Pyrenäen zwischen Frankreich und Spanien gelegen, neben Liechtenstein, Monaco und San Marino einer der vier Zwergstaaten Europas. Auf 468 qkm wohnen hier 38 000 Einwohner in insgesamt sieben Gemeinden, deren Hauptstadt Andorra la Vella ist. Die Landessprache ist katalanisch, durchsetzt mit französisch und spanisch, im Geldverkehr hat sowohl die französische wie auch die spanische Währung Gültigkeit.

Auskunft: Secretaria General pel Turisme i l'Esport, Casa de la Vall, Andorra la Vella, Tel. 078/2 12 34. Syndicat d'Initiative de les valls d'Andorra, 1, placa Princep Benlloch, Andorra la Vella, Tel. 078/2 02 14.
Verkehr: N 20/N 22 von Toulouse, Grenzübergang am Pas de la Case, ab Grenze in Andorra N 1, die quer durch Andorra nach Spanien führt. – Nächste Bahnstationen Ax-les-Thermes, Hospitalet und Tours Carol, von hier jeweils Busverbindungen nach Andorra.

Unterkunft und Verpflegung: Hotels mit insgesamt 9000 Betten; 250 Restaurants. – *Camping:* 25 Campingplätze.

Flora und Fauna

Dank seiner Lage in den östlichen Pyrenäen hat Andorra eine sehr reiche Flora mit z. T. seltenen Pflanzen, die man in anderen Teilen der Pyrenäen nicht mehr findet. Ungefähr 1150 verschiedene Pflanzenarten wurden in Andorra katalogisiert, darunter der »narcisus poeticus«, der »trollius europeus« und die »rosa villosa«. Auch in der Fauna weist Andorra eine große Vielfalt auf. Man findet hier neben Gemsen und Wildschweinen, Hasen und Kaninchen auch das weiße, rote und braune Rebhuhn, den Auerhahn sowie Adler, Falken und Uhus. In den Wildbächen und Seen des Hochgebirges gibt es eine Vielzahl von Forellen, die hier unter dem Namen »salmo trutta« bekannt sind.

Geschichte

Der Legende nach wurde Andorra von Karl dem Großen gegründet, aus Dankbarkeit gegenüber den Bewohnern dieser Region, die seinem Heer im Kampf gegen die Araber als Bergführer dienten. Urkundlich erwähnt wurde Andorra zum erstenmal im Jahre 839 in der Weiheurkunde der Kathedrale von La Seu d'Urgell, in der die Gemeinden von Andorra aufgezählt werden sowie ihre Zugehörigkeit zur Grafschaft Urgell dokumentiert wird. Im Jahre 1133 überließ Graf Ermengol IV. alle Rechte und Besitztümer, die er über und in Andorra besaß, dem Bischof von Urgell. Gleichzeitig verlangte er von den Einwohnern Andorras, daß sie nun dem Bischof von Urgell und seinen Nachfolgern huldigen sollten. Verschiedene kriegerische Auseinandersetzungen führten dazu, daß der Bischof von Urgell Hilfe und Schutz bei der Familie Caboet suchte, der er im Gegenzug die Lehensrechte über Andorra überließ. In einem entsprechenden Vertrag aus dem Jahre 1159 wurde dies festgehalten, ebenso wie die Tatsache, daß auch weiterhin die Souveränitätsrechte über Andorra – die politische, militärische und rechtliche Gewalt – ausschließlich dem Bischof von Urgell zustanden. Nach verschiedenen bewaffneten Konflikten zwischen den Grafen von Foix, den Nachfolgern des Hauses Caboet, und den Bischöfen von Urgell um die Hoheitsrechte über Andorra wurde in späteren Jahren das erste verfassungsmäßige Dokument Andorras unterzeichnet, das »Pareatge«. In diesem wurden zum einen alle Hoheitsrechte schriftlich festgelegt sowie verfügt, daß die Einwohner von Andorra jährlich abwechselnd dem Hause Foix und dem Bistum Urgell Tribut zu zahlen haben. Ein zweites Pareatge folgt ca. zehn Jahre später, beinhaltet jedoch nur unwesentliche Modifikationen. Beide Dokumente haben auch heute noch Gültigkeit und garantieren die politische Stabilität des Fürstentums. Im Jahre 1419 erhielten die Andorraner das Recht, einen »Consell de la Terra«, einen Landesrat zu bilden, der sich später zum »Consell General« entwickelt, dem »Allgemeinen Rat«. Damals wie heute setzt er sich aus Repräsentanten aller Gemeinden Andorras zusammen. Mit der Eingliederung der Grafschaft Foix in das Königreich Navarra und dessen Anschluß an Frankreich im Jahre 1589, fiel ein Teil der Hoheitsrechte über das Fürstentum an die französische Krone. Die Rechte über Andorra sind von nun an aufgeteilt unter dem Bischof von Urgell einerseits und dem französischen Souverän andererseits. Dieser Status wurde durch die Französische Revolution 1789 kurz unterbrochen, aber bereits am 27. März 1806 durch ein kaiserliches Dekret von Napoleon I. wieder hergestellt. Am 22. April 1866 trat in Andorra die sogenannte »Neue Reform« in Kraft, in der allen männlichen Familienoberhäuptern das Wahlrecht für den Consell General zuerkannt wurde. Das allgemeine Wahlrecht für Männer wurde schließlich 1933, das für Frauen allerdings erst 1970 eingeführt.

Im Jahre 1978 wurde die traditionelle Zahl von sechs Gemeinden auf sieben erhöht, diese sind: Canillo, Encamp, Ordino, La Massana, Andorra la Vella, Sant Julià de Lòria und Escaldes-Engordany. Jede dieser sieben Gemeinden wählt vier Räte in das Parlament, dem der Síndic General und in dessen Vertretung der Sub-Síndic General vorsteht. Seit dem 15. Januar 1981 besteht in Andorra eine Regierung, deren Ministerpräsident vom Consell General gewählt wird und der vier bis sechs Minister zugeordnet sind. Nach wie vor ist Andorra jedoch ein Co-Principat, gehalten vom Bischof von Urgell und dem französischen Staatspräsidenten als Nachfolger der Grafen von Foix.

Kunstgeschichte

Im 11. und 12. Jh. erreichte die Baukunst nach der Wiedereroberung des Landes durch die Christen ihren Höhepunkt in der Romanik, wovon Brücken mit steinernen Schwebebögen, Kirchen, Holzstatuen und Kunstschätze, die

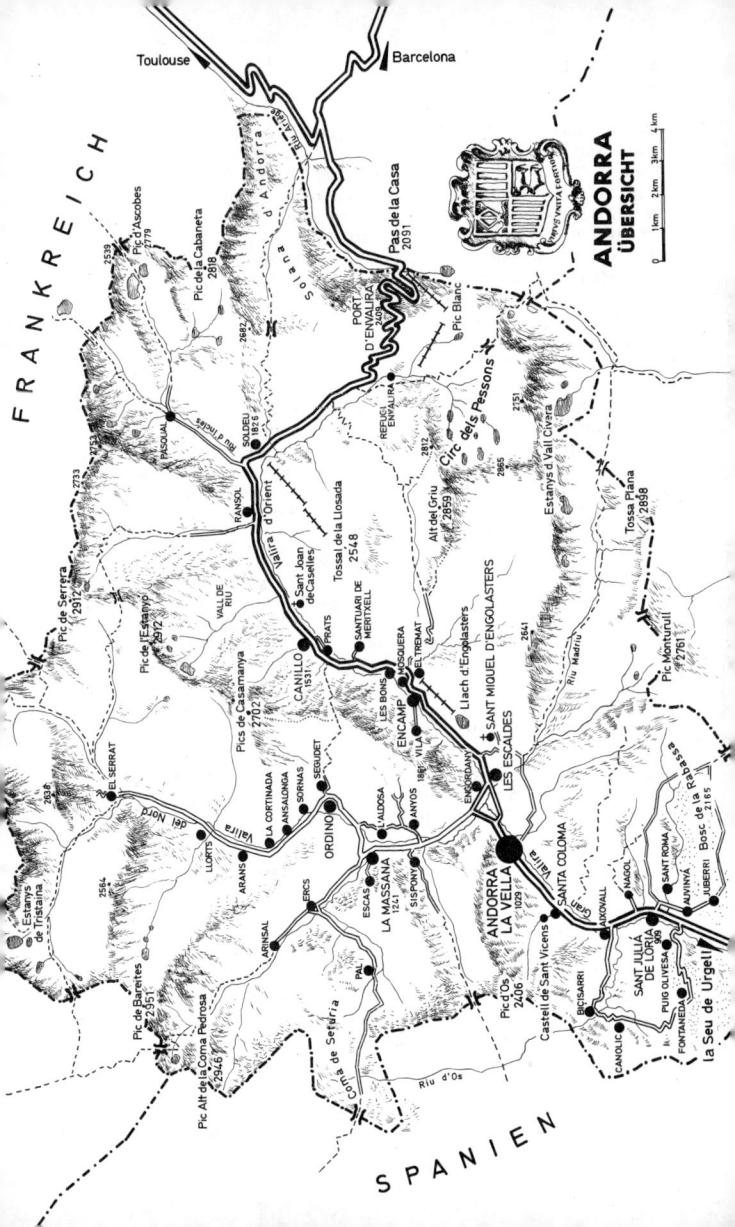

ANDORRA
ÜBERSICHT

0 1km 2km 3km 4km

heute im Museum für katalanische Kunst in Barcelona zu besichtigen sind, Zeugnis geben. Charakteristisch für das Kunstschaffen Andorras sind einfache, knappe Formen in der Architektur und Plastik, hervorgerufen durch das einfache Leben, betont durch den romanischen Stil, sowie dekorative Fresken mit Figuren, in flacher, symbolhafter Manier gemalt, die in der byzantinischen Kunst eine Parallele haben. Zu erwähnen sind die zivilen und militärischen Baudenkmäler wie die romanischen Brücken von la Margineda und Sant Antoni, die uralten Taubenhäuser oder einige Burgruinen wie die von Les Bons und Sant Vicens. Der größte Teil des Kunsterbes ist jedoch religiöser Herkunft; Kirchen, Skulpturen, Malereien, z. T. im reinsten romanischen Stil. Kleine Bergkirchen, schlanke romanische Kirchtürme, vom lombardischen Einfluß geprägt, aber auch das moderne Heiligtum von Meritxell sind Beispiele bedeutender Werke religiöser Architektur in Andorra. Die Kirchen von Sant Romà de Les Bons, Sant Cerni de Nagol, Sant Miquel d'Engolasters, Sant Climent de Pal, Sant Martí de La Cortinada und Santa Coloma mit ihren schönen Rundtürmen sind Werke der blühenden Epoche der romanischen Baukunst. Sehenswerte Skulpturen sind die bunten romanischen Muttergottes-Statuen, die romanische Stuckfigur des Heilands von Sant Joan des Caselles und die schönen schlanken gotischen Wegkreuze, die im ganzen Land zu finden sind. Wichtig sind auch die Retabeln, die meisten von ihnen aus der Zeit des Barock, mit ihren Holzfiguren und Schmuckmotiven, die in mehreren Kirchen zu sehen sind. Beispiele romanischer Malerei findet man in den hervorragenden Fresken von Sant Cerni de Nagol, Sant Martí de La Cortinada oder Santa Coloma. In den Kirchen von Sant Roma de Les Bons und Sant Joan de Caselles befinden sich darüber hinaus prächtige Retabeln mit einmalig schönen Malereien.

Im Kunsthandwerk findet man vor allem Keramik-, Wollstoff- und Schmiedearbeiten sowie reiche Holz- und Schnitzarbeiten. Besonders schön sind die dekorativen Schnitzereien, die sogenannten »musicatures«, die als Verzierungen an Küchengeräten und Möbeln, aber auch an Kuhhalsbändern zu finden sind. Hervorzuheben sind auch die mit dem Hohlmeißel gearbeiteten Schmuckdekors an Türen, Truhen, Schränken und anderen Möbelstücken.

Brauchtum

Das andorranische Volksgut ist reich an künstlerischen Ausdrucksformen. Besonders zu erwähnen sind hierbei vor allem die satirische Pantomime »La Ossa« sowie die »Llegenda del Llac d'Engolasters« und das Possenspiel »Els Contrabandistes«. Die bekanntesten Tänze sind »La Marratxa«, ein Tanz, der nur einmal im Jahr, und zwar am zweiten Tag der Kirchweih, von Sant Julià de Lòria« getanzt wird, der »Ball de Santa Anna« in Escaldes-Engordany, der »Contrapàs« in Andorra la Vella sowie die »Sardana«, die im ganzen Land verbreitet und beliebt ist.

Gastronomie

Die traditionelle andorranische Küche ist einfach, jedoch durchaus abwechslungsreich und schmackhaft. Neben den Wurstwaren vom Schwein wie »botiffara«, »bulls embocats i de carnetes«, »bringuera«, »donja« und »Llonganissa« soll vor allem auf den Speck verwiesen werden, der Grundlage für das »rostes amb mel«, ein außerordentlich geschmackvolles sowie einzigartiges Gericht aus Speck mit Honig. Daneben gibt es den »trinxat«, ein Gericht aus Kartoffeln und grünem Kraut, Wildschwein und Hasenragout, Forellen in allen Variationen, eine Vielfalt von »coques«, kleinen flachen Kuchen, sowie Käsesorten, von denen der »tupî« besondere Erwähnung verdient.

Sport und Wintersport

Neben Möglichkeiten zum Reiten, Tennis, Bergsteigen und Schwimmen bietet Andorra vor allem hervorragende Bedingungen für den Wintersport. Die hohen Berge, verbunden mit einem sonnenreichen Klima, machen Andorra zu einem Wintersportplatz, der über sechs Monate im Jahr zum Skifahren einlädt. Die vier Skistationen Pas de la Casa-Grau Roig, Soldeu-Tarter, Arinsal und Pal und Acalís verfügen über ausgezeichnete Skipisten und Langlaufloipen sowie Tourenmöglichkeiten für Skiwanderungen. Darüber hinaus gibt es bei jeder dieser Skistationen eine vom internationalen Skilehrerverein anerkannte Skischule.

Wanderungen

Andorra bietet zahllose Möglichkeiten für Spaziergänge, Wanderungen und Ausflüge in einer Berglandschaft von oftmals beeindruckender Schönheit. Zwei Wanderwege mit der Bezeichnung GR 7 und GR 75 durchqueren fast das ganze Land.

Die GR 7 geht von Portella Blanca, an der französischen Grenze gelegen, hinauf zum Circ dels Collells, in das herrliche Gebiet des Els Estanys, 2411 m, und der Pla de l'Ingla. Von hier geht es immer abwärts in Richtung les Escaldes bis zur spanischen Grenze.

Die GR 75, auch Ruta d'Ordino genannt, geht von Port de Siguer an der französischen Grenze in einer Höhe von 2395 m bis El Serrat und folgt von hier dem Lauf des Valira del Nord bis Ordino und führt nun hinauf zum Col d'Ordino, 1980 m.

Entlang beider Strecken ebenso wie in anderen Teilen des Landes stehen dem Bergwanderer insgesamt 21 Berghütten sowie eine Reihe von kleineren Rasthütten zur Verfügung.

Veranstaltungen

8. September, Nationalfeiertag mit Wallfahrt von Meritxell. Kirchweih in den sieben Gemeinden: Canillo, am dritten Wochenende und darauffolgenden Montag im Juli; Sant Julià de Lòria, am letzten Wochenende und darauffolgenden Montag und Dienstag im Juli; Escaldes-Engordany, am 25., 26. und 27. Juli; Andorra la Vella, am ersten Wochenende und darauffolgenden Montag im August; La Massana, am 15., 16. und 17. August; Encamp, am 15., 16. und 17. August sowie in Ordino, am 16. und 17. September.

Orte

ANDORRA LA VELLA

1029 m, 12 000 Einw. Hauptstadt des Fürstentums, am Fuße des *Pic d'Enclar*, 2317 m, und am Fluß *Valira* gelegen, deren Beiname »la Vella« »die Alte« bedeutet. Die Stadt ist wirtschaftlicher und touristischer Mittelpunkt und hat dadurch sehr viel von ihrem ursprünglichen Charakter verloren. Da es in Andorra weder Steuern noch Zölle gibt, sind die meisten, auch importierten Waren, wesentlich billiger als in Frankreich und Spanien. Damit ist Andorra la Vella Anziehungspunkt für den Tagestourismus geworden, der oftmals lediglich auf die Möglichkeit von Billigeinkäufen abgestellt ist. Unzählige Kaufhäuser, Geschäfte und Tankstellen, in den letzten Jahren reihenweise aus dem Boden gestampft, haben der Stadt den Beinamen »Supermarkt der Pyrenäen« eingebracht.

Sehenswert: **Casa de la Vall,** Gebäude aus dem 16. Jh., Sitz des Parlaments und Justizpalast. Portal im eleganten aragoneser Stil, über dem die Wappen der Täler von Andorra angebracht sind. Im Innern schöne Küche, noch in der ursprünglichen Ausstattung erhalten, sowie im 1. Stock der Empfangssaal mit schönen Wandmalereien aus dem 16. Jh. In der salle du conseil, dem Sitzungssaal, der Schrank mit den ursprünglich sechs, heute sieben Schlössern, in dem sich das Archiv von Andorra befindet. Nur mit den Schlüsseln aller sieben Gemeinden ist dieser Schrank zu öffnen.

CANILLO

1560 m, 400 Einw. Etwas außerhalb des Ortes Kirche **Sant Joan de Caselles,** auf einer Anhöhe hoch über dem Valira gelegen, eines der vollendetsten romanischen Bauwerke Andorras. Im Innern bemalter Altaraufbau aus dem Jahre 1525 sowie ein romanisches Wandfresko, den Leidensweg und die Kreuzigung Christi darstellend. Von Canillo 3 km südlich zum

Sanktuarium von Meritxell, Nationalheiligtum Andorras, 1976 unter der Leitung des spanischen Architekten Ricard Bofill erbaut. Die Ruinen der alten Wallfahrtskapelle, die bei einem Brand 1972 zerstört wurde, sind in den Neubau miteinbezogen. In der Mitte die eigentliche Kapelle mit der Holzskulptur der Muttergottes von Meritxell sowie den Statuen der Heiligen aller sieben Gemeinden Andorras. Seitlich der Kirche Kreuzgänge, harmonisch in die Landschaft eingegliedert.

LES ESCALDES

1054 m. Kurort mit Thermalquellen gegen rheumatische Erkrankungen und Hautleiden. Von hier zur romanischen Kirche **San Miguel d'Engolasters** und weiter zum **Llach d'Engolasters,** 1622 m, mit der Sendestation von Radio Andorra. Zum Llach d'Engolasters führt auch von Encamp aus eine Seilbahn.

Sach- und Ortsverzeichnis

Fett gedruckte Seitenzahlen weisen auf ausführlichere Angaben hin.